# 関東近世村落史の研究

## 山中清孝遺稿集

KIYOTAKA YAMANAKA

山中康裕
石田泰弘
山中清史
編

創元社

# はじめに——日本史随考

この世の順番と、あの世の順番は必ずしも同じではないらしい。弟の方が先に逝ってしまうなんて考えてもいなかったから、ただ、呆気にとられているばかりである。弟と私の才能は、まあ、似たようなものだから、さして変わりはないのだが、世の中の受け止め方は、肩書とかで多少違うようである。決して大学教授だから偉くて、そうでないのは偉くないなんて思わないが、私に言わせれば、私をいち早く見出してくれた中央公論社や、有斐閣などの目利き編集者のお蔭で、河合隼雄教授という巨星に掬いあげて貰えたので、以来ずっと日向を歩くことが出来たが、弟の方は、大学院時代の指導教官だった児玉幸多教授が、一声かけて下さっていれば、ああまでずっと余分な苦労を背負うことなく過ぎた筈だろうから、こうまでは早く、あの世からお呼びがかかることもなかっただろうと思っている。

ここに編んだのは、弟の珠玉の佳品ばかりであるが、彼の代表作の「武州一揆」は、一部の掲載にとどまり、私が偏愛している「二代官の比較」などの論文は含まれていない。前者は大部に亘るからだし、後者は、どうしたわけか、今日まで見当たらなかったからである。ここに載せた論文の選択と解題は、専ら石田泰弘君にお願いして、私は、原稿依頼をしたり、出版社など周辺を固める仕事に撤した。なお、本書のタイトル『関東近世村落史の研究』は、編者の一人、著者の長男・清史による命名である。

せっかくの機会なので、その「二代官の比較」（私の勝手につけた仮題）についてだけ、触れておくが、彼の生前、時々送ってくれて読んだ中で、感心した一作なのである。ここに簡単にそのあらましを述べると、江戸後期の二つの代官所に農民からの訴えがあり、その訴訟を処理した二代官の比較であった。訴訟内容は、折角買った肥料がとんだ食わせモノで、却って赤土や虫卵などが混入していて、全く散々な結果をもたらし、年貢どころか、自分たちの糊口をしのぐこともままならぬ事態となったための訴えであった。ところが、一方の代官は、迅速誠実に対応し、モノの見事にその真犯人すら挙げることに成功したのだが、もう一方は、いつの世でもそういう輩が蔓延っているのだが、全く知らぬ存ぜぬを決め込んで、闇に葬ってしまったのである。同時代の、全く同質の訴訟だったのに、である。私は、この論文を書くにあたっての、その一次資料から丁寧に読みこみ、手際よく処理していく、上質の代官と同傾向の資質を感じて、いたく感心したのであった。然るに、どうしたことか、この論文がいくら探しても手元に現れぬので、ここに梗概のみ触れた次第なのである。

とまれ、弟の生前に大変にお世話になり、ここに追悼をお書き下さった面々には、衷心よりお礼を申し上げる次第である。読者の方々には、本書を永く書棚の一隅に置いてくださり、時々、弟の仕事のどれかに目を遣って下されば、それこそ望外の幸せと言うべきであろう。謹んで筆を擱く。

平成二五年師走一一日　宇治の草庵にて

（京都大学名誉教授）
山中康裕

【目次】

はじめに――日本史随考　山中康裕……i

〈一〉武州一揆を中心とした百姓一揆研究……1

1 武州一揆の研究（一）―研究史と二、三の問題点について―……（『史游』創刊号　一九七二年）2
2 武州一揆の研究（二）―武州秩父郡上名栗村の経済構造―……（『史游』第二号　一九七二年）31
3 幕藩制崩壊期における武州世直し一揆の歴史的意義……（『歴史学研究別冊』一九七四年）65
4 武州世直し一揆と練馬……（『練馬郷土史研究会会報』第一一四号　一九七四年）94
5 武州世直し一揆と板橋周辺の状況……（『練馬郷土史研究会会報』第一六七号　一九八三年）98
6 武州世直し一揆の未刊、既刊史料の検討……（『埼玉史談』第三三巻第二号　一九八六年）100
7 武州世直し一揆の一考察―所沢・東久留米周辺の状況を中心に―……（『多摩のあゆみ』第四五号　一九八六年）113
8 君津市久留里で発見された武州世直し一揆の新史料について……（『歴史科学と教育』第六号　一九八七年）122

〈二〉改革組合村研究……135

1 関東取締出役と相武の改革組合村々……（『郷土神奈川』第六号　一九七六年）136
2 武州、相州「改革組合村」編成について……（『近世神奈川の地域的展開』一九八六年）150

## ㊂ その他の研究

㊂ その他の研究……167

1 百姓一揆の時代性と地域性……（『歴史公論』第四巻第六号 一九七八年）168

2 島原・天草一揆の指導者たち―「西戎征伐記」を中心に―……（『史游』第六号 一九八一年）181

3 山川均のルーツをたどる……（『岡山県史研究』第五号 一九八三年）191

4 関町の井口家文書の知行宛行状について……（『練馬古文書研究会会報』第五号 一九八六年）208

5 関東農村の〝荒廃〟と二宮尊徳の仕法
―常陸国真壁郡青木村仕法を中心に―……（『人間科学研究所紀要（江戸川学園）』第三号 一九八七年）211

6 近世古文書目録……250

7 あの頃の思い出―一九七〇年代の関東近世史研究会の活動を中心に―……（『関東近世史研究』第六六号 二〇〇九年）312

山中清孝 年譜……324

山中清孝 著作等目録……326

山中清孝氏の研究 石田泰弘……332

山中清孝 追悼文集……351

あとがき……376

# 関東近世村落史の研究

山中清孝遺稿集

KIYOTAKA YAMANAKA

山中康裕
石田泰弘
山中清史
編

# 一
# 武州一揆を中心とした百姓一揆研究

# 1　武州一揆の研究(一)——研究史と二、三の問題点について——

## (一)　研究史

幕末維新期における階級闘争の歴史的解明は、幕藩体制崩壊過程及び明治維新の評価、意義づけに関わる最も重要な課題の一つである。理論面では既に戦前に、野呂栄太郎[1]、羽仁五郎[2]、服部之総氏[3]らによる先駆的業績があり、それらは戦後遠山茂樹[4]、井上清氏[5]らに受け継がれた。かって朝尾直弘[6]、石井孝氏[7]によって整理も行なわれているが、林基[8]、佐々木潤之介[9]、青木美智男[10]、松本四郎[11]、山田忠雄[12]、依田憙家氏[13]らによって「世直し状況論」あるいは「革命情勢論」として積極的に評価され始めたのは一九六五年の歴史学研究会の大会以来であるといってよい。

さて、私がここでとりあげようとする武州一揆は、江戸時代の百姓一揆の、最後のそして最高の昂揚期であった慶応二年(一八六六)に、武州秩父郡上名栗村に端を発してまたたくまに関東西部一帯に波及した大農民闘争で、ほぼ時を同じくして発生した江戸・大坂の打毀や会津の信達一揆とともに〝世直し闘争〟の重要な一環をなすものである。就中、武州世直し一揆は、江戸近郊で、しかも関東郡代直轄領から発生しており、その展開の速さ、範囲の広さ、参加人員の多さにおいて、そして忘れてならないことは〝農兵〟の実力を浮彫にした一揆として、最も歴史的意義の大きいものといえよう。従ってこの一揆に関しては既に戦前に野村兼太郎、大塚仲太郎氏らによって紹介されており、戦後も田村栄太郎氏により一段と研究が深められ、又、小野沢博一・森田雄一氏らの努力によって続々と新史料が発掘・紹介されている。ここで二〜三未見のものもあるが、左記へ武州一揆に論及された諸先学の論稿を列挙し、若干考察を加えてみたいと思う。

・大塚仲太郎　「打毀し」の記録（『埼玉史談』四—六、一九三三年）
・林　有章　『幽嶂閑話』（林　有章、一九三五年）
・野村兼太郎　維新直前における百姓一揆の報告（『三田学会雑誌』三一—六、一九三七年。のち『維新前後』日本評論社、一九四一年に収録）
・田村栄太郎　武蔵大工・貧農の世直し（『近代日本農民運動史論』一九四八年、月曜書房）
・安沢秀一　武州一揆と農兵（『三田学会雑誌』四七—三、一九五四年）
・小野沢博一　慶応二年の打毀し農民運動（『西多摩郷土研究』一二号、一九五四年）
・同　慶応二年の打毀しに就ての参考文書（『西多摩郷土研究』一四・一五号、一九五五年）
・牛窪宗吉　『武蔵騒動記』（駿台社、一九五五年）
・武蔵野地方史研究会　武州一揆について（『歴史評論』九五号、一九五八年）
・青木恵一郎　武州川越の世直し一揆（『日本農民運動史』第一巻、一九五九年）
・森田雄一　武州一揆と名栗村の動向（『歴史評論』一四七号、一九六二年）
・辻　光子　慶応二年武州一揆—その社会経済的基盤についての一考察—（『東村山市史史料集二』、一九六七年）
・同　幕末の百姓一揆（『幕末郷土史研究法』朝倉書店、一九七〇年）
・木川紘子　慶応二年の武州一揆と一村役人の行動—一揆鎮圧の過程と権力の動向—（『東村山市史史料集四』、一九六九年）

・松本勘次郎　秩父近辺打毀一件（『秩父郷土史報』二―四、一九五五年）
・井上紋次郎　あれから数えて九十九年、飯能暴動（タイプ印刷、一九六五年）
・同　維新前夜の悪夢　打こわし事件（「研究集報」二号、年不詳）
・関東地方史研究会　比企郡平村の歴史と史料（一九五三年）
・森田雄一　百姓一揆の諸問題―埼玉県の事例を中心として―（『埼玉研究』六号、一九六二年）
・伊藤好一　慶応二年打こわし史料（東村山市近世史資料一八、一九六八年）
・同　明治維新と人民闘争（『日本庶民生活史料集成』第六巻　編集のしおり）（一九六八年）
・北原　進　一八六六年武州一揆と周辺村落の情勢（『経済学季報』一九―三、一九七〇年）
・同　武州一揆と府中（『東京史談』一九七〇年）
・同　慶応二年武州一揆をめぐって（『地方史研究』一〇六号、一九七〇年）
・小林正彬　武蔵小川和紙業発達史（上・下）（『経済系』七八・七九号、年不詳）
・佐々木潤之介　世直しの状況（『講座日本史』五　明治維新、一九七〇年）
・根岸篤太郎　変革期農村における前期的資本家の一形態（『群大史学』八号、一九六〇年）
・宮崎弘毅　武州農兵の一考察（『西郊文化』一八輯、一九五九年）
・江袋文男　『秩父騒動』（秩父新聞、一九五〇年）
・石井　孝　慶応二年の政治情勢（『歴史評論』三四号、一九五二年）
・同　『学説批判明治維新論』（吉川弘文館、一九六一年）
・歴史学研究会　『明治維新史研究講座３』（平凡社、一九五八年）所収の朝尾直弘論文。
・大舘右喜　武州一揆覚書（『武蔵戯評』、一九六三年）
・同　幕末期農兵の諸問題（『豊岡高等学校紀要』第五号、一九六九年）

・同　　　　武州世直し一揆の研究─未刊史料の検討─（『豊岡高等学校紀要』第六号、一九七一年）
史料集には次のものがある。
・『安藤野雁集』青山防戦記
・『武蔵打こわし史料』森田雄一編、謄写一〇五頁　その内訳は次の通り。（一九五七年）
(1)　武州秩父辺農民徒党一件（旧内閣文庫蔵）
(2)　新町宿打毀一条書上写（荻野氏蔵）
(3)　打毀書上（腰越村三通・坂石町分三通）
(4)　青山防戦記（安藤野雁集）
(5)　当家限善悪年代記抄（片山家蔵）
・日本思想史大系五八『民衆運動の思想』（岩波書店、一九七〇年）所収
(1)　秩父領飢渇一揆（北岡伊勢三蔵）校訂・解説　森田雄一
・『日本庶民生活史料集成』第六巻（三一書房、一九六八年）
前掲の森田氏「武蔵打こわし史料」(1)(2)(4)。
秩父領飢渇一揆、慶応里正日記（内野緑太郎蔵）校訂・解説　森田雄一
・同右　一一巻（三一書房、一九七〇年）、校訂・解説　北原　進
諸方打毀騒動并窮民救記（内藤　学、同方夫蔵。）
右の他『維新史料綱要』巻六に簡単な記述があり、「復古記」も若干ふれている。
・『丙寅連城漫筆』（史籍協会本）
・川越藩庁記録（『明治維新史料選集』（上）、一九七〇年所収）
・『武州世直し一揆史料』近世村落史研究会（慶友社、一九七一年）

市町村史には次のものがある。

『名栗村史』（大護八郎、一九六〇年）、『小川町史』（長嶋喜平他、一九六一年）、『東松山史稿』（鶴岡宏正、一九六一年）、『秩父市誌』（一九六二年）、『定本市史青梅』（一九六六年）、『埼玉県史』六（一九三七年）、『横浜市史 二』（一九五九年）、『練馬区史』（一九五七年）、『大和町史』（一九六三年）、『富岡史』（一九五五年）、『扇町屋地誌』（黒田善治『武蔵町農村調査』三、一九六六年）、『入間郡南畑村之沿革史』（一九五六年）、『所沢市史』（一九五七年）、『砂川の歴史』（一九六三年）、『東松山史話』（一九六二年）、『小平町誌』（一九五九年）、『村山町史』（一九六八年）、『立川市史』（下）（一九六九年）、『東吾野郷土史』（一九七〇年）、『世田谷区史』（一九六二年）、『武蔵野市史 資料編』（一九六五年）。

右の他『秩父織物変遷史』（柿原謙一他、一九六〇年）、『八王子織物史』（正田健一郎他、一九六五年）も重要である。（尚一部の書に『豊岡町史』、『飯能郷土史』の引用があるが未見である。）

概説書は枚挙にいとまないが主なもののみ二〜三あげておく。

・小西四郎 『開国と攘夷』（中央公論社〈『日本の歴史』一九巻〉、一九六六年）
・原口 清 「討幕戦争」（『日本歴史講座四』近世―近代 東京大学出版会、一九六一年）
・小野文雄 『埼玉県の歴史』（山川出版社、昭和四五年）、『埼玉の歴史』（郷土史物語11、一九六三年）
・木村 礎 慶応二年武州一揆『生活史Ⅱ』（山川出版社、一九六六年）

若干脱落があるかもしれないが、管見では以上の通りである。では次にそれら諸論稿の内容を検討してみよう。

林有章氏の『幽嶂閑話』は野村論文・小野沢論文に引用があるが、未見である。野村氏によれば「慶応二年の『打毀し』襲来の実況」という項に「六月十三日外秩父の名栗、吾野に起った云々」と記されているという。林有章なる人物、及び発行年代等不明（本稿収録にあたり調査の結果、発行年代は昭和一〇年と判明……編者注）

であるが、大塚仲太郎論文と共に、武州一揆に関して触れた最も早い文献の一つとして重要である。

野村論文は、出石藩仙石家の江戸留守居が筆記した元治元年〜慶応三年の「諸家達書聞込書」の史料紹介である。武州一揆と同じ年に発生した上総木更津の一揆、河内国府等の記事を含んでおり、興味深いが日付、地名に誤写が多く野村氏も苦慮されている。史料の内容は大部分旧内閣文庫蔵の「秩父辺農民徒党一件」と重複している。単なる史料紹介なので特にとりたてて言うこともないが、昭和一二年の段階で、「慶応二年の〝暴動〟中最大のものが武州一揆であろう」と推定されている点が注目される。尚本稿は小野沢論文、柿原謙一氏らによる『秩父織物変遷史』『秩父市誌』朝尾論文に引用されている。

次に、忘れてならないのは田村論文である。本稿が公表されたのは昭和二三年であるが、内容的には、昭和五年頃からの『歴史科学』掲載論文や同氏の「封建制下の農民一揆」(昭和八年)(「日本農民一揆録」昭和五年改題)を改稿、再録されたのが『近代日本農民運動史論』であると思われる。「川越藩分領前橋日記」「秩父打毀一條」、高崎宿役人「大谷三右衛門筆記」「橋藩私史」、岩鼻郡代よりの「廻状」等を縦横に引用し、一揆をさまざまな角度から総合的に見ている。「武州一揆」を本格的に取扱ったのはこの田村論文が最初であるといってよい。川越の大工による〝世直し〟との関連、権力側の動向を記している点、画期的であるが、一揆の頭取に関する史料批判がなされておらず、又一揆発生の主たる原因を「酒造のための米穀買〆」に求めている点、難点はあるがその〝生命〟は今日もなお失なわれていない名作である。

一方、昭和二〇年代に、歴史家以外の人によって二冊の本が著わされている。それらは高校教育の仕事に永年従事されていた江袋文男氏の『秩父騒動』と、永年労働運動に携わってこられた牛窪宗吉氏の『武蔵騒動記』である。前者は「秩父事件」をその主たる対象としたもので、武州一揆はその〝前史〟としてわずかな記載があるのみであるが、加茂下宗吉の「年代記覚書」を引用しており、『秩父織物変遷史』『横浜市史』に影響を与えている。「秩父事件」との関連を示唆した最初の文献としても意義があるが、タイトルに〝騒動〟とあるように、時代的制約によってか評価が低すぎるように思われる。後者は参考文献としてこれをあげるのに躊躇する〝代物〟であるが、原口論文に引用され、諸書に参考文献として必ずあげてあるので言及することにする。本書の〝出典〟は不明であるが秩父岡家文書「一揆騒動荒増見聞の写」又は前掲田村論文の「秩父打毀一條」であろう。龍泉寺の僧〝秀山〟を英雄にしたてあげ、文学的な修飾が多く、かつドラマチックで面白いが、史実とは縁遠い書である。

次に、武州一揆研究史上、忘れてはならない人物二人のことを記さねばならない。その一人は小野沢博一氏であり、他の一人は森田雄一氏である。小野沢氏は、自転車と足とで西多摩地方の村々を丹念に歩きまわられ史料の発掘を精力的に進められた。来住野氏「記録」、荻野氏「家古帳」、平元氏「打毀覚」、「石川日記」等は今もなお小野沢論文のみでしか見られないものである。この小野沢論文は後述の武蔵野地方史研究会の共同研究及び辻論文に多大な恩恵を与えている。井上論文も大部分が小野沢論文からの引用であるといってよい。小野沢氏は単に史料の発掘・紹介のみにとどまらず、次の如き「章立て」をされ一揆の考察をされている。

一、幕末の動向と暴動蜂起の原因
二、発端と経過
三、被害の状況
四、幕府の対策
五、結び

付録として幕末米価変動図（吾野）、五日市の防禦勢力、打毀された主な対象、騒動の全貌図がある。この小野沢論文は、わずかながらもペリーの来航による影響、長州征伐にふれており、生糸改会所の問題にもふれている点重要である。ただ、難点をいえば糸屋、米屋、質屋、地主を安易に「直接封建支配者」と規定し、

「幕藩権力」＝「絶対王政」としている点である。

一方森田雄一氏は『武蔵打こわし史料』を昭和三二年に刊行され、昭和三七年には短編ながら二編の論文をものされている。前者は石井 孝氏の『学説批判明治維新論』や、朝尾論文、『横浜市史 二』等に引用されつとに有名であるが、昭和四三年その大部分が『日本庶民生活史料集成』第六巻に収録され研究者にとって大変便利になった。又そのうち「秩父領飢渇一揆」は、日本思想大系『民衆運動の思想』にも収録されていることをつけ加えておく。前の小野沢論文とともに本史料集の刊行により武州一揆研究が一段と推し進められたことはいうまでもない。

さて、前述の森田氏の二論文であるが、一つは『歴史評論』に発表されたものであり、他の一つは『埼玉研究』に発表されたものである。前者は『名栗村史』にもれた史料を中心とした史料紹介であるが、「名栗へ逆行する勢力」があったことの指摘は重要である。しかしながら〝解説〟中二〜三誤りがあり、史料の誤読も目立つ。しかも二五点発見された史料のうち「主なもののみ九点」の紹介をされているが、氏が「大筋には関係が少い」と捨てられた史料のなかに〝重要〟なものが多いことは、最近刊行された『武州世直し一揆史料』と比較検討すれば明らかである。後者は、埼玉県下の百姓一揆を概観したもので明和元年の伝馬騒動と武州一揆が中心である。御自身が発掘・紹介された「新町宿打毀一条書上写」の分析をされ、黒正年表、青木年表の批判をされている点興味深い。又、「埼玉県下百姓一揆年表」、文献目録等、大変便利な論文でもある。

さて、武州一揆の研究史上、忘れてならない論文が三つある。安沢論文、武蔵野地方史研究会の共同研究、辻論文の三つである。

安沢論文は短いながら、好編である。前半は武州多摩郡連光寺村の富沢家文書を用いて武州農兵の概略を示し、後半は同日野宿佐藤家文書（佐藤氏は八王子千人同心の一人）を用いて、農兵による武州一揆の鎮圧の状況を紹介している。他の史料との比較検討がなされていないのが残念であるが、「農民による農民の鎮圧」を最初に、本格的に取上げた論文として画期的な意義をもつ。（尚、武州農兵に関しては、宮崎弘毅論文、青木美智男「多摩郡廻り田村における武州農兵に関する史料」（『東村山市史史料集』）がある。前者は「武州一揆との関連」を中心にして農兵の概要、歴史的意義を述べたもので、後者は廻り田村の小町家文書の「御用留」、「村方入用帳」等から「兵賦」と「農兵」に関する記事を抽出し、年表を作成し、史料を編年体に並べたもので、ともに重要である。）

武蔵野地方史研究会の構成メンバーは次の通りである。

佐藤光子　伊藤好一　大舘右喜　煎本増夫　飯島端治　渡辺和子　宮崎弘毅　中村たかを

目次は次の通りである。

一、武州一揆
二、幕末奥武蔵山村の動向と一揆の発生
三、一揆の拡大と武蔵野の村々
四、一揆の後に
五、補註にかえて（討論）

本稿は、武州一揆を村落構造と関連させて論及された最初の論文である。共同研究という利点を生かし視野も広く、扱っておられる地域も広い。しかしながら欠点も多々ある。その一つは使用している史料が前掲の小野沢論文からの書上、記録類の他は『新編武蔵風土記稿』や、「武蔵国郡村誌」、「公用分例略記」に限られているため、村落構造の把握の仕方が浅く不十分なことである。そのためか「時代の流れを積極的に推進めた幾つかの百姓一揆とは区別されることが必要」とか、「武州一揆が本質的に対領主との斗争にまで成熟せず、わずかに領主支配を脅かす暴徒として領主の鎮圧を受けた」という低い評価しか下されていない。又残された問題、たとえば「山方の人々が如何なるルートを経てどの様な仕方で穀を買っていたか」「山沿いの町々の支配層と村々のそれとが如何なる関係にあったか」「幕末のこの地域における下層農の生活を具体的に抽出しその性格を規定することは地主制の成長と関連して未知のしかも必要とされる問題」といくつか重要な問題が提起されているが、その後それらの問題点が明らかにされたという話を寡聞にして聞かない。又、欠点の第二は権力側の対応が〃農兵〃の件を除いて全く捨象されている点である。その他、「武州四郡三〇カ村を巻込んだ」「武蔵〃騒動〃」「地域的経済闘争」「局地的暴発的」「山村は江戸の材木屋の下に従属」「山村の支配者層の持高は五石から拾石止り」「穀の買入れに於ては下層の人々と利害の方向は一つ」「(山村は)村落ぐるみの闘争」「名栗では自らの手によって徒党を召捕」(=うらぎり)「山村では平場のような形での地主制は勿論あらわれない」等々、私自身が実際に一揆発祥の地武州秩父郡上名栗村の町田家文書を調査した結果とはくいちがう記述が多い。又扱っている地域も多摩地方中心で北武蔵及び上州に関しては殆んどふれられていない点も気になる。冒頭にものべたが、本稿は武州一揆を初めて総合的、体系的に考察しようとした点に意義があるが以上述べた〃欠点〃を考慮しつつ批判的に継承されるべき論文である。

次に、卒業論文以来熱心に武州一揆を追求しておられる辻(旧姓佐藤)光子氏の論文について若干ふれてみたい。本稿は『東村山市史史料集 二』として刊行され、後、それに若干加筆され『幕末郷土史研究法』に収録されているが全く同一の論文といってもよい。(尚、辻氏の業績にはこの他に「天明四年村山地方打ちこわしの社会・経済的基盤」(『大和町史研究 二』)、前掲の共同研究、木村 礎編『新田村落』二四四〜二四七頁、伊藤好一、煎本増夫氏らとの共同研究「江戸時代の村落生活—龍寿寺村の場合」(『多摩郷土研究』二四号)がある。)前者の場合は、八〇頁に及ぶ大論文であり、量的にも質的にも、目下のところは最も重要な論文である。その目次を示すと左記の通りである。

(2)　終結

三、騒動の原因

(1)　直前の政治状勢

(2)　村方の状勢

(3)　騒動勃発の基盤—山村と平野村の構造の違い

四、騒動に於ける諸関係の在り方

(1)　主体となった階層

(2)　指導と同盟

(3)　打ちこわしの対象

(4)　組織性

(5)　支配者側の対応の仕方

五、総括

目次を見ただけで明らかなように、多角的包括的な問題設定であり女性特有の緻密な分析を行なっておられる。引用文献も「共同研究」の時よりも一段と多くなっている。小野沢論文、森田氏の史料集を縦横に用い、所々新史料をも用いている。しかしながら次の点で重要な誤りがある。

一、一週間以上にわたって闘かわれた〝一揆〟をフラットにとらえ、闘争の過程における質的変化を認めようとしない、又は気づいていないこと。

二、権力側の対応が付随的にしか扱かわれていないこと。

三、一揆発生の主たる原因を「武蔵野地帯の生産関係の矛盾を解決するため」とするのは不十分であること。

四、「反封建闘争としての色彩はうすく、在方商人層を対象にした経済闘争であった」との結論は弱く、敗北主義に陥ってしまっていること。

五、一揆後の状況変化の把握の仕方が不十分であること、等々。

一に関して辻氏は、統制の乱れ→崩壊・自滅とされるが、私は異った評価をする。詳しい実証は後日に譲るが六月一三〜一六日は打毀しの対象は穀商、高利貸、地主が中心であり、「話し合いと打毀しを唯一の手段とする経済闘争」であるが、南部へ向った者は農兵隊と闘い、東南部へ向った者は高崎藩大和田陣屋の手兵と闘い、北東へ向った者は川越藩、忍藩の藩兵と闘い、北へ向った者たちは岩鼻の関東郡代の手兵及び近隣諸藩からの援軍と闘い、秩父大宮では忍藩陣屋を破却し、武器を奪い、書類を破り捨てているのである。又、老中井上河内守正直を総指揮官として、外国奉行、陸軍奉行、歩兵頭に出動命令が下り、実際に神奈川、熊谷へ数百の幕府正規軍が出兵しており、幕府にとっては第二次長州征伐開戦一週間目で、関東の警備が常時の半分のところへの「一揆」の報告であり、まさに非常事態であったと思われる。すなわち六月一七〜二一日は、まぎれもなく〝政治闘争〟である。又、横浜へ向ったこと、生糸商人、生糸改所の打毀を行なったのは、一揆直前に発布された生糸改印条令反対を明確に示すものといえよう。これが反封建闘争でなくて何であろうか?

二、権力側の対応とは、一で私が述べた軍隊出動の他に、右の生糸に関する条令、武州一揆の翌日発布された物価調整策たる酒造制限令、六月一三日に関東郡代から発令された徒党禁止令他の外交政策、経済政策等のすべてのことに関してである。又、一揆後の処罰例、「身元宜シキ者」への要請、〝下〟からの農兵設置願、慶応二年一二月の全幕領への農兵取立令、翌年の備穀令等その他諸々の幕府の政策のことをいうのである。又、当時の為政者に与えた影響（心理的・物質的）をもいうのである。辻氏の場合、これらに殆んど、あるいは全くふれておられないのは遺憾である。

三、辻説では、なぜ山方の村から一揆が発生したのか説明できない。開港以降、たしかに秩父・多摩、上州の村々の生産構造に変化が起るが、「その矛盾の解決をめざして」闘われたのが武州一揆であるとは思わない。物価騰貴、生糸改印条令反対、兵賦金の負担による農民負担の増大、助郷負担の増大、飢饉、ペスト・はしかの流行、天候不順等が複雑にいりみだれて「命いくるに術なく」立上がったのが武州一揆の発端だったといえよう。そして、もう一つ追加するならば、逆説めくが、「生産関係の矛盾の解決」をめざして闘われた闘争こそすぐれて政治闘争であると思われる。

四、五に関しては一、二で既に述べたので省略するが、右の他にも〝武蔵野地方史〟以来の誤り、例えば「村全体が都市及び在方商人層に搾取される」「村全体が一体となりうる条件云々」「名栗では一部村役人の参加がみられたが、のちそれは裏切となってあらわれ、自らの手で頭取を捕えた」「(名栗の)頭取らの階層を具体的に示す資料はない」等は、私の〝実証〟によれば誤りである。辻氏の場合、名栗に関する記事は森田氏の『歴史評論』の論文、『新編武蔵風土記稿』、「武蔵国郡村誌」、高麗郡楡木村他の、他村文書からのみの引用であり、上名栗の町田家文書は見ておられないようなので名栗に関する記述は誤りが多い。その他、誤字、脱字が数十ヶ所あるので引用には注意が必要である。

さて、ここで、御二人の郷土史家の方に御登場を願おう。御一人は秩父郷土研究会、埼玉史談会等で活躍され、昨年物故された松本勘次郎氏、もう一人は埼玉地方史研究会の会員で飯能一小の井上紋次郎氏である。松本論文は自己の所有文書を秩父郷土史報に掲載されたもので、井上如常〝自筆〟の「秩父近辺打毀一件」の史料紹介である。本史料はその後『秩父市誌』に全文が収録されているが、松本氏の立場は、一揆勢を〝烏合の衆〟ととらえ、一揆を鎮圧した大宮郷の〝決死隊〟を賛美している点が特徴である。尚、この史料は前掲の田村論文引用の「秩父打毀一條」と似ているが、やや異なっている。今度刊行された『武州世直し一揆史料』の大宮郷岡家文書とも似ているが詳しい検討は後に譲る。

井上論文は、『名栗村史』、小野沢論文等を並列したものであるが、府中から江戸送りとなった六人に関しての調査記録は重要である。名栗・吾野・成木をくまなく歩き、旧名主や寺の記録、墓の調査をされた御努力は敬服に値する。だが、「はじめに」「結び」中に納得できない用語、例えば「封建的な資本主義」などがあるのが気がかりである。尚、本稿はタイプでの自費刊行であり、こうした〝在地に頑張って直接足で歩いて史料の探索をされる方々〟の御努力こそ貴重であろう。（尚、氏にはもう一つ論文がある由であるが未見である。）本稿の存在は名栗村の元村長、教育長の島田台一郎氏の御教示を得た。島田氏には冒頭の文献目録にはあげなかったが達筆な毛筆による稿本『名栗騒動記』を見せていただいた。正覚寺過去帳、墓地の調査、聞書を中心とするもので要求項目や、規律に関しての考察もみられ、江戸・大坂の打毀しに関しても記されている。紋次郎、豊五郎の戸籍調査、名栗→飯能への経路の推定、名栗村の組別の参加人数の推定等かなり詳しく調査されている。名栗で七〇年生活された氏の御研究に、我々は傾聴すべきであろう。

次に木川紘子、北原 進、伊藤好一、小林正彬各氏の論文に寸評を加えてみたい。

木川論文は多摩郡蔵敷村名主杢左ェ門が武州一揆の際如何に行動したかを追求したもので農兵を中心とした一揆鎮圧勢力の様子を見る上で大変有益なものである。勘定奉行小栗上野介が豆州駿州の農兵を呼寄せて一揆を一気に潰そうとしたことに関する記事等興味深い。副題が示すように〝権力〟の問題を正面から扱ったところに特徴があり、辻論文を補完するものとして重要である。

『経済学季報』の北原論文は、府中で発見された新史料内藤家文書の紹介であるが、単に史料紹介にとどまらず、府中宿を中心とした〝不穏〟な状況を考察することにより、「慶応二年における関東の不穏な情勢はかなり広域で一般的であったこと、そしてそれが、武州一揆を急速・広範に展開させた基盤であったこと」を指摘されている。農民の階層分化の状況、商品生産、在方商人、高利貸、農村加工業者の存在状況、農兵、権力側の体制等ありとあらゆる角度から武州一揆を考察された力作である。今後の武州一揆研究は北原論文のこの精緻さにならって進められるべきであろう。又、『地方史研究』の北原論文も重大な問題提起をしておられ有益である。「打こわしの隊列が通過した範囲の村々だけに対象を限定さるべきでない」ことを再び力説され、武州一揆と江戸打こわしの関連に関して重要な示唆を与えられている。又、武州一揆と御門訴事件、自由民権運動との関連の(研究の)必要性をも説いておられる。(尚、『東京史談』の論文は未見である。)

伊藤好一氏には前掲の〝武蔵野地方史〟の論文の他二つある由であるが、〝東村山市〟のものは未見である。『日本庶民生活史料集成』(多摩郡久米川村桜井家文書)〝編集のしおり〟の伊藤論文は、短編ながらも重要な示唆にとみ、なかなかの力作である。副題に―慶応三年関東の状況をめぐって―とあるように武州一揆直後の関東の状況を考察したもので、慶応三年の一揆件数、幕府の〝備穀〟政策、農兵設置令、富商・富豪層の動向、慶応四年の上州、東北の信達一揆との関連、明治初年の農民闘争への連続等を中心に述べておられる。

小林論文は比企郡小川の和紙業との関連からみたもので大塚論文、関東地方史研究会『平村の歴史と史料』を引用し、「紙の博物館」所蔵の松本家文書の詳細な分析を行なっている。一揆の原因と要求の考察や上古寺村からの参加者の分析、その他を行なっている。しかしながら「青山防戦記」の冒頭の部分をそのまま引用して一揆の指導者を豪農層とし、一揆の評価も、ある箇所では「封建制そのものに対する否定」としながらもその限界性を強調し「封建権力に妥協させられた」との結論に終っているのが遺憾である。しかしながら小川町の生産構造のかなり詳細な分析がなされており、比企地方をみるには必読の論文である。

次に武州一揆を直接扱った論文ではないが、武州一揆を〝全体の歴史〟の中に位置づけたものに朝尾直弘、石井　孝氏、そして最近では佐々木潤之介氏の業績がある。

朝尾論文は戦前と戦後の幕末維新期の階級闘争の研究史を要領よくまとめ、大坂周辺、武蔵一帯、福島地方の研究の現状を示し、今後の問題点を指摘したものである。武州一揆に関しては約二ページを割き、〝武蔵野地方史〟の論文と〝森田氏の史料〟を簡潔に要約され、問題点の指摘をされている。

又、石井　孝氏はその著『学説批判明治維新論』で『歴史評論』三四号以来の氏の理論を発展させ、第四章において「倒幕における人民闘争の役割」というタイトルで、慶応二年の一揆の原因、様相、性格、幕長決戦への影響に関して考察しておられる。「慶応二年の米価暴騰の原因は、全国的な米の絶対量の不足にあるのではなく、戦争による米の偏在、消費地における米の欠乏」にあるとされる氏の提言は重要である。武州一揆に関しては、森田氏の史料を適確に引用し、奥州の信達一揆、同村山郡の一揆等と関連させ、述べておられる。特に「蚕糸業地帯」として武州西部、上州南部を把握され、横浜貿易をする糸商人、生糸改役所・生糸肝煎人が攻撃の対象となったことを強調されている。又、一揆指導者の中に素朴なナショナリズムがあったのではないかとの指摘も興味深い。

以上二著は、各々昭和三三年、三六年の時点における〝まとめ〟として、種々の制約があるが、武州一揆を〝一般史〟の中に位置づけたものとして貴重な成果である。

一方、佐々木潤之介氏は、昭和四五年の『講座日本史』五において「世直しの状況」なる論文を書いておられる。武州一揆に関しては、辻論文、上州勢多郡新川村の吉田家文書を引用して若干のべておられる。「維新変革の現代的視点」(『歴研』三二二号)、「幕末社会論」以来の豪農↕半プロ論のさらなる転開であるが、慶応二年の〝農民一揆〟中最大の武州一揆に関する記述が少ないのは残念である。尚、氏は「百姓一揆と世直し騒動とは質的に異なった内容をもっているため区別すべきである」と提言されていることを付け加えておく。

次に、大舘右喜氏の「武州世直し一揆の研究」=未刊史料の検討=及び近世村落史研究会編の『武州世直し一揆史料』について若干のべてみたい。

大舘論文(冒頭の文献目録には他に二編あげておいたが未見である。)は、近世村落史研究会による史料調査の〝中間報告〟をされたものである。大部分がそのまま『武州世直し一揆史料』の巻末に転載されているが、大里郡花園村小学校保管文書、秩父郡の吉田椋神社文書、埼玉県立文書館所蔵の稲生家文書(高麗多和目)・諸井家文書（児玉・本庄）・平山家文書（入間・平山）・根岸家文書（大里・甲山）等「史料集」に収載されなかった史料の解説もあり貴重である。

近世村落史研究会は右の大舘右喜氏の他、青木美智男、太田公、鈴木研、千代田恵汎、中村寿子、林巌、松田仙三、森安彦氏によって構成されている。その会の方々によって一九七四年秋刊行された『武州世直し一揆史料』に関しては一九七五年二月発行の歴史学研究会の月報一四六号で青木美智男氏が、又、同年二月発行の『地方史研究』一一五号で私が、そして同年の五月の歴研近世史部会及び『歴史評論』六月号で山田忠雄氏が書評、批評をしているので多言を要しないと思うが、本書の刊行によって「世直し一揆」ひいては幕末維新期の階級闘争の研究が深化されることは確実であろう。

最後に地方史誌に関して若干のべておこう。『名栗村史』は大護八郎氏の手になるもので、町田家文書、岡家文書を使用して〝名栗騒動〟の考察をされているが、史料批判その他に稍々もう一歩つっこんだ検討がなされていない。『小川町史』は酒井家文書、大塚家文書を中心として構成されているが、前者は原史料が目下不明であり、その意味でも重要なものである。北原氏より以前に「名栗におきた一揆が、急速にひろがってゆく条件はどこにもあった」と指摘されたのは重要である。その他、「一揆発生の原因は山村の経済構造にふかく根ざしていたこと」「黒船来航による国際的資本主義経済に触発されておきた」云々の指摘は重要である。

『東松山史稿』は鶴間宏正氏による著述である古凍の磯崎家文書を中心とした記述であり、比企郡に関する記事は正確であるが、地名や頭取に関する記述には誤りが多い。

『秩父市誌』は、前掲の松本勘次郎氏所蔵文書、「賊民略記」を中心としているが、松本家の御用日記の検討及び田村論文、岡家文書との相互関係の考察がみられないのは残念である。

『定本市史青梅』は、上直竹黒指の清水家文書、秩父の岡家文書、「村々心得始末書　青梅村」御岳北島家文書、畑中圡方家文書、『名栗村史』、井上論文を引用している。末尾に「小野沢氏の研究におうところが多い」とあり、青梅を中心とした記述ではあるが、内容はかなり正確である。頭取に関しては大工紋次郎・桶職豊五郎説と、正覚寺龍泉寺住職説を並列的に記述し、「明らかに判断できない」とされ、下成木村組頭喜左衛門に関しては「その所業は今残されていない」とされている。

『埼玉県史　六』には武州一揆の記事は七行のみ記され、写真一枚（蔵敷村内野家文書　六月一五日付江川からの農兵出動命令）が紹介されている。名栗を高麗郡とし、参加人数を三千とし、「代官所は農兵を出して」云々の誤解をうけやすい表現を用い、「天狗党、彰義隊に倣って幕末の変乱に勃発した一揆の一種」に至っては「何事をいわんや」である。

『横浜市史　二』には生糸改印条例に関する詳細な記事がある。石井孝『幕末貿易史の研究』の成果をふんだんに応用し、「外務省引継書類」を用いて、五品江戸廻し令から生糸改印条例にいたる幕府の政策と、それに対する米英の対応とが適確に記されている。武州一揆に関しては、森田氏の史料、『富岡史』、江袋氏の『秩父騒動』、『埼玉県比企郡平村の歴史と史料』その他を用いて、「一揆が横浜へ向ったこと」を強調し、その意義が検討されている。一揆発生の主原因を横浜貿易と、幕府の生糸改印条令その他に求めているのであるが、この指摘は重要であろう。又、慶応二年九月に、荏原橘樹両郡五三ヶ村が、「武州一揆の教訓により農兵を編成することを願い出た」云々の記事は重要である。

『練馬区史』は、「慶応六《（マヽ）》年窮民蜂起打毀見聞録」なる史料を用い武州一揆に言及している。日付、参加した村数その他検討を要するが一揆勢が練馬に近い引又、白子まで〝侵入〟し、高崎侯の陣屋が〝破壊〟されたという記事、及び石神井村でも農兵設置願があったことの指摘は重要である。

『世田谷区史』は慶応二年四月の甲州騒擾とともに武州一揆のことを記している。史料は「御用留記」と、「秩父郡徒党打毀風聞書其外一件留記」であるが、六月一七日に世田谷代官からの要請で砲術稽古人四二名が和泉村、大蔵村の警備に当ったことが述べられている。

『大和町史』は農兵と兵賦に関してはかなり詳細であるが、武州一揆の記事は蔵敷村の暴民打毀の節の入用金のことに若干ふれている程度である。

『村山町史』は、『名栗村史』と同じく大護八郎氏の手によって記されているが、辻論文の名をあげながらも頭取を正覚寺・龍泉寺住職と断定し、一揆の記述は「指田日記」をただ並列的に記すのみで「こと足れり」とされているのは如何なものであろうか。

『扇町屋地誌』は黒田善治氏の著で武蔵町農村調査の一環として、『高倉地誌』『黒須地誌』とともに三部作をなしているものである。武州一揆の記述は長谷部氏箱書を典拠としているが、一揆の中に「富家間のヘゲモニー争奪」がみられるとの氏の論はユニークである。尚、本書には長谷部氏の酒造規模や名栗の山林に対する投資、脚折村その他の酒造のことが記されており、有益である。

『入間郡南畑村之沿革史』は谷沢熊次郎氏の著である。記述されたのは昭和三年一二月であるが岸伝平氏が監修されて公刊されたのは昭和三一年である。「慶応元年《（ママ）》六月元秩父郡名栗村の一博徒児分数十人と共に一揆を起し之が忽ち暴動化した」と記し、打毀《ぶっこわし》に関してふれ、鶴間の妻尾荻原家、本村の前田、大沢が〝厄〟にあったことを述べている。博徒云々はともかく、『埼玉県史』や野村論文より書かれた時が早い点価値がある。

『所沢市史』は武州一揆に関して若干ふれているのみである。一揆をすぐに（ストレートに）〝民衆の革命思想〟として把握している点、一考を要する。六月一七日に裏店・小前へ一人ニ付金二分宛を米価高の見舞金として出しているとの記述は興味深い。先の扇町屋にもいえることであるが、所沢、飯能等の〝在町〟の研究が遅れていることは残念である。

『砂川の歴史』は、文久三年の蕨宿の助郷免除願につづいて農兵と兵賦の記事があり、続いて武州一揆にふれている。記述が簡単にすぎ深い検討がみられないのが残念であるが、砂川の農兵が鎮圧に動員されたこと、村民の間に動揺がみられたことが述べられている。

『小平町誌』は、村山町中藤の内野家文書で農兵に関してふれたあと、小川愛次郎氏が昭和五年に母堂から聴取されたときのメモをそのまま記しており興味深い。つづいて兵賦の記事があるが、この『小平町誌』の記述は武州一揆により幕府が農兵、兵賦をいかに組織しようとしたかを見る上で興味深い。

『東松山史話』は、「鈴木覚治と打こわし騒動」という項をもうけ、〝名主で学識ある〟鈴木が一揆に際して如何に対処したかを具体的に述べている。先述の『東松山史稿』、木川論文と比較検討しながら読めば興味深い。

『立川市史（下）』は砂川一平「思のまま」、柴崎の井上宇右ェ門の「見聞記」を中心に記述されている。頭取に関しては『定本市史青梅』と同じく二説を並列しているが、蚕の不作、物価の高騰にふれ江戸の打こわしにも言及しているが、「秩父郡成木村なぐり谷ゟ頭取出云々」はいただけない。農兵に関してもかなり詳しい記事があるが、兵賦と農兵の混同がみられるのは残念である。

『富岡史』は、「黒沢問屋日記」を典拠として、藤岡方面の打毀しの様子を記している。関東郡代の動向及び高崎・七日市・安中・小幡・吉井藩の動向をも記し、さらに下仁田町役人からの廻状を史料としてあげ、上州南部一帯がいかなる状況であったかについて詳しく記されている。その廻状には「徒党人数凡四万」とあり、下仁田を目懸け「押出し候様子」と報じている。五五五頁の一揆の発生の日、及び場所、頭取は一考を要するが、上州へ流れた〝風評〟の中に、惣大将熊本浪人とあり、名栗谷津の者が三人大将の中に含まれているのは興味深い。もっとも、名栗村名主忰（ママ）名不知（年一八才）は上名栗には全くそれに当るものは存在しないが……。又、頭取の中に女が二人記されているのもユニークである。『富岡史』は続いて慶応四年の上州・信州の「世直し」に関して記し、「世直し」＝革命と指摘している。武州一揆の経験・教訓がどのように受けつがれたかを見る上で、慶応四年の世直し一揆の研究を今後更に深化させねばならないであろう。

右に関連して、我々は『武蔵野市史 資料編』の次の記事を見逃すことはできない。それは明治二年の「諸物価高騰につき建言書」(同書四一三～四二〇頁)である。物価騰貴の原因を種々の角度から具体的に考察し、政府に物価引下げの手段を講ずることを望んだものであるが、末尾に、「右は去ル寅年打毀以来、二十ヶ村一同別紙議定取極、(中略)先項飛弾《(ママ)》・信濃辺之忩劇虚実不詳候得共、風評専ニ付、人気推移候儀難計候間(下略)」と、武州一揆他の世直し闘争を書きつらね、政府に〝圧力〟をかけている点注目される。又、同書には、吉祥寺村の慶応二年七月の「窮民助成に付金品取集め割渡し帳」、翌年三月の「米雑穀現有量取調べ書上帳」等が収載されているが、幕府及び村役人が武州一揆の事後処理を如何に行なったかを見る上での一史料である。(後者は伊藤論文の〝備穀〟に関する史料である。名栗にも吾野八ヶ村分の同年同月の史料がある。)

最後に、『秩父織物変遷史』及び『八王子織物変遷史』にふれておこう。前者は柿原謙一氏の手になるもので加茂下宗吉「年代記覚書」、野村論文他を引用されているが、「名栗村におこった一揆が、武州養蚕地帯一円に及んだのは、波及すべき同一事情が存したから」という指摘と、一揆の及んだ地区は、絹市立地の全区域をおおうものである」という指摘は重要である。又、一方、後者は正田健一郎氏の記述になるものであるが、横川村名主横川氏の「慶応二寅年所々一揆抜書」を用いて所沢、福生、拝島、八王子の打毀しについてのべておられる。同年七月に宮下村の貧農三三名が荻島源兵衛から百両無利足で強借したとの記事は興味深い。又、生糸、蚕卵紙改所についてもふれており、特に同年七月の歎願書において①国内生糸への課税反対②生糸売買の自由を要求しているのは奥州の信達一揆の際の要求項目と類似しており、重要である。

尚、文献目録にはあげなかったが、松岡喬一氏の『三多摩近代百年史年表』(安政元年～昭和二八年)の慶応二年六月の項に、名栗からの武州一揆の記事の直後に、出典は不明であるが次の如く記されているので左記にあげておく。

「川口村および八王子駅の窮民が騒動を起す。」

「上椚田村に俠客勘左ェ門を先達とした騒動が起る。」

以上、研究史としては甚だ散漫で、平面的、総花的となってしまったが、武州一揆研究の現状をのべ、若干私見を述べさせていただいた。特に今日までの個別論文では最も充実している武蔵野地方史研究会の論文と辻論文の批判には多くの頁を割いたが、すべてを言い尽したとは言い難い。一揆の評価を、前者は「地域的経済闘争、すなわち話合いと打毀しとを唯一の手段とする物価、なかんずく穀物値下げと高利貸に対する農民闘争」とし、後者は「反封建闘争というよりは、開港後の武蔵野地方が直面していた生産関係の矛盾解決を直接の目的とした経済闘争」と、いずれも控え目な見方をされているが、私はもっと積極的な評価をすべきであると考えている。『日本庶民生活史料集成』、『武州世直し一揆史料』の刊行により、武州一揆研究は新段階を迎えたといえる。これらの史料集の活用により、右二説は勿論のこと、青木虹二氏のモッブ説を打破せねばならない。本稿がそのための一助となれば幸いである。

## (二) 二、三の問題点について

(一)の研究史において私は各論文、地方史誌の問題点や誤りを指摘しておいた。その中で、一揆発生の日時、場所、頭取について史料により諸説があり、紛々としていることに気づかれたと思う。そこで左記へ右三点につき私なりの見解を述べ御批判をあおぎたいと思う。

### (イ) 日時

『維新史料綱要　巻六』は慶応二年六月一三日の項に、「米価騰貴ヲ以テ、武蔵国秩父高麗入間榛沢諸郡ノ窮民蜂起シ、各地ノ米商、富豪等ヲ襲フ。」とある。又、「川越藩庁記録」には、「一昨十三日暁飯能村河原へ大勢集り、同所穀屋とも打毀し云々」とあり、「武州秩父辺農民徒党一件」中の松平大和守家来岩倉弥右ェ門の六月一六日付の報告書中にも、「当十三日暁」とある。しかしながら一揆発祥の地上名栗の史料には「六月十三日暮六ツ時」、「同七ツ時」、「同夕刻」に名栗を出発、翌日四ツ時飯能川原へ集結、「同五ツ時迄ニ穀屋四軒打毀」とあり、高麗郡梅原村堀口家文書も「当六月十三日夜正七ツ時飯能川原江秩父名栗より一と口、高麗郡直竹村寄場よりひと口都合二た口」とあり、一三日の夕方から深夜にかけて名栗を出発、翌朝飯能川原へ集結、そして飯能の打毀しが始まったとみて大過ないと思われる。それは左記の六月二〇日付黒田筑後守の報告書からも裏付けうる。

「私領分武州高麗郡飯能村江、去る十四日暁七ツ時頃より、最寄遠近村々三拾ケ村程百姓共人数凡弐千人計り相集り、久下分村百姓国三郎と申者を始、飯能村又右衛門、同村半兵衛同清兵衛、右四軒居宅土蔵打毀し（以下略）」

### (ロ) 場所

六月一五日付の松平右京亮の報告書には、「武州秩父郡辺御嶽山、下名なく（衍）り谷戸と歟申所々」とあり、先述の岩倉の報告書には「武州秩父郡上名栗村子の権現」とある。その他諸説あるが、名栗、吾野、成木三郷がほぼ同時に蜂起したと思われる。辻氏が新井家文書の「同所（我野）の儀者同日間に合兼候趣」という史料でもって名栗と吾野の間には何らかの連絡があったのではないかとされるのは正しいと思う。高麗郡栗坪村の関根家文書、前掲の堀口家文書他にも相互の連絡をにおわす史料があり、飯能川上の村々が一勢に蜂起しようとしたのである。しかしながら吾野は名栗・成木勢より一日遅れて参加したのである。尚、子の権現は名栗村でなく吾野の南村にある。又、吾野（＝我野）は村名ではなく、北川、南川、高山、坂元、南坂石、坂石町分、長沢の総称である。

## (ハ) 頭取

頭取に関しては次の如き説がある。頭取をはっきりさせることは一揆の主体勢力を考える上で重要であるので以下詳細に見てみたい。

①龍泉寺・正覚寺の住職説
②紋次郎・豊五郎説
③下成木　惣五郎説
④阿賀野村名主、名栗の医師説
⑤我野村辺の取締名主説
⑥鳥井大尽説
⑦頭取なし

（右の他にも『富岡史』他に頭取の記載があり、博徒とする説もあることは先述の通りである。）

①は秩父の岡家文書、松本論文（龍化寺・正岳寺）、『秩父市誌』、田村論文（龍泉寺住職、同村某寺住職）にある。『名栗村史』の著者大護氏は「（彼ら住職らは）名栗に記録は残らないが、おそらく死罪になったとみられる。」とあるが、氏は、そののちに書かれた『村山町史』でもこの説をとなえておられることは前に見た通りである。又、小野沢論文、『定本市史青梅』、『立川市史（下）』は①②を並列し「にわかには断じがたい」とされている。（辻氏は①説には全く言及されていない。）しかしながら町田家文書の宗門人別帳によると、正覚寺の住職大慶はその後もかかわりなく記されており、嘉永頃龍泉寺の住職となった龍洞悟雲大和尚が入寂したのは明治一七年である。（龍泉寺過去帳による。）①説はすべて秩父の史料であり、史料相互の間に何らかの関係があるようにみうけられる。同じく秩父の史料である伊古田純道等「賊民略記」には祖善という僧が大宮郷打毀の際の頭取であったことが記されていることより、想像、類推されたものではないかと思われる。『秩父市誌』四

四六頁には「龍化寺正岳寺（・この二寺に棒線を引き消去しあり）」とあり、四四四頁の写真をみるとたしかにそれらしい跡がある。そして右横には次の如く記されている。「此二ケ寺の住職は全く間違にて雲水坊主と申事ニ御座候」と。ついでながら述べると、上名栗の寺はすべて曹洞宗であり、彼ら〝住職〟が「南無阿弥陀仏」の旗をかかげることはあやしい。先述の如く牛窪氏は龍泉寺住職秀山を〝英雄〟的に取扱っておられるが、如何なものであろうか。又、『日本歴史講座』（近世―近代）二二一頁がこの本を唯一の典拠として「名栗村の龍泉寺の住職を中心とする僧侶・神官などの知識層や、各村の中以上と思われる農民職人などが指導的な地位にあり云々」は全く事実に反しているといわねばならない。町田滝之助書状に明らかなように、「寺院方に差押を依頼」しているのである。

②③は後述することにして、④を検討してみよう。④は『日本庶民生活史料集成』六九七頁にあるものである。上名栗には当時古組には医師はおらず、新組には原田良碩が一人いたが、彼は一揆後施金を行なっており、頭取の可能性はない。又阿賀野村名主というのは、(ロ)の場所で述べたように吾野村という村は存在せず、従ってその名主が存在することはありえない。

⑤は、『武州世直し一揆史料』一二九頁の久保家文書に出てくるものであるが、取締名主が吾野におかれたのは文政～天保の館林領時代で、しかもその取締名主となったのは町田氏のみであるから、これ又、全く問題にならない。

⑥の鳥井大尽は来住野氏記録に出てくるものである。小野沢氏は鳥井大尽＝平沼氏とされているがその推定は正しい。しかしながら年番組頭平沼氏は歎願運動ではかなり積極的に動いているものの施金をしていることより頭取になることはありえない。

さて、②、③であるが、私の推定では成木村の組頭の惣五郎が中心であり、名栗の頭取が紋次郎・豊五郎、坂石町分の佐兵衛が吾野方面の頭取であったと思う。しかしそれは最初のみで後には多摩郡二俣尾村槙次郎や祖善の如く各地に頭取が立ったと思われる。その意味では⑦が正しい。名栗の場合、紋次郎・豊五郎の二人は、六月二九日頃忍んで帰って来ており最後まで指導していたことも考えられる。紋次郎・豊五郎のことは前掲の清水家文書、堀口家文書にも出ており、名栗の場合彼らが中心であったことは疑いない。頭取についてかの「青山防戦記」には次の如く記されていることは周知のことと思う。

「最初の巨魁は名栗の間地村、白岩村の名主某、吾野の長沢村島破藤右ェ門、作兵衛、成木の末成村名主惣次郎、字悪惣」。

右のうち、間地、白岩はともに名栗の組名（字名）であり、紋次郎・豊五郎の家は間地、名郷にあったから、これは彼らのことをいっているのであろう。長沢村島破藤右ェ門とは辻論文一三六頁の長沢村無宿富造、作兵衛は（同じく一三六頁）坂石町分家主佐兵衛、成木末成村名主惣次郎とは、下成木村下分末成の組頭惣五郎こと喜左ェ門のことであろう。「秩父飢渇一揆」に出てくる〝英雄〟、成瀬村杉山大じん儀左ェ門も喜左ェ門＝惣五郎のことであろう。七月二日の岩鼻手付宇佐美藤一郎の取調べに対し、紋次郎・豊五郎は次の如く語っている。

「当六月十日紋次郎義飯能市場江用事有之罷出候処飯能川原与申処ニ而成木村字悪惣与申ものニ出合、右悪惣申聞候ハ米穀高値ニ付名栗道難渋可致旨我等共江申合、米直下ケニ近ゝ飯能江可罷出旨当方より沙汰次第飯能川原江可罷出旨申聞候ニ付、困窮之余リ忝儀与存、帰宅之上豊五郎江も申聞、当六月十三日朝右悪惣ゟ使之ものの由ニ而名面不知もの三、四人罷越、当十三日夜飯能川原可詰合、不出合之ものは後日仇を可成旨断置立去リ候ニ付、両人之もの右之段高声ニ申触候趣申口」

すなわち一揆発生の三日前に惣五郎と接しており、連絡次第飯能川原へ集結するようにといわれ、六月一三日朝惣五郎の使いと称する三〜四名の者が来て、一四日朝に飯能川原へ集結するようにとの連絡があり、彼ら二人は大声で触れまわったというのである。六月一三日朝云々は他の史料にもあり、それらは六月一八日の町田滝之助による「帰参者」の取調べの調書に出ており、又六月二四日付で滝之助はその旨を実父に報告しており事実であったと思われる。尚、幕府は頭取を誰と判断したかは『武州世直し一揆史料』二九頁の史料二三に明らかである。即ち主犯を紋次郎と断定し、豊五郎は共犯とし、各々死罪、遠嶋を仰付けている。しかし二人とも病死した後の判決であったため田畑闕所の処分をうけたのである。「請書」には、「多勢ニ相成、終誰頭取と申儀も無之」とあるように、幕府も各所に頭取が出現したことを暗に認めているのである。

では私の説による主犯の惣五郎の処分はいかなるものであっただろうか。井上論文、『定本市史青梅』は〝不明〟とあるが、『武州世直し一揆史料』には明確に出ている。二六四〜七頁がそれである。組頭とはいいながら、所有石高は一石一斗七升余で貧農であったこと、中追放を仰付けられ人足寄場へ入れられ田畑闕所になったことが知られる。家族は妻と弟、妹三人で親類金右ェ門の厄介となった模様である。これによれば、名栗の紋次郎・豊五郎より罪が軽いが、〝判決〟の日が一年ほど喜左ェ門の方が早いせいであろうか。その他『武州世直し一揆史料』には処分例が所々にみられる。たとえば二二〜三頁等。二三頁の上段にも「穀屋其外当福之もの共居宅可打毀間、武州高麗河原江可集旨、同国坂石町分佐兵衛申聞候云々」とあることで明らかなように坂石町分(吾野)方面では佐兵衛なる者が頭取となり、黒山村勘兵衛の如くそれに加わり、中追放他の処分をうけたものが多数あらわれたのである。佐兵衛が吾野方面で積極的に動いたと思われる史料は井上論文一四〜五頁参照。参考までに井上論文、『定本市史青梅』により、八月三日に府中から江戸送りとなった者の名を左記へあげておこう。

武州上名栗村　紋治郎　四十二才
同　豊五郎　四十四才
武蔵坂石町分　菊之助事佐兵衛　三十八才
〃　長沢村　作兵衛　四十七才

〃　下成木村　組頭　惣五郎事喜左ェ門　五十八才

〃　南入曽村　無宿　文太郎　四十七才

武蔵野地方史研究会及び、辻論文に対する私の疑問、誤りの指摘に対して私なりにその理由を実証的に示すつもりであったが、時間と紙数の関係により、それは後日に譲ることとする。

（一九七二・六・二四）

註

（1）『日本資本主義発達史』（一九三〇年）

（2）「幕末に於ける社会経済状態、階級関係および階級闘争」（一九三二年、『日本資本主義発達史講座　第Ⅰ部』。のち『羽仁五郎歴史論著作集』第二巻所収）

（3）「明治維新の革命及び反革命」（一九三三年、『日本資本主義発達史講座』、のち『服部之総著作集』第一巻所収）

（4）『明治維新』（一九五一年）

（5）『日本現代史Ⅰ　明治維新』（一九五一年）

（6）『明治維新史研究講座　三』（歴史学研究会編一九五八年）

（7）『学説批判明治維新論』（一九六一年）

（8）「宝暦―天明期の社会情勢」（岩波講座『日本歴史』近世　四）『百姓一揆の伝統　正続』

（9）「維新変革の現代的視点」（『歴史学研究』三二二号）『幕末社会論』（一九六九年）「世直しの状況」（『講座日本史五　明治維新』）

（10）「世直し状況の経済構造と階級闘争の特質」（『歴史学研究』三二六号）「慶応期の階級闘争をめぐる問題点」（『歴史学研究』三三六号）

（11）「幕末維新期における都市の構造」（『三井文庫論叢』四）「維新期における都市と階級闘争」（歴史学研究会編『歴史における国家権力と人民闘争』一九七〇年）

（12）「幕末期の人民闘争」（『歴史評論』二一五、二一九号）「直接的革命情勢としての一八六六年」（『人民の歴史』五）

（13）「革命情勢としての明治維新」（『歴史評論』二二六号）『日本近代国家の成立と革命情勢』（一九七一年）

右の他、次にあげる諸論稿も重要である。

北島正元　「百姓一揆論」（『新日本史講座』一九四七年）

堀江英一　『明治維新の社会構造』（一九五四年）

庄司吉之助　『明治維新の経済構造』（一九五四年）
　　　　　　『世直し一揆の研究』（一九五六年）他。
社会経済史学五五年度大会特集号「幕末における農民一揆」（『社会経済史学』二一―四）
大石嘉一郎　「明治維新と階級闘争」（『歴史学研究』三三九号）
青木虹二　『百姓一揆の年次的研究』（一九六六年）
　　　　　『百姓一揆総合年表』（一九七一年）
岡本良一　「近世都市の騒擾について」（『近世史研究』三―三、一九号）
　　　　　「大都市の打毀しとその主体勢力」（『日本史研究』一二号）
原田伴彦　『日本封建都市研究』（一九五七年）

# 2 武州一揆の研究(二)—武州秩父郡上名栗村の経済構造—

先稿では、武州一揆の研究史及び一揆発生の日時、場所、頭取についての私見を述べてみたが、次の方々から研究史中脱落していた論稿の御指摘をいただいたので、その後に発表されたものとあわせて左記に列挙しておく。

揖西　光速　「日本農村工業の停滞性—武蔵小川製紙業について—」(『封建制と資本制』〈野村博士還暦記念論文集〉所収)

林　有章　『幽嶂　閑話』(一九三五年)(以上大舘右喜氏の御教示による)

村井　益男　「貧民の群像—武州一揆」(林英夫他編、『ものいわぬ農民の群れ、東国編』一九七一年)(北原進氏の御教示による。)

千代田恵汎　「武州世直し一揆研究覚書—特にその性格をめぐって」(埼玉県高等学校社会科研究会研究報告、一九七二年、タイプ印刷)

高梨　輝憲　「慶応二年埼玉県下における打毀し史料」(『埼玉史談』一九—三、一九七二年)

森　安彦　「武州世直し一揆の基礎的考察—主体勢力の分析を中心に—」(『信濃』二四—一〇、一九七二年)

横山十四男　「武州世直し一揆史料」(『史潮』一〇九号、新刊紹介、一九七二年)

注　連本直哉「武州世直し一揆史料」(『史学雑誌』八一―八、一九七二年)(以上二点、森安彦氏の御教示による)
村上　直「武州世直し一揆史料」(『日本歴史』二九三号、一九七二年)

これら諸論稿の批判は別の機会に譲ることとして、本稿では先稿において〝集中的〟に批判を行なった武蔵野地方史研究会の共同研究「武州一揆について」(1)や辻光子氏の「慶応二年武州一揆―その社会経済的基盤についての一考察」(2)等に対して私の論拠を示すため、私自身が分析を行なった上名栗の経済構造分析を以下に述べてみたいと思う。本来なら武州一揆が波及したすべての村々、及びその周辺の村々に関しての総合的分析を行うべきであるが、時間と能力の関係でそれはなしえなかった。しかしながら一揆発祥の地である上名栗村の史料による研究は、森田雄一氏の「武州一揆と名栗村の動向」(3)、辻光子氏の前掲論文、大護八郎氏の手になる『名栗村史』、井上紋次郎氏の「あれから数えて九十九年」(4)、前掲森論文のみであり、森論文を除きそれらが種々の誤謬を含むことは先稿に述べた通りである。また、たとえ一村のみであっても一揆発生前の長期的な村落構造、経済構造の分析は周辺の農山村に一般的に広く共通した矛盾点、問題点を多く含むものと考えられる。とりわけ上名栗村の名主文書である町田家文書は、近世・近代史料合せて三万有余点の体系的、連続的史料群であり、このような「地味で、かつ重要」な研究には最適の史料と思われる。遠山茂樹氏のいわれる如く「一揆は政治、社会、経済情勢全体の動きの中でとらえられるべき」(5)であり、林基氏のいわれる如く「一つ一つの一揆をとりあげて、その一揆の前何十年にわたるそれらの地方の具体的な歴史を分析しなければならない」(6)と思われる。又、揖西光速氏も一九五五年の社会経済史学会の開会の挨拶で「農民一揆をとりあげるにあたりましては、いわゆる基礎過程からの把握に重点をおき、商品生産の展開ならびにそれにともなう階層分化を主として究明しつつ、それらと政治的な動きとの関連を問題にしたい」(7)といっておられる。しかしながらこうした観点で一揆を追求された論文は、慶応二年の場合、庄司吉之助氏の一連の信達一揆に関する研究(8)や前記の辻光子氏の論文の他いくつもないのが現状であり、現在停滞しているといわれる百姓一揆の個別研究は今後このような地道で精力的な研究こそ進められるべきであろう。私のこの小論もそうした方法論に従って論述するつもりであるが、外見ばかり似せて中味が伴なっていないことを恐れる。私が本稿を書くにあたって最も知りたかったことは「一揆が如何に闘かわれたか」ではなく、「何故闘かわれなければならなかったのか」であり、「一揆後の影響、状況の変化があったか否か」である。従って私が本稿において最も重点をおいたのは化政期から慶応、明治初期にかけての村の経済構造変化、なかんずく階層分化過程である。武州一揆の主体的勢力であった半プロレタリア層が如何にして創出、析出されたのか、又その存在形態はどのようであったのかを明らかにしようとした。そしてそれに必然的にともなう地主の土地集積過程の分析をも重視した。そしてそうした状況を可能ならしめた社会経済的諸条件を一揆の発生する五〇年程前にさかのぼって追求し、かつ一揆前後の幕府の対策、農村側のそれに対する対応もあわせて追求しようとするのが本稿の主旨であるが、もとよりそれに成功しているとは思わない。しかしながら何らかの意義はあるものと思われる。

（尚、本稿は一九七〇年度の私の卒業論文の一部であり、かつその要旨は一九七二年七月八日、明治大学大学院における関東近世史研究会で発表したものである。また一九七二年四月から近世村落史研究会のメンバーに加えていただき、『武州世直し一揆史料』の「続編」及び「研究編」刊行のため努力中であることを申添えておく）

## 第一章　上名栗村の経済構造

武州秩父郡上名栗村（現在の埼玉県飯能市大字上名栗）は、飯能と秩父のほぼ中間に位置する山村である。北辺には武甲山がそびえたち、村の中央には乾から巽に亘り一条の谷川が流れる。これが名栗川であり、入間川荒川とその名をかえて江戸へ直結する。東西四里程、南北三〇町余り、山畑のみで田はなく、村内で産する

穀のみでは三、四ヶ月を支うるのみである……。(9)

上名栗村は右のような自然的条件が与えられた村であったが、本章ではこれらの諸条件に対して村民らが如何に闘い、かつそれらを克服していったのかをみていきたい。とりわけ生産力の発展、商品流通、農民負担の三点に重点をおいてみていきたい。尚、叙述の都合上次の二つの時期にわけて考察する。

一、万治~天明期(一六五八~一七八八年)

二、寛政~明治初期(一七八九~一八六八年)

第一の時期は自然的条件を克服できず、生産力の低い一山村として領主的恣意の下で収奪されるがままであった時期。第二期は名主町田氏を中心として酒造、大規模な筏流し、植林が行なわれるようになり、商品経済の渦中に入りこみ、一部農民の手にかなりの剰余が残りうるようになった時期、特に化政期を中心に村落構造に大きな変質がおこった時期、そしてそこから生れた諸矛盾が露呈してくる時期。又、今日の名栗村の性格を決定づけた時期である。

当初名栗村はいわゆる〝東北型農村〟に属し、後進地域であったが、化政期に著しい変貌をとげ、植分け制度=分収林を行なう村として、又、吉野材、青梅材と並び称される西川材の主産地として、今日では山村としては最も先進的な村であるといわれる。(10)本章ではその変貌が如何にして行なわれたのかを様々な角度からみていきたい。

## 第一節　万治~天明期の経済構造

町田家文書における最古の史料は万治二年(一六五九)の年貢皆済目録、同三年の名寄帳である。後者によると近世初期は次に示す物産を現物納の形で納めていたと思われる。

綿四貫八百五拾匁
紬弐拾端
漆小桶七盃
大豆六石三斗

これらの生産額は不明であるが、皆済目録によると右の他紙舟役、萱銭をも納めていたことが知られる。[11] 上名栗村の租税制度を研究された税所良子氏によれば、[12] 延宝六年（一六七八）に川運上（鮎にかかったもの）が加わり天和二年（一六八二）に綿・紬・紙売出永が加わり、漆以外はすべて金納化されたという。

このことは上名栗村が当時から貨幣経済が浸透するほど発達していたことを意味するものではないが、上名栗村は畑作のみの地であったから、はやくから〝貨幣獲得の道〟を農業以外に見出さねばならなかったことは事実であった。その貨幣獲得の道とは、薪炭、材木、養蚕業であったことは次の史料で明らかである。[13]

享保五年（一七二〇）同七年村明細帳
男　耕作之間　釜炭・鍛冶炭焼・日用
女　〃　木綿・麻・絹
寛延三年（一七五〇）村明細帳
男　炭焼稼・駄賃・日雇
女　蚕・布・太布・山稼

右の他大工・木挽専業者が各二～三人、馬医一人が明細帳に記されており、元禄～享保期に酒造業を営なむ者がいたことも知られる。(14)

以上、村の諸産業を概観したが、次に検地、新田開発等をみてみよう。検地は寛文八年(一六六八)深谷喜右衛門によって行なわれ、(15)延宝・享保に新開・改出しが行なわれたが、量的にも耕地の拡大は少なかった。(16)総面積に比べ百町余の畑は狭少であり、川の周辺に猫の額の如き総筆数三六三七筆数の耕地が散在しており、石盛も低く、冒頭にあげた如く農業のみでは到底自給不可能の村であった。下々畑・切畑は山林とかかわりがなく、白岩付近ではつい最近まで焼畑が行なわれていたという。享保八年(一七二三)には新田開発が行なわれたが、(17)反別、石高の増加の割には生産量の増大にはならなかった。しかし農民にとっては、以後少いながらも貴重な財源の一つとなった。また、農民の収入源としては他に御林山の焼立てがあるが、ここでは万治～天明期には宝永元年、寛延二年、安永六年、天明二年の四回にわたって焼立てがあったことを記すに留め、その詳細な検討は後日に譲りたい。

次に前掲税所論文により本年貢高の五ヶ年平均の変遷を示せば表四の通りである。(18)これによれば寛文・延宝頃旱害、租率の低下等で永四八貫文前後で停滞していたが、正徳・享保期、すなわち新井白石、徳川吉宗の頃、意識的な年貢増徴策が行なわれ、享保九年(一七二四)より定免法が採用され、享保の大飢饉、寛保の大水害等で一時低下したものの宝暦七年(一七五七)より永六八貫～七〇貫前後の高さで停滞したことがわかる。本年貢の他、元禄～享保期には中野御用菰代(中野に設置された犬小屋用の菰代)酒運上等が加わり、享保六年以降、これらにかわってここ名栗は幕領であったから、御伝馬宿入用、六尺給米、御蔵前入用の、いわゆる高掛三役が加わり、ほぼ同じ頃史料上にあらわれる川々国役金とともに農民負担を考察する上で重要であるが、ここでは指摘するのみに留めたい。

以上をまとめると次の如くなる。

(1) 名栗においては農業面での新たな生産力の発展が殆んどみられなかったこと。
(2) 定免法適用により年貢の増徴が限界点に達したこと。
(3) 改出、新田開発も限界に達し、川欠、山崩等による荒地、芝地を開墾するのが精一杯であったこと。

一方、市場関係に目を転じてみよう。名栗は江戸日本橋まで内藤新宿を通り一七里余、川路は三八里余であった。(19) 市は享保の頃は飯能・中山、中山が衰えてからは飯能・秩父大宮の二市が中心となった。(20)(21) 飯能からは縄・筵を、(22) 秩父大宮からは馬を購入していたことが知られる。又、名栗からは薪炭・材木を飯能へ、(23) 絹織物類を秩父大宮へ出荷していたと思われるが詳しい史料はない。(24) 飯能は領主黒田豊前守の保護をうけ、(25) 縄・筵等には見世賃がかからなかったので、(26) 近くの中山、高麗などの市場圏にくいこみ、(27) のちにはそれらを圧倒するようになる。(28) 又、飯能河原には筏の規模をかえる堰があり、筏乗りたちの中継地点であった。飯能も秩父大宮も距離はともに五里であるが、秩父大宮へは険阻な妻坂峠を越さねばならず、地理的にも、又薪炭業・材木業の隆盛とあいまって、秩父郡にありながら名栗、吾野は飯能を中心とする高麗郡とより親密に結ばれるようになっていったと思われる。

次に飢饉、災害をみてみよう。税所氏の前掲論文によれば、寛文~延宝期には旱害、大風などの災害があいつぐが、万治~天明期における上名栗村の三大災害は享保一九年の大飢饉（三七・三%の破免検見）、寛保二年の大水害（四八・八%永引）、天明四、七年の大飢饉である。幕府は享保の飢饉の場合永一四貫九一三文を、寛保の水害の場合五四人に対し一人永九四文九七を、天明四年には五八八人に対し一六両二分余を、同七年に八五〇人に対し二九両三分余を貸与しているが数字を見れば明らかな如くいずれも気休め的なものであり、しかも八年~三〇年賦で返済を要求しているのである。この飢饉が村落構造に与えた影響をみるため表五を作成した。(29) 人口は享保一一年の一五九〇人、家数は宝暦九年の三七〇戸がピークであるが、家数は三〇年後の寛政元年には三一八戸と激減、人口はピーク時より三〇〇人以上減少していることが知られる。(30) 又、正覚寺過去帳によると、平年の死亡数は一〇人前後であるが、享保元、一八、一九年、天明四年は四〇人を上まわっていることが知られる。村民がいかに困窮したかは天明五年（一七八五）の惣百姓一揆の際の史料が如実に物語る。[31]

（前略）困窮之百姓之其内夫食ニ必死と差詰り、殊ニ卯辰両年（天明三・四年…筆者註）凶作ニ而、山々の葛わらび野老之根等も堀《（ママ）》尽し何ニ而も当時夫食ニ仕候品無御座候間、人勢も疲居なから当日々ニ込リ候間、幽之山稼等ニ而露命相凌候仕合ニ御座候。（後略）

以上、極めて大雑把に第一の時期をみてきたが、みるべき産業も殆んどなく、従って村には活気がなく、農業のみでは到底再生産が不可能であり、自然の災害に極めて敏感で、領主収奪のなすがままに細々と生活していた山村農民の状況をいくらか明らかにしえたと思う。

## 第二節　寛政〜明治初期の経済構造

### (イ)　生産構造

文化元年（一八〇四）から同六年までの宗門人別帳には職業の記載がある。[32]それによれば炭焼が古組全戸数一六五戸中六六〜六八と約四割を占め、ついで日雇人足が二二〜二八人存在していることが注目される。持高の多い者は炭商、材木商、酒造業を営なむ村役人が多く、持高の少い者はそれらに雇用された炭焼、炭背負、炭俵あみ、杣、木挽、日雇人足が多い。その他酒小売、たばこ、古着商、とうふ商などが注目されるがいずれも村内相手の小営業であろう。これら小営業は宝暦〜天明期に徐々に発生してきたものであろう。[33]

次に文政一二年（一八二九）、天保九年現在の農間渡世をみるため表六を作成した。前者によれば居酒渡世を営なむ者の中に寛延、安永年中に開業したものがいるが、大部分は寛政~化政期に開業した者が多い。これらは後述するように、筏乗、日雇層の増大にともない需要も増大していったためと思われる。名主町田栄治郎、組頭鉄五郎らの下で髪結、煮売渡世を開始する者もあらわれ、寛政一〇年（一七九八）には質屋業を営なむ者もあらわれる。[34] 文政一〇年（一八二七）の書上によれば栄治郎店の善七他二人の質屋が存在し、その質取高は千両を越える。特に善七は一人で九一二両余、銭三四一貫余の質を取り、他を断然圧倒する。その善七店の店主である町田氏は寛政二年（一七九〇）酒造株高六〇石を入間郡和田村甚八から譲りうけ、さらに文化四年（一八〇七）には上名栗村百姓代重郎兵衛から株高一二石五斗を譲りうけている。[35] 文化九年の「酒売高帳」によれば、年間売上高は六四両二分二朱、一、二二八貫二八文とあり、同年頃の「売懸取立控」によると北川、南川、井上、中藤、坂石町分などの村々と取引があったことが知られる。又、文化一二年の「蔵改引渡帳」によると、有酒、売子、坪分正味貸し等、計二九四両四四六文とある。山村としてはかなり大きい方であろう。尚、天保五年（一八三四）には平沼氏も酒造業を開始している。[36]

それでは右のような活況は、一体何によってもたらされたのであろうか。それをまとめてみると次の五つがその主なものであろう。

(1) 寛政五年（一七九三）頃より町田氏が江戸浅草に材木商を開始したこと。
(2) 文化二年（一八〇五）の筏仲間の結成、文化六年、文政九年の再編強化。
(3) 文政三年以降、積極的な植林の開始。
(4) 年賦山、植分け制度。
(5) 地主↔小作制度。

ではこれらに関して少し詳しくみてみよう。

(1) 名主町田勝次郎は商才にたけた人であったとみえ、寛政二年に酒造業を開始し、同五年に江戸浅草花川戸町家持伊勢屋から問屋株を譲りうけ[37]、寛政一〇年には名主役を息子の栄治郎に譲り江戸で材木業に専念するようになる[38]。

この江戸への進出は生産力発展の〝原因〟というよりはむしろ結果というべきで、江戸に進出しうるほどの財力を蓄積しえたのは宝暦～天明期であろう。尚、寛政一二年には勝治郎は義弟喜助に今戸町の店を譲っており、花川戸町の店は町田屋、今戸町の店は藤田屋を名乗る。これら江戸浅草の二店は、西川地方の筏仲間の江戸における根拠地・代理店の如き役割をはたしていたことが次の史料によって知られる[39]。すなわち、町田栄治郎が筏仲間のリーダーとして文化八年に奉行所と交渉し、浅草御蔵の根太木の納入権を得ることができ、今戸町の町田屋が彼ら筏仲間の江戸材木市場進出の根拠地となっていったのである。この時の条件は、他の史料によれば、これまで一〇か年平均の値段の五割安という一種のダンピングであるが、青梅と並んで大消費地である江戸に近いという地理的条件に恵まれた名栗を中心とする西川地方は、かかる形でしか江戸に進出することが不可能だったのであり、〝遅れ〟を取戻すためのやむをえない手段であった。産地直結のシステムをとるこの経営は、途中の流通経費の無駄を省くことが可能であり、しかも浅草御蔵御用の幟と提灯を使用することにより幕府の威光を借りることができる点で、まさに一石二鳥であったと思われ、十分採算がとれるものであったと思われる。その意味でも町田氏のこの江戸進出は時宜を得たものであり、西川地方の筏商は何かとこの町田氏の出店をもりたてることとなったことは容易に想像される。町田家の発展の〝結果〟であった江戸進出は、西川地方の生産力の発展に拍車をかけ、相互にその発展の速度を促進することとなったのである。

(2) 寛政四年（一七九二）に、幕府は名栗の筏商に対して筏運上を上納せよと命令しているが、名主勝次郎らは名栗だけが上納しては他村にねたまれるからと婉曲に断っている[40]。しかし他の村々の機運もみなぎり、文化二年（一八〇五）には筏仲間結成が明確にうち出される。それ以前にも〝三拾ケ村右仲間一統申合〟等の語句がみられるが、これらは連絡機関的なものであり、管見ではそれを成文化し、独占的特権をもつ団体として結成されるのは文化二年が初見である。文化二年、同九年、文政七年（一八二二）、慶応二年（一八六六）における筏仲間の増減を示せば表八の通りである。上名栗は中藤と並びその数においても最大であり、なかでも町田氏は江戸に出店を持つ者としてその勢力は絶大であった。いわば筏仲間の盟主ともいうべき地位であったことは次の史料で明らかである。[41] この内容は前述した文化八〜九年の浅草御蔵の根太木の件に関して、町田氏は筏仲間に出会命令を出し、敷引改の命をも出しているのである。町田氏らを中心とする筏仲間は特権を得、株仲間の如き独占団体となる。新規加入者には「弘メ振舞料」を要求し、川下の村々と水車・堰に関する出入があったときは一致団結してこれにあたるなど政治的な組織力も発揮する。この筏仲間は文化六年、文政七年に再編強化され、議定の条文をますます増加させ、細則が加えられる。[42] 排他性、独占性の強い利益団体として飯能川上の村々の筏商＝上層農＝村役人層はその結束を強化していったのである。

(3) (1)(2)では町田氏を中心とする村落上層部の積極的な動きをみてみたが、彼ら上層部は村の生産構造に大きな革命を要求する。すなわち彼らの商業活動にみあうような生産構造を求めるのである。それは名栗のような山村においては「大規模な、計画的な植林」の開始である。勿論木を伐り出した跡地に植えるといった小規模なものは文化以前にあったであろうが、本格的な植林の開始は文化以降である。町田栄次郎は、文化七年に下名栗村の御林の木を炭に焼くことを願い出、跡地に檜を植付けることを申し出ている。[43] また文政三年には字山中に植林を行なっている。[44] 同年には新組の組頭である新十郎、松次郎の二人が入会地に植林を開始している。[45] 新十郎、松次郎は後述するように吉田氏、平沼氏の祖先であるが、彼ら村落上層部の資本の投下により、多数の〝人足〟が要求され、炭焼業から日雇人足＝山林労働者へ転業する者が多くなっていくことは容易に想像される。従来家計補助的な意味しかもたなかった材木が、積極的に〝商品作物〟として〝企業化〟されるには植林、それも大規模な植林が必須の条件であり、植林は村の生産構造に大きな変化をもたらしたのである。

植林される木は圧倒的に杉檜が多い。気候と土質が適合することにもよるが、(46)前述した様に江戸という大消費地を近くにひかえているので、建築用材として最も適した杉檜を選んだものであろう。

植林の積極的開始とともに手入、伐採、筏乗りたちが必要とされ、元々農民といっても名ばかりであった村民たちは山林労働者、大工、桶職等の加工業者として上層農の下に組み込まれていく。彼らは「自らの労働力を売ることのみで生計を維持することが可能」となり、一方で土地を必要とする上層農の手に土地を譲渡するものが多くなる。階層分化に関しては第二章で詳述するが、名栗の場合、化政期は村落構造に最も大きな変化があった時期であり、次に示す年賦山、植分け制度の発達とあいまって、今日の名栗の姿を決定づけた時期であったのである。
(4) 年賦山、植分け制度は、「立木の売買契約形式」、「契約的植林制度」で、後者の場合(3)の特殊形態であるが名栗村の村落構造を考察する場合重要であるのでここであえて別項を立てて紹介することとする。植分け制度は名栗独特の制度ではないが、(47)名栗は今日分収林制度が日本で最も進んだ地域とされており、この分収林の江戸時代における名称が植分け（栽分け）であるから避けて通ることはできない問題と思われるからである。
① 年賦山とは、「町田氏など村落上層部が小前層の持山（持畑）の上毛を年賦で買いとり、契約期間中買主が自由に伐採することができるよう相互に契約したもの」で、次の四つの形式がある。
(イ) 契約時に買主が売主に即金で代金を支払い、売主は期間中その売った木を管理保護する義務を持つ。契約期間は一〇年が普通である。(48)
(ロ) (イ)の場合は期間中に買主が買木を自由に伐採する権利を持つものであるが、一〇年間据置き、その後二〜三年の内に買主が自由に伐採するという契約の場合がある。当然この場合は幼木が多く、安く買いたたかれる場合が多い。

(ハ) (イ)の変形として契約期間中買主が地代を売主に払い、年貢諸役を代納するという契約。

(ニ) (イ)~(ハ)とは逆に、町田氏のように広大な山林を所有する地主が自分の持山(手山《てさん》)の上毛を他の材木商に年賦で売り渡す場合もある。町田氏は自らも材木、炭商を兼ねるが、土地集積の結果自家経営を越える部分を他の同業者に販売するようになってくるのである。(49)

② 植分けとは、最も典型的な形は、「土地、苗木を地主が提供し、植付・手入の労働力を植主が提供し、成木した時の相場で現物を折半する方法」である。換言すれば、「生産手段を地主が貸与し、植付主の労働力を長期的に買取り、そこから生み出された利潤を〝山分け〟する方法」である。配分の方法は文字通り〝山分け〟する場合と金で分ける場合と二通りある。配分率は五分五分又は地主四、植主六が最も多い。(50)

以上年賦山、植分けに関して略述したが、これらの諸制度は文化~天保の頃続々とあらわれる。(イ)(ロ)(ハ)は天然林又は小規模な植林を行なったものと思われ、町田氏ら上層農は大規模な土地集積をする前の過渡的形態として小前層の持山の上毛を年賦の形で買取る方法を考案し、以後次第に土地集積を行うに従って(ニ)の形態へと移行し、そしてその跡地を②の形で計画的植林を企画し、その実施を他人労働にまかせ、寄生地主化していったと思われる。植分け制度とは平地における地主↔小作制の一変型とみることもできるのである。

(5) 上名栗村は山村であるが、幕末期には平地ほどではないにしても地主↔小作制がかなりの程度盛んになる。小作証文、小作年貢取立帳が多数みられるようになるのは化政期からであるが、以下に上名栗村における第一位の地主町田氏を例にとって地主↔小作制をみてみよう。

文化一四年(一八一七)の「年中世帯入目凡積帳」(51)によれば、小作金収入は三両二分余で全収入の五%余にすぎない。ところが後述するように文政~天保期にかけてかなりの土地集積を行い、文久期には町田氏のみでのベ百人余の小作人をかかえていることが知られる。(52)小前層は自らの労働力を販売することによって生計維持が可能となり、土地への執着が薄れて村落上層＝村役人層＝地主に自らの土地を質入れし、質地小作の形態をとるようになったのである。一方、地主層は肥料の質の向上等により作徳金収取による農業経営拡大の利益が可能になったためそれらの土地を集積しはじめたと思われるが、後述するように下々畑、切畑の購入により熱心であることより、地主層の関心は植林可能なそれらに向けられ、上畑～下畑における地主小作制は名栗村の場合、副次的な意味しかもたなかったと思われる。(53)

以上、主として化政期を中心に上名栗村の生産構造を見てみたが、明治初期の物産表その他によって若干それを補ってみよう。表九は明治二年（一八六九）の村明細帳による上下名栗村の物産表、明治一一年の普通、特有物産表、安政四年（一八五七）、慶応元年（一八六五）の産物書上帳である。(54)これらによれば、上名栗村の場合、大麦と芋が産額、播種地反別とも多いが、これだけでは自給できないことは明らかである。「新編武蔵風土記稿」が「年穀三四ケ月を支ふ」のみといい、慶応二年七月の「筏仲間議定書」に、「我等共村々之儀者、山中倹俎《（ママ）》谷合ニ而作地狭之村々ニ候間往古ゟ夫食買入之土地柄」といっているのはあながち誇張ではないことがわかる。(55)しかし前者が続けて「村民各自に良材を鬻て米粟に易ふれば、事の足らざるはなく、却て寛《（ママ）》富に営める民多く」といい、後者が「今般村々一同相談之上、第一産物之木品精々伐出し代金ヲ以困民共江融通」といっているのは一見困窮と矛盾するようであるが、ともに真実であることは明治二年の物産表、安政、慶応の産物書上帳等により明らかである。数字は貨幣価値の変動の激しい時期であるから近世中期とそのまま比較はできないにしても、明治二年の場合は農業と酒造を除いて二、一〇〇両の生産額であり、山村としては、また村全体としてはかなり富裕な村であったといえよう。詳しくは第二章で述べるが、化政期における生産力の発展にともない階層分化が進行し、貧富の差が益々拡大し、幕末期には相当激しい富の偏在があったのである。例えば、慶応三年の「米並雑穀有高」によると、上名栗村全体で米四六俵、麦八一俵、稗七俵であるのに対し、名主町田滝之助は米二〇俵、麦一〇俵を持ち、二位柏木代八は各々五俵、一〇俵、岡部善兵衛八俵、四俵、平沼源左ヱ門五俵、五俵と続き、米麦の大部分は彼ら村役人層＝商業・高利貸資本家層の手に集中していることがわかるのである。(56)

以上物産表により名栗の諸産業をみてみたが、安政の開港以後にわかに注目される生糸について若干補っておこう。享保五年（一七二〇）の村明細帳によると「蚕少々仕来り申候」とあり、「女、耕作之間、木綿・麻・絹」とあるのは先にみた通りであるが、女の家計補助的な家内労働が主で、量的にもそれほど多くはなかったと思われる。ところが開港以降外国用に輸出されるようになるとにわかに価格は高騰し、秩父周辺の村々は急に活気を帯びてきたものと思われる。天保六年の町田氏の収入の中に桑代五両とあり、弘化二年の「桑売帳」に小出氏他の名がみえる。(57) 表九によれば安政四年の絹売出は年一五〇両、明治二年は生糸代金四〇〇両、生絹四〇〇両とあり、急激に増加していることが知られる。また、慶応二年の「蚕種枚数調」をみると、(58) 南村寄場組合中では上名栗が七〇枚で最も多く、明治五年の「生糸紕高」によればそれはさらに四割以上増加していること、そして生糸の八〇％は外輪用であることが注目されるのである。幕末期には名栗を含む秩父、青梅、八王子等の関東山村は、海外の需要に応じるため先を競って雑穀から桑に作付を転換しにわかに養蚕業を営むものが出現したと思われる。(59) 換言すれば、これらの村々は国際資本主義の荒波をまともにかぶり、急速に横浜の生糸商、在方の生糸仲買商の資本の下に組み込まれていったのであり、一方で大もうけをする彼らが出現し、他方で物価上昇により大打撃をうけた貧農小作層、前期プロレタリアート、半プロレタリアートが多数析出されていったのである。

## (ロ) 商品流通

(イ)では化政期を中心とした生産力の発展を農間渡世の面から上名栗村をみてみたが、ここでは商品流通の面から、すなわちどれほどの量のものがいかなる経路で売買されたのかをみてみよう。

安永の御林山焼立てのとき、飯能→新河岸→浅草のルートについて若干ふれたが、[60] この時期はそれが快調に発展していく。寛政四年（一七九二）の幕府の問いに答えた文書によれば、炭釜二〇口で年二、〇〇〇俵の炭を焼立、筏は一六〇枚余とあり、前記のルートで江戸へ運んだことが知られる。（この史料は冥加永免除願上書であるから数字はそのまま信用できないと思われる。）[61] 次に示す史料は、文化元年（一八〇四）「炭売上り積帳」と弘化三年（一八四六）の筏の搬出量を示すものである。[62] 前者によれば上名栗の炭焼七五人の総生産額は三〇、〇〇〇俵とあり、飯能で売った場合と江戸で直接売った場合の利潤の計算（見積り）をしたものである。また後者は、筏の搬出面では名栗と敵対関係にあった飯能寄場名主堺屋又右衛門が関東取締出役にあてたもので、数字は寛政のものよりより正確と思われる。（以下略）の部分は、壱双につき飯能から江戸千住までの川下ケ入用は一五ケ年以前は金二両一分～二分だったものが、現在は杭木、酒食等の経費の増大により四両～四両二分になったと記されている。

炭は馬又は筏の上荷として飯能まで送られ新河岸を経由して千住、浅草へ送られるようになったが、町田氏の出店である江戸の町田屋、藤田屋や、千住橋戸町の竹屋伝兵衛らとの直接取引もあったことは多数の仕切状が現存していることにより明らかである。享和二年（一八〇二）の「御屋敷炭入口取帳」によれば御旗奉行の小野飛騨守、代官の榊原小兵衛らと取引があったことが知られ、館林藩治下の際は武士からの個人的注文もみられる。しかし大部分は飯能の堺屋、金子らの問屋を通して江戸に販売していたと思われる。文化八年（一八一一）又は文政六年（一八二三）と思われる金子清吉から町田栄治郎宛の「駄賃銭依頼改帳」によれば、村内最大の炭商であった町田氏が中小の炭商の分をとりまとめて出荷していること、金子との年間総取引量七、五五二俵のうち七、〇一三俵が河岸出し（江戸送り）となっていることが知られる。町田氏はうち一、九二九俵で、全体の二六％を占め、他の二〇業者を断然圧倒しているのである。

化政期からは炭以上に重要な産業となった材木業に関する史料はあまりに膨大に現存しているためその分

析は殆んどなしえなかった。前出の寛政四年、弘化三年の史料の他にここでは二～三の史料を提示するに留め、その詳細な検討は他日を期すこととしたい。

天保五年（一八三四）の「筏敷引割合帳」によると、同年三月～五月の上名栗村の筏商人の名前、筏数が判明する。のべ一〇人、計八七・五双のうち、第一位は町田栄治郎の二二双、第二位平沼栄左ヱ門一三双、第三位伊倉・槇田啓次郎一二・五双と続き、村役人層＝村落上層部が多い。人見の浅見氏、柏木の柏木氏らも筏商として登場し、小殿吉田氏も一〇人中では最下位ながら筏商の一人となっているのである。

次に享和元年（一八〇一）の藤田屋、文政五年（一八二二）の町田屋の勘定目録（店卸）をみてみよう。前者は藤田屋喜助が二六五両で店を譲りうけたときのものであり、後者は町田屋栄助（栄次郎の父勝治郎か）の死にともない、悴勝治郎が町田屋を相続する際に栄次郎宛に「勘定取調」を報告したときのものと思われ、有金、貸金その他計三、一九三両余とある。材木商としては中堅どころといえよう。天保二年（一八三一）の「積附通」によれば、新河岸の伊勢屋源右ヱ門の手をへて杉皮類が江戸に送られていたこと、そして既に瓦町に藤田屋の、吉永町に町田屋の分家ができていることが知られ、江戸の町田氏の出店は快調に発展していたと思われる。江戸の店の史料は町田家文書中にいくつかみられるが、ここでは天保九年の「懸控帳」により取引先の名を記すに留めよう。

河内屋卯兵衛、増田屋治郎兵衛、尾張屋太七。以下白木屋、越後屋、遠州屋、近江屋等々。

以上、上名栗村の主産業である炭、材木業を中心にみてきた。酒造、酒小売、質屋業に関しては前述したのでここでは水車、米穀商、醤油業、紙漉業などについて述べてみたい。

水車は、文化一一年頃より新右ヱ門なる者が町田氏へ店賃五両を払い、町田氏の搗賃を無料にすることを条件に営業を開始している。酒造人でもある町田氏は水車の営業開始を強くのぞんだのであろう。(63)

米穀商は町田氏の家抱勝平が天保六年（一八三五）に、同九年には町田氏自身が開始する。「米穀通」は文化四年からあり、小規模な経営はそのころから行なわれていたと思われる。取引相手は飯能の堺屋又右ヱ門、炭屋八左ヱ門、金子清吉らであった。

醤油業は文化初年に相州津久井県出身の正平が町田氏の下男＝醤油杜氏として営業を行なっていたが、文化一一年に正平は煮売屋を開発し、醤油店は乙次郎がそれをうけついでいる。翌年の店改によると百両余、かなり大きい方であろう。尚、乙次郎（音次郎）は文化五年より小規模ながら質屋を開始し、文化一〇年には町田氏より百両余を借用しその規模を拡大し、文政期に高持百姓（七斗五升六合）となり、天保期には豆腐商、筏商となり、次第に土地集積を行ない、天保二年には組頭となっている。詳しくは二章で述べるが乙次郎は柏木氏の祖先であり、初代代八の父である。

文政六年の御尋書上帳には農間渡世として紙漉、蚕、絹、太織、挽木、板貫、炭背負等をあげている。蚕、絹については前述したがその他のものについては名寄帳に紙船役を納めている者の名が十数人記されていることよりかろうじて知られる程度でその経営形態、規模は全く不明である。

以上、上名栗村における商品流通をみてみたが、野村兼太郎『村明細帳の研究』、伊藤好一『近世在方市の構造』に高麗郡上直竹村組合二四ヶ村の農間渡世向名前書上帳が出ており、下名栗村の農間渡世者が知られるので若干補促したい。これによれば、下名栗村は上組と下組に分かれており、上組には酒造一、荒物商二、豆腐・草履商一の計四軒、下組には荒物商三、升酒売二、豆腐商二、葉タバコ商二、草履・干菓子売二、紙商一計一〇軒（二種以上兼業の家あり）存在したことが知られる。上名栗とは若干様相を異にするが、山村としてはかなりバラエティに富んでいるといえよう。

以上、甚だ散漫ながら商品流通の面から上名栗村をみてみたが、名栗の場合、飯能と江戸との関係が最も重要であるといえよう。江戸との関係は再三のべておいたので飯能との関係をさらにみてみたい。

飯能が領主黒田氏の保護の下に勢力を拡大していったことは前に述べた。『新編武蔵風土記稿』は、文政期の飯能市の有様を次のように記している。

前々より毎月六の日十の日市を立てり、その始は山あひの村民、縄筵を第一として売買し或薪炭を出せしが、今は青梅縞、絹、太織、米穀等に至るまでを交易す……。（以下略）

前掲長岡論文によれば織物の取引開始は文化五年であり、飯能は益々栄え、在町化していく。名栗は生産力の発展、商品流通の発達にともない飯能との関係を益々深めていく。名栗の人口は一三〇〇余であり、炭材木等の商品の供給地として、また縄筵、米穀の大消費地として、飯能にとっても名栗は重要な市場であったのである。いいかえれば、名栗は直接的には飯能の市場圏に、そして間接的には江戸の経済圏の中に組込まれていったのである。

(ハ)　農民の負担について

次に農民負担の面から幕藩権力の諸政策、それに対する農村の対応をみてみよう。尚、ここでいう農民負担とは年貢、村入用、国役金、諸入用等史料的に把握可能なものすべてを含むものである。

本年貢に関しては先に表四で見た通りであるが、安永～天保までほぼ永七〇貫文で停滞していたものが天保改革時に永四貫文増徴されているのが目につく程度である。名栗は、文政八年～天保七年の一一年間は館林領に編入されるが、本年貢、小物成、高掛金とも名称の変化はあるが金額はそれほど変化はない。但し目白八丁堀屋敷類焼の際や、若殿様婚姻年御普請のため等と称して高百石に三両の臨時御用金があるのが目立つ。

次に岩城実千代氏による村入用の動態をみてみよう。[64]新古両組分裂以前の享保五年の村明細帳によると村入用は鐚二貫文とあり寛政頃までは古組のみで一〇貫文前後で停滞し、内訳もあまり大きな変動はない。ところが文化二年（一八〇五）の関東取締出役の設置、文政一〇年（一八二七）の改革組合村の結成、天保の改革、文久改革等の幕府の諸政策に対し村入用はかなりの程度敏感に反映していることが知られるのである。[65] 関東取締出役の廻村費用の賄い、廻状類の伝馬賃銭入用等が増大し、固定し、村入用を圧迫したのである。天保元年の名主給の成文化による固定、同七年の所替入用等により村入用は度々増大し、天保一四年の老中水野忠邦による改革の際は、幕府の〝勘定〟が廻村にくるというので多量の書上物を作成したためかなりの出費を要したのである。しかしながら何といっても村入用を最も圧迫したのは文久改革に関連して慶応元年から加わった兵賦金である。その内訳は表一三に示しておいたが、慶応二年の場合、実に年貢の八割近い額が村入用の中に含まれているのである。南村寄場組合の場合、兵賦は南川村、白石村より出し、彼らの給金その他を兵賦人を出さなかった村で村高に応じて分担することをとりきめている。[66] その他村役人の出会入用、兵賦人送り入用、差替入用等多大な費用が天領村々に加わり物価高に悩む農民にさらに追いうちをかけたのである。

農民負担には右の他に助郷、臨時諸入用、国役金等がある。以下に若干これらについてふれておこう。

名栗の場合、助郷は安永五年の日光社参の際に岩槻宿に人馬を出しているものが唯一である。天保一四年の日光社参の際は金六両一分を出金している。慶応二年には高麗郡上直竹、原市場村等に東海道平塚宿の当分増助郷がかかるが、上名栗にはかかっていない。明治元年には官軍側より大磯宿の助郷を命せられるがこれは断っている。[67] 尚、助郷ではないが文久三年に、万一外国と戦争が始まった時、岩鼻の関東郡代所へ非常人足を出すようにとの命令があり、訓練を行なっていた模様である。[68]

臨時諸入用とは、年貢・村入用・国役金以外の入用のことである。荒地改、倒死人検死入用、郷蔵修理、囚人逃亡一件入用、岩鼻陣屋非常農兵稽古場普請金等である。一〜二を除いて金額もわずかであるので指摘するに留める。

国役金には川々国役金、朝鮮人・琉球人国役金、日光法会国役金等がある。川々国役金は年貢皆済目録に記され、年貢の一部の如く固定化する。その他は原則として臨時にかかるが、慶応三年の大宮御所造立国役を除き量的にはごくわずかであり、これも指摘するのみにとどめたい。

右の他幕末期には多大な御用金がかかるが第二章で述べることとしたい。

最後に少々つけたしになるが、この時期における自然の災害をみてみよう。表一四は人口と戸数をみたものであるが、家数は常に漸減傾向にあり、明治初年が最低となる。この原因は「老齢独身者の自然的消滅による滅戸」が多い(69)。貧農の独身者には養子のなり手がなく、死＝絶戸を意味するのである。

一方、人口は家数と正比例せず、享和三年から天保六年にかけて漸増する。しかしやはり天保の飢饉の際には窮民救助願が出されたが、郷蔵は開かれず幕府は天保八年に御救金を貸付けている。その他村内で救恤が行なわれるが、詳しくは第二章で記すこととする。

安政六年七月二四日～五日には大風が吹き荒れ、二町余、一〇石八斗余が損地となった。橋が流れ、道が崩れ、名栗にとっては大事件であった。同年九月、町田、手沼、吉田の三人は百両を出金し、自普請の形で道橋を修理している。村と、村の有力者の関係を知りうる史料である(70)。

以上、甚だ散漫ながら武州一揆が発生した名栗村の万治～天明期、寛政～明治初期の基礎構造を様々な角度からみてみた。力不足のためいいたりないところもあり、又、適当にすましてしまったところ、無駄なところも多々あると思われる。第二章(『史游』三号)では本稿でみた生産力の発展により生産諸関係にいかなる変化がおこったかをみてみたい。尚、筆者は現在武州一揆をテーマに修士論文を作成中であり、その成果は第三章武州一揆の項(『史游』四号)で発表する予定である。

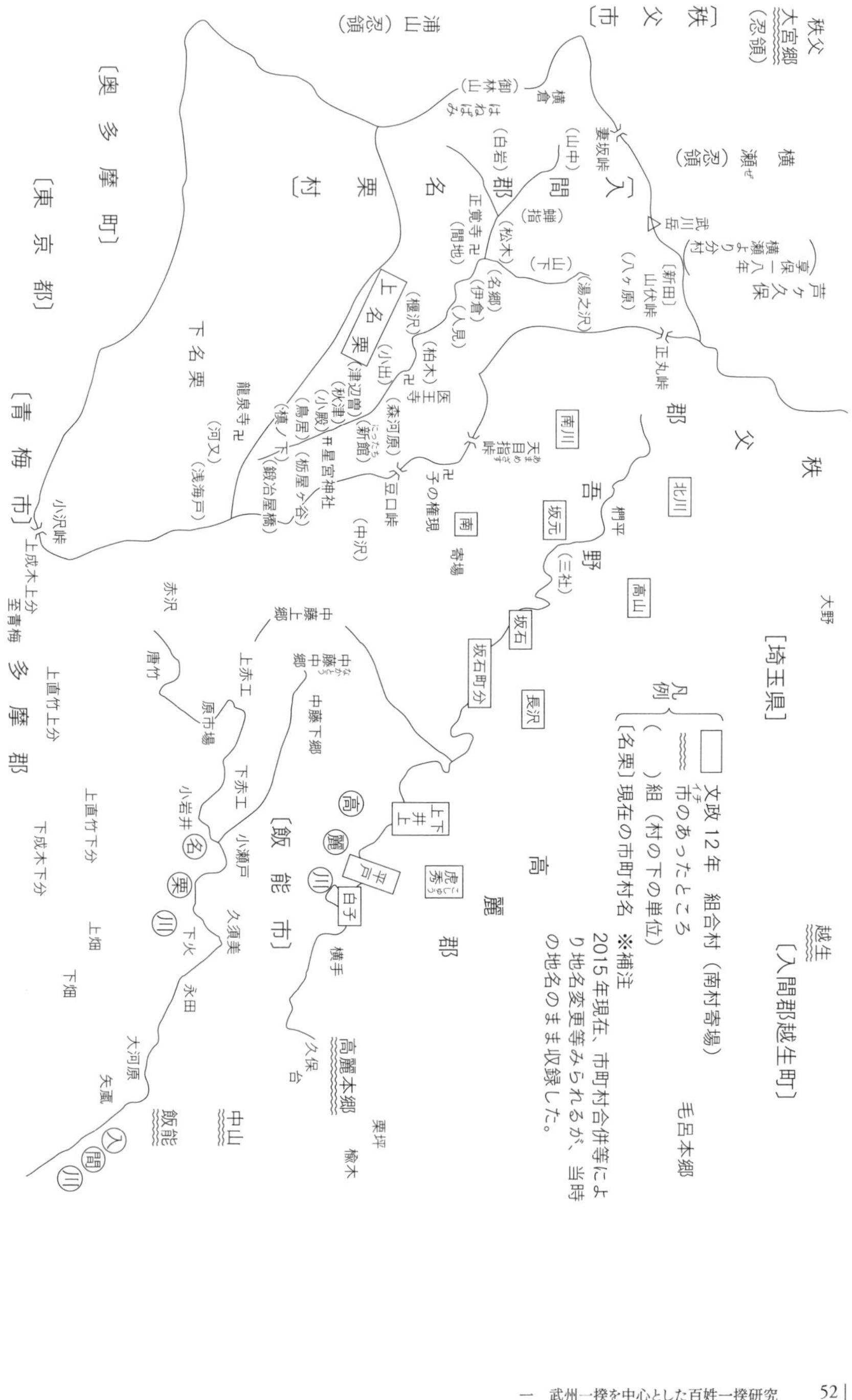
〔埼玉県〕
〔入間郡越生町〕
越生
毛呂本郷
大野
秩父
秩父大宮郷（忍領）
〔秩父市〕
浦山（忍領）
横瀬《ぜ》（忍領）
芦ヶ久保
享保一八年横瀬より分村
〔新田〕山伏峠（八ヶ原）
正丸峠
武川岳
妻坂峠
入間郡
名栗村
〔奥多摩町〕
〔東京都〕
〔青梅市〕
小沢峠
上成木上分
至青梅
多摩郡
上名栗
下名栗
龍泉寺卍
（河又）
（浅海戸）
（鍛冶屋橋）
（槙ノ下）
（鳥居）
（小殿）
（秋津）
（津辺曽）
（小出）
（榎沢）
（柏木）
医王寺
（森河原）
（新館《にったち》）
（栃屋ヶ谷）
井星宮神社
豆口峠
（中沢）
卍子の権現
天目指峠《あまめざすとうげ》
（人見）
（伊倉）
（名郷）
（湯之沢）
（山下）
（松本）
（蟬指）
（間地）
正覚寺卍
（山中）
（白岩）
横倉
御林山（はねぼみ）
吾野
南川
北川
坂元
南
寄場
（三社）
樗平
高山
坂石
坂石町分
長沢
中藤上郷
中藤中郷《なかとう》
中藤下郷
上赤工
下赤工
赤沢
唐竹
原市場
小岩井
小瀬戸
久須美
下火
永田
大河原
矢颪
飯能
中山
〔飯能市〕
上直竹上分
上直竹下分
下成木下分
上畑
下畑
上井下上
平戸
白子
虎秀《こしゅう》
横手
久保
高麗郡
高麗本郷
栗坪
楡木
凡例
文政12年　組合村（南村寄場）
市《イチ》のあったところ
（　）組（村の下の単位）
〔名栗〕現在の市町村名　※補注
2015年現在、市町村合併等により地名変更等みられるが、当時の地名のまま収録した。

表２　新開、改出

| | 年　号 | 面　積 | 石　高 |
|---|---|---|---|
| 新開 | 延宝７（1679） | 下々畑 ３反８畝20歩 切畑 １町６反９畝27歩 | ？ |
| 改出 | 享保８（1723） | ２町４反３畝３歩 | ３石439 |
| （村明細帳） | 享保５（1720） | 合 町 反 畝 歩 107 4 7 18 | 420石263 |
| | 享保８（1723） | 109. 9. 1. 01 | 423石702 |

表１　寛文８年(1668)検地帳（総筆数 3637 筆）

| （等級） | | （反別） | | | （石盛） |
|---|---|---|---|---|---|
| 上　畑 | 5町 | 9友 | 6畝 | 18歩 | 9 |
| 中　畑 | 9 | 3 | 8 | 20 | 7 |
| 下　畑 | 22 | 8 | 1 | 4 | 5 |
| 下々畑 | 35 | 4 | 0 | 27 | 3 |
| 切　畑 | 23 | 9 | 5 | 5 | 1 |
| 屋　敷 | 2 | 9 | 8 | 24 | 10 |
| 総反別 | 99 | 8 | 8 | 17 | — |

表４　本年貢高の変遷（５ヶ年平均）

| | 永 | | 文 |
|---|---|---|---|
| 寛文元～５ | 68500 | 明和３～７ | 69750 |
| ６～10 | 58299 | ８～安永４ | 69852 |
| 11～延宝３ | 46144 | 安永５～９ | 70134 |
| 延宝４～８ | 54376 | 天明元～５ | 70033 |
| 天和元～貞享２ | 50783 | ６～寛政２ | 69745 |
| 貞享３～元禄３ | 48205 | 寛政３～７ | 70177 |
| 元禄４～８ | 48773 | 〃　８～12 | 70205 |
| ９～13 | 46766 | 享和２～文化２ | 70285 |
| 14～宝永２ | 48843 | 文化３～７ | 70293 |
| 宝永３～７ | 53294 | ８～12 | 70396 |
| 正徳元～５ | 60341 | 13～文政３ | 70581 |
| 享保元～５ | 66874 | 文政４～８ | 70605 |
| ６～10 | 69127 | ９～天保元 | 〃 |
| 11～15 | 67922 | 天保２～６ | 〃 |
| 16～20 | 58221 | ７～11 | 〃 |
| 元文元～５ | 62085 | 12～弘化２ | 74009 |
| 寛保元～延享２ | 54174 | 弘化３～嘉永３ | 74249 |
| 延享３～寛延３ | 55835 | 嘉永４～安政２ | 74272 |
| 宝暦元～５ | 〃 | 安政３～万延元 | 73828 |
| ６～10 | 66646 | 文久元～慶応元 | 741604 |
| 11～明和２ | 69750 | 慶応２～明治２ | 〃 |
| | | — | |

（昭和40年度卒業論文　税所良子氏「近世山村の租税制度の変遷」を修正増補）

表３　新田開発
享保17年(1732)

| | |
|---|---|
| 石高 | 224石472 |
| 反別 | 74町8.2.12 |
| 畑 | 16町3.0.22 |
| 上木畑 | 58町5.1.20 |
| 石盛 | ともに３ |
| 年貢 | 永２〆245文 ↓ 永２〆346文 |

## 表７　質屋調

文政9.10年
２ヶ年平均

文政10.9（1837）

| 身分 | 名前 | 開業年次 | 質 取 高 | 備　考 |
|---|---|---|---|---|
| 質屋 | 善　七 | 寛 政 7 | 912両余<br>銭341貫余 | 名主<br>栄治郎店 |
| 百姓 | 幸　八 | 文 化 9 | 50両３分３朱<br>23〆750文 | |
| 〃 | 音次郎 | 文 化 5 | ３両 | |

・善七　屋号　日野屋。嘉永３　近江蒲生郡岡本村へ帰郷。
・音次郎＝乙治郎　初代　柏木代八の実父

安政２.３（1855）

| 身分 | 名前 | 開業年次 | 備　考 | |
|---|---|---|---|---|
| 百姓 | 幸次郎 | 嘉 永 2 | 54才　6.128石 | （岡部） |
| 〃 | 倉太郎 | 〃　5 | 27才　3.208石 | |
| 滝之助店 | 清八 | 〃　3 | 10才　[父代八38才] | （柏木） |

## 表５　人口・家数他（享保～寛政）

| 年号 | 西暦 | 家数 | 人口 | 本百姓 | 水呑百姓 | 牛 | 馬 |
|---|---|---|---|---|---|---|---|
| 享保５ | 1720 | 348 | 1561 | 315 | 33 | 0 | 67 |
| 寛延３ | 1750 | 366 | 1402 | 354 | 12 | | 43 |
| 宝暦３ | 1753 | 355 | 1286 | | | | |
| 9 | 1759 | 370 | 1400 | | | 0 | 35 |
| 12 | 1762 | 355 | 1275 | | | | 40 |
| 明和２ | 1765 | 358 | 1285 | | | | |
| 7 | 1770 | 365 | 1325 | | | | |
| 安永４ | 1775 | 350 | 1346 | | 7 | | |
| 寛政元 | 1789 | 318 | 1265 | | | | |
| 6 | 1794 | 307 | 1245 | | | | |

（村明細帳　宗門人別帳）

## 表６　農間渡世

文政12.3（1829）（関東取締出役宛）

家数　296軒　内　15軒　農業一統渡世之分
人別　1281人　　281軒　農間商内諸職人他

| 身　分 | 名　前 | 渡　世 | 開業年次 | 備　考 |
|---|---|---|---|---|
| 百姓 | 熊太郎 | 居酒渡世 | 文化５<br>(1808) | |
| 店借 | 竜蔵 | 〃 | 文政元<br>(1818) | 組頭<br>鉄五郎店 |
| 百姓 | 国五郎 | 〃 | 文政７<br>(1824) | |
| 〃 | 弥八 | 〃 | 寛政８<br>(1796) | |
| 〃 | 弥右ヱ門 | 〃 | 文化４<br>(1807) | |
| 〃 | 伊左ヱ門 | 〃 | 文政６<br>(1823) | |
| 〃 | 儀右ヱ門 | 〃 | 寛政10<br>(1798) | |
| 年番組頭 | 伊兵衛 | 〃 | 安永７<br>(1778) | |
| 百姓 | 熊五郎 | 〃 | 寛延元<br>(1748) | |
| 百姓代 | 喜平治 | 〃 | 文化10<br>(1813) | |
| 年番組頭 | 宣右ヱ門 | 〃 | 文化９<br>(1812) | |
| 店借抱 | 市之助 | 髪結〃 | 文化元<br>(1804) | 名主　栄治郎店<br>百姓　乙次郎抱 |
| 百姓 | 乙三郎 | 煮売〃 | 文化５<br>(1808) | 組頭　鉄五郎店 |
| 店借 | 正平 | 〃 | 文化11<br>(1814) | 名主　栄治郎店 |

正平は相州津久井県出身。鉄五郎は伊倉・槙田氏

天保9.8（1838）（山本《代官》大膳宛）

古組　153軒　670人
　10軒　農業一統　143軒　農間商内

| 身　分 | 名　前 | 渡　世 | 開業年次 | 備　考 |
|---|---|---|---|---|
| 百姓 | 国治郎 | 居酒渡世 | 文政７<br>(1824) | cf. 文政12<br>0.234石 |
| 〃 | 孫左ヱ門 | 〃 | 文化４<br>(1807) | cf. 文政12<br>1.45石 |
| 〃 | 定兵衛 | 髪結〃 | 文化元<br>(1804) | 無高 |
| 店借 | 正平 | 煮売〃 | 文化11<br>(1814) | 〃<br>名主　安之助店 |
| 百姓 | 又七 | 〃 | 文政12<br>(1829) | 0.162石 |
| 抱百姓 | 勝平 | 穀商売 | 天保６<br>(1835) | 名主　安之助抱 |
| 名主 | 安之助 | 〃 | 〃　8<br>(1837) | |
| 百姓 | 五郎兵衛 | 小間物類 | 文化６<br>(1809) | |
| 店借 | 善七 | 質屋 | 寛政10<br>(1798) | 名主　安之助店 |
| 百姓 | 文五郎 | 〃 | 天保５<br>(1834) | |

上記の他（すべて　名主　町田家の店）
文化12　醤油店　乙次郎
文化11　水　車　新右ヱ門
天保14　豆　腐　代　八

## 史料1　町田氏の江戸進出

乍恐以書付奉願候

一、竹木炭薪川辺壱番地古問屋之内拾三番浅草花川戸町家持伊勢屋市郎兵衛申上候、私問屋株勝手ニ付、此度浅草今戸町佐兵衛店、町田屋栄次郎江相譲り申度奉存候間、御帳面御書替被成下置候様奉願上候以上。

寛政五丑年十月

浅草花川戸町家持

譲人　伊勢屋市郎兵衛

同町今戸町佐兵衛店

譲受人　町田屋栄次郎

（中略）

奈良屋御役所

## 史料2　町田家略系図（龍泉寺過去帳、宗門人別帳等）

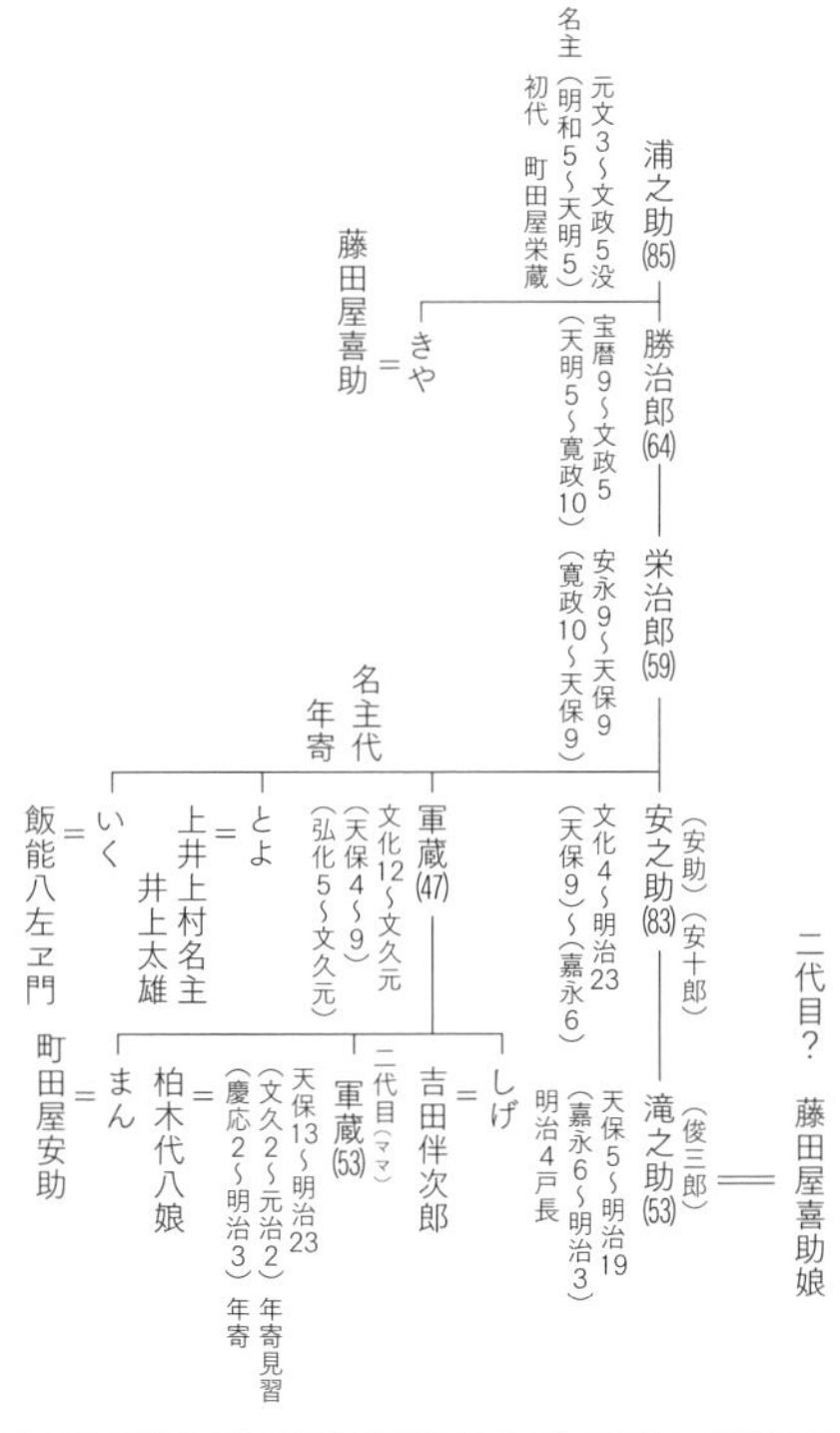

**史料3　議定証之事**

我等共材木商売為冥加、浅草御蔵御城米根太木相納申度、去未（文化八）年中、貴殿相頼御奉行所様江奉願上候処、毛頭相違無御座候。其節及対談候通、筏一双ニ付杉丸太二本宛、千住ニ而今戸町町田屋栄助殿方江急度差出可申候間、御取立御蔵納可被下候、尤納木通、不通不足共并会所上納入用通不足共、御蔵ゟ被下置候木代永并蔵木共、御払被成、入用ニ可被成候（以下略）

（上名栗以下十二ヶ村六三名連印）

文化九年十二月

上名栗村

栄治郎殿

表8　筏仲間増減表

| 村名＼年号 | 文化2 | 文化9 | 文政7 | 慶応2 | （小計） |
|---|---|---|---|---|---|
| 上名栗 | 18 | 18 | 11 | 10 | 57 |
| 下名栗 | 5 | 11 | 10 | 11 | 37 |
| 赤沢 | 5 | 2 | 5 | 3 | 15 |
| 唐竹 | 1 | 0 | 1 | 1 | 3 |
| 原市場 | 4 | 5 | 7 | 10 | 26 |
| 下赤工 | 3 | 0 | − | 5 | 8 |
| 上赤工 | 4 | 4 | 4 | 3 | 15 |
| 曲竹 | 4 | 3 | − | 2 | 9 |
| 南.中沢組 | 6 | 0 | − | 3 | 9 |
| 中藤上中下 | 22 | 3? | 17 | 22 | 64 |
| 小瀬戸 | 2 | 3 | 1 | 3 | 9 |
| 久須美 | 4 | 3 | 1 | 0 | 8 |
| 永田 | 6 | 2 | 1 | 0 | 9 |
| 小岩井 | 11 | 11 | 4 | 0 | 26 |
| 大川原 | 7 | 1 | − | 0 | 8 |
| 飯能 | 2 | 2 | − | 0 | 4 |
| 矢颪 | 0 | − | − | − | 0 |
| 成木 | − | 0 | − | 3 | 3 |
| 上畑 | − | 0 | − | 1 | 1 |
| 岩淵 | − | 0 | − | 3 | 3 |
| 前ケ貫 | − | 0 | − | 1 | 1 |
| （小計） | 104 | 68 | 62 | 81 | 315 |

**史料4**

「はん能川上

筏御仲間衆中様

上名栗村新館

栄次郎」

（前略）去未（文化八）年中御談申上置候冥加木、願之通被仰付候ニ相成、右ニ付猶又御談申上度儀御座候間、乍御苦労来ル九日畑中茂左ェ門殿宅江印形御持早朝ゟ御出会被成下候様出会仕待上申候　※

※

一、当申（文化九）年中筏数引改申候間、筏御組出し員数御取調被成会席ニおゐて被仰聞候様仕度奉存候

右申上度如此御座候、委曲拝願方ゝ可申候以上

申（文化九）　十二月三日

新館

栄治郎

はんのう川上

筏御仲間衆中

### 史料5　植林願（文政三年（一八二〇））名栗村史　P104

乍恐以書付奉願上候

当御支配所武州秩父郡上名栗村組頭新十郎、百姓松次郎奉申上候、（中略）惣百姓入会野字すみ屋入桧山と申所、相百姓江対談仕、御年貢為手当金壱両差出地面引請、桧杉壱万本来巳年ゟ酉年迄六ヶ年之中栽付奉差上候、成木之上御用材ニも相立候ハヽ、冥加至極難有仕合奉存候（以下略）

### 史料6　文政五年（一八二二）　年賦売証文

年賦杉桧売渡証文之事

字しらし久保持分不残之内
一　杉桧　百五十本
　　代金壱両壱分也

右之通直段致代金不残即座請取書面之杉年賦ニ売渡申処実正也、年季之儀者当年二月ゟ来ル辰二月中迄中拾ヶ年季ニ売渡申上候、年季中聊猥リ成義無之様気ヲ付大切ニ守立筈雪折風折根返損木等有之候ハヽ御為知可申候、然上者年限迄之内御勝手次第御伐取可被成候、其節山出し道筋等無差支、我等方ニ而借請進セ申候。為念年賦売渡証文仍而如件

文政五午年二月

年賦売主
すめ㊞
（五人組三人連印）
組頭　鉄五郎㊞

栄治郎殿

### 史料7　植わけ証文

杉植分ケ之事

はらすり山　天保二卯年杉伐り跡地
一、杉苗木弐千八百廿本
但苗木
栄治郎出之
㊞

右之通我等地面江栽附之処相違無之候、且毎年間刈手入致追ゝ枝を払候様世話致置成木之上懸相談有木相改売買致候ハヽ右代金弐ッ割壱ッハ我等方江地代御年貢苗木代として請取、壱ッハ両人栽附手間代世話料ニ可請取筈相定申候、然上者間刈手入等閑致間敷候、為念栽分ケ書付渡置申處仍而如件

天保四巳年二月

上名栗村
町田栄治郎㊞

人見
磯八殿
藤兵衛殿

## 表9　物産表

明治11（1878）　普通物産表

| 物産 | 播種地反別 | 前年比較増減 | 産額 | 前比増減 | 1石/1斤の通価 |
|---|---|---|---|---|---|
| 米 | 0町2反6畝24歩 | なし | 2.6石 | −0.6石 | 6.6666円 |
| 大麦 | 75 2 0 00 | −14町5反3畝00歩 | 530.0 | −184.0 | 4 |
| 小麦 | 2 5 3 00 | −3 1 7 14 | 15.445 | −30.155 | 5 |
| 粟 | 5 5 0 00 | +2 2 7 10 | 21.0 | −3.8 | 3.333 |
| 黍 | 3 0 5 00 | +1 3 3 15 | 12.2 | −1.5 | 3 |
| 稗 | 7 5 0 00 | なし | 30.0 | −40.0 | 2.20 |
| 大豆 | 11 5 0 00 | +4 8 8 00 | 23.0 | −10.1 | 6.50 |
| 小豆 | 2 3 2 00 | なし | 3.48 | − | 5 |
| 蕎麦 | 5 2 0 00 | +3 3 6 00 | 32.24 | +13.84 | 3.333 |
| 玉蜀黍 | 2 1 2 00 | +1 3 1 00 | 6.36 | −1.74 | 2.5 |
| 甘薯 | 7 0 4 00 | +3 5 0 20 | 11200斤 | −56300斤 | 5厘 |
| 芋 | 31 5 0 00 | なし | 49600斤 | − | 5厘 |
| 馬鈴薯 | 2 2 0 00 | +1 5 0 10 | 3232斤 | +1926斤 | 3.5厘 |

明治2（1869）　村明細帳

| 物産名＼村名 | 上名栗 | 下名栗 |
|---|---|---|
| 石高 | 423石702 | 286石298 |
| 畑 | 107町89.25 | 65町78.18 |
| 麦 | 475石 | 400石 |
| 豆 | 15 | 24 |
| 粟 | 10 | 10 |
| 蕎麦 | 10 | 20 |
| 稗 | 50 | 36 |
| 黍 | 10 | 18 |
| 芋 | 500 | 240 |
| 生糸代金 | 400両 | − |
| 杉桧材 | 1000両 | 300両 |
| 炭 | 300両 | ? |
| 生絹 | 400両 | 絹布300両 |
| 酒造株高 | 300石 | 酒150石 濁酒20石 |
| 醤油 | − | 50石 |

（特有物産表）

明治11　特有物産表

| 物産 | 産額 | 前年比 | 1斤の通価 |
|---|---|---|---|
| 繭 | 1265斤 | +762斤 | 80銭 |
| 生糸 | 150斤 | なし | 4円57銭 |
| 製茶 | 500斤 | −312斤 | 28銭 |
| 菜種 | 1500斤 | − | 1銭 |

表9

安政4（1857）　産物書上帳

| 村 | 産物 | |
|---|---|---|
| 上名栗 | 絹売出 | 年　150両 |
| | 炭焼出 | 〃　200両 |
| | 他産物 | 小細工なし |

覚　慶応元（一八六五）　上下名栗

| 産物 | |
|---|---|
| 杉材木 | 7000本 |
| 炭 | 凡5000俵程 |
| 白絹 | 凡200疋 |
| 蚕 | 5貫400目 |

## 表11　蚕種枚数調、生糸糺高

（慶応2 1866）

| 村名 | 枚数 |
|---|---|
| 上名栗 | 70枚 |
| 南 | 25 |
| 長沢 | 21 |
| 白子 | 8 |
| 平戸 | 50 |
| 上下井上 | 20 |
| 南川 | 50 |
| 高山 | 6 |
| 虎秀 | 7 |

明治5（1872）　生糸糺高（上名栗）

| | |
|---|---|
| 繭 | 40石、400貫目 |
| 生糸 | 25貫（5貫　御用物／20貫　外輸） |
| 西見積蚕紙 | 100枚 |

## 史料8　天保五年（一八三四）　窮民救助願

（前略）累年夫食不足致候故、絹・紙・煙草等之潤又者農業之間山稼・日雇・駄賃旁等之賃銭を以、穀物買入渡世罷在候（以下略）

## 表14　人口・戸数の変化（文化～明治）（古組のみ）5年間隔

| （年号） | （戸数） | （人口） |
|---|---|---|
| 文化6 | 166 | 682 |
| 10 | 163 | 683 |
| 文政元 | 166 | 690 |
| 5 | 164 | 694 |
| 9 | 160 | 680 |
| 天保元 | 162 | 707 |
| 5 | 158 | 722 |
| 9 | 153 | 670 |
| 13 | 150 | 670 |
| 弘化3 | 155 | 687 |
| 嘉永3 | 155 | 677 |
| 嘉永7 | 155 | 691 |
| 安政5 | 154 | 707 |
| 文久2 | 149 | 702 |
| 慶応2 | 147 | 702 |
| 明治3 | 148 | 689 |

表10　慶応3年三月（1867）　米雑穀有高一村限書上

| 村名 | 領主 | 玄米 | 大麦 | 小麦 | 粟 | 稗 | 大豆 | 合計 玄米 | 合計 雑穀 | 合計 大豆 | 人口 | 3月29日～5月29日必要な米穀 | 不足高（左より手作買入穀を除いた分） | 備考（3月現在米穀持主） |
|---|---|---|---|---|---|---|---|---|---|---|---|---|---|---|
| 南 | 久須美氏知行所 | 6.8 | 30.0 | 5.0 | 1.0 | 2.5 | 2.0 | 6.8 | 38.5 | 2.0 | 563 | 玄米 50.67<br>雑 202.68 | (43.87<br>164.18 | 組頭<br>宗兵衛他75人 |
| 高山 | 〃 | 5.2 | 25.0 | | | | 0.5 | 5.2 | 25 | 0.5 | 193 | (17.37<br>69.48 | (12.17<br>44.48 | 名主<br>大学　他12人 |
| 南川 | 岩鼻 | 8.0 | 43.0 | 8.5 | 1.5 | 12.5 | 7.0 | 8.0 | 65.5 | 7.0 | 607 | (54.63<br>218.52 | (46.63<br>153.32 | 清次郎 |
| 上名栗 | 〃 | 25.0 | 47.5 | 5.0 | | 8.5 | 5.5 | 20.0 | 61.0 | 5.5 | 1346 | (121.14<br>484.56 | (101.14<br>423.56 | 名主<br>滝之助他49人 |
| 白子 | 黒田領 | 2.8 | 9.0 | 1.0 | 0.5 | 1.0 | 1.0 | 2.8 | 11.5 | 1.0 | 227 | (20.43<br>81.72 | (17.63<br>70.22 | 米吉他19人 |
| 平戸 | 〃 | 0.8 | 5.0 | 1.0 | | | 0.5 | 0.8 | 6.0 | 0.5 | 145 | (13.05<br>52.2 | (12.25<br>46.2 | 梅五郎他20人 |
| 虎秀 | 〃 | 2.0 | 15.0 | 1.0 | 0.5 | | 0.5 | 2.0 | 16.5 | 0.5 | 293 | (26.37<br>105.48 | (24.37<br>88.98 | 重次郎他40人 |
| 上下井上 | 〃 | 4.0 | 11.5 | | 1.5 | | 1.5 | 4.0 | 13.0 | 1.5 | 467 | (42.03<br>167.82 | (38.3<br>154.82 | 助次郎他12人 |
| 長沢 | 〃 | 6.0 | 35.0 | 10.0 | | 7.5 | 1.5 | 6.0 | 52.5 | 1.5 | 607 | (54.63<br>218.52 | (48.63<br>166.02 | 峯太郎他85人 |
| 計 | | 55.6石 | 289.5石（大麦～稗） | | | | 20.0石 | | | | 4448 | (400.32<br>1356.2 | (344.72<br>1311.48 | |

寄場役人惣代

南村　名主　東兵衛
大惣代　上名栗村　新組　名主　太次郎
〃　上井上村　名主　範　三
小惣代　南川村　名主　禎　輔

関東取締出役宛

**史料9　炭竈上り積帳　（文化元年（一八〇四））**

上名栗焼出し　凡三万俵　但シ炭焼七十五人　平均一人ニ付四〇〇俵積
はんのう売　銀四八〆六四八匁六六
江戸売　〃七五〆
差引　〃二六〆三五一匁三四
はんのう～江戸掛引　〃十二〆三〇〇匁
差引　〃十四〆五一匁三四
此金二三四両錦十一匁三四
口銭二〆二二二匁三八
仕切上銭二〆七〇〇匁
銀九〆一三八匁九六
此金一五二両一分三匁九分六りん

**史料10　筏の搬出量　（弘化三年（一八四六））**

御尋ニ付申上候書付写
一、杉筏五十双ゟ六十双位程　当時伐木有之候分はんのふ
寄場川上凡見積リ入間川
通リ川下ケニ相成候分
但ニ百本ゟ二百五十本　小丸太三百本余迄壱双と唱候
一、杉丸太筏　凡四百枚　右同断
但十枚壱双、壱双木数五百本ゟ六百五十本、長サ二間
（以下略）
飯能　寄場名主
堺屋又右ェ門㊞
（中略）
関東御取締御出役
太田源助殿

表 13　兵賦金

（兵賦高割取立帳）

| （年号） | 新古両組（金額） | （掛方） |
|---|---|---|
| 慶応元 | 38両<br>20〆160文 | 本田　1石ニ付<br>513.886文<br>新田　1人分<br>601文 |
| 〃　2 | 53両3分<br>13〆548文 | 本田　709.06文<br>新田　828文 |
| 〃　3 | 23両2分2朱<br>1〆127文 | 本田　406.43<br>新田　456.16 |

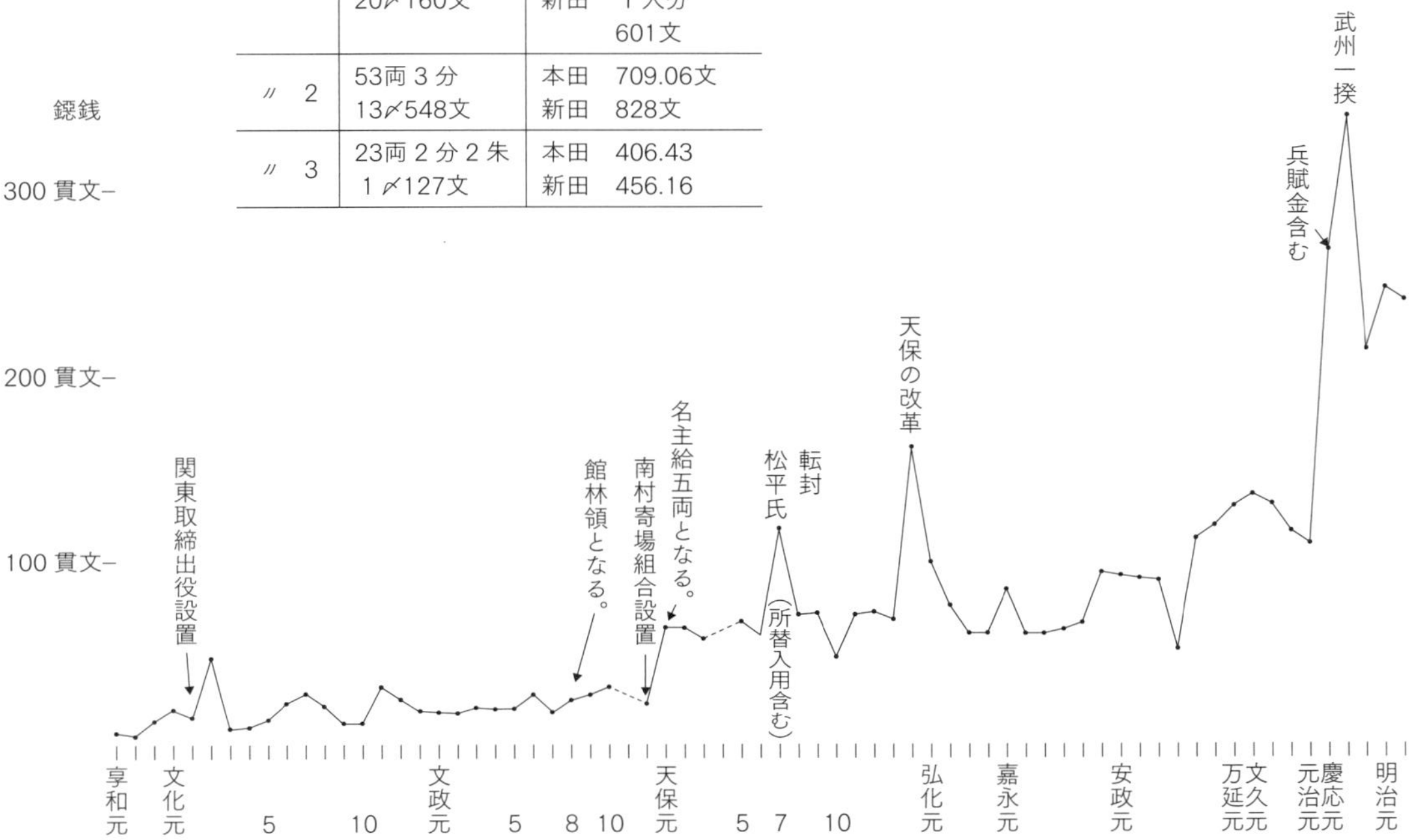


昭和45年度卒業論文　岩城実千代
「近世山村における村入用と農民負担」を修正増補

表12　村入用の動態（享和～明治）（古組のみ）

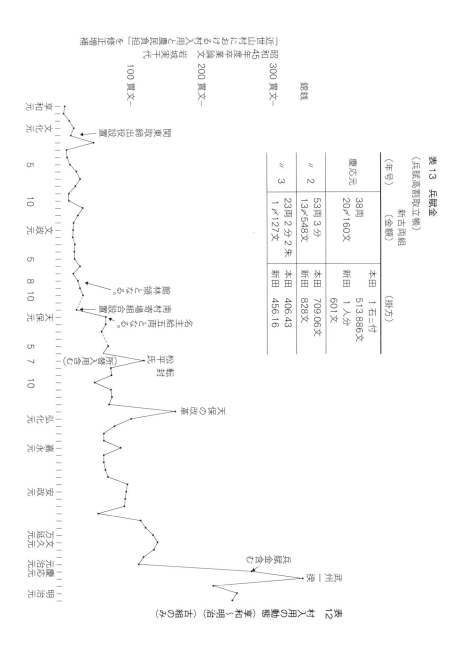

註

（1）『歴史評論』九五号、一九五八年
（2）『東村山市史史料集 二』、一九六七年
（3）『歴史評論』一四七号、一九六二年
（4）自費刊行、一九六五年
（5）原平三、遠山茂樹「江戸時代後期一揆覚書」（『歴史学研究』一二七号、一九四七年）
（6）「百姓一揆をめぐって」（『百姓一揆の伝統』一二三頁）
（7）社会経済史学二一―四、「幕末における農民一揆」特集
（8）『世直し一揆の研究』一九五六年自費出版、一九七〇年校倉書房より再刊。氏にはその他『歴史評論』、『商業論集』、『東北経済』等に多数の論稿がある。
（9）『新編武蔵風土記稿』を略述。
（10）『名栗村史』『埼玉年鑑』他。
（11）漆の他はすべて金納であったがその明細は省略する。
（12）学習院大学史学科二期生。「近世山村の租税制度の変遷」
（13）村明細帳の他、元禄一六年に御産所御用御炭として千俵幕府に上納していることを示す史料、正徳元年（一七一一）の流木にかんする定書写、享保一三年（一七二八）村々筏商売人より飯能久下分に出した文書の写などがある。
（14）元禄一三～四年年貢皆済目録、正徳二年宗旨人別五人組帳、享保五年村明細帳。当時村一番の地主であった櫝沢浅見氏の祖先。享保一六年に坂元村名主へ酒造株を譲渡。
（15）表一参照。
（16）表二参照。
（17）表三参照。
（18）表四参照。
（19）天保七年村明細帳。
（20）享保五年、同七年村明細帳。市日は飯能は六、一〇、一六、二〇、二九日。中山は朔日、五、一一、二一、二五日。富沢実編『飯能郷土史』には飯能市の起源は宝暦～天明期とあるが、長岡格「名栗川・高麗川両谷口集落の性格」（『埼玉研究』二号）は宝永～正徳期と推定される。しかしながら右の史料により前者は誤りであることがわかる。又、「新編武蔵風土記稿」の高麗郡惣説には飯能は隣村中山に享保年代迄存在した市を譲りうけたとあるが、併記されていることより、これも誤りである。しかしのち中山は衰え、明和四年の中山村明細帳によれば当時既に中絶していたことがわかる。（中藤栄祥編『武州高麗郡中山村記録』）

(21) 天保九年「嘉永五年村明細帳」。
(22) 『新編武蔵風土記稿』、註20の長岡論文。
(23) 長岡論文、正徳二年宗門帳、伊藤好一『近世在方市の構造』
(24) 安永八年の御林山焼立の史料によると、名栗→飯能→新河岸→浅草というルートで薪炭が江戸へ送られていることが知られるが、詳しくは第二節参照。秩父大宮が領主阿部豊後守（忍藩）の保護をうけて絹市として発展したことは有名である。（『秩父市誌』、『秩父織物変遷史』）
(25) 宝永四年より黒田領に編入。黒田氏の菩提寺は飯能の能仁寺。享保年中寺社奉行、西丸老中。上総久留里三万石。（『寛政重修諸家譜』、長岡論文、中藤栄祥前掲書）
(26) 長岡論文、伊藤好一前掲書
(27) 長岡論文。
(28) 『秩父風土記』（埼玉叢書二）によると名栗、吾野は外秩父と称された。名栗、吾野が秩父郡に編入されたのは元禄二年である。明治以降名栗、吾野は再三、再四郡名復古願を提出したが、名栗が入間郡に編入されたのは大正一五年である。
(29) 表五参照。
(30) 島田台一郎氏の筆写本による。
(31) 「騒動ニ付諸請印願書扣」、天明の一揆に関しては後述する。
(32) 表二一参照。種々の事情により、表二一は『史游』三号に掲載する予定なので本年七月八日の関東近世史研究会の際の私のレジュメ又は森安彦氏の『信濃』二四—一〇の第五表を参照していただきたい。
(33) 表六参照。
(34) 表七参照。
(35) 重郎兵衛は文化三年にこの株高を高麗郡長沢村の郷左衛門から譲りうけている。
(36) 年貢割付状による。
(37) 史料一参照。初代町田屋栄次郎は勝治郎の父浦之助ととった方が適切かもしれない。尚、史料にあるように寛政五年の時点で既に浅草今戸町佐兵衛店で材木商を営んでおり、町田氏の江戸進出の上限は天明期頃までさかのぼりうると思われる。
(38) 史料二、町田家略図参照。
(39) スペースの関係で史料編へ。史料三参照。尚、本稿はいうまでもなく大護八郎氏の手になる『名栗村史』に多く御世話になっているが、一々典拠としてそれはあげていない。その理由は第一にあまりに煩雑になるからであり、第二に筆者はすべて原史料に直接あたってこれを再構成しており、読解も村史には頼っていないからである。
(40) 「御吟味ニ付乍恐以書付奉申上候」
(41) 史料四参照。

(42) 「議定連印帳」。「筏仲間組直し議定連印帳」。

(43) 『名栗村史』一〇一頁、一一二頁。

(44) 檜一九、九〇〇本、杉四、八〇〇本、翌年檜四、五〇〇本を植えることを申し出ている。『新編武蔵風土記稿』の「旧家者栄治郎、(中略) 上の御為にもなりしことを計り、己が持山へ杉檜二万五千株を栽立し、なを三万株となしたてまつるの旨云々」はこの時のことをのべたものであろう。

(45) 史料五参照。一万本植林している。

(46) 『新編武蔵風土記稿』『埼玉年鑑』東京大学社会科学研究所編『林業経営と林業労働』他。

(47) 多摩郡龍寿寺村の場合、明和六年の「散地杉植分覚帳」がある。(伊藤好一他、共同研究「江戸時代の村落生活」――龍寿寺村の場合――『多摩郷土研究』二四号) その他『奥多摩郷土小史』一〇八頁によれば、栃久保村は文政七年、丹三郎、白丸村は文久年間から始まっているという。

(48) 管見では、文化八年の「地所并年賦山控」が最も古い史料である。年賦売証文の典型的な例は史料六参照。

(49) 「山畑図」「持分山ケ所附帳」「年賦山証文絵図」「手山売木控」他。「年賦山証文絵図」によれば、天保二年の町田氏の年賦買請件数は三一件、計一二、一〇八本であり、「手山売木控」によれば、天保一四年六月～一二月の立木売上は一二件、一二、三五〇本、六八六両一分二朱であり、買主は柏木代八、町田軍蔵、浅見庄次郎ら七人であったことが知られる。

(50) 『名栗村史』は植わけの初見を文久二年(一八六二)としているが、文化一三年(一八一六)の入箇帳には栃窪杉栽分け場所とあり、さらに上限をのばすことも可能と思われる。史料七は植分け証文の最も典型的な一例である。

(51) 決算でなく予算である。詳しくは後述する。

(52) 弘化二～文久二年「小作金取立差引帳」による。

(53) (1)～(5)の他に第一節に若干ふれた新田山、御林山焼立があるが、これらの考察は後日に譲りたい。

(54) 表九参照。井上村、中藤村、新町村の明治一〇年の物産表は武蔵野地方史研究会の『歴史評論』九五号の論文を、北川村の物産表は当麻成志「近世山村の地域構造」(『人文地理』五―六)を参照していただきたい。

(55) 武州一揆の直後、飯能川上の村々の筏仲間が申し合わせをしたもの。詳しくは第三章参照。尚、史料八も参照。

(56) 表一〇は武州一揆直後に、南村寄場組合村々から関東取締出役に提出した「米雑穀有高一村限書上」である。大部分の村が必要な米穀の七～八割を他村より買入れていることがわかるであろう。尚、本史料はいうまでもなく伊藤好一論文がいわれるところの〝備穀令〟の関連史料である。

(57) 年中世帯入目凡積帳、桑売帳。

(58) 表一一参照。

(59) 元治元年、田方江桑植付禁止令、(『徳川禁令考』二八六五号) 他。

(60) 註(24)参照。御林山に関しては別の機会に詳細に検討したい。

(61)「御吟味ニ付乍恐以書付奉申上候」。
(62)史料九、一〇参照。
(63)表六参照。次の米穀商、醤油業も同じ。詳しくは町田家文書一三四一三、一三四一五、九〇三八、一一七四二、一二三四九参照のこと。
(64)表一二参照。
(65)関東取締出役、組合村に関しては次の諸論稿が重要である。
北島正元「化政期の政治と民衆」(『岩波講座日本歴史』近世4所収)
大石慎三郎「武蔵国組合村構成について」(『学習院大学経済論集』四—一)
森　安彦「関東における農村構造の変質と支配機構の改革(一)」(『史潮』七四)
〃　「幕藩制社会の動揺と農村支配の変貌——関東における化政期の取締改革を中心に——」(『日本歴史論究』所収)
〃　「幕末期の幕政」(『幕末郷土史研究法』所収)
川村　優「上総国における改革組合村の始原」(『日本歴史』二三八)
その他、『新修世田谷区史』『目黒区史』等。
(66)慶応元年閏五月「取為替一札之事」兵賦人を出す〝単位〟は改革組合村とは別の単位である。兵賦人を江戸へ送っていった南川村名主禎輔の書状には次の如く記されている。

兵賦一条ニ付而者村々難渋之趣申候、北川町屯所詰六百人之内四百人余御下ケ或ハ欠落いたし残り少之由ニ御座候……。

幕藩体制の大前提である兵農分離政策を自ら破った幕府のこの兵賦令は、あまりにその改革が急であったため農民から嫌悪され、逃亡者があいついだのである。歩兵として長州へ送られるということも彼らにとって逃亡の一つの理由であったであろう。

尚、兵賦令に関しては大山敷太郎『幕末財政金融史論』、『史游』創刊号であげておいた宮崎弘毅論文、青木美智男論文等を参照していただきたい。
(67)史料名はすべて省略する。
(68)「差出申御請書之事」他。
(69)当麻成志前掲論文。
(70)「当未損地小前帳」「同絵図」「年貢割付状」「道普請諸掛帳」(コストとスペースの関係で七月八日の関東近世史研究会での私のレジュメを一ケ所にまとめ、そのまま用いたことをおことわりしておきます。)

# 3　幕藩制崩壊期における武州世直し一揆の歴史的意義

## はじめに

この報告は、世直し一揆の高揚期に闘われた慶応二年（一八六六）の武州世直し一揆を、「幕藩制国家支配と村落共同体」との関連で追求し、従来の世直し一揆研究を推し進め、かつその歴史的意義を明らかにすることを主眼とする。

この課題を果たすために、次の三点に焦点をあてて考察したい。第一に武州世直し一揆が闘われた当該地域の生産関係・階級配置等を考察し、「人民諸階層による諸闘争」の〝集約〟としての武州世直し一揆を検討する。第二に、右に関連して、闘争の主体、打毀しの対象、要求項目、一揆勢の行動形態等を具体的に分析することにより、武州世直し一揆の性格を検討し、武州世直し一揆が幕藩制国家の農村統治機構＝「組合村体制」の解体をめざしたものであったことを明らかにする。そして第三に、武州世直し一揆が闘われる歴史的諸前提としての「組合村体制」が、いつ、いかなる理由で形成され、どのような過程をへて変質していったのかを村落共同体の変質との関連で論じてみたい。

ここで本論に入る前に、世直し一揆の研究史を簡単にふりかえることにより、私の本日の報告の位置づけをおこないたい。

世直し一揆の研究は、すでに戦前より田村栄太郎氏（「武蔵大工・貧農の世直し」〈『近代日本農民運動史論』所収〉他）らの手によって推し進められ、戦後も庄司吉之助氏（『世直し一揆の研究』他）らによって研究が深化させられたことは今さらいうまでもないが、佐々木潤之介氏（『幕末社会論』他、津田秀夫「『世直し』の社会経済史的意義」〈高橋幸八郎・古島敏雄編『近代化の経済的基礎』所収〉など）らによって「世直し状況論」あるいは「革命情勢論」が提起され、世直し一揆の研究が新たな研究段階に入ったのはここ一〇年ほどのことといえよう。私が本日とりあげる武州世直し一揆の研究は、量的には決して少なくないが、こうした観点をふまえた上での研究（北原進「一八六六年武州一揆と周辺村落の情勢」〈『経済学季報』一九巻三号〉、森安彦「武州世直し一揆の基礎的考察――主体勢力の分析を中心に――」〈『信濃』二四巻一〇号〉など）は殆どなく、『日本庶民生活史料集成』（六巻、一三巻）や、我々近世村落史研究会の編になる『武州世直し一揆史料』等の史料集が刊行された今日、その体系化、総合化は我々の急務といえよう。私の本日の報告は、「世直し状況論」をふまえつつ、また、七二年度大会の深谷報告をふまえつつ、幕末最終段階における武州世直し一揆が対決せざるをえなかったのは、たんに村請制的な抑圧だけでなく、「組合村体制」＝幕藩制国家の農村統治機構であり、その解体をねらったのが武州世直し一揆ではなかったかということを想定しつつ論を進めていきたい。

## Ⅰ　武州世直し一揆の展開

武州世直し一揆は、江戸時代の百姓一揆の、最後のそして最高の昂揚期、いわば直接的革命情勢期ともいうべき慶応二年に、江戸近郊の、しかも関東郡代直轄領から発生しており、その展開の速さ、範囲の広さ、参加人員の多さ等、関東地方で最大級の一揆であることは周知の事実である。この一揆の特徴を端的に表現すれば、〝広域・同時多発〟であろう。長州再征開始一週間後という内乱状況下に、江戸・大坂の打毀し、会津の信達一揆とあたかも相互間に連絡があったかのごとく殆ど時を同じくして発生しており、「世直し闘争」のピークを形成する最も重要な一揆の一つであることは今さら多言を要しないであろう。

さて、この一揆の具体的経過等にかんしては、辻光子、森安彦氏（辻光子「慶応二年武州一揆――その社会経済的基盤についての一考察」〈『東村山市史史料集』二号〉、「幕末の百姓一揆」〈『幕末郷土史研究法』所収〉、森安彦前掲論文、その他、詳しくは、非常に不十分ではあるが、拙稿「武州一揆の研究（一）」〈『史游』創刊号〉を参照されたい）らの論稿に譲ることにして、本章では一揆が闘われた地域の生産関係、階級配置等を明らかにし、「人民諸階層による諸闘争」の〝集約〟としての武州世直し一揆を考察し、あわせて闘争の主体、要求項目等を分析することにより、武州世直し一揆を追求したい。

## 1　生産関係

本節では、武州世直し一揆が闘われた地域の代表的な三つの地帯、林業地帯・製紙業地帯・主穀生産地帯における生産関係を、それぞれ秩父郡上名栗村、比企郡上古寺村（埼玉県比企郡小川町）、多摩郡田無村（東京都田無市）を例にとってみてみたい。

図一は、武州世直し一揆発祥の地である上名栗村と、この一揆で最大の逮捕者を出した上古寺両村の天保―慶応期の生産関係、地代収奪関係を図示したものである。上名栗村の場合、〝豪農〟町田氏は寛政期より自らが江戸において材木商を営み、飯能川上村々から搬出される西川材の総代理店のごと

図１　生産関係・地代収奪関係図

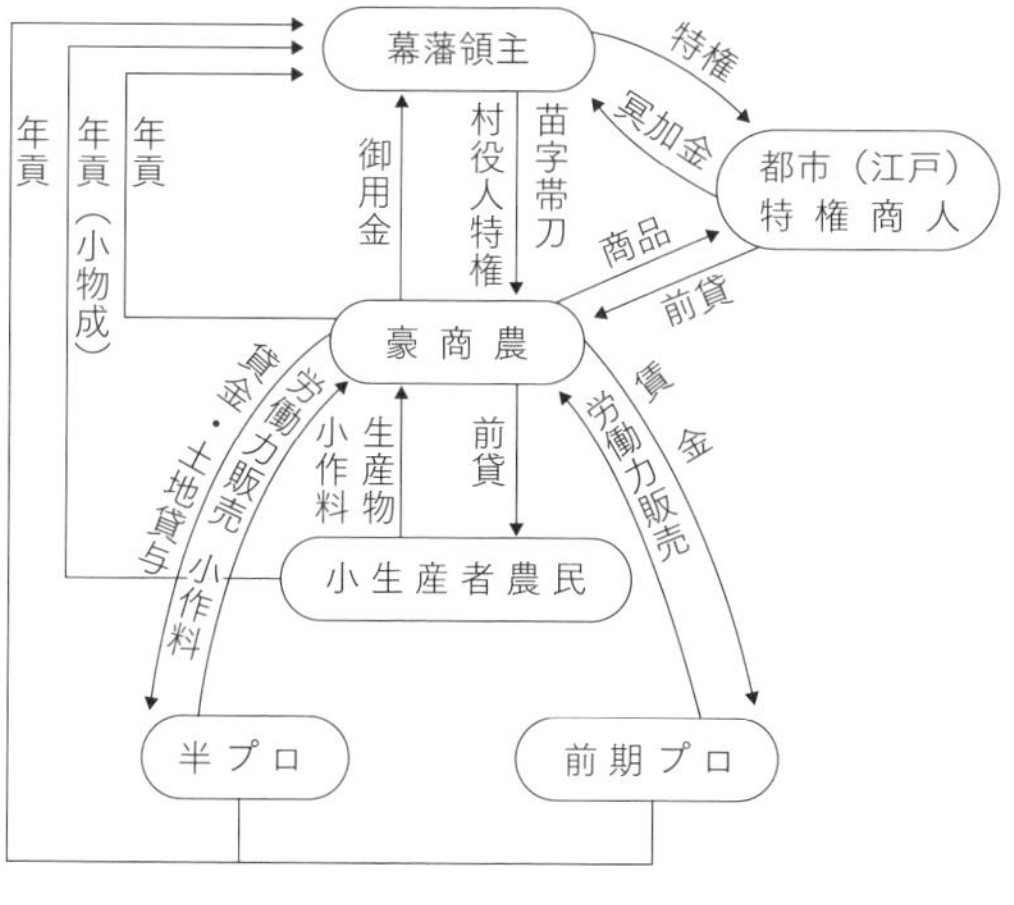

図２　〝豪農〟町田家の経営（寛政～天保）

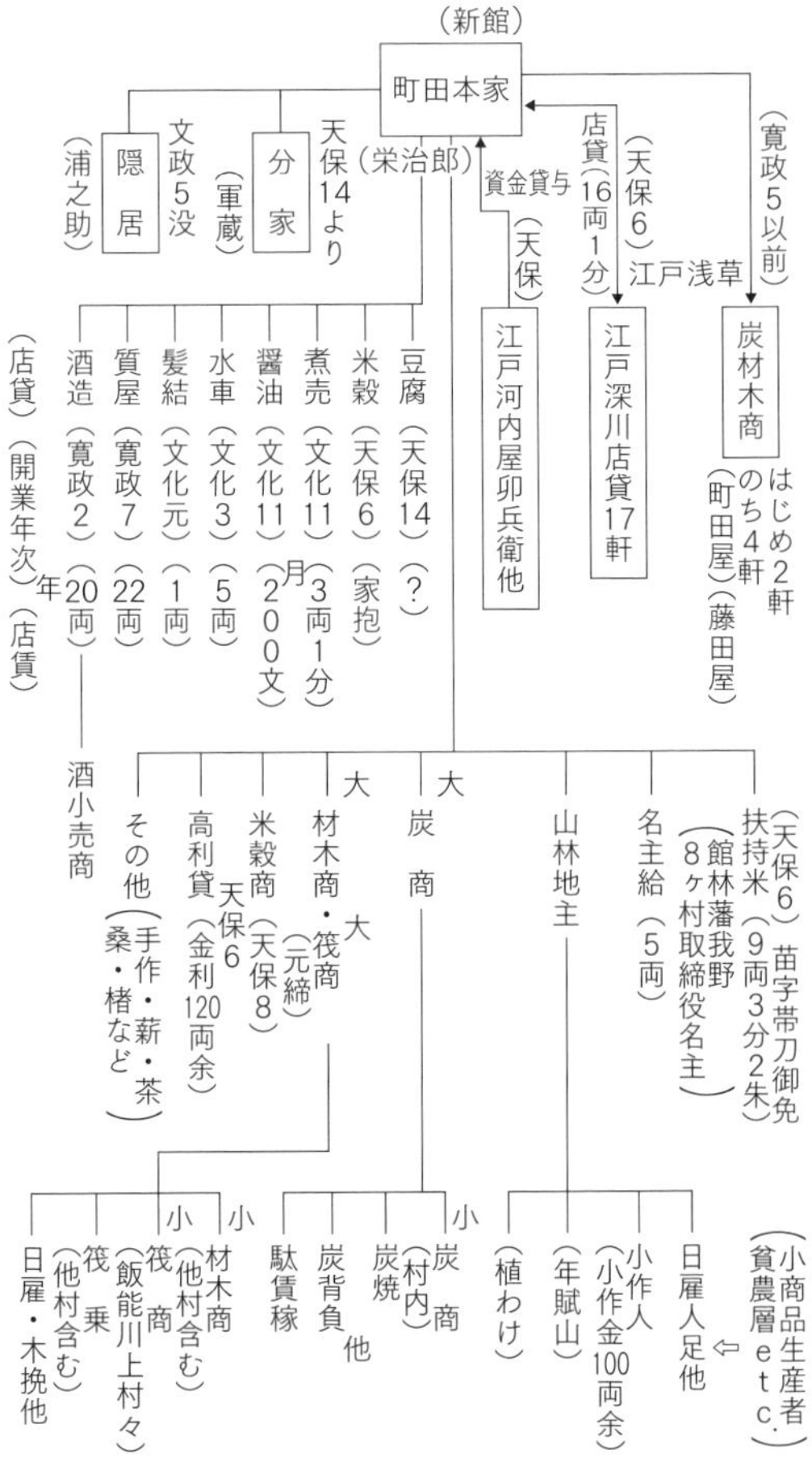


き役割を担っており、江戸問屋による生産支配はさほど強くはない。町田氏は図二に示すように、村内最大の山林地主として、炭商として、また飯能川上村々三〇ケ村の筏組合の総元締として、村内のみならず周辺村々の貧農小作層、半プロ的な山林労働者達の生産を支配していた。その上、承応年間より代々名主を勤め、文政八―天保六年の館林藩領（松平右近将監）時代には我野八ケ村取締役名主に任ぜられ、前述の江戸進出の他に酒造、質屋、水車、穀物商などを店貸の形で営み、政治的にも経済的にも生産者農民らを自らの収奪体系下に編成していったと思われる（詳しくは、拙稿「武州一揆の研究（二）――武州秩父郡上名栗村の経済構造――」〈『史游』二号〉参照）。

表1　上名栗村上層農所有石高一覧表
（明治4年〈1871〉）

| 順 | 氏　名 | 組 | 計 | 村内のみ |
|---|---|---|---|---|
| 1 | 平沼源一郎 | 新 | 50.80158 | 24.40358 |
| 2 | 町田俊三郎 | 古 | 30.60709 | 左　同 |
| 3 | 吉田　道斎 | 新 | 29.64288 | 15.85558 |
| 4 | 岡部　善七 | 〃 | 21.7385 | 13.2045 |
| 5 | 町田安十郎 | 古 | 21.0556 | 18.16486 |
| 6 | 柏木茂太郎 | 〃 | 17.7286 | 16.5546 |
| 7 | 浅見　庄平 | 新 | 11.51288 | 左　同 |
| 8 | 浅見　武平 | 古 | 6.82964 | 〃 |
| 9 | 佐野由太郎 | 新 | 4.50961 | 4.23161 |
| 10 | 嶋田藤次郎 | 〃 | 4.21428 | 左　同 |
| 11 | 槙田作五郎 | 古 | 4.14793 | 〃 |
| 12 | 嶋田　梅八 | 新 | 4.12829 | 〃 |

（新古両組＋他村分）
423.702石＋57.2737石

表2　明治16年（1883）　{反別総計 地券総計

| 順 | 氏　名 | 反別総計 | | | | 地券総計 | 順 |
|---|---|---|---|---|---|---|---|
| | | 町 | 反 | 畝 | 歩 | 円 | |
| 1 | 平沼源一郎 | 49. | 4. | 0. | 21 | 590.16 | ① |
| 2 | 町田安十郎 | 42. | 9. | 1. | 01 | 258.3008 | ⑥ |
| 3 | 〃 俊三郎 | 41. | 3. | 9. | 03 | 586.9702 | ② |
| 4 | 柏木　代八 | 39. | 5. | 9. | 22 | 297.1800 | ④ |
| 5 | 吉田　いく | 27. | 9. | 3. | 10 | 363.8105 | ③ |
| 6 | 岡部　勇蔵 | 26. | 3. | 2. | 25 | 286.2603 | ⑤ |
| 7 | 浅見惣次郎 | 15. | 5. | 8. | 19 | 157.1200 | ⑦ |
| 8 | 〃　武平 | 10. | 2. | 6. | 03 | 99.5108 | ⑧ |

（以下略）

注）(1)　安十郎、俊三郎は父子。
(2)　いくは軍蔵の娘・道斎妻。
(3)　勇蔵は善七の養子。
(4)　町田家文書による。

一方、上古寺村の場合、村内の九六%の家（六四軒中六二軒）が紙漉＝小商品生産をおこなっており、名主松本家は紙の仲買人として江戸問屋からの前貸資本を村内のみならず周辺村々の小生産者農民に前貸をおこないつつ生産支配をおこなっていた（揖西光速「日本農村工業の停滞性―武蔵小川製紙業について―」〈『封建制と資本制』所収〉、小川正彬「武蔵小川和紙業発達史」〈『経済系』七八・七九号〉、『小川町史』。なお、上古寺村の分析にかんしては小林進氏の未発表論文「近世武州小川製紙地域の農村構造」に負うところが多い）。そして、前者の町田氏は、天明期に六・

八三一石であったのが、明治四年には父子合せて五一石余、面積にして八四町歩余（明治一六年）の大地主に成長しており（表一、二参照）、後者の松本氏も、文政七年（一八二四）に質屋、文久二年（一八六二）に生糸商を開始し、急激に土地を集積し、元禄期には二反余の土地保有にすぎなかったものが、明治四年には二五石余、反別四町七反余の地主となり、両者とも小生産農民らとの対立を深めていったのである。

また、主穀生産地帯の多摩郡田無村の名主下田氏は、文政期に質屋と米雑穀売買を営み、持高八〇石余で、出質屋五軒を所有していた武蔵野新田地帯における典型的な〃豪農〃であり、後述する改革組合村の寄場惣代名主を勤め、天保元年（一八三〇）には江戸・京橋に穀屋を営み、安政四年（一八五七）には醤油業を、そして開港後は蚕種紙、生糸商を営むなど、地主として、また高利貸として在郷商人として、あらゆる面にわたって小生産者農民を支配していたのである（『公用分例略記』伊藤好一解説論文）。

以上、武州世直し一揆が闘われた地域の主要な三地域の生産関係を簡単にみてみたが、領域を越えて数十ケ村を生産・流通・金融等のあらゆる面で小生産者農民らを支配し、自らの収奪体系下に編成しつつある〃豪農〃が形成され、豪農的地域市場が形成されていたことがその共通点としてあげられよう。

## 2 階級配置

本節では、「人民諸階層による諸闘争」の〃集約〃ともいうべき多様性を持った武州世直し一揆を明らかにするため、階級配置、階級・階層間対立および同盟関係について述べてみたい。

図三は、武州世直し一揆が闘われた地域の階級配置、階級・階層間対立および同盟関係を図示したもので、A—Hの八つの大きな対立がみられる。Aは、問屋特権の排除をめぐる闘争で、たとえば1節でみた製紙業地帯の場合、文政元年（一八一八）に和紙業者が団結して江戸の紙問屋を訴えており、また天保八年（一八三七）には江戸における和紙直売について箱訴をおこなっている。また、田無村の場合は、前述の〃豪農〃下

図３　階級・階層間矛盾概念図

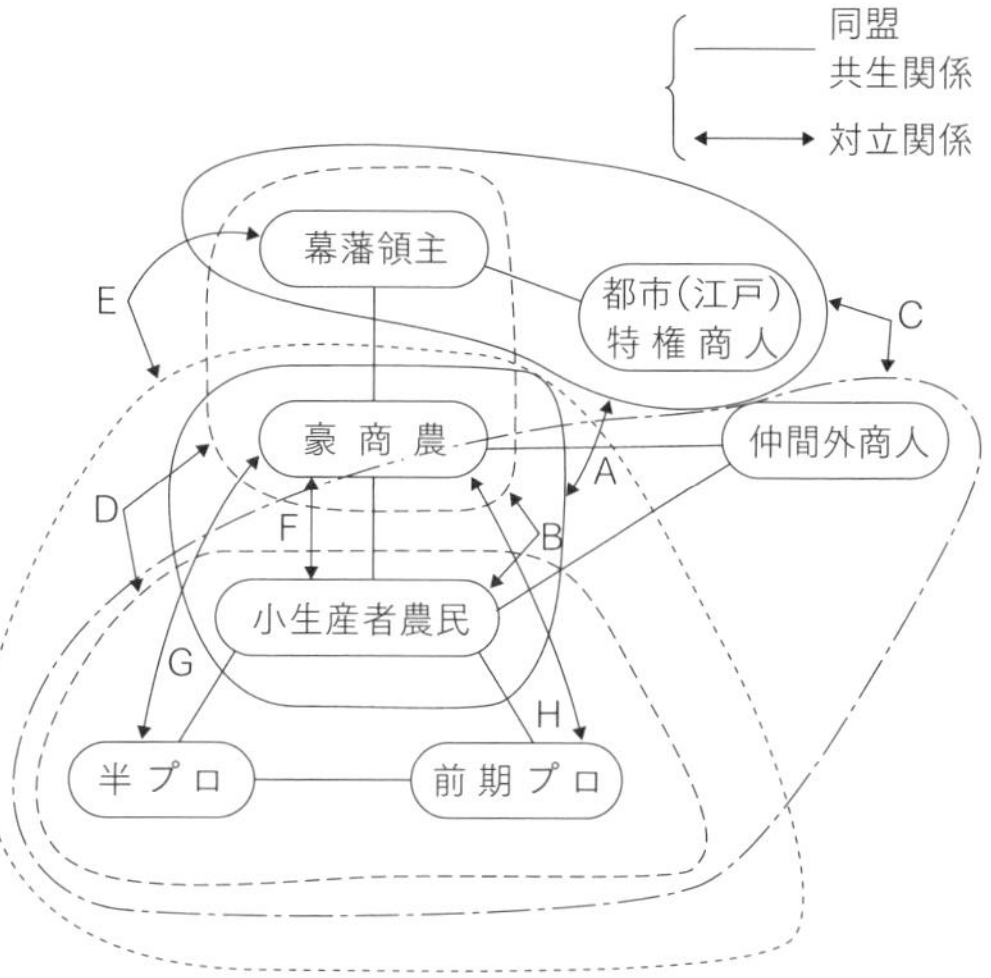


A　問屋特権排除をめぐる闘争（直《じき》売要求）
B　売込商体制反対闘争（生糸改印令他）
C　農民的地域市場形成をめざす闘争（Aの闘争の発展）
D　「組合村体制」解体をめざす闘争（〝反封建〟闘争）
E　地代収取をめぐる闘争（年貢減免、増税反対他）
F　村役人特権・質地小作等をめぐる闘争（村方騒動、小作騒動他）
G　　〃　、質地奪還、労働条件等　〃　（　〃　）
H　労働賃金、雇傭条件等を　　　〃　（都市打毀し他）

田氏を先頭にして、文政一一年（一八二八）と安政三年（一八五六）の二度にわたって水車稼人が江戸の特権商人と闘争をおこなっている（伊藤好一『江戸地廻り経済の展開』、『清瀬市史』他）。とりわけ後者の闘争は、荏原・多摩・新座郡の六一人の水車稼人が団結して嘉永に再興された江戸問屋と〝直売の既得権〟をめぐって闘争している点注目に値しよう。その他、寛政二年（一七九〇）、安政年間には、入間・多摩の村々数十ケ村が肥料値下げの訴願闘争をおこなうなど、Aの闘争は幕末最終段階まで展開されている。A、Cの闘争は、武州世直し一揆のさいは直接闘われていないが、このような日本型ブルジョアジー主導の闘争＝関東型国訴闘争が、世直し一揆とほぼ同時的に進行している点重要であろう。Bは、武州世直し一揆の場合、生糸改印令反対闘争という形であらわれる。詳しくは後述したい。Cの闘争は、Aの闘争の延長線上の闘争といえよう。在郷商人として在方で資本を蓄積した一部豪商農、小生産者農民が江戸に仲間外商人として進出し、幕藩領主と共生関係を結ぶ都市特権商人と闘争するものである。換言すれば、豪農的地域市場を打ち破り、新たな〝農民的地域市場〟の形成をめざす闘いともいえよう。Dは、本報告の中心となる闘争で、幕藩制国家の農村統治機構＝「組合村体制」の解体をめざす「反封建」闘争で、天保七年（一八三六）の〝所沢地方の打毀貼札騒動〟（伊藤、前掲書、参照）はその先駆的なものといえよう。Eは、いうまでもなく幕藩体制下における基本矛盾で、武州世直し一揆の場合、陣屋の焼打、村方諸帳面の破棄等の形であらわれる。Fは、村役人特権、質地小作等をめぐる闘争で、村方騒動・小作騒動がこれにあたる。Gは、豪商農と半プロ層の対立である。また、Hの闘争は、賃金や雇傭条件等をめぐる闘争で、都市や在町の打毀しはその最も激しい表現であるといえよう。

以上、きわめて大雑把に階級配置と階級・階層間矛盾・対立、同盟関係をみてみたが、武州世直し一揆はEを基軸とし、B、F、G、Hの闘争を内包しつつ、究極的にはDの闘争がその中心となった複雑な闘争であった。いいかえると、「人民諸階層による諸闘争」の〝集約〟されたものが武州世直し一揆であったのである。

### 3　一揆の展開

本節では、闘争の主体、打毀しの対象、志向性、要求項目、鎮圧体制、幕藩領主層・豪商農の対応をみてみたい。

武州世直し一揆の頭取は、多摩郡下成木村（東京都青梅市）の組頭喜左衛門（持高一・一七三三石）と、上名栗村の大工紋次郎（〇・一六一石）、桶屋豊五郎（〇・〇六五石）らであり、一揆参加者はいずれも三石以下の、村内に広範に滞留せしめられている半プロ的農民、没落しつつある小農民であった（表三参照）。『武州世直し一揆史料』（以下『史料』と略述）によれば、「何れも小高困窮之もの共ニ而、農業而已ニ而者営兼、銘々村方ニ罷在、日雇又者農間余業等もいたし不申候而者老父母養ひ方者勿論、日々経営差支」（『史料』二九四ページ）える者達であった。その他、「新町宿打毀一条」（『日本庶民生活史料集成』六巻所収）にみられるごとく、被召捕人のなか

表３　石高別階層構成表

| 郡　名 | 多 | | 摩 | | 高 | | 麗 | | 秩　父 | | 上州<br>緑野 |
|---|---|---|---|---|---|---|---|---|---|---|---|
| 村　名 | 下師岡 | 箱根ケ崎 | 沢　井 | 上長淵 | 台 | 栗　坪 | 楡　木 | 虎　秀 | 北　川 | 上名栗<br>古　組 | 三波川 |
| 年　代 | 慶応２ | 慶応３ | 文政３ | 慶応３ | 慶応３ | 文化10 | 慶応２ | 慶応４ | 万延元 | 慶応２ | 慶応２ |
| 持高＼西暦 | 1866 | 1867 | 1820 | 1867 | 1867 | 1810 | 1866 | 1868 | 1860 | 1866 | 1866 |
| 20石以上 | | | | | | | | | | 1 | |
| 10—20 | 2 | 8 | | | | 1 | 1 | | | 1 | |
| 5—10 | — | 13 | 4 | 4 | | 1 | 1 | | 12 | 1 | 6 |
| 3—5 | 7 | 15 | 13 | 6 | 9 | 1 | 2 | 3 | 13 | 1 | 4 |
| 1—3 | 14 | 40 | 45 | 53 | 16 | 15 | 17 | 20 | 36 | 39 | 82 |
| 1石以下 | 5 | 66 | — | 36 | 15 | 27 | 14 | 16 | 21 | 100 | 142 |
| 計 | 28 | 142 | 62 | 99 | 40 | 45 | 35 | 39 | 82 | 143 | 234 |

注）　森論文、辻論文より。本稿収録にあたり一部修正。

に武州本庄宿や上州藤岡宿の召仕、日雇らの前期プロ的な者達の存在も忘れることができない。以上まとめると、この一揆の闘争の主体は小生産者農民のほかに、森氏がいわれる（森、前掲書、参照）ごとく、「この一揆は、半プロ的農民層を中核に、隷属的な厄介、召仕、下人や、都市の前期プロ的な借家、日雇、職人、無宿、穢多、僧侶、神官、元浪人などの多様な階層を包含しながら闘われたもの」であるといえよう。

次に、打毀しの対象を『史料』よりみてみると、

(1) 高利貸、質屋、名目金貸付、両替屋。
(2) 横浜商人、生糸会所、生糸肝煎。
(3) 穀屋、穀物買〆人、酒造、醸造。
(4) 物持、大家、富豪、身上身掛宜敷もの。
(5) 大惣代、地代官、村役人　etc.
(6) 忍藩秩父陣屋、高崎藩大和田陣屋、岩鼻の関東郡代所、川越城、横浜　etc.

があげられる（目下のところ判明する打毀し〝被害〟者は、表四の通りである）。榛沢郡原宿村（大里郡花園村）の市川家文書によると、「横浜あきなへの者第一弁高利の金かし・穀屋・両替屋・地代官・大惣代・其外頭立候者打こわし」（『史料』一二四

表4　打毀し〝被害〟者数郡別一覧

（中間報告）

| 国 | 郡 | 軒　数 | 国 | 郡 | 軒　数 |
|---|---|---|---|---|---|
| 武　州 | 男　衾 | 4 | 武州 | 高　麗 | 53 |
| 〃 | 児　玉 | 15 | 〃 | 入　間 | 86 |
| 〃 | 那　賀 | 11 | 〃 | 多　摩 | 40 |
| 〃 | 賀　美 | 6 | 〃 | 新　座 | 21 |
| 〃 | 大　里 | 3 | 〃 | 豊　島 | 1 |
| 〃 | 秩　父 | 57 | 〃 | 足　立 | 5 |
| 上　州 | 緑　野 | 19 | 〃 | 比　企 | 106 |
| 武　州 | 14　郡 | 430 | 〃 | 榛　沢 | 22 |
| 上　州 | 1　郡 | 19 | | | |
| 計　449 | | | | | |

注）『武州世直し一揆史料』他。

ページ）とあり、前述の(1)―(6)の殆どすべてが列挙されている。ここで注目されるのは、打毀しの対象に組合村大惣代が入っていることである。『史料』により大惣代が打毀しの対象と明記されているものを二、三拾ってみると、「寄居宿ゟ秩父郡辺分り候人数六七千人も、末野村大惣代九郎兵衛を目掛候。是ハ岩鼻御軍代《（ママ）》木村甲斐守様江執入浜糸運上発願人と申事故、諸般百姓難儀および候故打潰候趣」（『史料』一一二〜一一四ページ、榛沢郡用土村小淵家文書）、「玉川村組合寄場大惣代荒田良助と申者打潰シ候上、当人打殺候事。と申儀承り候」（同書）、「其害ヲ受ル者ハ横浜商人・穀屋・高利貸・大惣代、其外権勢アル者ヲ悪ミテ打潰セシ」（『史料』一七六ページ、秩父郡伊古田村中島家文書）等がある。組合村大惣代＝「幕藩制国家の農村統治機構の運営を実際に担当する者」が打毀しの対象になっている点は重要であろう。詳しくは後述するが、前述のDの闘争（『組合村体制』解体をめざす闘争）がこれにあたる。一揆概観図をみれば、在町から在町へ、寄場から寄場へと一揆勢は動いていることがわかるであろう。また、幕藩制国家の権力そのものを象徴する城や陣屋が打毀しの対象とされ、しかもそのうちのいくつかが実行に移されたことは、この一揆がまぎれもなく〝反封建〟闘争であったことを如実に物語るといえよう。特に忍藩秩父陣屋の場合、「忍ち御陣屋を乗取、御会所ゟ始壱軒も不残牢屋迄微塵に打潰し車地縄ニて巻潰し」「大切に隠し被置候書類・武具等を不残取出し牢屋前へ持運び焼払申候」（『史料』一六三〜一六四ページ、秩父郡大宮郷岡家文書）

図４　武州世直し一揆概観図（慶応２年６月13～19日）

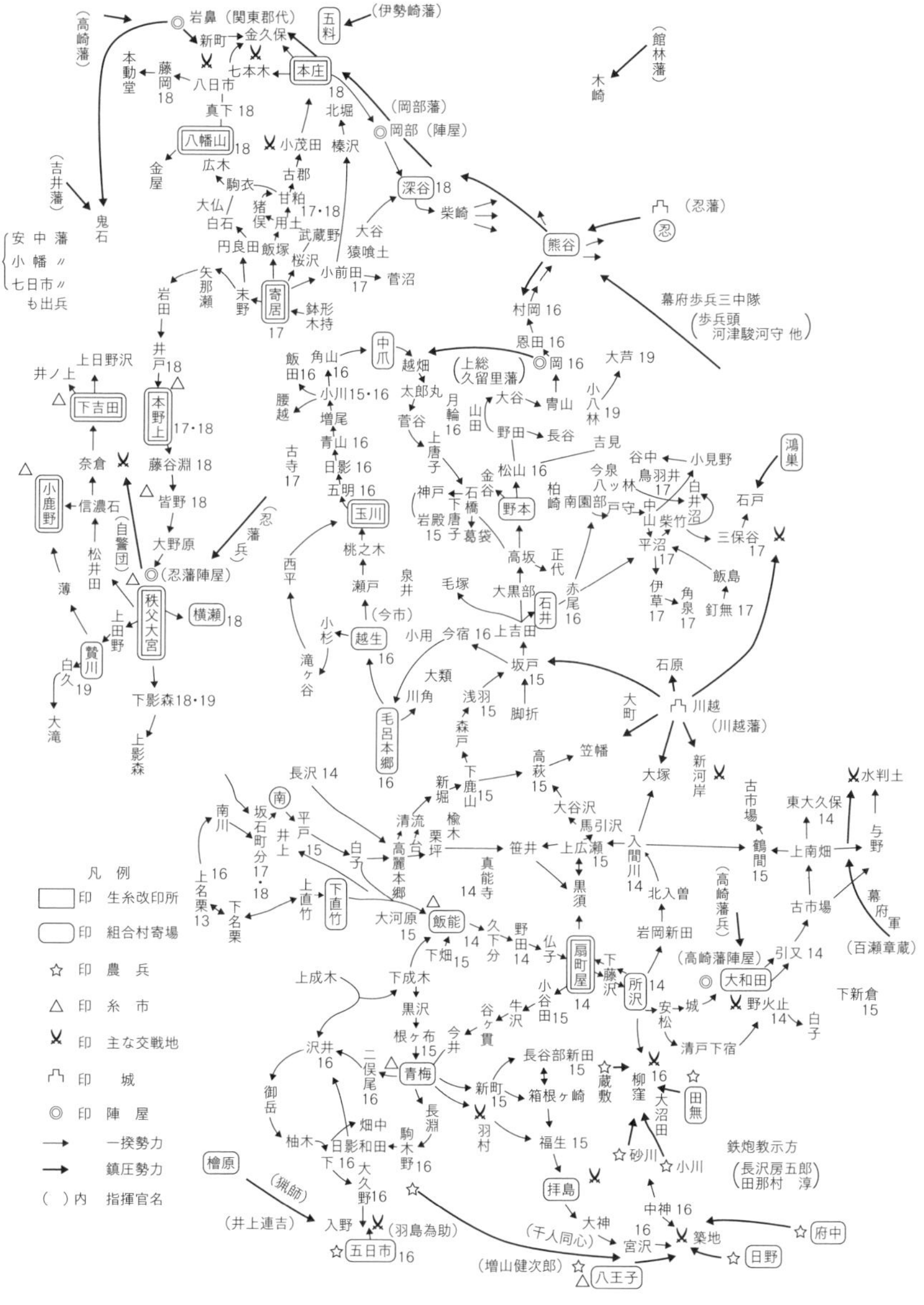

とあるごとく、建物だけでなく、書類・武具類等をきわめて意図的に焼き払っている点注意が必要であろう。これは、いうまでもなくＥの闘争である。また、扇町屋・玉川郷などの生糸会所、上古寺・堀尾などの生糸肝煎が徹底的に打毀されていることは、武州世直し一揆の直前に、幕府より発令された小商品生産者農民の生産・流通過程にたいする課税である生糸改印令に対する反対の意思表示であり、先にみたＢの闘争がこれにあたる。さらに、横浜商人がこれまた徹底的に打毀され、かつ〝世直し勢〟が横浜を志向していることは、開港以降、幕藩権力と結託し、暴利を貪った彼らにたいする階級的憎悪の爆発であるとともに、「諸悪の根源は外国貿易にあり」と感性的に悟った小生産農民、半プロ的農民の意識のなかに、きわめてナショナルなものが見いだせるといえる。（以下の史料参照）

「川越町江押寄セ、川越御城江押込諸道具ヲ奪イ取夫ゟ横浜江押寄セ、同所打払候工ミヲ以押出候風聞ニ御座候」（『史料』七六ページ、比企・古凍・磯崎家文書）、「惣勢　一所に岩鼻の御郡代所を打潰し、爰にて勢揃致し、中仙道を押下り、江戸表へ出願を上け、横浜へ乱入致し国病の根を断万民安穏の心願と申事に御座候」（『史料』一六〇～一六一ページ、秩父・大宮郷・岡）、「横浜之夷狄と売買いたし候財雄之商人共糸運上取立肝煎と唱候もの共之家作打毀し、夫ゟ横浜江乱入所思を遂、同所御奉行所様江罷出国刑を蒙り度」（『史料』二八七ページ、多摩・小野路・小島）etc.

次に、要求項目をみてみると、

(1) 質物無償返還 ┐
(2) 小作金・借金棒引 ┘→証文焼捨て
(3) 地面元金にて返還
(4) 物価引下げ要求（適正価格＝市価の五分の一を表示）
(5) 人足・道案内要求

(6)　米金施行要求（俵数・金額指定）
(7)　その他（食料・ぞうり・宿泊要求他）

がその主なものである。(1)、(2)の要求を徹底化したものが証文焼捨てという形であらわれることはいうまでもない。(3)は、「小農民回帰」をめざしたものといえよう。また(5)は、エネルギーの補充・新陳代謝のための要求であろう。総じて、『史料』に見いだせる要求は、前述のF、G、Hの闘争における要求が多い。いわゆる〝世直し勢〟による〝世直し要求〟がこれら七つの要求項目であるが、我々は近視眼的にこれら現象面のみにとらわれることなく、巨視的に、彼らの行動様式のなかから、B、D、Eの闘争を見いだすべきであろう。

次に、主として幕府軍の動向を中心として鎮圧体制をみてみると、老中・勘定奉行・外国奉行・陸軍奉行らが直接・間接動いており、また、武州・上州の殆どすべての藩に出兵命令が出されており、幕藩権力は徹底的な鎮圧体制をとったことがわかる。そして、一揆概観図をみれば明らかなごとく、各地でそれら幕藩領主の軍隊と直接武力対決していることは重要である。

しかしながら、忘れてならないことは、この一揆を鎮圧するのに実際に役に立ったのは、右の幕藩権力の軍隊よりは、むしろ組合村を階層的結集の場とした豪農商層の私兵、自己の組織防衛のための暴力装置である〝農兵〟（概観図の☆印参照）と、児玉郡小茂田村の大惣代のごとく「人数引集め鉄炮・竹槍にて打散」（『史料』一一七ページ、大里・佐谷田・久保）した、武装化した自衛団、猟師隊であった点である。「農民による農民の鎮圧」という悲劇的な結末でこの一揆は終焉したのであるが、このことは「農民の力を借りなければ農民の反抗を鎮圧することができなくなったこと＝幕藩権力の衰退」を意味し、一方農民層についていえば、開港以降の激しい階層分化の進展により、新たな階級矛盾が激化してきたことを意味しよう。

最後に、幕藩領主層、豪農商層の一揆後の対応をみてみたい。まず前者は、幕府・藩ともに、農兵の設置

（『史料』六五ページ、入間・福岡新田・柳川、田村栄太郎『近代日本農民運動史論』、『横浜市史』、大町雅美・長谷川伸三編『幕末の農民一揆』等参照）と救恤政策（備穀令・用意米）、（備穀令にかんしては、伊藤好一「明治維新と人民闘争」〈『日本庶民生活史料集成』六巻編集のしおり〉参照。忍藩の用意米にかんしては、『史料』一三九〜一四一ページ〈大里・佐谷田・久保参照〉、いいかえると、弾圧の強化と懐柔策がとられている。また一揆終焉直後に、米の安売（『史料』六四〜六五ページ、入間・福岡新田・柳川〈川越藩領〉）と買占米の市場放出命令（『史料』四六ページ、高麗・楡木・新井）が出されると同時に、焼き捨てられた証文の有効性、一揆中の〝世直し勢〟への約束の無効等にかんする触が出されていることは（『史料』八〜九ページ、秩父・上名栗・町田、六四ページ、入間・福岡新田・柳川他）、幕藩権力と豪農商層の共生関係を如実に物語っているといえよう。一方、豪農商層の世直し状況への対応は、横浜や川崎の組合村々等にみられる農兵の設置願、組合村議定制定による横の連帯の強化（『史料』一一六〜一一七ページ、榛沢・下郷・富田他）、自衛団の法制化、自らの階級防衛策、共同体・組合村機能の解体防衛策である組合村単位の施金・施米体制（『史料』二六〜二九ページ、秩父・上名栗・町田〈表一六参照〉、二四八〜二六三ページ、多摩・上長淵・中村、『定本市史青梅』等参照）を広範に展開しており、それにより危機状況をのりこえようとしている点注目される。

以上、一揆後の幕藩領主層・豪農商層の対応をみてみたが、ともに急速な政治的集中、階層的結集がおこなわれていること、また農兵、自衛団強化に端的にみられる民族的危機意識、階級的危機意識は、次に来るべき政権の軍事的性格を規定したこと、また、一時的なつくろい策にすぎない救恤体制は、そのまま明治新政府にもちこされたことの三点は重要である。

## Ⅱ　武州世直し一揆の歴史的諸前提

本章においては、慶応期において、幕藩制国家における農村統治機構、農村支配の中核ともいうべき機能と役割を果たしていた改革組合村に着目し、それがいつ、いかなる理由で設置され、かついかなる過程をへて変質していったのかを、村請制村落、近世的村落共同体と関連させつつ、明らかにしたいと思う。

## 1　近世的村落共同体の変質

関東農村は、寛永・元禄・宝永の〝地方直し〟により、犬牙錯綜した相給形態の村々が一般的で、いわゆる非領国地域であったわけであるが、当初はそれが、㋑中世的領主・農民間の個別的歴史的結合関係の分断、㋺村落共同体間の横の連帯の可能性を分断することにより、治安維持に一定の有効性がみられた。幕藩領主権力は、以上のような錯綜した村々を、石高制編成原理により、村請制村落として把握し、農民を支配しようとしたのである。

さて、宝暦―天明期の社会変動をへて、農民層内部の階層分化が激しくなり、本百姓体制が解体の危機に瀕してくると、村落共同体も変質をきたしてくる。本節ではそれを武州世直し一揆発祥の地である秩父郡上名栗村の実証的分析を通して、潰百姓の増大、生産構造、生産諸関係の変化、階層分化過程、市場構造の変質、入会地の集積＝植林用地化、村方騒動等について、論じてみたいと思う。

表五は文化元年から明治四年までの潰百姓をみてみたものである。文政―天保、安政―文久にピークがみられ、六八年間に五二軒の潰百姓が出現していることがわかる。このことが荒廃地を増大させ、労働人口を減少させたことは多言を要しないであろう。

次に、表八は文化六～八年の職業別階層構成を、表六は明治一〇年の職業を一覧表にしたものである。この二つの表により文化から明治の七〇年余りのあいだに、上名栗村の生産構造、生産諸関係に大きな変化があったことがわかる。すなわち、炭焼業より林業に生産の中心が変化し、炭焼を営んでいた小農民が山稼・

表6　職業調

（明治10年〈1877〉）
（村全体）

| | 農業 | 人　数 |
|---|---|---|
| 男 | 山　稼 | 55 |
| | 木　挽 | 27 |
| | 杣 | 20 |
| | 蔓　伐 | 20 |
| | 材　木 | 13 |
| | 炭　焼 | 20 |
| | 桑 | 30 |
| | 馬 | 12 |
| | 送 | 14 |
| | 大　工 | 4 |
| | 左　官 | 2 |
| | 酒　造 | 2 |
| | 猟 | 10 |
| | 茶　製 | 2 |
| | 医 | 1 |
| 女 | 炭板貫 | 90 |
| | 養蚕機織 | 43 |
| | 炭俵あみ | 20 |
| | 絹　織 | 5 |

注）「地誌編輯」

表5　潰百姓

| 年　次 | 軒数 |
|---|---|
| 文化元―　3 | 2 |
| 4―　8 | 3 |
| 9―　13 | 4 |
| 14―文政4 | 4 |
| 文政5―　9 | 6 |
| 10―天保2 | 5 |
| 天保3―　7 | 4 |
| 8―　12 | 6 |
| 天保13―弘化3 | 2 |
| 弘化4―嘉永4 | 3 |
| 嘉永5―安政3 | 3 |
| 安政4―文久元 | 7 |
| 文久2―慶応2 | 2 |
| 慶応3―明治4 | 1 |

（68年間　52軒）

注）文化4以降5年ごと、古組のみ。

表7　物産表

（明治2〈1869〉）

| 物 産 名 | 産　額 |
|---|---|
| 麦 | 475石 |
| 豆 | 15 |
| 粟 | 10 |
| 蕎　麦 | 10 |
| 稗 | 50 |
| 黍 | 10 |
| 芋 | 500 |
| 生糸代金 | 400両 |
| 杉檜代 | 1,000両 |
| 炭 | 300両 |
| 生絹代 | 400両 |
| 酒造株高 | 300石 |

表８　職業別階層構成表（古組分）

職業　文化６年（1809）
石高　文化８年

| 職業＼石高 | 0 | 0.5石以下 | 0.5－1.0 | 1.0－1.5 | 1.5－2.0 | 2.0－3.0 | 3.0－5.0 | 5.0－10.0 | 備考 | 計 |
|---|---|---|---|---|---|---|---|---|---|---|
| 炭焼 | 1抱 | 14 | 24 | 15 | 8 | 4 | 1 | | | 67 |
| 炭商売 | | 1 | 1 | 1 | 2 | 1 | 3 | 1 | | 10 |
| 炭材木 | | | | | | | 1 | 1 | 名主 | 2 |
| 炭背負 | | 1 | 4 | 2 | | | | | | 7 |
| 炭俵あみ | 1抱 | 1抱 | 2 | | | | | | | 4 |
| 日雇人足 | 1 | 6 | 8 | 7 | 3 | 3 | | | 組頭 | 28 |
| 駄賃稼 | 1 | 1 | 1 | 4 | | 2 | | | | 9 |
| 材木商 | | | | | | 1 | 3 | | 百姓代<br>組頭 | 4 |
| 木挽 | | 1 | 1 | | 2 | 1 | | | | 5 |
| 杣日雇 | | | 1 | | | 1 | | | | 2 |
| やねふき | | | | 1 | | | | | | 1 |
| 大工 | | 1 | | | 1 | | | | | 2 |
| 鍛冶 | | 1 | 1 | | | | | | | 2 |
| とうふ | | | 1 | | | | | | | 1 |
| 酒造 | 1抱 | | | | | | | | | 1 |
| 酒小売 | | 2 | | 1 | | 1 | | | | 4 |
| たばこ | | | | 1 | | | | | | 1 |
| 網漉 | | | | 1 | | | | | | 1 |
| 菓子 | | 1 | | | | | | | | 1 |
| 紙すき | | | 1 | 1 | | | | | | 2 |
| 古着 | | | 1 | | | | | | | 1 |
| ぞうり・わらじ | | | | 1 | | | | | | 1 |
| 医師 | 1抱 | 1 | | | | | | | | 2 |
| 僧 | | | | | | | | | | 4 |
| 農のみ | | | | 1 | | | | | | 1 |
| 後家 | | 2 | | | | | | | | 2 |
| 賃木綿とり | | | 1 | | | | | | | 1 |
| 灰買 | | | 1抱 | | | | | | | 1 |
| 荒物・小間物 | | | | | | | 1 | | 百姓代 | 1 |
| 不明 | | | 1 | | | | | | | 1 |
| 小計 | 6抱4 | 33抱1 | 49抱1 | 36 | 16 | 14 | 9 | 2 | | 165 |
| | 39抱5 | | 101抱1 | | | 25 | | | | |

注）宗門人別帳。

表9　上名栗村階層構成表（古組）

| 階層＼年 | 文化8 (1811) | 文政9 (1826) | 天保7 (1836) | 弘化3 (1846) | 慶応2 (1866) |
|---|---|---|---|---|---|
| 20石以上 | 0 | 0 | 0 | 1 | 1 |
| 10—20 | 0 | 2 | 2 | 0 | 1 |
| 5—10 | 2 | 1 | 0 | 2 | 1 |
| 3—5 | 11 | 7 | 7 | 6 | 1 |
| 2—3 | 13 | 15 | 14 | 8 | 9 |
| 1.5—2 | 21 | 12 | 9 | 15 | 10 |
| 1.0—1.5 | 31 | 30 | 34 | 24 | 20 |
| 0.5—1.0 | 49 | 44 | 48 | 46 | 51 |
| 0.5以下 | 33 | 38 | 35 | 47 | 46 |
| 0 | 4 | 6 | 6 | 3 | 3 |
| 計 | 170 | 155 | 155 | 152 | 143 |

表10　階層構成表（文化13〜慶応2）
（1816）（1866）

| 文化13＼慶応2 | 潰（無高） | 0.5以下 | 0.5〜1.0 | 1.0〜1.5 | 1.5〜2.0 | 2.0〜3.0 | 3〜5 | 5〜10 | 10〜20 | 20石以上 |
|---|---|---|---|---|---|---|---|---|---|---|
| (2) 5〜10 | 町田隠居 ↓ | 1 | 組頭 1 | 槙田氏（伊倉） | | | | | 名主・町田氏 1（新館） | |
| (9) 3〜5 | 2 | 1 | 1 | 2 | 0 | 2 | 1 | | | |
| (14) 2〜3 | 1 | 1 | 4 | 3 | 2 | 3 | | | | |
| (17) 1.5〜2.0 | 1 | 3 | 5 | 1 | 5 | 1 | | | | |
| (33) 1.0〜1.5 | 6 | 11 | 6 | 6 | 2 | 2 | | 浅見氏（人見） 1 | | |
| (49) 0.5〜1.0 | 10 | 10 | 22 | 5 | 1 | | | | 柏木氏（柏木） 1 | |
| (33) 0.5以下 | 16 | 13 | 3 | 1 | | 野田分家 | | | | |
| (5) 0 | 4 | 1 (7) | (9) | (1) | (1) | (1) | | （　）内入百姓 | | |

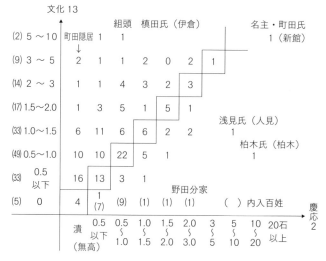

表11　飯能〝寄場〟打毀し状況（慶応2年7月7日書上）

| 日　時 | 郡　　村 | 身分（役） | 打毀された者 | 持　高 | 農間余業 | 家族 | 打毀状況化 |
|---|---|---|---|---|---|---|---|
| 6/14<br>5ツ時 | 高麗飯　能 | 百　　姓 | （中屋）清兵衛 | 2.350 | 穀　渡　世 | 7 | 居宅・土蔵<br>穀物その他 |
| 〃 | 〃 | 〃 | （板屋）半兵衛 | 8.285 | 穀物渡世 | 11 | 〃 |
| 〃 | 〃 | 名　　主<br>（寄場名主） | （堺屋）又右衛門 | 15.012 | 〃 | 17 | 〃 |
| 〃 | 〃 久下分 | 〃 | （酒屋）八左衛門 | 16.320 | 〃 | 10 | 〃 金　銭 |
| 6/15 | 〃 栗　坪 | 百　　姓 | 幸次郎 | 2.50 | 北島御殿<br>御貸付旅宿 | 2 | 〃 書　物 |
| 〃 | 〃 清　流 | 組　　頭 | （和田）亀太郎 | 8.550 | 〃 | 7 | 〃 |
| 〃 | 〃 | 名　　主 | （和田）伊　輔 | 7.890 | 〃 | 6 | 〃 |
| 〃 | 〃 新　堀 | ? | （喜太郎事）<br>佐太郎 | 5.630 | つけき屋<br>渡世 | 6 | 〃 隠　宅 |
| 〃 | 〃 下鹿山 | 組　　頭 | 熊太郎 | 12.525 | 酒　　造<br>醤　油　造 | 15 | 〃 |
| 〃 | 〃 新　田 | 名　　主<br>栄助同居 | の　ふ | 18.985 | 旅宿質物<br>棒鉄渡世 | ? | 〃 |
| 〃 | 〃 鹿　山 | 名　　主 | 藤太郎 | 9.355 | 薪材伐出し<br>渡　　世 | ? | 〃 衣　類 |
| 〃 | 〃 猿　田 | 百　　姓 | 留　七 | 3.485 | 薪取渡世 | ? | 〃 |
| 〃 | 〃　? | 組　　頭 | 周五郎 | 1.207 | 勧理院<br>貸付旅宿 | 7 | 〃 衣　類 |
| 〃 | 〃 大河原 | 百　　姓 | 俊　蔵 | 16.386 | 旅　　宿 | ? | 〃 |

注）『史料』39〜42ページ。

木挽・杣などの山林労働者となり、前述の〝豪農〟町田氏らの収奪体系の下に組み込まれていったと思われる。一方、安政の開港により、桑の栽培が盛んとなり、かつての主産業であった炭焼業をも追い越している点注目される（表七参照）。また、表九により、上名栗村の階層分化過程をみてみると、文政―天保、安政の開港以降の二つの時期に大きな変動がみられること、また、表一〇によれば、二〜五石の、上名栗村における、〝中農層〟は、殆ど没落の傾向にあることがわかる。一方その対極として、前記表一にみられるごとく、村内のみならず、周辺村々の土地までも集積する者が数名出現している。彼ら村落上層農は、すべて村役人であり、先述の町田氏のごとく、筏商、質商、水車、酒造等を営んでいる。なかんずく、文化二年（一八〇五）に飯能川上村々のあいだで結成された筏組合は、領域を超えて村々の上層農を団結させ、村を超えた経済活動を活発におこなうようになる。その中心となったのは、江戸に出店を持ち、筏組合の総元締であった町田氏であったことはいうまでもない。そして、以上述べたことに必然的にともなって、幕藩制的な市場構造が変質し、豪農的地域市場が形成され、地域間分業が成立しつつあったことは重要である。飯能市場は宝永頃領主黒田氏の保護をうけて設定されたものであるが、名栗に林業が発展するとともに飯能はそれまでの縄市のほかに穀物市場、織物市場の性格をも帯びてくるようになり、商品の流通を媒介に名栗の町田氏、飯能の穀商で寄場名主の堺屋らは横の連帯を深めていったのである（表一一参照。町田は、打毀された堺屋、中屋、板屋、酒屋らとそれぞれ取引があった）。

ここで、山村における共同体関係に大きな変動を与えることとなった次のことは見落すことができない。それは、文政三年（一八二〇）に、表一、二でみた町田氏と並ぶ村内の〝豪農〟の平沼氏や吉田氏が入会地に大規模な植林をおこなったことと、町田氏が文政八年（一八二五）に入会野山株五七軒分を一株金二分で小農民より譲り受け、植林用地としていったことである。このことは、先述の生産構造、生産諸関係の変化の重要な契機であるとともに、従来までの入会地の共同利用体制が崩壊し、一部少数者の手に入会地が集積される端緒でもあったのである。

以上のほか、享保九年(一七二四)の村入用割掛不正をめぐる村方騒動により、新古両組に村が分割され、前者は六年交代の年番名主制度が導入されたこと、以後も安永八年(一七七九)には年貢二重取をめぐって、また天明四年(一七八四)には組頭退役をめぐって村方騒動が闘われ、同五年には荒地見分反対をめぐって我野・名栗一〇ケ村のあいだで惣百姓一揆が闘われ、以後も寛政一一年(一七九九)、享和三年(一八〇三)とそれぞれ村役人交代、年貢過取をめぐって村方騒動が展開され、村請制の機能を低下せしめたと思われるがここでは指摘するのみに留めたい。また無宿人の増大、鎖国体制の危機、賂名主制度の一般化、広域闘争の激化等も村落共同体の変質、村請制の弛緩に大きな影響を与えたと思われるが、紙数の関係もあり、省略したい(上名栗村の分析にかんしては前掲拙稿〈『史游』二号〉参照。また、『名栗村史』も参照されたい)。

## 2 文政改革=改革組合村の設置

かかる状況のなかで、文化二年(一八〇五)関東取締出役が関八州(水戸領を除く)の村々を私領・御料の区別なく廻村する制度が出来、文政一〇年(一八二七)に従来の組合村(用水、鷹場組合等)に依拠し、あるいは分断、あるいは再編する形で四〇~四五ケ村を目安に関八州全域(水戸・川越・小田原領を除く)にいわゆる〝改革組合村〟が設定されたのである(「地方落穂集追加」〈『日本経済叢書』九巻、四六二、五六二ページ〉)。組合村設定の当初の目的は、廻状類の伝達と治安維持、および商品流通の実態把握にあり、関東取締出役の廻村による上意下達を容易ならしめることにあったと思われるが、1節でみた村落共同体の変質、村請制村落の弛緩にたいする領主的対応として、いわゆる江戸地廻り経済圏を形成していた局地的小市場圏=豪農的地域市場=在郷町=農民的商品流通の結節点を組合村〝寄場〟に設定し、その在郷町および周辺村落の有力豪商農を寄場名主、大惣代、小惣代とすることにより、彼らを自己の陣営にひきいれ、治安維持および農民的商品流通の統制に彼らを利用しようとしたのである（図五参照）。見方をかえれば、組合村は、幕府権力によって上から設定された新たな農村統治機構であり、豪商農を中核としてそれに依拠することにより村落支配を再編成しようとした領主的対応であり、権力による農村支配機構の集中的再編成策、豪農的地域市場の編成策であるといえよう。また、このことは、従来の村役人を通じての村落支配＝村請制支配の上に、豪商農を通じての村落連合支配、いわば「組合村体制」ともいうべき形で村落を支配しようとした幕府の政策転換を示すものともいえよう。もっとも、諸大名や旗本・寺社の個別領主権（年貢徴収権等）はあくまでも存続しており村請制が解体したわけではない。幕府と個別領主の警察権は競合関係（なお、文政改革を論じたものをいくつかあげると、北島正元「化政期の政治と民衆」〈『岩波講座日本歴史』近世四所収〉、大石慎三郎「武蔵国組合村構成について」〈『学習院大学経済論集』四巻一号〉、森安彦「関東における農村構造の変質と支配機構の改革（一）」〈『史潮』七四号〉、同「幕藩制社会の動揺と農村支配の変貌―関東における化政期の取締改革を中心に―」〈『日本歴史論究』所収〉、同「幕末期の幕政」〈『幕末郷土史研究法』所収〉、川村優「上総国における改革組合村の始源」〈『日本歴史』二三八号〉、煎本増夫「江戸幕府の関東支配と佐倉藩―在地支配の問題を中心に―」〈『譜代藩政の展開と明治維新』所収〉、『新修世田谷区史』、『目黒区史』等がある）にあり、「重層的支配体制」となるのである。いいかえると、個別領主権の上に、幕府による統一的警察権力が施行されるわけで、両者の関係は相互補完関係にあるといえよう。以後、幕府権力は、徐々に個別領主が本来持つべきいわゆる経済外的強制の側面を強化していくわけであるが、ここではそれを指摘するに留めたい。

一方、組合村の設置を農民の側からみると、組合村の寄合は豪農商層の階層的結集の場となっており、一般農民の側からみると、関東取締出役の廻村入用、寄場入用等の組合村入用はすべて組合村々で高割で負担することとなり、村入用の増大＝封建的諸負担の増大となり、貧農・小作層の経営を益々圧迫することになった点を指摘しておきたい（表一三～一五参照）。また、前述のごとく、組合村内部では、豪農商層により生産、流通、金融等、あらゆる側面で小生産者農民の支配がおこなわれており、この支配からの解放をめざす闘いが先のC、Dの闘いであることをつけ加えておきたい。

### 3　慶応期における幕藩制支配の特質（天保―慶応期における組合村の変質）

本節では、「組合村体制」が天保期と開港期を画期に変質していく過程をみることにより、武州世直し一揆が対決せざるをえなかったのは「武装化された組合村体制」であったことを明らかにしたい。

図5　組合村概念図

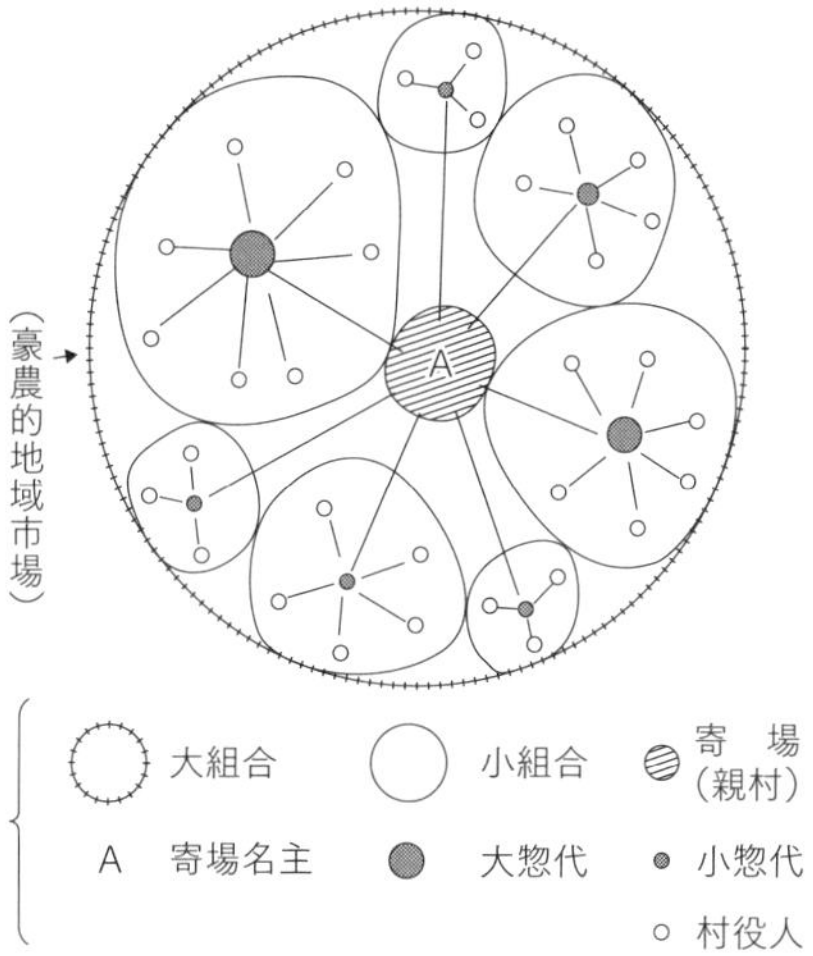


表12　主要〝寄場〟の概要（弘化頃）

| 寄場 | 村数 | 石高 | 家数 | 相給状況 ? | ① | ② | ③ | ④ | ⑤ | ⑥以上 |
|---|---|---|---|---|---|---|---|---|---|---|
| 八王子 | 37 | 10810.6560 | 3501 | 4 | 18 | 9 | 4 | 2 | | |
| 田　無 | 40 | 12181.14625 | 2747 | | 32 | 6 | | | | |
| 青　梅 | 31 | 7953.93662 | 2397 | | 26 | 3 | 2 | | | |
| 飯　能 | 44 | 7608.5060 | 2120 | 3 | 37 | 2 | 1 | 1 | | |
| 所　沢 | 46 | 14568.5195 | 3331 | 2 | 34 | 6 | 0 | 3 | 1 | |
| 扇町屋 | 56 | 17393.7600 | 3717 | 4 | 32 | 14 | 3 | 2 | 0 | 1 |
| 本　庄 | 66 | 30687.4100 | 4570 | 1 | 20 | 18 | 9 | 4 | 4 | 6 |

注）『町田家文書』より。

表 13　村入用一覧（古組）

| 年　　号 | 金　　額（銭） |
|---|---|
| 文　化　元 | 19,094文 |
| 〃　　8 | 22,324 |
| 文　政　元 | 20,601 |
| 〃　　8 | 25,286 |
| 天　保　元 | 66,625 |
| 〃　　10 | 90,428 |
| 弘　化　元 | 71,445 |
| 嘉　永　元 | 87,653 |
| 安　政　元 | 96,528 |
| 万　延　元 | 137,716 |
| 文　久　元 | 153,970 |
| 元　治　元 | 146,872 |
| 慶　応　元 | 269,654 |
| 〃　　2 | 404,876 |
| 〃　　3 | 218,829 |
| 明　治　元 | 413,292 |

表 14　兵賦金（新古両組）

| 年　　号 | 金　　額 |
|---|---|
| 慶　応　元 | 38両　　20貫160文 |
| 〃　　2 | 53両 3 分　　13貫548文 |
| 〃　　3 | 23両 2 分 2 朱　1貫　12文 |

表 15　本年貢（新古両組）

| 年　　号 | 本　田　畑 | 新　　田 |
|---|---|---|
| 文　政　元 | 永68,258.9 | 2,346 |
| 天　保　元 | 〃 | 〃 |
| 弘　化　元 | 71,882.0 | 〃 |
| 嘉　永　元 | 71,917.1 | 〃 |
| 安　政　3 | 72,352.7 | 〃 |
| 万　延　元 | 71,834.3 | 2,420.6 |
| 文　久　元 | 71,739.8 | 〃 |
| 元　治　元 | 〃 | 〃 |
| 慶　応　元 | 〃 | 〃 |
| 明　治　元 | 〃 | 〃 |

さて2節で述べたような理由で、文政一〇年に組合村が結成されたわけであるが、この組合村は明治四年まで存続し、さまざまな機能と役割を持つようになっていく(伊藤好一「神奈川県における大区小区制の施行過程」〈『駿台史学』一七号〉、大組合、小組合は、それぞれほぼそのまま大小区に移行している)。組合の寄合は定設化され、豪農商層の階層的結集の場として横の連帯が益々強化され、幕府の要請とはある程度独自に内部規制が実施され、組合村は徐々に〝行政区化〟していく。当時の幕令に「自今以後組合村に相互に村役人が見廻り、一村同様の取計」(『日本経済叢書』九巻、森安彦第三論文、煎本論文参照。「組合村体制」変質の項は、この森論文と、『清瀬市史』〈大舘右喜氏執筆〉、『神奈川県史』資料編近代・現代(5)渉外編、秩父郡上名栗村町田家文書〈学習院大学史料室蔵〉のほか、多数の地方史誌類に負うところが多い)をするようにというものがあり、また幕府は組合村に無宿・悪党から組合村を守る自衛力を持つことを要求している。以上のほか、村出入の組合内処理、質屋取締、悪党逮捕のさいの処理法変更等が命ぜられている。天保期は、関東農村の場合、すべてこの組合村を槓杆に徹底的な封建反動政策が断行されており、そのピークに〝天保改革〟が位置するのである。換言すれば、天保期は、対外的危機の激化と、天保四〜五年の武州各地の打毀し、天保七年の甲州郡内騒動等に対応して「組合村体制」が一層強化された第一の画期であり、天保改革失敗後も「組合村体制」は農村統治のための〝最後の砦〟として存続した意義は重要である。

この変質した「組合村体制」が、さらに変質を余儀なくさせられたのは、ペリーの来航および安政の開港によってである。

開港以降、保土ヶ谷等に出役が常駐化する体制がとられ(安政七年)、神奈川が直轄化され、関門が増設され、八王子千人同心が横浜に配備される等、警備体制が対外的危機の激化に照応して強化され、組合村々に非常駈付人足、自衛団を持つことを強制するようになり、さらにそれが発展したのが江戸川代官所や岩鼻郡代所管轄下の文久三年の農兵設置であるといえよう。この農兵の設置、および自衛団の定設化は、換言すれば、「組合村の武装化」であり、「豪農商層の階層的結集による暴力装置化」であるわけであるが、武州世直し一揆が対決せざるをえなかったのは、この「武装化された組合村体制」――「組合村体制」の第二の画期――であったことは重要である。

また、以上に関連して、嘉永―慶応期には、それまでにはみられなかったような大規模な御用金が全国の天領・大名領・旗本領の村々に課せられている。上名栗村の場合、わずか一〇年余のあいだに計一、一〇〇両の御用金を差し出しているわけであるが、これはペリー来航以降の対外的危機の激化により領主的危機が益々深刻化したものを、海防の負担を農民に転嫁することにより民族的危機にすりかえたものといえよう。もっとも御用金に応じたのは、豪農商層、上層農クラスであり、これにより幕藩領主と彼らは益々共生関係を深め（苗字帯刀他）農民層内部の矛盾は益々激化していった側面も見逃せない。彼らの対極に、彼らより恒常的に救恤を受けねば再生産不可能な農民が大量に析出されたのである（表一六は、武州世直し一揆の直後に、〝豪農〟、上層農によっておこなわれた一、〇〇〇両の施金の内訳である）。また文久の軍制改革の一環としておこなわれた「兵賦令」は、全国の旗本領・天領に施行されたが、これは先にみた御用金と違って、全農民に高割で課されたため、村入用の増大↓封建的負担の激増となり、一揆発生の主要な原因の一つとなったと思われる（表一四参照。大山敷太郎『幕末財政金融史論』参照）。以上のほか、生糸の生産・流通過程への課税である生糸改印令の問題、東海道平塚宿の助郷が秩父・高麗の村々へも課されるといった助郷問題、コレラ・はしかの流行、物価騰貴・労働賃銀の問題（表一七、一八参照）、天候不順、飢饉、開港後の「売込商体制」による幕藩制的市場構造の混乱等、さまざまな要素が複雑にからみあって一揆発生の原因を形成するとともに、それらが「組合村体制」を変質させていったわけであるが、ここではそれらを指摘するに留めたい。

以上まとめると、武州世直し一揆が対決せざるをえなかったのは、幕藩制国家によって新たに設けられた農村統治機構、しかも半プロ的農民、前期プロ的農民、小生産者農民と階級的対立関係にあり、同時に幕藩権力と共生関係を結んだ豪農商層の階層的結集の場であった「武装化された組合村体制」であったのである。

## Ⅲ　武州世直し一揆の歴史的意義

武州世直し一揆は、幕末最終段階の慶応二年、一揆発生の客観的諸条件が全国一様に成熟しきっていた年、いわば直接的革命情勢期に、江戸・大坂の打毀し、奥州信達一揆とあたかもしめしあわせたかのごとく同時的に勃発し、かつ速やかに伝播していった点にその特徴がみられる。しかも前述のごとく、在町から在町へ、

表16　慶応２～３年　窮民救出金（両組）

| 名　前 | 金　額 | 備　考 |
|---|---|---|
| 平沼源左衛門 | 250両 | 新組　組　頭 |
| 吉田伴次郎 | 225 | 〃　〃 |
| 町田滝之助 | 225 | 修　験<br>古組　名　主 |
| （柏　木）代　八 | 100 | 〃　組　頭 |
| （岡　部）善兵衛 | 100 | 新組　〃 |
| （浅　見）市五郎 | 40 | 古組　百姓代 |
| （　〃　）庄右衛門 | 25 | 新組　組　頭 |
| （原　田）良　碩 | 10 | 〃　医　師 |
| （岡　部）政　蔵 | 10 | 〃 |
| （嶋　田）梅　八 | 10 | 〃 |
| （田　嶋）安五郎 | 5 | 古組 |

注）『史料』26～29ページ。

表17　飯能米麦相場

| 年　号 | | 米　両＝石 | 麦　両＝石 |
|---|---|---|---|
| 文化 | 4 | 1.01 | 1.70 |
| 文政 | 10 | 1.00 | 1.85 |
| 嘉永 | 6 | 0.70 | 1.25 |
| 安政 | 4 | 0.50 | 1.85 |
| 文久 | 元 | 0.50 | 0.70 |
| 〃 | 2 | 0.40 | 0.80 |
| 〃 | 4 | 0.30 | 0.80 |
| 慶応 | 元 | 0.130 | 0.65 |
| 〃 | 2 | 0.110 | 0.22 |
| 〃 | 4 | 0.210 | 0.25 |

表18　日雇賃銭

| 年　号 | | 賃　銭 |
|---|---|---|
| 文久 | 2 | 272文 |
| 元治 | 元 | 400 |
| 慶応 | 2 | 500 |
| 〃 | 3 | 800 |
| 〃 | 4 | 600 |

図6

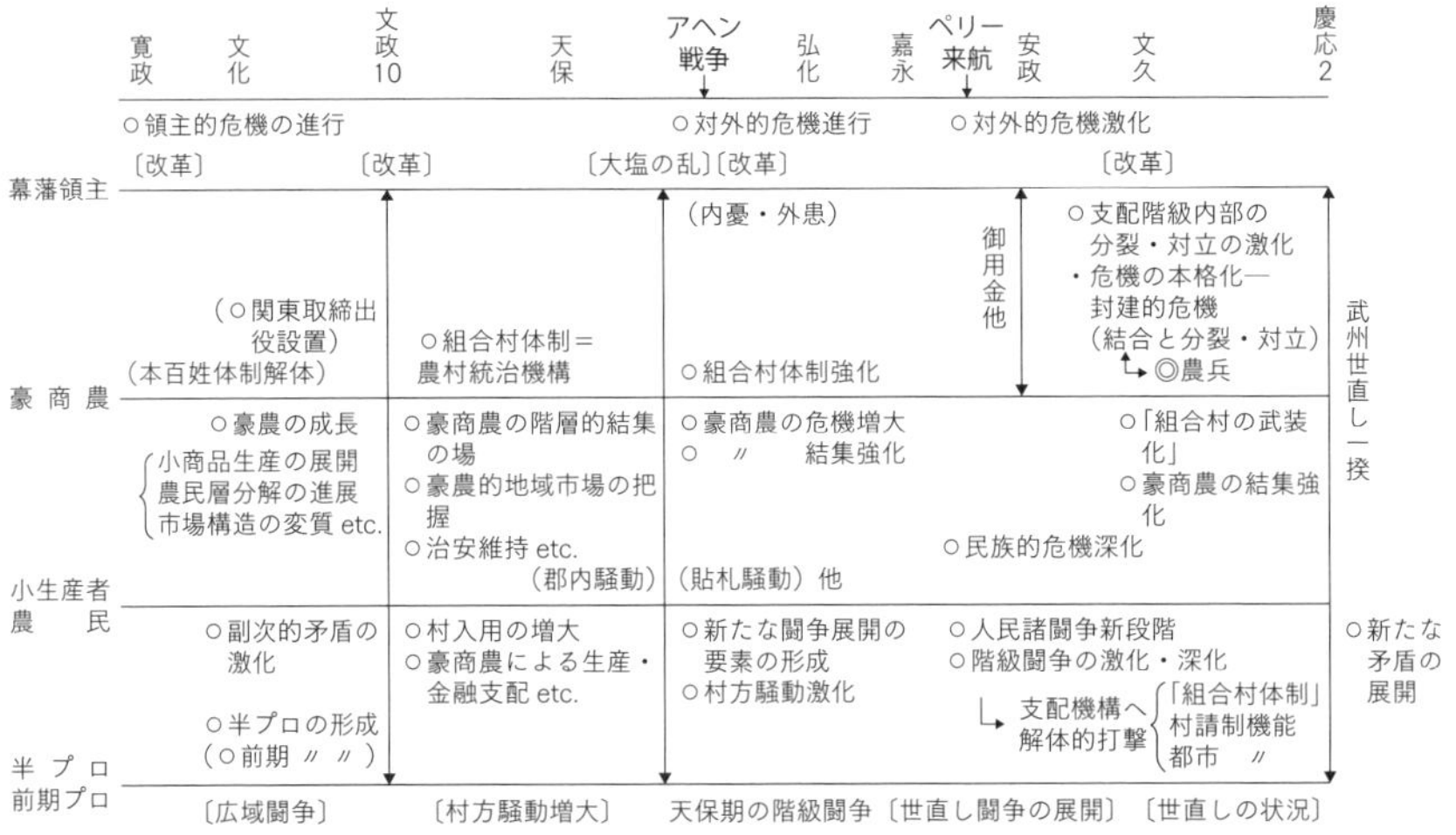


寄場から寄場へと、幕藩制国家の農村統治機構＝「組合村体制」の中枢部を打毀し、一時的にせよその機能をマヒせしめたことは幕藩制国家に大きな打撃を与え、その倒壊を確実に促進せしめたと思われる。また、「人民諸階層による諸闘争」の〝集約〟としての武州世直し一揆は、たんに統治機構の破壊のみならず、幕藩制国家の課税政策、年貢収奪方式そのものにたいしても、打毀しという封建制下の農民にとって極限的な手段で反対の意思表示をおこなっており、両者あわせて、武州世直し一揆は、まぎれもなく〝反封建〟闘争であるといえよう。そして、武州世直し一揆の特質を端的に表現した「広域・同時多発」は、武州世直し一揆がまさに幕藩制国家の解体期に照応した農民闘争であったことを雄弁に物語ることばであるといって過言ではない。すなわち、「一揆の展開」の章ですでにみたように、生産関係の異なる三つの地帯においても、階層分化の進行、農民層内部の矛盾の激化、生産・流通・金融支配のあり方等、すべて均質的に進行しており、それを益々促進したのが安政の開港、資本制生産様式の強制であったのである。それに照応して統一権力者たる幕府によって設定された「組合村体制」も均質

的に変化していったわけで、一揆発生の客観的諸条件は一揆発祥の地秩父郡上名栗村に限らず、一揆が波及しなかった村々をも含めて成熟しきっていたのであり、したがって上名栗村を中心とする蜂起はたんなる導火線としての役割しかもたなかったのである。最後に、手に鍬を握り、額に汗して働く生産者農民の日記（多摩・南小曾木・市川家文書）を紹介して、このまとまりのない報告のしめくくりとしたい。それは、慶応二年九月一四日の条にみられるものであるが、「此度世柄悪く成候ニ付、世直り候迄行家無尽ハ休ニ可致候事」（『史料』二〇五ページ）というものである。彼ら生産者農民の意識の成長をみる上で、非常に含蓄のあるものではないだろうか？

## 付記

図六は、佐々木潤之介編『村方騒動と世直し』（下）の三九三ページの図式を参考にして、本報告の骨子を年表形式で図式化したものである。あわせて参考にしていただければ幸いである。なお、本報告を作成するにあたって、終始激励いただいた近世村落史研究会の会員の方々に感謝するしだいである。

# 4　武州世直し一揆と練馬

武州世直し一揆は、江戸時代の百姓一揆の最後の、そして最高の昂揚期であった慶応二年（一八六六）六月に、関東郡代直轄領である武州秩父郡上名栗村（埼玉県入間郡名栗村）から発生した大農民闘争であり、江戸・大坂の打毀し、会津の信達一揆と並んで、〝世直し状況〟のピークを形成する最も重要な一揆であることは周知のことである。東は川越領新河岸川を越え与野に至り、北は上州新町宿で岩鼻の関東郡代の手勢や、高崎藩兵と交戦し、西は同じく上州下仁田宿に迫り、南は多摩川に至ったこの一揆に関しての研究は、『日本庶民生活史料集成』第六巻・一三巻（三一書房）や、『武州世直し一揆史料』（近世村落研究史会編、慶友社）等の史料集の刊行により、近年益々盛んとなってきている。(1) この一揆に関してはさまざまな評価がなされているが、この一揆の特徴を端的に表現すれば、「広域同時多発的に展開した世直し一揆」といえよう。

さて、わが『練馬区史』（以下『区史』と略す）は右の一揆をいかに叙述しているかをみてみると、「慶応六年窮民蜂起打毀見聞録」を出典として

慶応二年（一八六六）六月十三日村内の窮民七、八十人によっておこされた打こわしは、翌十四日には一万余の大部隊となり、襲げきを受けた村々は、武州高麗郡・入間郡・新座郡・多摩郡にわたる三十ヶ村に及び、わが練馬境の新座郡引又村（志木）、白子村にまで拡った。引又村では商屋九軒が打こわしを受け、又

同村内の高崎侯の陣屋が破壊された。（以下略）

という記述が四六八～四六九頁にある。当時の研究状況からいって、やむをえない点もあるが、いくつか誤りがあるので、以下に右の記述にそってやや詳しく記してみたい。

出典の「慶応六年」は、慶応は四年までしかないので論外として、まず上名栗村からの参加者の数であるが、一揆発生一週間後の六月二〇日に上名栗村から岩鼻の関東郡代にあてた書付に、「弐百人」と明記されているのでそれに従うべきであろう。(2) 当時の上名栗村の総戸数は二六九軒であるから、村役人や寺社、一部上層農を除く殆んどすべての貧農、山林労働者の家からは一軒につき少なくとも一人は参加した勘定になる。かなりの数字といえよう。次に、目下のところ判明する打毀しの被害者の一覧表を示すと左の通りである。前記の『区史』の記述と比較してみて、あまりの違いに驚かれると思う。しかも現在新史料が各地で続々と発掘されており、表の数字はいまだ中間報告にすぎないのである。

打毀し〝被害者〟郡別一覧

| 国 | 郡 | 軒数 | 国 | 郡 | 軒数 |
|---|---|---|---|---|---|
| 武州 | 男衾 | 4 | 武州 | 新座 | 21 |
| 〃 | 児玉 | 15 | 〃 | 豊嶋 | 1 |
| 〃 | 那賀 | 11 | 〃 | 足立 | 5 |
| 〃 | 賀美 | 6 | 〃 | 比企 | 106 |
| 〃 | 大里 | 3 | 〃 | 榛沢 | 22 |
| 〃 | 秩父 | 57 | 上州 | 緑野 | 19 |
| 〃 | 高麗 | 53 | 合計 | | |
| 〃 | 入間 | 86 | 武州 | 14郡 | 430 |
| 〃 | 多摩 | 40 | 上州 | 1郡 | 19 |

豊島郡の一軒は、江戸神田の書肆、「藤岡屋日記」中にみられるもので、「豊島郡赤塚村之内成増分同（穀屋）渡世善兵衛」なる者が、一揆勢の要求をうけて、銭百文につき白米四合挽割八合の安売りを承諾したとの記事による。(3) 同書にはまた六月一五日付の打毀し連中の新座郡白子村宛の先触の写がある。大変興味深いものなので左記にそれを示そう。(4)

一揆之者先触之写

今夕飯千人前支度可被致、差支に於而は大勢之もの了簡可有之事、

六月十五日　岡　村より

白子村中

其村方人数五十人用意可被致候事
六月十五日　岡　村より
白子村中

すなわち、一揆勢は夕食を一、〇〇〇人分支度することを要求し、白子村から五〇人加勢することも併せて要求しているのである。これらの要求に対して、村役人はどのように対応したかというと、下新倉村の名主治太夫こと富太郎の家が大打毀しになったことを知った白子村の名主茂兵衛は、とてもかなわないと無条件降伏し、米の安売、人足差出しを承諾していることが知られる。しかしながらすべての家が打毀しをまぬがれたわけではなく、字牛房の水車渡世の小源次は金一、〇〇〇両の施金等を約束させられ、その本家である主馬之助宅は打毀されているのである。また、多摩郡小野路村小島家文書によれば、引股村の三上権兵衛ら九軒が打毀されたことがわかる。(5)

最後に、高崎藩（松平右京亮輝照、七万石）の飛地、新座郡大和田陣屋（野火止宿）の〝打毀し〟の件であるが、前記小島家文書によると、「侍止宿之宅を微塵に打壊」とあり、陣屋そのものは破壊されていない模様である。(6)（忍藩秩父陣屋の場合は徹底的に破壊され、書類は焼かれ、大砲は井戸の中へほうりこまれている。）但し、その記事の直前に我々は注目すべき次の記事を見出すことが出来る。すなわち、高崎藩兵に逮捕された弐人を救うために、一揆勢が「縛置候弐人之ものを速に可相渡、左も無之候ハヽ、我々一同を搦捕候様可致」と談判したところ、「柔弱武士」が「恐懼戦慄双刀を拘（ママ）へ進出し候」とあるが、我々は見事仲間を救出した一揆勢の巧妙な戦術に感嘆すると同時に、権力者である武士階級の腐敗堕落ぶりをこの史料から読みとることが可能であろう。

このような状況に対応して、一揆勢が志向した横浜近郊の村々、川崎宿組合（荏原・橘樹郡五十三ヶ村組合）や綱島村組合（都築・橘樹郡四拾八ヶ村組合）の村々の豪農商層は、武州世直し一揆の直後の慶応二年に、自己の財産保全のための暴力装置である。〝農兵〟取立を願い出、野州黒羽藩や、武州川越藩も農兵の設置をいそぎ、同年一二月には幕府は全国の幕領へ農兵の取立を命じ、翌年には全譜代大名に農兵の取立を命じたのである。『区史』四六九頁の石神井村農兵も右の如き情勢の中で設置されたことはいうまでもない。

以上、武州世直し一揆に関して、主として『区史』に即応して練馬近郊の村々の動向を見、『区史』の若干の誤りを訂正してみたが、右の打毀しに関する史料や言伝えをご存知の方は、ご教示いただければ幸いである。

註

(1) 森安彦「武州世直し一揆の基礎的考察」(『信濃』二四―一〇)、拙稿「幕藩制崩壊期における武州世直し一揆の歴史的意義」(『歴史学研究』七四年度大会別冊)他。

(2) 『武州世直し一揆史料』一二頁。

(3) 右同、三〇二頁

(4) 右同、三〇一~三〇二頁、『日本庶民生活史料集成』六巻にも同様の記事がある。

(5) 右同、二八八頁~二八九頁。

(6) 右同、二八九頁。

## 5　武州世直し一揆と板橋周辺の状況

慶応二年（一八六六）六月、武州秩父郡上名栗村（埼玉県入間郡名栗村）に端を発してまたたくまに武州一五郡・上州二郡、計二〇二か所にわたって、のべ五二〇軒余りを打毀した一揆は、武州世直し一揆としてよく知られている。この一揆は起った時機からいっても、また、江戸に近いという位置からいっても、そして上武二か国にまたがるというその範囲からいっても、徳川幕府に与えた影響ははかりしれないものがあったと思われる。したがってこの一揆に関する研究は数多い。古くは東某が著した『教育品展覧会目録』（＝仮称・明治三九年）の青山伴七の項に三ページ余り言及があり、渡辺欽城の『三多摩政戦史料』（大正一三年。昭和五二年有峰書店より復刻）にも「兇漢蜂起と農兵の威力」の項で三ページ余言及がある。

しかし本格的な研究は、野村兼太郎や田村栄太郎以降といってよく、とくに『日本庶民生活史料集成』第六巻（昭和四三年、三一書房）、『民衆運動の思想』（昭和四五年、岩波書店）、『武州世直し一揆史料』（一）（二）（昭和四六年、四九年、慶友社）等の史料集の刊行以降急激に進展したといっても過言ではない。

また、昭和五六年には、この一揆に関して三冊の著書が刊行された。その一つは、森安彦著『幕藩制国家の基礎構造』（吉川弘文館）であり、他の一つは大舘右喜著『幕末社会の基礎構造』（埼玉新聞社）であり、最後の一つは拙著『近世武州名栗村の構造』（名栗村教育委員会）である。

さて、筆者はかつて「武州世直し一揆と練馬」と題して、本誌一一四号に一文を草したことがある。したがってここでは重複をさけるため、主として板橋の周辺の状況を記してみよう。

江戸神田の書肆、藤岡屋の慶応二年六月の「日記」によると、豊島郡上赤塚村の内成増分穀屋渡世善兵衛なる者が白米を百文につき四合売、挽割八合にして発売したとの記事がみえる。上赤塚村成増分というのはいうまでもなく板橋区成増のことで、わが練馬区のすぐ近くである。また、価格も一揆直前と比べると半額近い数字である。おそらくは引又や白子の打毀しの状況をいちはやく察知した善兵衛が、自主的にすばやい対応をしたものであろう。

次に、「鈴木寛敏手記」という史料（東京大学史料編纂所蔵）によると、「板橋ノ打毀ニ関スル件」として、江幡金之介という者が京都から江戸へ下る時、板橋宿で打毀し勢が幕府軍と交戦しているのを目撃し、死者百、重軽傷二百余であったという。また一揆勢は上州方面より押しよせ、その数およそ一万人余、関東取締出役に率いられた鎮圧勢力では力弱く、幕府正規軍の歩兵隊がはじめ空砲を打ったが効果なく、やむをえず実弾を使用したところ百人余の死者が出てしまったとの記事もみえる。今のところ他のこれを裏づける史料がなく、数字はそのまま鵜呑みにすることはできないが、先の藤岡屋日記の記事と合わせて考えると、一揆勢が成増、赤塚、板橋宿まで来たのはほぼ確実であり、多数の死傷者が出たのも恐らくは真実であろう。

現在志木市や和光市など、板橋区に近い埼玉県の市町村では市史編纂が進行中であり、武州世直し一揆に関する史料も続々と発掘されつつある。しかしながら目下のところ板橋や練馬区内の地方史料（じかたしりょう）＝農村文書には右の板橋宿打毀しに関する記事は見当らない。もし板橋や練馬の史料で何かこの一揆に関するものを御存知の方がおられましたら、御教示いただければ幸いである。

なお末筆ながら、「鈴木寛敏手記」の史料を御教示下さった群馬大の落合延孝氏に御礼を申し上げる。

# 6　武州世直し一揆の未刊、既刊史料の検討

## はじめに

今をさることちょうど一二〇年前の慶応二年（一八六六）丙寅六月、武州秩父郡上名栗村（埼玉県入間郡名栗村）に端を発して、瞬く間に武州一五郡、上州二郡を席捲した武州世直し一揆が発生した。一揆は発生後約一週間で幕藩権力および農兵らの手によって〃鎮圧〃されたが、第二次征長戦争の最中であった幕府の心胆を寒からしめ、幕藩制国家の崩壊を促進した一揆として、関東はもちろん、全国的にも最も著名な一揆の一つである。従ってその研究も古くは大塚仲太郎「『打毀し』の記録」（『埼玉史談』四巻六号）や、野村兼太郎「維新前後における百姓一揆の報告」（『三田学会雑誌』三一巻六号、のち『維新前後』に収録）など戦前のものから、最近では近世村落史研究会「幕末の社会変動と民衆意識―慶応二年武州世直し一揆の考察―」（『歴史学研究』四五八号、以下歴研論文と略称）、森安彦『幕藩制国家の基礎構造』（吉川弘文館）、大舘右喜『幕末社会の基礎構造武州世直し層の形成』（埼玉新聞社）、山中清孝『近世武州名栗村の構造』（名栗村教育委員会）等があいついで刊行されており、慶応二年のいわゆる「世直し状況」を分析したものとしてはもっとも「緻密さと具体性をもった研究」（東義和『被差別部落と一揆』（明石書店）の一つといえよう。しかしながら時間的には僅か一週間余りとはいえ、その空間的広がりのゆえまた与えた影響の大きさからも、この一揆に関連する新史料はいまだに

各地で続々と発見、発掘され、その一部は活字化されている。また既刊のもので今まで前記の諸論稿にふれられていないものや、前記の諸論稿刊行以後に発行されたものも数多い。従って前記の諸研究には増補改訂が必要であるがその完全な研究は後日を期すこととし、本稿ではやや静態的、並列的ではあるがその中間報告的なものであることをあらかじめおことわりしておく。

## 一　未刊史料について

①東京大学史料編纂所蔵　「新聞書」三（慶応元年より）

慶応二年六月一四日〜一五日の高麗・入間地方における打毀し状況を、幕府代官松村忠四郎が報告したものの写し「打毀場所承込候趣申上書付」、六月一七日の打こわし連中の廻状の写し（『武州世直し一揆史料』(一)、秩父郡中津川村幸嶋家文書の「御用留」と同文）および六月二三日付の栃本番所の大村氏から、川浦村（山梨県三富村）の山県氏に状況を報告したもの「打こわし与之廻章写并施し之難題写」の二つの部分に分かれる。特に後者は、秩父の番守が、甲州の番守へ秩父近辺の打毀し状況を具体的に報告したものとして貴重である。なお本史料は堤洋子氏の御教示による。

②埼玉大学教養部日本文化研究室蔵　「打毀之節大勢ひ江配喰振舞入用帳」（慶応二年六月）

秩父郡般若村（小鹿野町）の名主権右衛門が、六月一九日に近所へ白米生酒、焼酎、わらじなど三五両三分あまりを振舞ったもの。

本史料は群馬大の落合延孝氏の御教示による。

③長野県北佐久郡浅科村　五郎兵衛記念館蔵　「組合村ニ而合村定連印帳」（慶応二年七月七日）

上武両国の徒党の事後処理のため、代官松本直一郎の命令により、婚礼や葬儀等について「世相穏ニ相成り候」まで質素・倹約を申し合わせた村議定。本史料は、国立史料館の森安彦氏の御教示による。

④慶応大学経済学部情報センター蔵　慶応二年蕨宿「役用向日記」

昭和四二年に刊行された『蕨市の歴史』二巻に部分引用されたことがある史料である。六月一六日に幕府天文方から天変があると通知があり、心配していたが天変はなく、かわりに「一揆打毀とも可有之哉」との記事、足立郡下大久保村（浦和市）名主茂七郎が打毀しの対象であったこと、宿村林蔵宅が打毀しにあったことが判明する。中山道の宿場町の史料であるため鎮圧側の動向も詳しい。特筆すべきは頭取の一人と推定される下成木村（青梅市）の組頭喜左衛門が蕨宿で関東取締出役吉田僖平次らの取調べをうけたとの記事である。六月二六日のことであった。なお、本史料は神山健吉氏の御教示をえた。

⑤千葉県君津市久留里　宮田学家文書「打毀類」

本年三月二六日～八日、久留里の史料調査に房総史料調査会のメンバーの一員として訪れた際に、城址資料館の館長さんに御教示をうけた史料である。紙数五六枚に及ぶ新史料で、久留里藩領の〝被害〟状況を藩の役人宮田源四郎がつぶさに廻村し、書写したもので、主として入間郡今市町（越生町）、比企郡角山村（小川町）の状況が詳しい。本史料との出逢いは全く偶然であるが、その機会を与えて頂けた千葉大久留島浩氏、東大吉田伸之氏および千葉大・東大の院生、学生、OB・OG諸兄姉に感謝したい。

以上の他に、神奈川県厚木市の難波武治家文書（『武州世直し一揆史料』（二）の小野路村小島家文書とほぼ同文）、東京都品川区下蛇窪の伊藤家文書、静岡県韮山町の江川家文書（（二）に未収録のもの）、慶応大学情報センター蔵の多摩郡上長淵村（青梅市）の助命歎願書、小野文雄[1]・高梨輝憲[2]・尾崎征男[3]・神山健吉[4]・斎藤洋一[5]・佐藤孝之[6]氏らの諸論稿に引用された史料がある。また大舘右喜氏によれば、埼玉県史刊行後に新たに発見された史料も多いという。筆者も所属する近世村落史研究会で、ぜひ『武州世直し一揆史料』（三）を刊行したいと思う。またそうすることが急務であろう。

## 二　既刊史料について

筆者はかつて極めて不十分ながら、昭和四五年までに刊行された既刊史料の検討をしたことがある。[7] その後に刊行された埼玉県に関する歴史関係の著作物（地方史誌を含む）で武州世直し一揆に全く言及しないものは皆無といってよく、網羅的な研究は不可能に近い。従って主要なもののみの検討であることをあらかじめおことわりしておく。

①東某『教育品展覧会資料』（明治三九年）

本史料は一五年ほど以前、所沢市の史料調査の際発見したものである。一三六頁余の小冊子であるが、その青山伴七（根岸氏）の項に三頁余り武州一揆に言及している。一揆勢を「強賊」と決めつけ、「乱暴狼藉」を極めた「烏合の衆」と断定している点問題は多いが、比企郡大谷村（東松山市）の森田茂三宅が打毀しの対象とされ、糧食を提供しているとの記事が注目される。彼は「青山防戦記」（(二)巻所収）の新屋敷赤熊または藤山のなにがしと同一人物かもしれないが歴研論文にはその名はみられない。なお管見では武州世直し一揆に関する最古の文献である。[8]

②渡辺欽城『三多摩政戦史料』（大正一三年。昭和五二年有峰書店にて再刊）

本史料は自由民権運動の文献として著名なものである。一揆の頭取を高麗郡大河原村（飯能市）富蔵としていること、青梅で山崎喜右衛門（歴研論文になし）が打毀されていること、日野の佐藤彦五郎、八王子の谷合弥七、駒木野の鈴木金平らが農兵を指揮したこと、多摩郡代官鎮撫方に従来の史料にはない幕府側下級役人の名がみられること等興味深い。但し一揆勢を「兇漢」「暴徒」「敵」と規定していることは①と同じである。

③西野辰吉『秩父困民党』（昭和三一年）

本書は秩父事件を主題とした著名な歴史小説である。その序章で五頁ほど武州世直し一揆に言及している。

秩父事件のリーダーの一人落合寅市が原体験として武州世直し一揆を体験したというのである。それはよいのだが原因の一つがチャラ金の使用ということ、竹槍を持参したこと、放火のこと、騎馬武者の銃により鎮圧されたこと、〝暴動〟のきっかけは川越領の吾野名栗の農民の蜂起、八王子や高崎も秩父と同様武士団の銃火で潰滅云々とあまりにも誤りが多い。新井佐次郎氏がいわれるように、[9] 歴史小説として容認されるべきイマジネーションの許容範囲をこえており、見すごすことはできない。版を重ねる際にぜひ改訂してもらいたいと思う。

④『田中千弥日記』(昭和四七年、吉田町教育委員会)

この史料は秩父事件の史料として著名なものである。埼玉新聞社発行の『秩父事件史料』第二巻にも近代の部分が抄録されている。本書には慶応二年六月一七日、一九日、二〇日、二八日の条他が抄録されており、森伊、小櫃又兵衛、丸木徳十郎(歴研論文なし)が打毀されている。また抄録される際にカットされた部分に、下吉田村で一揆勢の掛合いに応じて請書を掲げた者が二〇軒記されているという。[10] そしてその中に秩父事件の会計長井上伝蔵の家も含まれていたのである。なお丸木とは、新井佐次郎氏によれば、倉林源太夫であるという。原本は未見であるが、井上家の施米施金史料とともに本史料も早急に活字化が必要と思われる。

⑤『昭島市史』(昭和五三年)

付編に、それまで知られていなかった史料が八点ある。慶応二年六月一五日付の江川太郎左衛門の触(島田家文書)、同日付の見聞書留(指田家文書)は特に目新しい記事はない。勝野氏の蒐集文書は拝島村組合で打毀された福生村名主重兵衛と、拝島村百姓庄兵衛の被害状況を書き上げたものである。この両名の被害状況と石高、渡世が判明する。歴研論文で拝島村を庄兵衛、穀屋と二軒として数えているが、イコールと考え、一軒と訂正すべきであろう。右の他勝野氏蒐集文書は拝島村政次郎、福生村富八らの帰村歎願書、上申書、届書である。この他、注目される史料として中村家文書がある。慶応二年七月の青梅宿組合、拝島宿組合の村議定であるが、その文言の中に、「今般高麗郡村々暴民共蜂起いたし、世直と相唱愚民を為連」とあるからである。かわら版や、伝聞史料以外で「世直」の文言のある貴重な史料である。なお『昭島市史』の通史編は幕末の諸状況と武州世直し一揆の関係を手際よくまとめている。

⑥『和光市史　史料編二近世』（昭和五七年）

慶応二年六月一五日の「貧徒暴賊打毀値難見舞受記」（柳下家文書）は、巨魁が名栗村の博戯悪徒の大五郎なるものだと断定している。そして自分の家（下新倉村名主治太夫こと富太郎）の損害状況と、諸方より寄せられた見舞の記録である。また富沢家文書二点は、打ちこわし勢が白子村（和光市）に人足五〇人、夕飯一、〇〇〇人分を要求したときの触状である。文言は「藤岡屋日記」ですでに知られていたが、管見では一揆側が出した史料で現存する唯一の史料であり、大変貴重である。

⑦『新編埼玉県史資料編11　近世2　騒擾』（昭和五六年）

一揆、打毀しを『騒擾編』として一冊にまとめたのは埼玉県が全国で初めてである。まず最初に関係者の方々に深く敬意をささげたい。さて、全九八三頁のうち、二三八頁が武州一揆に割かれている。約四分の一である。収録されている史料のうち、町田家文書、堀口家文書、新井家文書、内野家文書、須藤家文書などはすでに活字化されたことがあるが、今回初めて活字化されたものも多い。以下それらについてみてみよう。

○史料一八　打ちこわし参加につき届書（飯能市唐竹　鈴木家文書）

赤沢・原市場・唐竹三か所の村役人が、一橋領知役所へ村民が一揆に参加したことを届け出たもの。

○史料一九　武州百姓乱妨打毀の書（飯能市下直竹　宿谷家文書）

『一揆史料』（二）の井上家文書とほぼ同文。内容からいってこちらの方が原本であろう。

○史料二〇～二二　打ちこわしにつき届書、乱妨人置去候品々書上、打ちこわしにつき御見分書（所沢市城　金子家文書）

入間郡城村の質屋長右衛門（（二）では長左衛門）＝遍照金剛の被害状況の書上げと、打ちこわし勢の置去り品の届出である。

○史料二四　打ちこわしにつき品々書上（尾崎征男氏蔵三上家文書）

未刊史料の検討で述べた尾崎征男論文の典拠となった史料が本史料である。三上権兵衛や西川重五郎、西川武左衛門らの打毀し状況や石高等が判明し、興味深い。前出の神山論文も『県史』の本史料や前記の金子家文書を引用されている。なお本史料でもう一つ興味深いのは、甲州無宿延次郎ほか一一人の召捕人の氏名一覧があることである。このうち二本木村（入間市）滝之助、南畑村（富士見市）喜三郎は『一揆史料』（一）の小島家文書の二本木村博徒滝蔵、南畑村喜三郎と同一人物であろう。また相州無宿菊次郎は、与野町にて召捕とあるので、相州山際村（厚木市）無宿菊次郎（築地川原にて召捕）とは別人であろう。その他の仙台無宿松五郎や、伊奈無宿寅吉らは今後若干の検討が必要と思われる。

○史料二五　打ちこわし届書（志木市　西川家文書）

引又町組頭西川重五郎の被害状況が詳しい。

○史料二六　打ちこわしにつき年貢割納願（志木市　宮原家文書）

引又町組頭西川重五郎が、年貢米四二俵を一揆勢に井戸に投げ込まれたため、一〇年賦で納入することを高崎藩の野火止役所に願い出たもの。願いは一応聞き届けられ、七年賦納入に定められた。

○史料二七　非常防方手筈取極議定書（右に同じ）

慶応二年七月に制定された組合村議定。一揆を未然に防ぐため領主側の要請をうけて、豪商農が会合して定めたもの。

○史料二八　白井家日記（大宮市　守屋氏蔵白井家文書）

足立郡宿村（大宮市）順蔵（歴研論文なし。前出の宿村林蔵と同一人物か？）が打ちこわされ、佐知川村（同）で新店が施行、土屋村（同）庄（右）衛門も施行とある。ともに歴研論文には所見のないものである。

○史料二九　年中諸入用の控（大宮市　東角井家文書）

右と同じく、佐知川村の打ちこわしと、土屋村の永田家（庄右衛門か？）の打ちこわしについて詳しく記されている。なお大宮周辺の従来の一揆展開図は訂正が必要である。

○史料三〇　御用日記留（騎西町　黒川家文書）

川越藩の飛地領の状況が判明する史料である。城下で蔵米を開き、貧民へ時の相場で御払いしたとの記事がみえる。

○史料三二、三三　打ちこわし始末覚書・打ちこわし届書（滑川村伊古　大久保家文書）

伊古村竜五郎が打毀され、同元右衛門が食事を提供したことが見える。歴研論文になく、増補が必要である。

○史料三四　打毀防人数大儀料控帳（東松山市古凍　根岸家文書）

一揆直後に、上層農らが出金し、一揆中に〝活躍〟した者たちに太儀料として酒代を渡し、今後の〝非常用意〟にそなえようとした史料である。

○史料三五　打ちこわしにつき始末届書（右に同じ）

『一揆史料』（一）所収及び『東松山市史資料編三巻近世』に所収された古凍村磯崎家文書とほぼ同文。但し字句にかなりの異同があるので厳密な比較検討が必要と思われる。「大悪頭取」はなごり谷ツの者との記述が興味深い。

○史料三八　平村御用留（旧大野家、県立文書館蔵）

正代村（東松山市）代吉、平村幸七の打ちこわし状況が詳しい。また領主牧野氏から、手当金として平・雲瓦（都幾川村）両村の村役人へ金一〇〇疋宛、百姓代へ鳥目一貫二〇〇文宛、惣百姓へ一貫文宛配られたとの記事がある。『一揆史料』（一）にも同様の記述がある。

○史料三九、四〇　大塚村御取締向御用留、大塚村御用留（東京大学法制史資料室）

六月一六日又は七月一六日付の捨札の写がある。山天狗・川天狗が上古寺村（小川町）の名主与右衛門、大塚村百姓勘左衛門（松太郎）の二人を弾劾し、「右両人の首を切り、千本川原に一〇〇日晒す。それがいやなら小川近在へ二万両、二万俵差し出せ」という内容のもの。『一揆史料』（一）には、平村で八月に張訴があったことが知られている。内容から七月一六日付のものと推定され、一揆後も少しも約束を実行しない豪商農に対し打ちこわし勢がしびれをきらして山天狗・川天狗の名を借りて施米・施金を強要したものと思われる。なお本史料には大塚村の一揆参加者に捨五郎と召仕常吉の二名の名がある（歴研論文なし）。また糸改所と旅宿を打毀したこと、また大塚村で打毀された八人の被害書上げがある（『一揆史料』（二）の小沢家文書とほぼ同文）。

○史料四一　打毀乱妨騒動次第記（小川町教育委員会蔵　大沢家文書）

一揆直後の慶応二年九月に記されたものである。松山町、小川町などの村々の打毀し状況が極めて詳細に記されており、歴研論文にない初見史料が多い。人名や屋号、打ちこわし経路等、本史料をもとにして再検討が必要であろう。なお目下のところ本史料による新知見は次の通りである。

高麗郡広瀬村清水寛右衛門、入間郡的場村酒造家、松山町小松屋八十吉、野村屋弥三郎、福田屋。入間郡大類村芳原平次郎、毛呂本郷問屋佐太郎・足袋屋・下田、越生今市村島屋伊右衛門（嶋野文左衛門と同一人か?）、同小松屋伊兵衛、桃木村坂本春庵（仰庵と同一人か?）、青山村根木浄学院、小川町穀屋兵右衛門、大抜和助、下里村保次郎、啓助。腰越村北根重右衛門、東久太郎。増尾村村木惣兵衛、村木太兵衛、酒井代五郎、村木助左衛門。

○史料四三　打ちこわし御紙につき差出書（紙の博物館蔵、松本家文書）

松本家文書は『一揆史料』（一）に三点収録されているが、この史料は今度新たに発見されたものである。それによると、打ちこわされた上古寺名主与右衛門、祐次郎、勘左衛門、房之助、重蔵の五人がそれぞれの渡世、石高をのべ、打毀し状況を六月二十四日に代官松村忠四郎に上申したものである。「悪党ども」が「貧民救方」と申唄ったことの記事が興味深い。

○史料四六　慶応飢饉打毀の事覚書（寄居町鉢形　安良岡家文書）

一揆直後の六月二五日に、木持村の安良岡利左衛門が記したものである。男衾郡保田原村喜太夫（喜兵衛と同一人か?）、那賀郡甘粕村関山伊八、男衾郡折原村庄右衛門、末野村菓子屋が打ちこわしにあったことが知られる。

○史料四七　百姓一揆起り諸々打潰し候始末聞留書（寄居町用土　朝比奈家文書）

『一揆史料』（一）に収録ずみの用土村小淵家文書と類似している史料である。内容的には朝比奈家文書の方が詳しい。比企・児玉・榛沢郡付近の状況が詳細に知られる。歴研論文に所見のない地名・人名としては次のものがあげられる。

男衾郡折原村名主庄右衛門（安良岡家文書参照）・同村百姓代市右衛門、鉢形村土屋、那賀郡甘粕村油屋、同郡古郡村主馬之助（〆之助と同一人か?）児玉郡大仏村佐治兵衛・半左衛門・孫太郎、同郡真下村質屋重右衛門、秩父郡小野原（大野原）村堀口丈右衛門（本蔵と同一人か?）、上州藤岡町土屋作右衛門・丸八（この二人は施金施米をして打毀しをまぬがれている）。この他、用土村の鍋屋平左衛門に座頭官位金貸付、小茂田村の中島数馬に名目貸付金発頭人、玉川郷の荒田良助に蚕種運上発願人等と注記されているのが注目される。

○史料四八　金銀出入万用日記（県立文書館蔵、宇野家文書）

榛沢郡大谷村忠蔵（未遂）、同郡小前田村岸屋文七（きしや文七と同一人か）、寄居宿武蔵屋などの歴研論文にない人名が見える。

○史料四九　用土村うちこわしにつき届書（寄居町用土　東使家文書）
用土村の由右衛門、邦之助二名の名が見える。前掲の朝比奈家文書と対照すると、由右衛門＝嘉門であろう。
○史料五一　秩父近辺打毀一件（秩父市　松本家文書『秩父市誌』所収）
井上如常が一揆直後に認めたもの。名栗の龍化寺・正岳寺の僧が発起人となったこと、秩父近辺で頭取坊主が活躍したことの記事が見える。歴研論文にないものとしては、大宮郷の対象者に升屋・釜屋を加えるべきであろう。またもう一つ特筆すべきは、村々継立の先触に、「今般世直し之為打毀致候」との文言があったとの記述があることである。井上如常はインテリ層で、上層の人々と交際があった人であるがその記している内容は比較的正確でオーバーな装飾がない。この部分も恐らく〝事実〟に基づいて記したものであろう。
○史料五二　三峯神社日鑑（大滝村　三峯神社蔵）
未刊史料の検討で記した小野文雄氏の論文ですでに紹介されている史料である。江戸と大坂の打ちこわしに言及していること、また打ちこわし勢の廻状の写などが興味深い。
○史料五七　松平大和守家川越表記録（前橋市立図書館蔵）
慶応二年一〇月に川越藩に召捕られた者一二人が江戸送りとなった時の史料である。但し葛飾郡小渕村長吉、入間郡駒寺野新田音七の二名はすでに病死、高麗郡岩沢村富造借家半五郎も病死とある。一二名中すでに知られているのは入間郡田和目村染吉と、比企郡馬場村九重郎の二名である。また比企郡熊井村源左衛門は源右衛門と、秩父郡南川村庄作は庄蔵と同一人であろうか。
⑧『東松山市史資料編三』（昭和五八年）
古凍村磯崎家文書（『一揆史料』（一））、田木村久保田家文書（『同』（二））はすでに活字化されている。但し後者の記述のうち、大黒部の宗三郎惣兵衛の名が歴研論文に洩れている。また下青鳥村金井塚文書によると、同

村の名主文五郎、組頭徳之助に施米を要求、一度は受諾するがのち領主の介入により破棄させられたことが知られる。なお右両名の名は歴研論文にない。

正代村大久保家文書の「取調書上帳」は大久保家の祖先の代吉と分家五十七（歴研論文なし）の被害の書上げであり、市の川村の竹内家文書は、川越藩の農兵取立ての命令書である。また毛塚村の野口家文書「乱妨防方議定書」は慶応二年九月に作成された組合村議定書である。なおこれらの史料を駆使して書かれた『東松山市の歴史中巻』は東松山周辺の状況を詳しく記しており、大変参考になる。

⑨「福生市郷土資料室年報」（昭和五九年度）

福生市熊川の内出家文書九点、石川家文書五点を活字化し解説を加え、表にまとめたもの。大部分は既刊の史料と重複しているが、千ヶ瀬村の弥左衛門、熊川村の新蔵らの召捕後の動向がわかる。なお本史料は、森安彦、神山健吉両氏の御教示による。

以上、甚だ冗長な内容となってしまったが、これらの検討は『武州世直し一揆の総合的研究』の基本作業の一つである。これからも労をいとわず、歴研論文の増補改訂を行い、いつの日にか決定版を完成させたいと思う。今後新史料が発見されたら、種々御教示いただければ幸いである。

なお本稿は一九八五年九月、一〇月に近世村落史研究会で報告した内容に加筆したものである。

註

（1）小野文雄「武州打ちこわし史料」（『埼玉地方史』二号）
（2）高梨輝憲「慶応二年埼玉県下における打毀し史料」（『埼玉史談』一九巻三号）
（3）尾崎征男「史料に見る慶応丙寅二年打毀事件」（『郷土志木』三号）
（4）神山健吉「武州一揆勢の進路についての一考察」（『埼玉史談』二九巻一号）他。
（5）斎藤洋一「武州世直し一揆の波及」（『呴沫集』二号）
（6）佐藤孝之「上州における慶応二年世直し一揆展開過程の再検討」（『群馬歴史民俗』七号）

この他未見であるが、野村正太郎「江戸打こわし、武州世直し一揆と板橋周辺」(『板橋史談』七三号)等がある。
(7) 山中清孝「武州一揆の研究」(一)(『史游』創刊号)
(8) 山中清孝「武州世直し一揆と板橋周辺の状況」(『練馬郷土史研究会会報』一六七号。他に明治期のものとしては諸井六郎『徳川時代の武蔵本庄』があるのみである。
(9) 新井佐次郎『秩父困民軍会計長井上伝蔵』(新人物往来社)
(10) 新井佐次郎『前掲書』

# 7　武州世直し一揆の一考察
## ——所沢、東久留米周辺の状況を中心に——

一九八六年は丙寅の年。武州秩父郡上名栗村（埼玉県入間郡名栗村）に端を発して、瞬く間に武州一五郡、上州二郡を席捲した武州世直し一揆が発生した年から数えてちょうど一二〇年目となる。筆者は先に『近世武州名栗村の構造』（名栗村教育委員会）を執筆し、また一九八六年七月刊行された『埼玉史談』三三―二に「武州世直し一揆の未刊、既刊史料の検討」と題して一文を草したことがあるが、その時見落した史料や、その後に刊行された史料を若干入手したのでそれらをもとにして主として所沢、東久留米周辺の状況を中心にして述べてみたいと思う。

### （一）一揆の発端と経過

この世直し一揆は、慶応二年（一八六六）六月一三日夜、武州秩父郡上名栗村の北端、間地・名郷から発生している。一揆の頭取は大工紋次郎と桶屋豊五郎の両名であり、名郷の正覚寺を「徒党密談所」としていた。また一揆発生の三日前より下成木村の組頭、「悪惣」こと喜左衛門と蜂起の事前協議をしていたことからもこの一揆は偶発的なものではなく計画的なものであったことが明らかである。

かくして一四日の早朝、名栗・我野・成木の三谷の貧農ら約二、〇〇〇人が飯能河原に集合、久下分名主小

第１図　武州世直し一揆展開略図

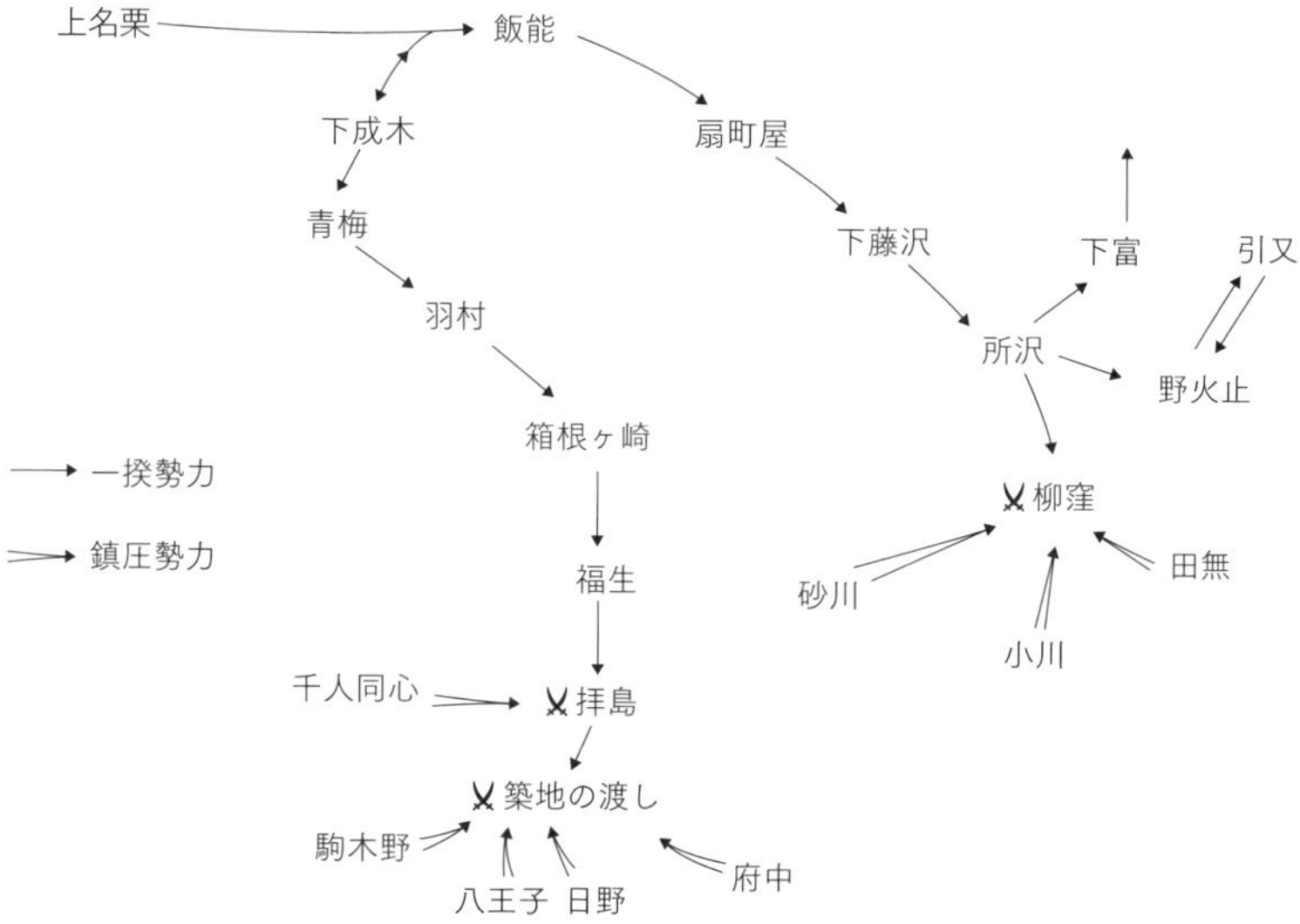


山国三郎を手始めに、飯能の名主堺屋又右衛門、板屋半兵衛、中屋清兵衛らを打毀したのである。

　世直し勢が飯能に向った理由の一つは、飯能は山方の村々へ穀物を供給する在方市場であり、堺屋又右衛門ら穀屋を営なむ〝豪農〟が彼ら世直し勢の死命を制していたからであろう。

　飯能を打毀したのち、世直し勢の一隊は青梅方面へ、他の一隊は扇町屋（入間市）へと向う。いずれも組合村寄場であり、青梅には糸市が開かれ、扇町屋には生糸改印所が開設されたばかりである。またともに穀物を中心とする在方市場である（第一図参照）。

　扇町屋では名主郷左衛門、年寄で酒造、生糸商も営なむ長谷部太七ら七軒ほどを打毀している。その後一揆勢の本隊は、下藤沢をへて所沢へ向い、城村（所沢市）から清戸下宿（清瀬市）、野火止（新座市）をへて、引又（志木市）、白子（和光市）方面へ向っている。また別の一隊は、所沢より北上し、安松新田・中富村（所沢市）をへて上富村（三芳町）、亀久保村（大井町）へ向っている。

　第一表は、飯能、扇町屋、所沢、引又周辺の村々

第１表　武州世直し一揆の打ちこわし対象者一覧　　—高麗・入間・新座郡を中心に—

| （郡名） | （村名） | （氏　　名） | （身分） | （職業その他） | （打ちこわし状況） |
|---|---|---|---|---|---|
| 高麗郡 | 久下分村 | 小山国三郎 | 名主 | | 居宅・土蔵他打ちこわし |
| | 飯能村 | 酒屋八左衛門 | 名主 | 酒屋　高16石32 | 居宅・土蔵打ちこわし |
| | 同 | 中屋清兵衛 | 百姓 | 穀物問屋<br>高２石35 | 居宅・土蔵打ちこわし |
| | 同 | 堺屋又右衛門 | 寄場<br>名主 | 穀屋　高15石132 | 居宅・土蔵打ちこわし |
| | 同 | 板屋半兵衛 | 百姓 | 穀物問屋<br>高８石285 | 居宅・土蔵打ちこわし |
| | 広瀬村 | 清水寛右衛門 | 名主 | | 中食提供、打ちこわし |
| | 笠幡村 | 宅右衛門 | | | 打ちこわし |
| 入間郡 | 扇町屋 | 郷左衛門 | 名主 | | 打ちこわし |
| | 同 | 長谷部　太七 | 年寄 | 酒造、生糸 | 居宅・土蔵・酒造蔵他<br>打ちこわし |
| | 下藤沢 | 足袋屋新兵衛 | 百姓 | | 打ちこわし |
| | 城 | 長左衛門<br>（遍照金剛） | 百姓 | 質屋、穀屋<br>千人同心 | 居宅・土蔵他打ちこわし |
| | 中富村 | 田中七郎右衛門 | 名主 | | 打ちこわし |
| | 上富村 | 中村次右衛門 | 組頭 | 名主格 | 打ちこわし |
| | 同 | 近江屋八左衛門 | | | 酒食提供 |
| | 南畑村 | 清　吉 | | | 打ちこわし |
| | 下安松村 | 渋谷　新兵衛 | 名主 | 質屋 | 家作・土蔵打ちこわし |
| | 同 | 新五郎 | 百姓 | 分家 | 同　　上 |
| | 亀久保村 | 西山　祐　貞 | | 医師 | 打ちこわし |
| | 所沢村 | 富倉与惣次 | | 穀屋 | 打ちこわし |
| | 同 | 三上松五郎 | | 茶屋借屋人 | 同 |
| | 同 | 鈴木　伴次 | | 搗米屋借屋人 | 同 |
| | 同 | 深井　弁蔵 | | 穀屋 | 同 |
| | 同 | 深井伝右衛門 | | 油屋、醤油屋 | 同 |
| | 同 | 北田善右衛門 | | 穀屋 | 同 |
| | 同 | 井関孫右衛門 | | 穀屋 | 同 |
| | 同 | 斎藤　幸作 | | 穀屋、炭屋 | 同 |
| | 同 | 角屋小平次 | | 穀屋 | 同 |
| | 同 | 荻野亀次郎 | | 糸屋、浜商人 | 同 |
| | 同 | 糸屋　藤蔵 | | 糸屋 | 同 |
| | 同 | 阿波屋善兵衛 | | 穀屋 | 同 |
| | 同 | 油屋久右衛門 | | 油屋 | 同 |
| | 同 | 鹿島　金蔵 | | 穀屋、米屋 | 同 |
| | 同 | 米屋金次郎 | | 米屋 | 同 |
| | 同 | 斎藤久右衛門 | | 質屋 | 同 |
| | 同 | 武蔵屋 | | | 同 |
| | 同 | 井関久次郎 | | 穀屋、油屋 | 同 |
| 新座郡 | 野火止村 | 源四郎 | 百姓 | | 打ちこわし |
| | 同 | 高崎藩陣屋 | | | 逮捕者解放、侍の止宿<br>打ちこわし |
| | 引又村 | 西川重五郎 | 組頭 | 質屋・肥物渡世<br>高100石 | |
| | 同 | 西川武左衛門 | | 醤油造・穀物肥物渡<br>世、高20石 | 打ちこわし |
| | 同 | 三上権兵衛 | 組頭 | 酒造・質物・肥物渡<br>世、高150石 | 打ちこわし |

近世村落史研究会編「幕末の社会変動と民衆意識」（『歴史学研究』458号）を一部改変

の主な打毀し対象者を一覧表としたものである。本表は筆者も所属している近世村落史研究会編「幕末の社会変動と民衆意識」（『歴史学研究』四五八号）から、高麗・入間・新座三郡の主な対象者を抜粋し、最近刊行された『新編埼玉県史　資料編Ⅱ　近世2　騒擾』及び『三芳町史　史料編Ⅰ』で若干補訂したものである。[1] これによると、この地域での打毀しは、穀屋、質屋、糸屋などを営なむ豪農商層が多いことがわかる。また寄場名主や名主、年寄、組頭などの村役人層やなかには八王子千人同心も打毀しの対象とされていることが注目される。またもう一つ興味深いのは野火止の高崎藩陣屋が襲撃され、侍の止宿が微塵に打毀され、逮捕者二名が奪還されたとの記事である。[2] 詳しくは別稿に譲るが、農民らから「柔弱の武士」と笑われ双刀をかかえて逃げ出した武士の姿が眼前に浮ぶようである。

　さて、ここで世直し勢＝打毀し勢の要求を分析してみると、「施金・施米」「質物の無償返還」「借金証文」の焼捨てなどの「世直し」要求と、打毀し勢のエネルギー補給、維持再生産のための「人足要求」、「酒食の提供」の要求がある。前者は豪農層にむけられるのに対し、後者は主として村落に対して行なわれている点が注目される。前者の例は諸所に見出されるが、後者の例は新座郡岡村が白子村に対して出した「一揆之者先触」（夕食千人前支度、人足五〇人用意）[3] が重要であろう。一揆勢が村役人・豪農に人足・食事を要求するのでなく、村が村に対して「世直し」への参加を求めているのである。このようにして当初二、〇〇〇人余でスタートした「世直し」は、のべ十数万人となり、貧農・小作層、半プロレタリア層はこのような形で結集することにより勢力を拡大し、豪農層・村役人層の支配と対決し、自らの解放を闘いとろうとしたのである。

　この世直し勢の高揚状況が最もリアルに、かつヴィヴィッドに描かれているのは一揆勢の本隊が初めての夜を所沢で越した時である。少々長くなるが原文を左にあげてみよう。

　夜ニ入所沢北裏畠耕作多分踏荒し莚畳薦莞莚数千枚敷揃ひ凡三万余人程野宿いたし、焚出し右町江申附酒喰茶水等我儘ヲ申数百挺之車ニ而押寄多分之奢ヲ成時之声を揚ヶ酒喰いたし居候処、扨又同町提灯屋之工夫ヲ以提灯数千張諸国大平と書記し青竹ニ結揚ヶ組々江立、思ひ〱の幟印ヲ為致拾四五丁四方蠟燭如昼中提灯星の如し、其光り空に篝り火近郷近在は所沢町大火と相見へ有之、右同勢之者ともハ大音に近郷近在宿町市場物持とも打拳し、夫ゟ同国横浜ヲ打毀すへしとて大音に評定いたし居

この史料は高麗郡下直竹村組頭直左衛門が領主一橋家へ報告した始末書の一部である。三万余人が数千の諸国大平と書き記した提灯を持って野営する様は、少し誇張があるにせよ「世直し」勢の生き生きとした姿を見ることができる。また恐らくこの時に今後の作戦が具体的に練られたのであろうことは容易に想像できるであろう。

## (二) 多摩郡北東部の打ちこわし

所沢で右の如く高揚した「世直し」勢の一隊は、下安松の渋谷新兵衛とその分家の新五郎の二軒、城村の長左衛門別名を遍照金剛といい、八王子千人同心でかつ質屋・穀屋を打ちこわし、野火止村の源四郎などを打ちこわし、一手は引又へ、また一手は多摩郡に押し寄せて来た。引又地区の打ちこわし状況は神山健吉氏の論稿[4]に詳しいのでここでは多摩郡北東部の状況をやや詳しく見てみたい。

「世直し」勢が最初に打ちこわしたのは、久米川村、野口村（ともに東村山市）の豪農である。[5]ついで大岱村（＝大沼田村・同市）の車屋市川亀次郎を打ちこわし、柳窪村（東久留米市）の豪家質屋の村野七次郎と、同村の名主で質屋村野七郎右衛門、同村の喜郎の三軒を打ちこわし中、田無宿農兵を主力とする鎮圧勢力と同村で激戦、「世直し」勢は武力の差はいかんともしがたく、あえなく敗退したのである。

第２表　武州世直し一揆の打ちこわし対象者一覧　　—多摩郡の東久留米周辺を中心に—

| （郡名） | （村名） | （氏　　名） | （身分） | （職業その他） | （打ちこわし状況） |
|---|---|---|---|---|---|
| 多摩郡 | 久米川村 | 某 | | | 打ちこわし、焚出 |
| | 野口村 | 某 | | | 同 |
| | 大岱村 | 市川亀次郎 | | 車屋 | 同 |
| | 柳窪村 | 村野七次郎 | 百姓 | （質屋　高20石24385） | 同 |
| | 同 | 村野七郎右衛門 | 名主 | 高45石1525 | 同 |
| | 同 | 喜　郎 | 百姓 | | 乱入 |
| | 飛田新田 | 弥左衛門 | | | 乱入、焚出 |
| | 飛田本田 | | | 水車主 | 打ちこわし |
| | 日比田村 | | | | 人足差出要求 |
| | 田無村 | 下田半兵衛 | （大惣代　名主） | （穀屋、肥料商　生糸肝煎） | 一揆勢めざす。数百人でこれに備える。 |
| | 分陪村 | 長右衛門 | | 油屋 | 打ちこわしに備え片付け |
| | 府中本町 | 柏屋三四郎 | | | 同 |
| | 同 | 角屋茂七 | | | 同 |
| | 石原宿 | | | | 打ちこわしの注進 |
| | 下清戸村 | 小寺文次郎 | | 酒屋 | 焚出 |

○前記『歴研論文』を一部修正。

第二表は、現在の東村山市、東久留米市、府中市、調布市、清瀬市付近の打ちこわし対象者を一覧表にしたものである。史料のさらなる発掘により今後も少しずつ正確なものとしていきたい。

多摩郡蔵敷村（東大和市）の「慶応二年里正日記」（内野家文書）によると、この時「世直し」勢側の即死者は八人（南秋津村某他）召捕人は一三人であったという。また多摩郡小野路村（町田市）の「土民蜂起打毀し顚末見聞漫録」（小島家文書）によると、死者、逮捕者は同数で、その他手負の者八三人とある。いかに激戦であったかがよくわかる。このとき「世直し」勢は約二、〇〇〇人、これに対し鎮圧側は、伊豆韮山の代官江川太郎左衛門配下の鉄砲方教示役長沢房五郎、同田那村淳の二名に率いられた農兵一六人、村役人三六人を含む人足一五〇人余であった。はじめ空砲を打ったが、「世直し」勢が棒や鎌で抵抗したためやむなく発砲したと

第３表　柳窪村にて「召捕」となった一揆勢の一覧表

| （郡名） | （村　名） | （氏　名） | （身分、職業） | （処罰内容） |
|---|---|---|---|---|
| 入間 | 所沢村 | 初五郎 | 次郎左衛門厄介 | 過料銭 |
| | 同 | 亀五郎 | 新助悴 | 同 |
| | 同 | 喜　助 | 武兵衛悴 | 同 |
| | 上安松村 | 村次郎 | 百姓　倉蔵弟 | 同 |
| | 北秋津村 | 音　松 | 三右衛門悴 | 同 |
| | 本郷村 | 松五郎 | 武左衛門悴 | 同 |
| 新座 | 溝沼村 | 万右衛門 | | 同 |
| | 同 | 久　蔵 | 百姓長八事 | 同 |
| 多摩 | 廻り田村 | 寅　松 | 無宿 | 同 |
| | 南秋津村 | 権之丞 | 百姓 | 同 |
| | 同 | 市郎右衛門 | 市郎兵衛悴 | 同 |
| | 久米川村 | 庄　助 | 三郎右衛門悴 | 同 |
| | 同 | 馬五郎 | 穢多 | 入　牢 |

いう（「里正日記」）。なお、この柳窪村の激戦の時、小川宿の無宿人幸蔵なる者が四、五〇人の子分を引き連れ鎮圧側にくみし、五〜六人切殺し、一〇人余を搦取ったという記事も見える。一揆勢にも数多くの無宿人や「被差別部落」の人々が参加したが、反対に鎮圧側に属し、このように〝活躍〟した者もいたのである（「里正日記」）。

第三表はこの激戦で召捕られ、田無宿から江戸送りとなり、品川溜に入れられ、のち手鎖預けとなった者の一覧表である。[6] 出身地は、所沢・上安松・北秋津・本郷村（所沢市）、溝沼村（朝霞市）、廻り田・南秋津・久米川村（東村山市）と、比較的柳窪に近い村々である。

慶応二年六月二〇日付けで、久米川村梅岩寺、下安松村長源寺、清戸下宿円通寺、新座郡岡村（朝霞市）東円寺、入間郡本郷村（所沢市）東福寺の住職が奉行所あてに出した入牢赦免歎願書[7]によれば、彼らはいずれも「農業出精之もの」で「小高困窮之もの共ニ而、農業のみニ而は営兼銘々村方ニ罷在、日雇又は農間余業等もいたし不申候而は老父母養ひ方は勿論、日々営経《ママ》差支」える貧農小作層＝プロレタリア層であった。身分をみても、殆んどが悴又は厄介人で、独立して再生産不能の者ばかりであったのである。

では彼ら一三人の処罰はどのようであったろうか。多摩郡上長淵村（青梅市）中村家文書、久米川村桜井家文書(8)によれば、久米川村馬五郎と廻り田村寅松（寅吉と同一人か。寅吉は過料銭）を除き慶応三年一一月二七日付で全員過料銭を命ぜられている。また久米川村、南秋津村らの村役人らは、「世直し」勢に人足や酒食を提供した罪により、急度《きつと》叱り、御叱りの処分をうけている。これに対し、鎮圧勢力として〝活躍〟した日野宿農兵やそれを指揮した日野宿名主佐藤彦五郎、田無宿大惣代名主下田半兵衛らは幕府より褒美を与えられているのである。(9)

最後に、一揆終了後の状況について一、二触れておこう。

『東久留米市史』史料編には打ちこわしの報告書（村野光雄家文書）の他にこの一揆の関連史料が三点掲載されている。一つは慶応三年三月の「小山村村方穀数取調帳」、同四月の「柳窪村夫食取調書上并窮民仕法附請書」であり、他の一つは慶応四年の「組合村々議定取極」である。前者はいわゆる備穀令の史料であるが、柳窪村の場合、七次郎他一二人の上層農が所持している大麦、粟、稗などの現在高を調査し、村内の人別男一三一、女一二六人の六〇日間に必要な食料を計算し、何がどれほど不足かを調べたものである。また金一〇両を万一非常の節窮民へ助成金とするため積立てておくとの記事も興味深い。一方後者は『市史』では年不詳とあるが、下田富宅編『田無宿風土記』に慶応四年四月付で同文のものがあるので、同年に田無宿組合の上農層らが集まって、無宿人や百姓一揆からどのように自己の財産を守るかを取り極めた組合村議定であることが明らかである。一方で施米・施金の救恤体制を若干補強するとともに、他の一方で自分たちの階層的結集をますます強め、明治維新を迎えることになったのである。

註

（1）『三芳町史』は宮城学院女子大の菊池勇夫氏の御教示による。本史料により笠幡村の宅右衛門、上富村の名主格組頭中村次右衛門、近江屋八左衛門、蛇木川岸（南畑）の清吉らの存在が明らかとなった。

（2）拙稿「武州世直し一揆と練馬」（『練馬郷土史研究会会報』一一四号）、同「武州世直し一揆と板橋周辺の状況」（『同』一六七号）。

（3）『藤岡屋日記』（『武州世直し一揆史料（一）』所収）。なお『和光市史』に所収された白子村あて人足夕飯支度催促状（富沢家文書）は右の『藤岡屋日記』に収録されている史料の原文である。

（4）神山健吉「慶応二年の打ちこわしと志木地区」（『志木風土記』第七集）、同「慶応二年の打毀しのその後」（『郷土志木』一二号）他。

（5）「諸方打毀騒動并窮民救記」（内藤家文書）（『武州世直し一揆史料（二）』所収）。

（6）出典は「里正日記」（内藤家文書）。

（7）久米川村桜井家文書（『武州世直し一揆史料（一）』に所収）。廻り田村無宿寅松を除く一二人の赦免歎願書。

（8）ともに『武州世直し一揆史料（一）』に所収。

（9）日野宿佐藤家文書（『武州世直し一揆史料（二）』に所収。下田半兵衛の表彰は『公用分例略記』による。

# 8　君津市久留里で発見された武州世直し一揆の新史料について

## はじめに

昭和六一年三月二六日～二八日、千葉大・東大の院生、学生、卒業生等を主体とする第一回房総史料調査が行われた。その最終日に久留里城趾資料館の館長さんより久留里の宮田学家文書の「打毀類」という史料の提供をうけた。一見して直ちに、今迄比較的よく知られていなかった地域の武州世直し一揆の新史料であることが判明した。コピーを借覧し、既発表の論文や史料と比較検討し、五月二四日と九月二〇日の二度にわたって近世村落史研究会にて報告し、その一部は「武州世直し一揆の未刊、既刊史料の検討」(『埼玉史談』三三の二、一九八六年)と題して発表させていただいた。本稿は九月二〇日の報告に若干加筆したものである。

## 一、史料の概要

本史料は紙数は表紙を含めて五六枚。久留里藩の武州領の〝被害〟状況を藩の地方役人宮田源四郎ら三人がつぶさに廻村し、書写したものである。地域は主として入間郡今市町(埼玉県入間郡越生町)、比企郡角山村(同県比企郡小川町)の状況が詳しい。

ここで簡単に久留里藩と武州とのつながりについて述べておく必要がある。久留里藩は天正一八年（一五九〇）に大須賀忠政が三万石で入封し、忠政が遠江横須賀へ転封したあとへは土屋忠直が二万石で入封した。この土屋氏は三代で没落し、三千石の旗本に貶されたため延宝七年（一六七九）廃藩となった。そしてしばらくの間廃藩が続くが、寛保二年（一七四二）に上野沼田から黒田直純が三万石で入封し、以後黒田氏の支配が幕末まで続いたのである。

この直純の父直邦は、五百石取りの旗本中山直張の三男で、外祖父の上野館林藩徳川綱吉の家老黒田用綱に養われて成長し、黒田を称した。延享三年（一七四六）の領知目録によると、上総望陀・市原・夷隅の三郡で一九、九六九石余、武蔵埼玉・高麗・榛沢・児玉・賀美・比企・幡羅・入間郡の計六〇か村で一二、六三八石余、上野山田・新田の二郡で一、〇五七石余、計三三、六六五石余を領していた。城付領が約六〇パーセントであるのに対し、武州領の飛地が約三八パーセントを占めているのである。この理由は直邦が武州で着々と加増地をふやしていったことによるが、それよりも黒田氏の祖先中山氏が元、加治氏を称し、高麗郡中山村に住したため中山氏と改めたことと無縁ではないであろう。いわゆる武蔵七党の一つ丹党の系譜をひく中山氏（丹治氏）にとっては久留里よりもむしろ武蔵・高麗の方が本貫地であったのである。葬地が代々高麗郡中山（飯能市）の能仁寺であることもその例証となるであろう。（以上、『新訂寛政重修諸家譜』第一一、九四～九六ページ、中藤栄祥編『武州高麗郡中山村記録』、須田茂『房総諸藩録』による。）

さて、本史料の構成であるが、史料は大きく二つに分けられる。また全部で一二の史料を筆写したものが本史料であるともいえる。それを左に示そう。

一、乍恐以書附御訴奉申上候（今市村の打毀し状況書上げ）
二、御見分書（愛助ら六名の被害状況の書上げ）
三、「被害」者六名の申し口

四、「被害」者の近家、組合の者十一人の申し口
五、組頭浦之助、同市左衛門の申し口
六、見分書　宮田源四郎ら四名の上申書
七、乍恐以書付御訴奉申上候（角山村の被害状況書上げ）
八、御見分書（忠太郎、栄蔵の被害状況の書上げ）
九、右の両名の申し口
一〇、右両人の組合、隣家の者の申し口
一一、角山村名主、組頭の申し口
一二、見分書（宮田ら四名の上申書）

一見して明らかな如く、史料一～六は今市村の、七～一二は角山村の被害状況の書上げである。また双方ともその内容は極めてパターン化している。まず初めに村の被害の概況、ついで「被害」者全員の被害状況の明細、「被害」者一人一人の申し口、「被害」者の近家、組合の者の申し口、それらをふまえた村役人らの申し口、そして最後はそれらを総合して宮田源四郎、堀内伝之助、山崎庄兵衛、平野八六の四名が藩の上役に提出した上申書である。従って史料三～六、史料九～一二は重複も多い。その全文の翻刻は『武州世直し一揆史料』三に譲ることとし、以下史料一と史料七の全文を示し、既発表史料『武州世直し一揆史料』（一）（二）や諸論文との異同について検討してみたいと思う。

## 二、史料の内容

まず初めに史料一の全文を左に示そう。

乍恐以書附御訴奉申上候

御領分入間郡今市村役人・百姓代・一同奉申上候。昨十六日昼四ツ時頃乱妨狼藉ものと覚候もの凡四五千人程大勢にて乱入いたし、村方百姓愛助ヲ始居宅酒造蔵壱ケ所土蔵弐ケ所不残打毀し、米穀持出し幷帳面類共踏散し、諸道具打破、夫ゟ右愛助借家人又兵衛居宅醤油蔵壱ケ所打毀し、米穀持出し踏散し諸道具打破り、夫ゟ組頭代四郎借家人金兵衛江相懸り、見世ニ有之候諸道具打破り、夫ゟ名主嶋野文左衛門方江相懸り、居宅・土蔵五ケ所打毀し、諸道具打破諸帳面米穀持出し踏散、質物不残打切候而踏散し、夫ゟ百姓与兵衛後家とく方江相懸り、見世先建具打破り土蔵少々相破り其余ハ無事ニ而夫ゟ喜左衛門宅江相懸り居宅幷土蔵弐ケ所打毀し諸道具相破り質物不残打切候而踏散し諸帳面米穀等持出し踏散し同日夕七ツ時頃村方引払、夫より小川宿道辺江押行申候、尤人馬怪我等は無御座候。乍恐此段御訴奉申上候、以上。

慶応二寅年六月

御領分入間郡今市村

百姓代　藤兵衛

組頭　市左衛門　印

同　代四郎　印

名主　嶋野文左衛門　印

混雑ニ付印形見当り

不申ニ付組頭市左衛門代印

岡御役所

この史料によれば、入間郡今市村においては慶応二年（一八六六）六月一六日昼四ツ時頃に「世直し勢」四、五千人が村内へ乱入し、百姓愛助、愛助の借家人又兵衛、組頭代四郎の借家人金兵衛、名主嶋野文左衛門、百姓与兵衛後家とく、喜左衛門の計六軒の居宅や土蔵、酒造蔵等が打毀され、諸道具が破られ、諸帳面や米穀は踏み散らされ、質物も残らず持ち出されたが人馬に怪我はなかったことがわかる。

次に史料二であるが、それを表にまとめたものが第一表である。今まで今市村については入間郡平山村の平山家文書（『武州世直し一揆史料』（二））によって、合羽屋、嶋野伊右衛門、大和屋、日野屋又兵衛、田嶋七郎左衛門の五名が打毀しにあったことはわかっていたがその詳細は全く不明であった。ところが本史料の発掘によりかくの如く詳細な「被害」状況が判明したのである。なお念の為申し添えると、平山家文書の合羽屋＝とく（水油を取扱っていることが本文中に見える）、嶋野伊右衛門→文左衛門、大和屋（金兵衛か？）、日野屋又兵衛＝又兵衛、田嶋七郎左衛門＝愛助（愛助の申し口の中に、愛助父休役名主七郎左衛門とある）であり、五プラス六イコール一一でなく、五プラス一（喜左衛門）イコール六として数えるべきであろう。いずれにせよ近世村落史研究会「幕末の社会変動と民衆意識」（『歴史学研究』四五八号）は第一表の如く訂正すべきと思われる。

次に史料三の内容検討に移ろう。農間酒造渡世の愛助煩いにつき父休役名主七郎左衛門の申し口によると、六月一六日の朝徒党の者が二五、六人押来り、まず第一に貸金証文と元帳の差し出しを要求。やむなくそれに応じたところ証文と元帳を照合した上それらを引き裂いた。ついで米の安売りと人足の差し出しを要求、それらにも応じたところ上野、毛呂本郷方面へ去ったのでひとまず安心していた。ところがそののち「諸方ゟ四五千人雲霞之如く当村江押来何之懸合も無御座私方を始ニ而大勢乱入」して打毀されてしまった。徒党の者たちは、「高麗谷ツ奥秩父郡上我野郷之内坂元村坂石町分辺ゟ徒党押出し候者共追々強談人数次第ニ相増高麗本郷坂戸町等を経、松山町江差越、夫ゟ引戻し岩殿村通り今宿町辺所々打毀し押来」ったと思われる。また又兵衛によると、又兵衛は近江国蒲生郡岡本宿（滋賀県蒲生町）の出身で、愛助の店を借請けて醤油造渡世を営んでいた。一揆勢に対して「身分ニ相叶候だけハ困窮之人救差出可申候間打毀之儀ハ御勘弁被成下候様段々

第１表　入間郡今市村の打ち毀し状況

| 日　附 | 郡村名 | 名　前 | 身　分 | 打ちこわし状況 |
|---|---|---|---|---|
| 6／16 | 入間郡今市村 | （田島）愛助 | 百　姓 | 居宅・離家・木戸・土蔵２か所　酒造蔵（有高25石）、穀物米30俵、大豆14俵、小豆８俵半 |
| | | 又兵衛 | （愛助）借家人 | 居宅・醤油蔵（高60石）、穀物米50俵、大豆70俵 |
| | | 金兵衛 | （代四郎）借家人 | 見世の建具、諸道具打毀 |
| | | 嶋野文左衛門 | 名　主 | 居宅２軒・木戸・隠宅・土蔵５か所　金70両（内17両は拾い集める）金（土蔵の分）445両、物置米60俵、白米４俵、大豆６俵、小豆12俵、大麦４俵 |
| | | とく | （与兵衛）後　家 | 見世の建具、諸道具打毀、土蔵戸口２階の窓鉄物少々打破 |
| | | 喜左衛門 | 百　姓 | 居宅・土蔵・物置、穀物米６俵、大豆８俵、大麦５俵、糠４俵 |

相詫候処不聞入」打毀されてしまったという。三人目の金兵衛は、越後国首城郡平沢村（新潟県中頸城郡柿崎町）の出身で、当村組頭代四郎の店を借り請けて酒醤油油請売渡世をしていた。金兵衛も「身分相叶候程ハ施として差出可申候間打毀之義は勘弁致呉候様」詫入れたがこれまた聞入られず打毀されてしまったという。四人目の文左衛門は、人足として差出置候者からの話として、「窮民救として米安直ニ払候積を以示談仕置不打毀筈」「松山町江着之大凡三万人余ニ而止宿も休も出来不申、依之打毀相始其内壱万人余兜山村方江相向ひ、壱万人余は松山町所々ニ押出、残壱万人余ハ引帰し比企郡之岩殿村江山越致し今宿町ゟ当越生今市村打毀し候手続」「村役人一同集会（中略）今宿町江出張、徒党之者江及示談候処、亀屋幸蔵其外を数千人ニ而打毀し罷在、強勢ニ而趣意も無之無拠直ニ一同立帰」「七郎左衛門方江貸金証文同元帳受取、弐拾五六人押参私方庭先ニ而一同ニ而引裂申候、私ゟ申出候ハ、米弐百俵を百文ニ付五合之安直ニ売渡可申候間、打毀しの義ハ勘弁致し呉候様申出候処承知」「高利之金貸之外ハ物持穀屋ハ懸合さへ

行届キ貧民救ひ候事ハ候ハ、何事も無之筈」「当所寄場小惣代御他領如意村弁之助等当所役人と相談之上耕作収納迄銭百文ニ米五合売、諸色直段三割下ケ之札立」「水帳は召仕の者共が持ち出しにつき無難、酒造鑑札も無難」、「穀屋ハ多分之利潤を得、物持ちハ貧民救不申と申名目を表として徒党相企打毀」「我野谷ツ高麗谷ツ等ハ恨ミ有之者を打毀し候様子」「無宿・坊主等も立入候様子」「見知候者弁面体覚候者無御座候」であったという。五人目の与兵衛後家とくの申し口によると、農間炭薪材木売買・水油小売渡世をしていたが「四五十人私方江押入建具類打毀し候ニ付打驚逃出候処近所之者参呉、後家暮ニ而難渋故勘弁致し呉候様相詫び呉候」所聞届けられ一部打毀しですんだという。六人目の喜左衛門の申し口によると、農間質渡世をしていたが「斧鉞不残差出可申旨申聞候付、質物ニ預り置候品之内十五挺程差出候所未タ不足之趣」「居宅弁土蔵弐ケ所物置共柱挽伐代立土蔵屋根瓦めくり投下し立奥畳諸帳面類切散し土蔵戸口窓打毀し、質物衣類諸道具打切打破り井戸弁肥之溜江踏込穀物類引出し俵切解藪々ニ泥土江踏込、折柄大雨故眼も不被当次第」であったという。以上六人の申し口は七月八日付で宮田源四郎ら四人にあてて書かれたものである。

以上やや冗長となったが「被害」をうけた当事者が一揆の記憶も生々しい時期に残した記録として貴重であろう。とくに文左衛門の申し口の中には一揆を直接人足として体験して来た者の見聞録も含まれており興味深い。

史料四は右の史料三の末尾に連印をした組頭浦之助ら一一名の申し口である。「万一当村江参候ハ、何れニも和談貧民救等之儀ハ出来候迄ハ差出候事ニ心懸」懸合うことに決めたが、一揆勢は「金物取之所業と相聞以之外之者共」であると断じている。領主宛に提出する書類だから当然かもしれない。一一人の中では組頭市左衛門の申し口が最も興味深い。それを左に示すと、

「打毀し之後ハ何分米穀在方ゟ持出し不申、殊ニ当時ハ借家人等有之、米穀払底ニ而山方江可送品無之ハ勿論、当所食料差支之、殆当惑之折柄、先月二十八日ゟ当月二日朝迄関東御取締望月善一郎様御出張組合村々ゟ大

小惣代御召出之上近場村々ゟ米穀当所江持出売買致し候様、且村方役人江ハ我野辺ハ不及申山方村々米穀潤沢相成候様売渡可申旨被仰渡」たという。藩領でも久留里藩の如き小藩の飛地領の場合は、関東取締出役からこのような形で指示が出ていることがよくわかる。

史料六の宮田ら三人の見分書は、文左衛門の申し口と右の市左衛門の申し口を足したものと殆んど同文につき省略することとする。

ついで後半部分、比企郡角山村の被害概況を知りうる史料七の全文を左にあげておく。

乍恐以書付御訴奉申上候

御領分比企郡角山村役人一同奉申上候、当十六日夕徒党所々打毀し致し候者共凡三千人余押寄、小川町質屋ニ而糸買入候松本屋甚蔵外拾軒、大塚村名主清太郎外七軒打毀し、右ハ隣郷之儀ニ付村方小前之者共慎方申渡罷在候処、翌十七日朝四ツ時頃千人余ハ川越町之方江向ひ千人余ハ寄居町之方江向ひ千人余ハ村方通り斧鉞鋸等所持参百姓忠太郎方江押入居宅幷土蔵打毀し諸道具衣類書類不残切破り大麦六斗入七俵米四斗入五俵、小麦四斗入五俵幷桶ニ入置大豆弐斗挽割麦四斗俵ハ不残切解所々江引散シ帳面類被焼捨夫ゟ百姓栄蔵方江押来居宅幷物置打毀し諸道具衣類等不残打破右物置之内莚入置候米六斗大麦弐石小麦弐石割麦弐斗持出シ所々引散し諸帳面証文類被焼捨昼九ッ時頃右之者不残寄居町之方江向ひ押行申候。尤人馬怪我等無御座候。且村方ニハ人足被引連候もの無御座候、此段御訴奉申上候

慶応二年寅六月

御領分比企郡角山村

百姓代

同　熊治郎
同　忠右衛門
同　善吉
組頭　伝右衛門
同　初五郎
名主　輪七

岡御役所

この史料によれば、一六日の夕刻三千人余の一揆勢が、小川町の質屋・糸買入人松本屋甚蔵外拾軒、大塚村名主清太郎外七軒を打毀し、翌一七日朝千人余は川越町へ向い、千人余は寄居町へ向い、千人余は角山村を通り斧鉞鋸等で百姓忠太郎、同栄蔵宅を打毀し寄居方面へ向ったが人馬に怪我はなく、また人足として一揆勢に加わった者はいなかったという。なお宛名の岡役所は史料一のところで述べるのを忘れたが、久留里藩の武州飛地領を支配するために元文二年（一七三七）に榛沢郡岡村（大里郡岡部町）に設置された陣屋のことをいう。右のうち松本屋甚蔵は上古寺村松本家文書（『武州世直し一揆史料』（一））に出てくる小川町松本善次郎と同一人物であろう。また大塚村の清太郎は玉川村小沢家文書（『一揆史料』（二））の大塚静太郎と同一人物と思われる。また小沢家文書中に玉川村組合の被害状況一覧があり、その中に忠太郎、栄蔵の名も見える。今迄実態は殆んど不明であったが、本史料の発見によりリアルな、ヴィヴィッドな打毀しの状況が明らかとなった。

史料八は、右の忠太郎、栄蔵の「被害」状況を上申したものである。それらをまとめたのが第2表である。これによれば、居宅や土蔵・物置が打毀され、衣類や蒲団が切り散され、諸帳面・証文類が焼捨てられ、穀物類が引散らされていること、また鍬、鎌、鉈、鉞、鋸などの打毀し用の道具が奪われていることが判明する。

史料九は「被害」者忠太郎と栄蔵の申し口である。忠太郎は亡父文太郎の代は「暮方可也出来、質物も預り候処追々不仕合打続不如意相成、質物預り候義も無御座取続罷在」る状態なのに打毀しにあってしまった、一揆勢について「評判ニは穀屋外国行糸買、高利金貸、物持を打毀候之趣」であるという。我家は「諸帳面類被焼捨、尤質地等証文類ハ母儀所持逃げ出し候故無難」であった。「徒党之者共ハ秩父郡名栗谷ツ我野谷ツ辺ゟ押来候者頭取往先々村々ゟ人足為差出人数追々相増」して行った。栄蔵の申し口は、「隣郷江徒党之者共押来候ニ付村役人差図ニ随ひ名主輪七宅ニ相集罷在」る時に、「翌十七日朝四ツ時頃（中略）家内女斗罷在候処江何之懸合も無御座押入」られてしまった、というものである。日付は七月九日付、名主輪七、組頭初太郎、同伝右衛門と組合・隣家四名が連印している。

史料一〇は忠太郎組合長五郎、峯吉、長蔵、五郎右衛門の申し口である。それによると村方の小前の者は村役人の指図がないうちは打毀しの場所へ行くことは禁止されていたので男は全員名主宅へ集合し、両三人ずつ蓑笠を着し、役徒に紛れ入、代る代る様子を見届けていたところ、「不意ニ村方忠太郎・栄蔵共家内ニ女子供斗罷在候処江押入」打毀されてしまったという。

史料一一は名主輪七、組頭初五郎、同伝右衛門の申し口である。それによると「大塚村・増尾村・飯田村

第２表　比企郡角山村の打ち毀し状況

| 日　附 | 郡 村 名 | 名　　前 | 身　分 | 打ちこわし状況 |
|---|---|---|---|---|
| 6／16 | 比企郡角山村 | 忠　太　郎 | 百　姓 | 居宅・□下・土蔵、夜着・蒲団、建具・諸道具打破、諸帳面焼捨、穀物類・米５俵、大麦７俵、小麦５俵、大豆２斗、紛失の品　黒鍬、鍬、鎌、鉈 |
| | | 栄　　　蔵 | 百　姓 | 居宅・物置、衣類諸道具打破、建具畳打破、帳面・証文焼捨、穀物類米６斗、大豆２石、小麦２石、麦２斗、味噌４斗樽３本、紛失の品・鉞、唐鍬、鋸、大秤 |

と当村都合四ケ村之儀は往古一ケ村ニ而分郷ニ相成候趣ニ而今以関東御取締御用等ハ四ケ村月番相立六月之儀　大塚村月番之処、秩父郡名栗谷我野谷等ゟ相起」り諸方を打毀した。そのため「十六日四ケ村役人大塚村江相寄相談之上徒党之者共押来候共人足ハ差出申間敷」と定めた。そうこうするうち小川町松本真《ママ》蔵、大塚村名主清太郎らが打毀しにあった。一揆勢は「高利金貸穀屋外国行糸買物持之外ハ打毀不申趣」であるという云々。

最後に史料一二は、殆んど右の名主輪七らの申し口と同文なので省略する。

## おわりに

以上、極めて平板な史料紹介に終ってしまったが、久留里で発見された武州世直し一揆の新史料の内容を明らかにした。一揆の「被害」者は今市村で一軒、喜左衛門が増加しただけであるが、打毀し状況は第1表、第2表で明らかな如く極めて詳細となった。また本史料の特徴は領主側の史料であることであるが、大部分村方の上申通りに記されていることが判明した。一揆勢に対する評価等は領主に対する上申書なので少々割引いて考える必要があるが、数字や「被害」内容はある程度信頼できるものと思われる。我々は本史料により一つの事件をさまざまな立場の人々（一揆の対象者＝当事者、組合・親類、村役人、藩の地方役人）がどう見たかを二カ村において検討する機会を得た。それぞれの立場の人々の申し口がこれほど密度濃く入手できたのはこれが初めてであり、本史料のさらなる検討と全文の翻刻が期待される。

昭和六一年は武州世直し一揆が発生した慶応二年（一八六六）年からちょうど二巡目の丙寅の年である。その年にこのような史料に出会うことが出来たこと、またその史料紹介を執筆する機会を得たことを嬉しく思う。末筆ながら史料の存在を御教示下さった久留里城趾資料館の館長石井利夫先生及び房総史料調査会のメンバーの方々、近世村落史研究会の方々に感謝しつつ擱筆することとする。

# 二 改革組合村研究

# 1　関東取締出役と相武の改革組合村々

## はじめに

幕末期の関東農村を考察する場合、見落すことができないものに文化二年（一八〇五）に創設された関東取締出役と、文政一〇年（一八二七）に設定された「改革組合村」がある。関東取締出役に関しては、古く松平太郎氏の研究があり、また石井良助、平松義郎氏らによる法制史的な側面からの研究がある。しかし本格的な研究は森安彦氏によって始められたといって過言ではない。森氏の研究以降、関東の主要な県市町村史類でこの問題を避けて記述されたものは皆無といえよう。また最近では内田四万蔵氏の貴重な史料紹介や、今川徳三氏の『八州廻りと代官』も出版されており、極めて研究蓄積が厚い分野である。しかしながら関東各地で続々と新史料が発掘されているにもかかわらずその総合化、体系化は必ずしも十分とはいえない。その理由の第一は、彼ら関東取締出役の〝活躍〟した舞台があまりに広すぎたためにいまだ十分に彼らの足跡をつかみえないことと、第二に残存する史料があまりに多量なため、いまだその果した役割などの全貌をつかみえないためであろう。

一方、「改革組合村」に関しては、前掲の森氏の他に、川村優、大石慎三郎、北島正元、煎本増夫氏らの研究がある。これらの研究の問題点に関しては、かつて別稿に七項目ほど記したことがあるのでそれらを繰返することは省略し、ここでは前記の研究者が対象とされたフィールドが特定地域に偏在していることのみ指摘するに留めたい。

以上、極めて粗雑ながら研究史をみてみたが、関東取締出役の設定と改革組合村の結成は、幕藩制国家の関東農村の統治機構として機能し、農民的商品流通や市場構造、階級闘争のあり方や住民生活等まである程度規定したにもかかわらず残された課題は少なくない。そこで本稿では、地域を〝近世神奈川〟に限定し、まず最初に関東取締出役の設置状況や権限などの概略を記し、ついで「改革組合村」設定以前の相武の組合村の状況を述べ、さらに組合村設定当時の状況や大小惣代の選出過程、大組合、小組合、個別村落の相互関係等にふれ、最後にいわゆる「組合村体制」の変質過程について若干の展望を与えたい。

## 一　関東取締出役

関東取締出役が設置されたのは文化二年（一八〇五）六月である。公事方勘定奉行石川左近将監忠房は、関東の四手代官（品川・板橋・大宮・藤沢）の早川八郎左衛門・榊原小兵衛・山口鉄五郎・吉川栄左衛門に命じて、それぞれ手附・手代の中より「十年程も御代官の役所を勤め、諸帳面の出来る」者を選んで二人ずつ差出させ、二人一組として村々を見廻らせ、御料・私領・寺社領の別なく無宿その他の〝悪党〟を召捕え、勘定奉行所へ差出すよう命じたのである。当初は二年間のみの予定であったが恒常的なものとなり、幕末になるに従って人員が増加していった。俗に〝八州廻り〟又は〝八州様〟と呼ばれ、無宿人は勿論一般農民に恐れられたのは周知の事実である。関東取締出役が主に活躍したのは武蔵・上野・下野・常陸で、安房・上総・下総・相模は用が少なかったという。出役の氏名は、目下のところ文化二年より慶応四年（一八六八）までのうち二〇年分が判明する。文久元年（一八六一）に臨時出役が一四名増員され、慶応二年にはそれらがほぼ恒常化されている点注目される。このことは、開港以降の対外的危機の進行に対して、幕府は関東取締出役を増強することにより〃不穏〃な状況をのりきろうとしたことを意味すると思われる。

出役が廻村する際は、組合より道案内の者を差出す定めであったが、しばしば博徒の首領が道案内であることがあった。有名な飯岡助五郎や、渡辺崋山の『游相日記』で有名な厚木の侠客駿河屋彦八らがそれにあたる。いわゆる〃二足のわらじ〃をはいていたわけである。彼ら道案内の者の給金は勿論、関東取締出役の廻村入用や、出役が捕えた無宿者・囚人を組合で預かる費用は高割で各村に課されることとなり、各村の村入用を圧迫するようになったのである。

次に、『神奈川県史・資料編7近世4幕領(2)』(以下『神奈川県史』と略称)により、関東取締出役が近世神奈川でどのように機能したかをみるため表2を作成した。

これらにより次のことが判明する。すなわち、

表1　改革組合村設定以前の組合村一覧

| | 年月（西暦） | 史料名 | 郡村名 | 出典 |
|---|---|---|---|---|
| ① | 宝暦9（1759）11 | 九ケ村蓮判村方江申渡判取帳 | 高座・柳島 | 藤間雄蔵家文書 |
| ② | 明和6（1769）7 | 組合村々申合帳 | 〃・草柳 | 田辺裕〃 |
| ③ | 明和8（1771） | （上粕屋村他十か村組合） | 大住・上粕屋 | 『伊勢原町勢誌』 |
| ④ | 安永5（1776） | 大住郡淘綾郡村内評定之名簿 | 〃・徳延 | 吉沢賢吉家文書 |
| ⑤ | 安永年間 | （上下落合・津古久・長沼小稲葉五か村組合） | 〃 | 『伊勢原町勢誌』 |
| ⑥ | 天明5（1785）12 | 神奈川宿助郷盗賊之儀ニ付儀定証文写 | 橘樹・神奈川 | 横山四朗家文書 |
| ⑦ | 天明年間 | （上粕屋村他十か村組合） | 大住・上粕屋 | 『伊勢原町勢誌』 |
| ⑧ | 寛政10（1798） | 御請証文 | 三浦・秋谷久良岐 | 若命又男家文書 |
| ⑨ | 寛政12（1800）7 | 五ケ村取締議定控 | 久良岐・最戸 | 笠原市郎〃 |
| ⑩ | 文化13（1816） | 組合村々取締儀定連印帳 | 〃　〃 | 〃 |
| ⑪ | 文化15（1818）3 | 村々出会之上議定 | 高座・栗原 | 大矢純一〃 |
| ⑫ | 文政3（1820）4 | 浪人雑記 | 〃・中新田 | 今福　祥 |

表2（県　全　域）

| | 年　月　日 | 件　　　名 | 役　　人　　名 | 寄場名 | 頁 |
|---|---|---|---|---|---|
| ① | 文政10.9 | 組合村結成 | （吉田左五郎、河野啓助<br>太田平助、小池三助） | 神奈川 | 383 |
| ② | 天保4.10.25 | 一揆企ての風聞につき内密取締申渡 | 湯原秀介、堀江与四郎 | 藤　沢 | 399 |
| ③ | 天保4.11.18 | 米穀買占め禁止等につき | 下山逢吉、湯原秀助、松村小三郎 | 神奈川他 | 403 |
| ④ | 天保4.12 | 米の買占め禁止<br>村内取締申渡 | （吉田左五郎、河野啓助<br>太田平助、小池三助） | 溝　口 | 405 |
| ⑤ | 天保5.3 | 保有米調査・<br>窮民救助申渡 | 堀江与四郎、河野啓助 | 深谷他 | 408 |
| ⑥ | 天保8.2 | 物価値下申渡 | 宇佐美郷一、永井勝介、湯原秀介、松村小八郎、原戸一郎 | （一の宮） | 426 |
| ⑦ | 天保10.11 | 芝居・手踊禁止 | 太田源助 | 神奈川 | 445 |
| ⑧ | 天保11.7.17 | 心学教諭 | 小川半蔵 | （武　州）<br>（相　州） | 449 |
| ⑨ | 天保11.8.7 | 高札文言教諭 | 太田源助 | 保土ケ谷 | 452 |
| ⑩ | 天保11.9 | 寄場組合取締不行届につき申渡 | 中村仁左衛門、渡辺園十郎、関与五郎、木下民衛門、太田源助、田中彦一郎、小川平蔵、小島伊八郎、宮坂瀬兵衛、中島林蔵、本庄潟郎、市川喜平 | 曽　屋 | 453<br>454 |
| ⑪ | 天保12.3 | 流行踊および賃上要求申合禁止 | 太田源助 | 神奈川 | 454 |
| ⑫ | 天保13.4 | 質素倹約、在方他取締申渡 | 中山誠一郎、武藤喜左衛門、中村仁左衛門、太田源助、大木信兵衛、西田信一郎、筒井銑蔵、渡辺園十郎、関与五郎、安藤源一郎、檜山進平、石井太七郎 | 保土ケ谷他 | 469 |
| ⑬ | 天保13.6 | 米穀販売・諸職人賃銀取締申渡 | 太田源助 | 神奈川 | 478 |
| ⑭ | 天保13.7 | 旅人利用の馬・駕籠賃銭値段引下申渡 | 太田源助 | 伊勢原 | 482 |
| ⑮ | 天保15.2 | 酒食商い禁止中営業につき取締申渡 | （関東取締出役中） | 神奈川 | 499 |
| ⑯ | 天保15.8 | 質屋・古着・古鉄渡世商人取締申渡 | 山崎信太郎 | 保土ケ谷 | 503 |
| ⑰ | 弘化2.8 | 米買占め取締申渡 | 瀬戸順一郎、内海英作、駒崎静助、渡辺園十郎、中山誠一郎 | 磯　部 | 504 |
| ⑱ | 嘉永2.10 | 無宿人狼藉につき取締申渡 | 渡辺園十郎 | （世田谷） | 508 |
| ⑲ | 嘉永3.11 | 穀物他国売出禁止申渡 | 太田源助 | 一の宮 | 509 |
| ⑳ | 嘉永4.1 | 書画会等開催禁止申渡 | 山口顕之進、安原寿作、関畝四郎、大熊左助、吉田僖平次、太田源助、吉岡静助、渡辺園十郎、中山誠一郎 | 神奈川 | 511 |
| ㉑ | 嘉永5.8 | 米早搗薬伝授販売取締申渡 | 上に同じ | 中　野 | 512<br>513 |
| ㉒ | 嘉永6.1 | 子供ら往来人より銭ねだり取り禁止申渡 | （関東取締出役） | 中　野 | 513 |
| ㉓ | 嘉永6.2 | 反毛鶏賭勝負開催禁止申渡 | 太田源助 | 神奈川他 | 514 |

『神奈川県史』による。

化政期は主として悪党取締り、風俗統制中心であったものが、天保期以降は階級闘争対策、物価統制を中心とした経済規制・流通統制・イデオロギー統制等が見られることである。また、文政一〇年（一八二七）の改革組合村結成以降は、勘定奉行—関東取締出役—組合村—個別村落の支配ルートができ、天保改革（およびその前後の取締法令）はすべてこの改革組合をてこに遂行されたのである。

## 二　改革組合村設定以前の相武の組合村

文政一〇年（一八二七）の改革組合村設定以前にそれと類似した組合村が存在していたことは、島崎隆夫、川村優、長谷川伸三氏らの研究によって明らかであるが、近世神奈川の場合、増上寺領の組合村以外はあまり知られていないようである。これらの村落連合体＝地域的結合を解明することは、改革組合村を理解する上で極めて重要と思われるので以下に簡略に述べてみたい。管見では、それは表一にある如く一二例が知られる。

これらのすべてについてその内容を紹介することは不可能なので、ここでは最古の史料である表一の①の主要部分を紹介し、その他の事例に関してはポイントを指摘するに留めたい。

①は全部で六か条より成っているが、そのうち一～二条五～六条を左に記しておこう。

相定中村々連判之事

(1)
前以従　御公儀五人組帳江被　仰付候得共、唯今迄ハ大概見逃指置候類も有之候得共、向後は御上江差上候

(2)
御条目之通急度相守可申事、

組合村々之儀、何事ニ不依唯今迄ハ村方失布（費カ）を難儀ニ存見逃候義も数多有之候得共、向後組合相定、盗賊幷村々江入込御免勧化ニ事寄、かたりもの之類何ニても捕置、組合ニ而入用相賄、御料は御代官、私領は御地頭江早速御注進可申上候事、

(5)

紛失もの有之候ハヽ、村々質取商人、古着屋ハ勿論、百姓躰ニ而質取候類村々ニ有之候、向後其所名主・組頭致案内家さかし可仕候、若違背仕候ハヽ、御注進申上可奉請御下知事、

附、盗人入候ハヽ、組合村方江早速刻付廻状出之可申候、其節ハ村々ニても早速人足指出、往来之人改、怪敷義有之候ハヽ、捕置可申事、

(6)

他国他郡ハ勿論、組合ニ洩候村方ゟ何ニても送り来候ハヽ、初之村ニて得と吟味仕遣可申事、

右ケ条之趣組合村々連判仕相極メ申候上は、急度相守可申候、尤村方小百姓迄得と為読聞印形取置可申候、向後何ニても右之類捕へ置候而御注進申上候、入用江戸詰一日ニ銭弐百文、道中路用一日三百文相定申候、尤日数過分ニ相捌（ママ）候共其割合を以村々高割無相違入用差出可申候、為後日組合村方連判取替証文如件、

前書之通り承知仕候連判如件、

宝暦九年卯十一月

（以下組頭・組下連印略）

全六か条のうち第一条は幕府法令の遵守を再確認したもの、二〜四条は、無宿・かたりもの・浪人等より村々を守るため村落連合を結成し、集団防衛体制をとり、また諸費用を組合賄＝共同負担とすること、第五条は、盗品紛失品の捜査権を村役人が持ち、質屋・古着屋等を調査することを取極めたものである。いずれも封建的秩序が弛緩し、領主側の警察力が弱体化していたため、いわゆる無宿・悪党より村々の治安を村落

連合の団結力により維持しようとしたもので、幕藩制的な村落支配に矛盾するものではない。

次に②～⑫の検討に移ろう。②～⑫をその内容によって分類すれば、①と同じく無宿・浪人対策のために結成されたもの（②④⑥⑧～⑫）と、奉公人給金などの統制のため結成されたもの（③）の二つに大別しうる。前者をさらに分類すると、④⑥は助郷連合を基盤として形成されたものであり、⑨⑩は湯島聖堂領村々のみの組合であり、⑪⑫は同一の組合村である。（⑤⑦は実態不明のため省略）以下これらにつき簡略に述べてみたい。

表3　高座郡5組27か村組合一覧　文化15年（1818）

| 組名 | 村　名 | 村数 | 領の主数 | 石高 |
|---|---|---|---|---|
| イ組 | **当麻**、**下溝**、磯辺、新戸、入家(谷)、座間、新田宿、四ツ谷、栗原 | 9 | 20 | 5080.78 |
| ロ組 | 大谷、国分、上今泉、下今泉 | 4 | 10 | 3149.0 |
| ハ組 | 上郷、河原口、中新田、今里社家、中野、門沢橋 | 7 | 17 | 3621.0 |
| ニ組 | 柏ケ谷、小園、望地、寺尾、早川、深谷 | 6 | 12 | 1907.0 |
| ホ組 | **上溝** | 1 | 6 | 965.9 |
| 5組 | | 27 | 65 | 14723.68 |

太字はあとから参加の村々。不参加の村々　上河内、中河内、用田、吉岡、杉窪、葛原、本郷。海老名市中新田　今福祥家文書により作成。

### 1　無宿・浪人対策のための組合村

村落連合による集団防衛体制と、諸入用の共同負担が特徴としてあげられる。鷹場組合・助郷組合などの既存の組合が結合基盤となり結成された。たとえば②⑪⑫は下鶴間組御鷹総霞組合を構成する村々で結成されたもので、②では小組合が既に存在していること、公訴費用の共同負担の取極めの二点が重要である。また⑪⑫では、関東取締出役松井六作に対し、浪人取締りのため二四か村の村々が〝下から〟組合村設置を申し出ている点極めて注目される。⑫によれば、のち三か村が加わり、計二七か村、一四、七二三石余の組合となっており、それらの村々の内訳は上の表三の通りである。高座郡の中央部、現在の地名でいうと相模原市の南部、海老名・座間両市及び綾瀬市を構成する村々は、神崎彰利氏の研究で既に明らかなように、いくたびかの「地方直し」の影響をうけて、烏山・荻野山中・佐倉藩の飛地領や旗本相給地が錯綜している典型的な非領国地帯であり、それゆえにこそこのような横の連帯＝共同防衛組織が必要とされたのであろう。結成の中心となったのは、河原口村名主四郎左衛門（坂田氏）や、中新田村名主今福氏らの豪農層であり、組合の責任者を年番行事と呼んでいる。一方、④⑥は、それぞれ大磯・平塚両宿定助郷村々（一〇七か村、六〇、七三〇石）、神奈川宿助郷村々が連合したもので、内容的には先にみた②⑪⑫とほぼ同じである。東海道の宿駅はのちにすべてが組合村寄場に指定された訳であるが、改革組合村結成以前に、定助郷村々が類似の機能を果していた点注目する必要がある。また、⑧は、代官大貫次右衛門光豊が武州八郡、相州三郡一県の豪商農に「別段取締」を命じ、「御支配所ハ勿論、万石以下御知行并寺社領」へも踏み込んで通り者（無宿者で村々を渡り歩いている者）の逮捕を命じているものである。関東取締出役設置の七年前に、のちに寄場名主となる神奈川宿本陣兼帯名主石井源左衛門や、保土ケ谷宿の同じく苅部清兵衛ら豪農商層に、旗本・寺社領への捜査権を承認していることは看過できない問題であろう。最後に⑨⑩は、前述の如く江戸湯島聖堂領の村々による組合である。井土ケ谷・弘明寺・中里・最戸・久保の五か村は地理的にも近接しており、また五か村とも元禄四年（一六九一）より聖堂領となり、寛政九年（一七九七）に代官大貫次右衛門の支配下に編入された点も共通している。五か村による共同防衛、共同負担はいままでのものと同一であるが、⑩では入会地の立木の無断伐取禁止という共同体規制の条項が加わっている点注目される。代官大貫の指示もあったかと思われるが、増上寺御霊屋料の改革が行なわれているとき、ほぼ時を同じくして組合村が結成されている点注目したい。

### 2　奉公人給金引下げ等の経済的規制を行なう組合村

③は、不作が続き米価が高値で百姓が困窮するので、男女給金、諸人賃金及び倹約などを連判議定したも

のである。目下のところこの一例しか見当らず、またその内容も不明であるが、周知の如く幕府は改革組合村を通して労賃の引下げや価格統制などを天保改革期に行なっているのであり、その意味でも既に明和期に〝下から〟このような動きがあったことは重要であろう。

以上まとめると、宝暦~天明期以降本百姓体制が崩壊し、農民の階層分化が激化し、農村荒廃が関東各地で顕著にみられるころ、それらにともなって無宿者が増大し、各地で村方騒動や百姓一揆が頻発していたころに、領主権力の治安警察力の弱体化、無力化を鋭く察知した豪農商層が結集し、既設の鷹場組合や助郷組合などを結合基盤としながら集団防衛体制、費用の共同負担制などを取極め、〝下から〟それらを補完しようとしたのがこれら村落連合の結成に結果したと思われる。川村優氏は、「横芝地方における旗本領の動向」(『横芝町史特別寄稿編』所収)において上総国のこれら村落連合を検討され「不逞の浪人などから村及び村民を守るための自治的な組合村」と評価されているが、この評価はすぐには賛同しがたい。なぜならば氏は村落連合に結集した農民をフラットにとらえられており、農民層内部の対立を無視されている点に問題があるように思われる。豪農商層を中心とした村落連合の結成は、外敵から村々を守るという表面的な目的の裏に、村方騒動や百姓一揆(とくに世直し的一揆)から自己の財産・地位を守る目的があったと思われるからである。また史料中にみられる〝悪党〟や無宿を文字通り悪党と理解されている点も問題があろう。彼らルンペンプロレタリアート的な性格を過大評価はできないが、過小評価もできないと思われる。彼らが果たした役割や評価は今後の課題といえよう。

## 三　改革組合村の設定とその変質過程

文政一〇年、勘定奉行より関八州の取締方につき新仕法が打ち出された。それはおよそ四五か村で改革組合村を結成させ、最も大高で取締りが行届いている村を親村として組合村の諸入用勘定を行なおうとしたものである。〝近世神奈川〟においてどのように組合村が編成されたかは別稿に記したことがあるので、ここでは組合村編成当時の状況を神奈川宿組合を中心にみてみたい。

橘樹郡生麦村は神奈川宿五四か村組合に編入され、文政一〇年、天保一一年の史料によると組合村小惣代を勤めた村であるが、幸い最近横浜郷土研究会の方々の御努力により『関口日記』（五巻）が刊行されたので、それによって組合村編成当時の状況をみてみよう。

八月晦日　綱島助太夫方寄合亨ニ行。
九月五日　今日神奈川宿江村々寄合、宿白幡屋孫兵衛方御取締御出役御用ニ付止宿ニ而、青木大黒屋江行泊ル。
九月十日　神奈川宿江小組合惣代拾人寄合、書物取調候
九月十三日御取締御改革四拾ケ条之写シ、鶴見村江貸遣ス、北寺尾江可返三冊共是は鶴見ゟ為返

図　生麦村周辺の組合村

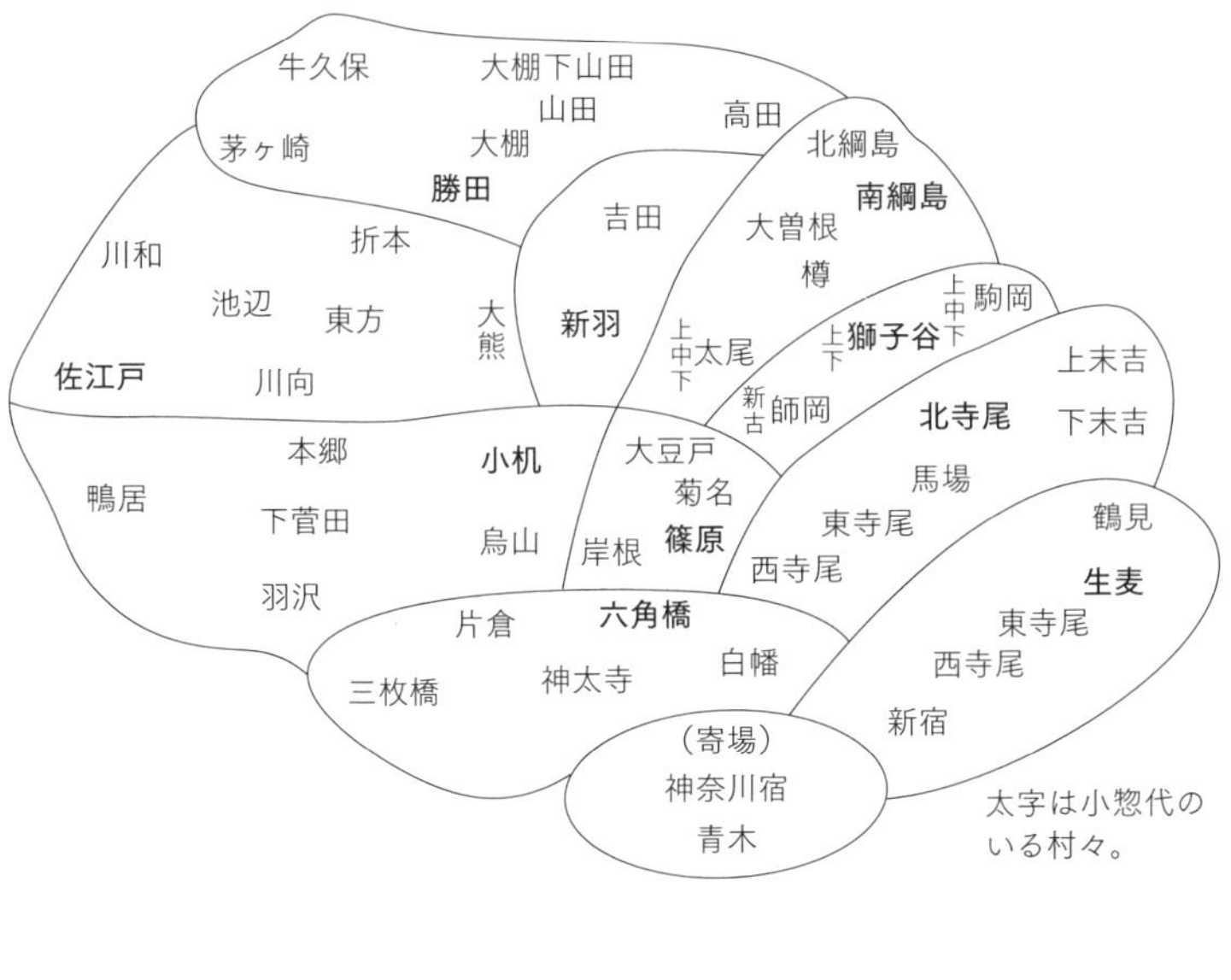

表4　神奈川宿組合寄場役人一覧　　安政2年3月

| 名　称 | 村　名 | 肩書 | 名　前 | 備　考 |
|---|---|---|---|---|
| 寄場役人 | 神奈川宿 | 名主 | 源太左衛門 | 本陣　鈴木氏 |
| 〃 | 〃 | 〃 | 源左衛門 | 〃　石井氏 |
| 〃 | 〃 | 問屋 | 清一郎 | |
| 〃 | 〃 | 〃 | 七郎兵衛 | |
| 〃 | 〃 | 年寄 | 仁兵衛 | |
| 〃 | 〃 | 〃 | 源兵衛 | |
| 〃 | 〃 | 〃 | 久右衛門 | |
| 大惣代 | 神奈川猟師町 | ? | 源右衛門 | |
| 〃 | 南綱島村 | 名主 | 与四郎 | 野廻り役池谷氏 |
| 〃 | 北　〃 | 〃 | 助太夫 | 〃　飯田氏 |
| 〃 | 馬場村 | 〃 | 久右衛門 | 沢野氏 |
| 〃 | 池辺村 | 〃 | 金蔵 | |
| 小惣代 | 新羽村 | 〃 | 園右衛門 | |
| 〃 | 山田村 | 〃 | 伊右衛門 | |
| 〃 | 獅子ケ谷村 | 〃 | 五郎兵衛 | |
| 〃 | 白幡村 | 〃 | 馬之助ヵ | |
| 〃 | 大豆戸村 | 〃 | 忠兵衛 | |
| 〃 | 下菅田村 | 〃 | 善右衛門 | 小川氏 |

候積リ。
十月七日　神奈川白幡行村高写、夜ニ入
止宿。
十月十日　きり屋江寄合取締一件、村々
地頭性名高三役人名前等写取
子安鶴見。
十月廿日　藤右衛門神奈川問屋源兵衛方
行。
十月廿七日去ル廿五日ゟ神奈川寄合ニ而
御取締ニ付連印村々出会逗留
いたし今夕帰宅、居酒商売質
屋共調印済。
十二月朔日神奈川白幡屋寄合、御改革一
件諸入用割合勘定。
十二月五日右同断（御改革印形）請印形南
北弐ケ所取、数箇条之趣為読
聞置候。

小惣代関口藤右衛門自身の手になる日記であるため、当時の状況が詳細に記されている。綱島村の飯田助太夫、鶴見村の佐久間権蔵らと密接な連絡をとっていること、神奈川宿の白幡屋などが寄合場所に使用されたことがわかる。この時結成された改革組合村及び大組合・小組合の関係を図示すれば一四五頁図のようになる。二～七か村で小組合を形成し、その中で大高で最も有力な名主が小惣代に任命されている。また、横浜郷土研究会発行の『武州橘樹郡神奈川宿組合村々地頭姓名其他書上帳』により、安政二年（一八五五）三月の神奈川宿寄場の役人構成をみるため作成したのが表四である。これによれば寄場役人は宿場の役人が兼帯し、大小惣代には池谷・飯田氏ら豪商農が就任していることが判明する。安政七年二月の「綱島村寄場組合申合義定連印帳」によると、大小惣代は「身元之者共冥加役無給ニ而相勤、尤一飯百三十弐文ツヽ、右飯料代組合ゟ割合差出」す定めであった。明治二年（一八六九）の小惣代役交代願にも「身元裕福ニ暮居、平常篤実成者」が小惣代の必須条件とあり、豪商農でなければ就任不可能であった。大小惣代の選出方法は、寄合の際に相談して決めるか、または入札により決定されたようである（池谷陸朗家文書）。寄場役人の数及び大小惣代の人数は必ずしも一定していないが、安政七年に改組された綱島組合の場合をみてみると、寄場役人は名主の飯田助太夫・池谷政之丞他八人（年寄が兼帯）大惣代は飯田助太夫と馬場村名主久右衛門（沢野氏）が選ばれ、小惣代はすべて安政二年の小惣代と同一人物が再任されている。ところが明治二年に、飯田助太夫以下七人が退役を申し出、殆んどすべての組合村役人が交代している点注目される。「旧幕領上知村々御取調、且ハ右上知之村々見取御検見入」を命ぜられた彼らは、幕藩制国家支配の末端機構を担って来た者として、直ちに明治維新政府の末端機構に名前を連ねることはできなかったのであろう。

次に大組合、小組合、個別村落の関係を簡単にみてみたい。先に示した地図により、これらの地理的な相互関係は明確になったと思う。また、大小惣代が選ばれる選出母体として小組合が機能していることも自明である。一方、関東取締出役からの廻状は寄場→小組合→個別村落、諸書上はその逆のルートをたどることも自ら明らかであると思う。ここで重要なのは、多くの村々で長文の組合村議定（四五か条）の他に、小組合議定、一村限り議定という独自の議定が結ばれている点である。たとえば、高座郡中新田村の場合、右の大組合議定の他に別議定が結ばれ、諸職人へ酒差出禁止、休日の規定などを行ない、別に一村限り議定として田畑蒔仕付、小作年貢出方、田畑質地高抜等につき豪農層の要求をもりこんだ議定を制定しているのである（今福祥家文書）。その他各地で大小組合を基盤に大工・木挽・桶屋等の手間代や日雇賃銀、豆腐、菓子などの価格統制なども取極めているのである（『神奈川県史』）。その多くが賃銀や価格の強制的引下げであったため、彼ら職人層＝前期プロレタリアート・半プロレタリアートや、小営業の者たちにとって、組合村とは彼らの健全なる発展を阻害するものと感じられていったのである。

与えられた紙数を既に超過したので、最後に「組合村体制」の変質について若干述べ結びとしたい。

宝暦〜天明期以降、農民層分解が進行し、農村に村役人＝地主・豪農層と、自小作層及び日雇・貧農層との階層対立が激化していったことは多くの研究者が指摘される通りである。わが〝近世神奈川〟においても、彼ら貧農層から生み出される無宿層から村落共同体を防衛するという名目で、村落連合＝豪農・村方地主連合が形成されていたことは先にみた。これらの村落連合は、村方騒動や世直し一揆発生の予防的組織であり、彼ら村落上層部の積極的対応である。一方これら農村構造の変化、村方騒動・百姓一揆の激化は、幕藩領主権力側にも「改革」という階級的対応を必然化する。その例が増上寺御霊屋料や上総国における組合村の結成である。文政改革の中心をなす改革組合村の結成は、前述した〝下から〟の組合村を吸収し、それを関八州全域に拡大し、関東取締出役の行動を円滑にするため〝上から〟半強制的に組合村を編成したものである。換言すれば、領主権力は豪農・村役人層との結合を強化し、彼らに依拠することによって村落支配を貫徹しようとしたのである。組合村結成当時は行政区としての色彩は薄く、連絡機関的な役割にすぎなかったものが、天保期には先にみたように「組合村体制」が整備され、天保改革法令はほとんどすべて組合村を通じて浸透していったのである。そして寄合は今日の議会的役割を果すようになり、豪農商層の階層的結集の場となっていくのである。また、大小惣代らは、かつての大庄屋や触頭以上の力を持ち、今日の市町村会の議員的役割を果すようになってゆく。そして開港以降、江戸及び横浜周辺には多くの関門や見張番所がつくられ、警備体制が強化されていく。とくに後者の管理は組合村に委託され、非常事態が発生した場合、大惣代が組合村毎に人足を集め鎮圧する体制が強化されている点注目される。そして慶応二年（一八六六）六月、武州世直し一揆及び溝口で打毀しが発生するに及んで、川崎宿組合・綱島村組合は農兵取立を願い出、組合村を〝武装化〟するのである。最後に、明治期になり組合村がどのように変質したかをみてみる。

今般御一新ニ付テハ、差向関内取締役ノ者等廻村無之処ヨリ自然右組合村々ノ規則モ相崩レ、大小総代共モ差免相成候様心得罷在候者モ有之哉ニ相聞、以之外ノ儀ニテ総代役差免相成候儀ニハ決テ無之（以下略）。

（『法令全書』明治元年第八百五十九）

明治新政府にとっても、組合村及び大小惣代の如き存在は十分利用しうるものであったのである。そしてこののち組合村は戸籍区・大小区へと変容し、大小惣代は、区長・戸長・副戸長へとその名称をかえていくが、これらの検討は別の機会に譲りたいと思う。

**付記**

紙数の関係で、註を大幅に省略した。拙稿「神奈川県史研究」二七号を参照していただければ幸いである。なお、本稿で使用した未刊史料は、すべて神奈川県史編集室の撮影史料であることをおことわりしておく。

## 2 武州、相州「改革組合村」編成について

### 一

文政一〇年（一八二七）、幕府は関八州全域（水戸領を除く）の村々に、「御取締筋御改革」という四五ヵ条に及ぶ長文の触書を公布している。[1] その内容は大部分が宝暦期から文政九年までに触達された農民統制に関する法令の再令であり、その集大成ともいうべきものであるが、この中で全く新しい項目として、「改革組合村」の設定を指令している点に注目される。すなわち、御料・私領を問わず、近隣の村々三〜六ヵ村で小組合を結成し、そしてそれら小組合を一〇前後集め、村数にしておよそ四〇〜五〇ヵ村を目安に大組合を組織し、それぞれより小惣代、大惣代と呼ばれる代表者を選定し、それらの運営にあたらせたのである。[2] また、組合村全体の中で特に大高で有力な村を親村又は寄場といい、その村の名主を寄場役人と称して組合村の中核とし、文化二年（一八〇五）に設置された関東取締出役（八州廻り）からの廻状の伝達等の任務を負わせたのである。

幕府がこの改革組合村を結成させた理由は、右の廻状、触達の伝達の外に、①警察的支配の強化（関東取締出役の活動の補強）、②農間渡世の実態把握、③村内における訴訟の処理、④若者組対策と封建意識の再建、等であったと思われる。[3] すなわち、寛永・元禄・宝永の地方直しなどによる犬牙錯雑した入組（相給《あいきゅう》）支配と

いう、関東地方に特質的にみられるところの知行形態（非領国地域）の下において、近世中期以降に顕在化してくる村落構造の変質——上州・野州・常州を中心とした農村荒廃と、その対極にあらわれるところの商品流通の展開、階層分化の進行、村方騒動の激化など——と、それが必然的に生み出したところの領主的危機に対応するために、中央政府たる幕府が、農民支配の再編強化をねらったものと思われる。

以上のごとき関東取締出役の設定と、組合村の結成を中心とする一連の改革を、「文政改革」と呼ぶが、この改革に関する研究は、諸井六郎『徳川時代の武蔵本庄』（明治四三年）や、『戸塚郷土史』（昭和九年）、『保土ヶ谷区郷土史』（昭和一三年）、『川崎市史 通史編』（昭和一四年）などに史料紹介があるが、本格的な研究は、川村優[4]・森安彦[5]・大石慎三郎[6]・北島正元[7]・煎本増夫[8]氏らの最近の諸研究によって開始されたといっても過言ではない。しかしながらこれらの研究には次のごとき弱点があるように思われる。

①関八州全域にわたる組合村の具体的組合せ、寄場の位置とその移動及びその理由の解明、寄場と交通・商品流通・局地的市場＝在郷町などとの政治的・経済的・軍事的関連の具体的実証的分析が欠除していること[9]。

②組合村結成による幕藩関係の変化、旗本・寺社などの個別領主権に与えた影響のさらなる研究の深化が要求されること。

③研究の対象とする時期が化政期のみに集中し、それ以降の「組合村体制」が、生産構造や階級関係の変化、政治・経済・社会・外交関係の変化に応じてどのように変質していったのかはほとんどふれられていないこと[10]。

④組合村の内部構造、たとえば大小惣代の選出過程、組合村財政が村財政の中で占める割合の検討、組合村の寄合の実態、大組合と小組合の機能、及びそれらと個別村落の関係の解明が要求されること。

⑤組合村結成以前の、組合村類似の共同体的諸関係、たとえば、助郷組合、用水組合、鷹場組合、祭祀《し》的

結合、中世の庄や領・惣結合、近世的村落共同体[11]＝村請制村落と「改革組合村」の関連性の歴史地理学的、社会経済史的な実証分析が不十分であること。

⑥当時の農民（豪商農・小生産者農民・半プロレタリアート・前期プロレタリアート）が「組合村体制」をどのようにうけとめていたか、またそれをいかにして維持又は打破しようとしたかなどの、農民の意識、思想形成の研究が必要なこと。

⑦廃藩置県〜明治一一年の地方三新法施行に至る地方行政組織――「大小区制」[12]――やそれ以降の地方自治制度、そして学区制と改革組合村との関連の考察[13]が十分でないこと、等々。

外にもあると思われるが、残された課題はまだまだ多いようにみうけられる。

さて、私は、一九七四年度の歴史学研究会の大会報告において、極めて不十分ではあるが、「組合村体制論」ともいうべき仮説を唱え、世直し状況下における最大級の一揆であった慶応二年（一八六六）の武州世直し一揆は、幕藩制国家の農村統治機構＝「組合村体制」の解体をめざした闘争であることを明らかにしようとした。ここで簡単に右の「組合村体制論」を要約すれば、「改革組合村は、幕府権力によって上から設定された新たな農村統治機構であり、豪商農を中核として、それに依拠することにより村落支配を再編成しようとした領主的対応であり、権力による農村支配機構の集中的再編成策であり、従来の村役人を通じての村落支配＝村請制支配の上に、豪商農を通じての村落連合支配が重層的に重なった支配体制」を「組合村体制」と呼んだわけである。この試論に対しては、部会及び大会当日に、多くの人々より批判をうけたが、本稿ではそれらをうけとめつつ、また前述の①〜⑦の研究史批判のうち、最も基本的な寄場の位置の確定と組合村々の編成の実態、寄場の移動とその理由などについて、現在の神奈川県の行政区画内の村々（武州三郡、相州八郡）にその対象を絞って考察することとしたい。

## 二

関東農村、とりわけ首都である江戸近郊の武州三郡（橘樹・都筑・久良岐）や相州は、江戸から一日行程の範囲内であったために、寛永・元禄・宝永の〝地方直し〟の影響をまともにうけ、中小旗本の知行地が分散化し、複雑に錯雑した相給形態の村々が一般的で、いわゆる非領国地域であった。[14] 本節では、これら非領国地域に、「改革組合村」が具体的にどのように設定されたのかを、武州三郡を武州秩父郡上名栗村町田家文書、[15]相州八郡を相州高座郡深谷村比留川家文書[16]を中心に考察したい。

### 1　武州、相州の組合村々の編成と寄場について

表一と表二は、武州三郡と相州八郡の、寄場別村数、村高、家数を一覧表にしたものである。また、表三と表四は、各組合村の具体的郡村名を一覧表にしたものである。

まず、武州をみてみると、橘樹・久良岐・都筑三郡の他に、川崎宿組合は荏原郡の一部（羽田・蒲田村など二一ヵ村、現在の東京都大田区）、保土ヶ谷宿組合は、相州鎌倉郡二ヵ村（横浜市戸塚区）、溝口組合は多摩郡二ヵ村（川崎市）を含んでおり、また鉄・寺家村など現在の横浜市緑区、川崎市多摩区・麻生区の村々二二ヵ村は小野路組合（町田市）に、恩田・奈良村（横浜市緑区）は木曽組合（町田市）に属していることがわかる。また、現在の川崎市域に多く散在する増上寺御霊屋料は、都筑郡一四ヵ村は中目黒組合（東京都目黒区）に、橘樹郡一七ヵ村は豊島郡巣鴨村（東京都豊島区）とともに、上小田中組合に属している点が注目される。[17]

寄場に指定されたのは、川崎・神奈川・保土ヶ谷などの東海道の宿駅と、溝口・小野路・木曽などの脇往還の宿、そして金沢六浦藩の陣屋所在地六浦平と、前述の中目黒・上小田中の計九ヵ所である。いずれも有力な大村であり、交通の要地であり、農民的商品流通の結節点であることはいうまでもない。

表1（天保期）
武蔵国改革組合村寄場別村数・村高・家数一覧

| 郡　名 | 寄　　場 | 村数 | 組合村高 | 家　数 | 備　　考<br>（寄場の移動） |
|---|---|---|---|---|---|
| 橘　樹<br>荏　原 | 川　　崎 | 39 | 石<br>16,919.16881 | 4,081 | |
| 橘　樹<br>都　筑 | 神奈川 | 52 | 21,695.22705 | 4,691 | （綱島） |
| 橘　樹<br>久良岐<br>鎌　倉 | 保土ヶ谷 | 78 | 24,645.8962 | 4,556 | （川井） |
| 久良岐 | 六浦平 | 9 | 2,892.259 | 703 | （町屋） |
| 都　筑<br>橘　樹<br>荏　原 | 中目黒 | 25 | 9,942.18607 | 1,934 | |
| 橘　樹<br>豊　島 | 上小田中 | 19 | 8,038.479 | 1,467 | （小杉） |
| 橘　樹<br>多　摩 | 溝　　口 | 49 | 21,619.52741 | 3,617 | |
| 都　筑<br>多　摩 | 小野路 | 35 | 10,482.3324 | 1,555 | |
| 多　摩 | 木　　曽 | 15 | 7,334.1798 | 1,077 | |
| 武州6郡<br>相州1郡 | 9寄場 | 331 | 123,569.25574 | 23,681 | |

（埼玉県入間郡名栗村　町田家文書）

表２（嘉永６年）
相模国改革組合村寄場別村数・村高・家数一覧

| 郡名 | 寄場 | 村数 | 組合村高 | 家数 | 備考 |
|---|---|---|---|---|---|
| 鎌倉<br>高座 | 戸塚 | 39ヵ村 | 石<br>16,007.761 | 3,511 | |
| 鎌倉 | 雪ノ下 | 8 | 319.986<br>永1324貫524文 | 763 | |
| 高座 | 藤沢 | 43 | 14,905.2516 | 3,745 | |
| 〃 | 一ノ宮 | 28 | 11,876.86828 | 1,534 | |
| 〃 | 深谷 | 25 | 13,343.59481 | 1,813 | |
| 〃 | 磯部 | 20 | 11,824.636 | 2,979 | |
| 大住 | 田村 | 36 | 18,941.28898 | 1,811 | （平塚） |
| 足柄<br>淘綾<br>大住 | 曽屋 | 36 | 15,342.5279 | 2,927 | |
| 大住 | 伊勢原 | 25 | 17,274.7588 | 1,958 | |
| 大住<br>淘綾 | 山西 | 32 | 14,802.98255 | 1,875 | （大磯） |
| 大住<br>愛甲 | 厚木 | 49 | 32,162.90177 | 4,568 | |
| 津久井 | 日連 | 9 | 3,559.15725 | 1,184 | |
| 〃 | 中野 | 9 | 4,107.291 | 1,178 | |
| 7郡<br>1県 | 13寄場 | 359 | 174,669.00596<br>永1324貫524文 | 30,136 | 小田原藩領<br>川越藩領<br>浦賀<br>箱根 除く |

（綾瀬市深谷　比留川家文書）

表３　武州組合村編成一覧（ただし、神奈川県関係分のみ）

| 寄場 | 村数 | 郡村名 |
|---|---|---|
| 川　崎 | 39 | （橘　樹）川崎宿・南河原・堀之内・中島・大師河原・川中島・稲荷新田・大島・池上新田・渡田・下新田・潮田・菅沢・市場・小田・江ヶ崎・小倉・矢向 |
| | | （荏　原）矢口・鵜木・下丸子・古市場・原・古川・町屋・八幡塚・雑色・高畑・羽田・羽田猟師町・鈴木新田・谷中・糀谷・浜竹蒲田新宿・安方・小林・今泉・源太郎新田 |
| 神奈川<br>（綱　島） | 52 | （橘　樹）神奈川宿・新宿・西子安・東子安・生麦・鶴見・中太尾・下太尾・上駒岡・中駒岡・獅子ヶ谷・南綱島・北綱島・北寺尾・馬場・白幡・六角橋・神大寺・片倉・三枚橋・大曽根・樽・上太尾・西篠原・下駒岡・小机・下末吉・上末吉・東寺尾・西寺尾・烏山・下菅田・羽沢・東篠原・菊名・東大豆戸・西大豆戸・岸根 |
| | | （都　筑）鴨居・本郷・佐江戸・池辺・東方・新井新田・折本・大熊・川向・牛久保・勝田・高田・茅ヶ崎・山田・大棚下山田・大棚・吉田・新羽 |
| 保土ヶ谷<br>（川　井） | 78 | （橘　樹）保土ヶ谷宿・芝生・藤江新田・下星川・和田・仏向・坂本 |
| | | （都　筑）川島・上星川・上菅田・白根・猿山・寺山・台・久保・小山・青砥・北八朔・榎下・今井・西八朔・十日市場・市之沢・三反田・二俣川・今宿・小高新田・鶴ヶ峯新田・密経新田・本宿新田・坂倉新田・上川井・川井・中川井・中山・長津田 |
| | | （久良岐）永田・太田・戸部・尾張屋新田・吉田新田・引越・井戸ヶ谷・弘明寺・最戸・久保・中里・関・別所・松本・吉原・金井・宮下・宮ヶ谷・蒔田・堀之内・中・下大岡・上大岡・雑色・田中・矢部野・峯・栗木・北方・本牧・横浜・磯子・根岸・滝頭・岡・森公田・森中原・森雑色・杉田 |
| | | （鎌　倉）平戸・品野 |
| 六浦平分<br>（町　屋） | 15 | （久良岐）六浦（平分・社家分・寺分）・町屋・泥亀新田・宿・赤井・寺之前・坂本・小柴・富岡・中里・氷取沢・谷津・洲崎・同野島浦 |
| 中目黒 | 25 | （荏　原）中目黒・下目黒・馬込・等々力・碑文谷・下中延・堤方・御薗・蓮沼・上北沢・衾 |
| | | （都　筑）石川・川和・王禅寺・上末吉・小倉・古川・戸手・小向 |
| | | （橘　樹）小杉・市坪・明津・宿河原・坂戸・駒林 |
| 上小田中<br>（小　杉） | 19 | （橘　樹）上小田中・下小田中・鹿島田・北加瀬・箕輪・今井・下平間・塚越・上野川・新作・師岡 |
| | | （橘　樹）荏田・茅ヶ崎・池辺・東方 |
| | | （豊　島）巣鴨　　（荏　原）徳持・久川原 |
| 溝　口 | 49 | （橘　樹）溝口・菅・上菅生・長尾・堰・久地・二子・諏訪河原・北見方・宮内・上丸子・小杉・上平間・上作延・平蟹ヶ谷・梶ヶ谷・五反田・宿川原・苅宿・登戸・中丸子・下作延・井田・駒ヶ崎・下菅生・細山・金程・高石・有間・土橋・馬絹・野川・子母口・久末・南加瀬・木月・駒林・上小田中・久本・岩川・清沢・下小田中・末長・新作・新城・矢上 |
| | | （多　摩）中野島・矢野口 |
| 小野路 | 35 | （多　摩）小野路・野津田・下小山田・上小山田・大蔵・真光寺・広袴・上図師・下図師・三輪・能ヶ谷・平尾・坂浜 |
| | | （都　筑）上麻生・下麻生・黒川・栗木・五力田・古沢・万福寺・片平・市ヶ尾・上鉄・中鉄・下鉄・大場・黒須田・上谷本・中谷本・下谷本・鴨志田・成合・早野・寺家・岡上 |
| 木　曽 | 15 | （多　摩）木曽・根岸・山崎・大谷・成瀬・高ヶ坂・小川・鶴間・原町田・森野・本町田・金井・奈良・恩田・金森 |

表４　相州組合村編成一覧

| 寄　場 | 村数 | 郡　村　名 |
|---|---|---|
| 戸　塚 | 39 | （鎌　倉）戸塚宿・下柏尾・永谷・舞岡・上倉田・長沼・名瀬・山田・上柏尾・秋葉・岡津・上矢部・阿久和・深谷・中田・和泉・汲沢・原宿・笠間・金井・小雀・田谷・長尾台・大船・宮沢・飯田・瀬谷<br>（高　座）上和田・千東・七次・下和田・土棚・長後・福田・蓼川・草柳・深見・上鶴間・下鶴間 |
| 雪ノ下 | 8 | （鎌　倉）雪ノ下・山之内・谷合四ヶ村・小町・大町・乱橋財《ママ》木座・極楽寺 |
| 藤　沢 | 43 | （両　郡）藤沢宿<br>（高　座）大庭・石川・遠藤・円行・今田・亀井野・鵠沼・辻堂・小和田・菱沼・室田・高田・西俣野・矢畑・赤羽根・甘沼・堤・稲荷・羽鳥・茅ヶ崎・折戸<br>（鎌　倉）弥勒寺・宮前・小塚・高谷・渡内・峰渡内・植木・岡本・城廻・関谷・山谷新田・柄沢・東俣野・上俣野・山崎・台・下飯田・小袋谷・江之島・西・瀬谷野新田 |
| 一ノ宮 | 28 | （高　座）一ノ宮・中瀬・岡田・大蔵・小谷・小動・宮山・宮原・獺郷・芹沢・行谷・下寺尾・田端・萩園・平太夫新田・中島・今宿・柳島・松尾・下町屋・浜ノ郷・円蔵・西久保・香川・大曲・菖蒲沢・打戻・倉見 |
| 深　谷 | 25 | （高　座）深谷・寺尾・大谷・中河内・上河内・栗原・小園・河原口・今里・吉岡・葛原・早川・上郷・社家・中野・上今泉・下今泉・望地・中新田・門沢橋・柏ヶ谷・本郷・杉久保・国分・用田・深谷新田 |
| 磯　部 | 19 | （高　座）磯部・新田宿・四ツ谷・入谷・座間・新戸・下溝・当麻・田名・大島・上下九沢・相原・小山・橋本・上溝・上矢部・矢部新田・淵野辺・鵜野森 |
| 田　村<br>（平　塚） | 36 | （大　住）田村・小稲葉・上谷・石田・見付島・新土・下島・打間木・寺田縄・小峰・豊田・宮下・長持・入野・平等寺・西海地・上入山瀬・下入山瀬・大畑・丸島・馬渡・大向・矢崎・北大縄・城所・下平間・小鍋島・大島・下谷・中原上宿・四之宮・八幡・馬入・南原・中原下宿・上平間 |
| 曽　屋 | 36 | （大　住）曽屋・落合・名古木・寺山・小蓑毛・蓑毛・東田原・西田原・羽根・菩提・堀沼城・堀斎藤・堀川・堀山下・千村・渋沢・平沢・今泉・尾尻・大竹・上大槻・下大槻・五分一・土屋<br>（足柄上）井ノ口・境・山田・比奈窪・半分形・藤沢・北田・遠藤<br>（足柄下）沼代・小船・中村原<br>（淘　綾）黒岩 |
| 伊勢原 | 25 | （大　住）伊勢原・大竹・白根・田中・板戸・池端・沼目・西富岡・上糟屋・下糟屋・大山町・日向・粟久保・東富岡・三之宮・子安・串橋・神戸・笠久保・坪之内・善波・北矢名・南矢名・真田・落幡 |
| 山　西<br>（大　磯） | 32 | （淘　綾）山西・中里・一色・西窪・虫窪・生沢・寺坂・二ノ宮・国府新宿・国府本郷・西小磯・高麗寺・山下・高根・万田・出縄<br>（大　住）河内・（根）坂間・徳延・友牛・入部・松延・公所・久松・広川・上吉沢・下吉沢・飯島・片岡・千須谷・南金目・北金目 |
| 厚　木 | 49 | （愛　甲）厚木・金田・猿ヶ島・中依知・上依知・山際・関口・下依知・上荻野・中荻野・下荻野・三田・妻田・半原・田代・三増・角田・下古沢・林・戸室・愛名・及川・川入・棚沢・半縄・熊坂・八菅・小野・岡津古久・愛甲・宮ヶ瀬・上宮沢・煤ヶ谷・七沢・飯山・船子・恩名・温水・長谷<br>（大　住）高森・岡田・酒井・吉際・下津古久・長沼・上落合・下落合・大神・戸田 |
| 日　連 | 9 | （津久井）日連・吉野宿・沢井・佐野川・小淵・名倉・与瀬・千木良・寸沢嵐 |
| 中　野 | 9 | （　〃　）中野・三井・三ヶ木・太井・小倉・葉山島・青野原・上川尻・下川尻 |
| 箱　根 | 1 | （足柄下）箱根 |

一方、相州の場合をみてみると、保土ヶ谷組合へ編入された前述の二ヵ村を除き、三五九ヵ村が一三寄場に分割されており、武州の場合と違って比較的入組んでいないことがわかる。

寄場は、戸塚・藤沢・箱根の東海道の宿駅の外、雪ノ下（鎌倉市）、一ノ宮（寒川町）、曽屋（秦野市）、伊勢原、厚木（野州烏山藩陣屋所在地）などの、いずれも脇往還の宿駅、地方在方市場であることは、武州の場合と同じである。（田村・山西・日連・中野が寄場となったことの理由は後述する。）

ここで注目されるのは、相州の改革組合村の中に、小田原藩領と川越藩領、そして浦賀奉行直轄地が脱落していることである。具体的にいうと、足柄上下両郡の大部分と、津久井郡のほぼ半分、東海道の宿駅である平塚・大磯、そして宿駅であり城下町であった小田原や、海上交通の要地須賀、そして三浦郡全村と、鎌倉郡片瀬・腰越・津村、同郡小菅ヶ谷村外一二ヵ村が脱落しているのである。前述の比留川家文書には「浦賀・小田原・川越領別帳ニ可調事」とあり、これらの支配に属する村々は特別扱いをうけたように思われる。

当時、相州には、川越・小田原藩の外、佐倉・荻野山中・烏山・六浦・生実・西大平藩などの大名領が存在したが[18]、それら諸藩の村々は一円知行地であると否とを問わず、すべて「改革組合村」に編入されたにもかかわらず、川越・小田原両藩の一給地はすべて「改革組合村」より除かれ[19]、独自の「組合村」を「御改革手限」で設定していたのである。たとえば、文政一二年「御取締方御趣意」（鎌倉市岩瀬、栗田家文書）によれば、小菅ヶ谷を寄場とする川越藩独自の一三ヵ村組合（上下野庭・下倉田・飯島・岩瀬・今泉・桂・公田・上野・中野・鍛冶谷・小菅ヶ谷）が結成されており、『逗子市誌』第六集（三）の所々に組合村、大組合、小組合等の名称がみられることでもわかる[20]。また、小田原藩の場合は、「大久保氏高帳・領内諸書留」（小田原市中里、原正家文書）[21]に明らかなごとく、独自の村落支配体制＝組合村体制により支配していることが知られるのである。右の外、『逗子市誌』第六集（三）にみられる次の史料は注目される[22]。

関東在々御取締筋々御改革ニ付、御領・私領共公辺ゟ取締出役之向々差出し来候処、此度当御領(預)所御政事向御私領同様被仰付、御年(手)限取締方可仰付との御事ニ而、右出役も差除候、（以下略。傍註、傍点は筆者による。嘉永七年五月六日付、桜山村「御用留帳」より。）

すなわち、長州藩預所村々は、私領扱いとなり、川越藩などと同じく、「手限取締」を命ぜられ、関東取締出役が直接介入することは不可能となったのである。[23]

以上、いくつかの例をあげて「改革組合村」に編入されなかった諸藩をみてみたが、その共通点は、いずれも有力な大藩であり、なかでも川越藩の場合は、一一代将軍家斉の子斉典が当主であり、御三家の水戸家とともに関東の親藩・家門・譜代大名の中では最有力の藩であったこと、また、小田原藩主大久保加賀守忠真は、文政元年から天保八年まで老中の座にあり、時の権力者であったことなどがあげられる。しかしそれよりも重要なことは、「改革組合村」が「内憂外患」、すなわち農民一揆と外圧を防ぐために設定されたものであるため、小田原藩・川越藩のごとき広大な一円知行地を持ち、かつ比較的すぐれた軍事力を持つ藩には「改革組合村」の設置＝幕府による経済外的強制の補強は不要であり、かつ屈辱を感じ、拒否したと思われる。熊本藩・長州藩・彦根藩なども海防のため陣屋を新設し、大量の軍隊を常駐させたため、「御改革手限」を命ぜられたと思われる。[24]

### 2　寄場の移動とその理由

次に、寄場の移動とその理由についてみてみたい。

まず、武州の場合は、神奈川宿は、安政の横浜開港により、神奈川奉行支配となり、新宿・東西子安・生麦・鶴見・中下太尾・上中駒岡・獅子ヶ谷の村々が組合よりぬけ、南北の綱島村が寄場となった。[25]また右と

図１　武、相州組合村編成概念図

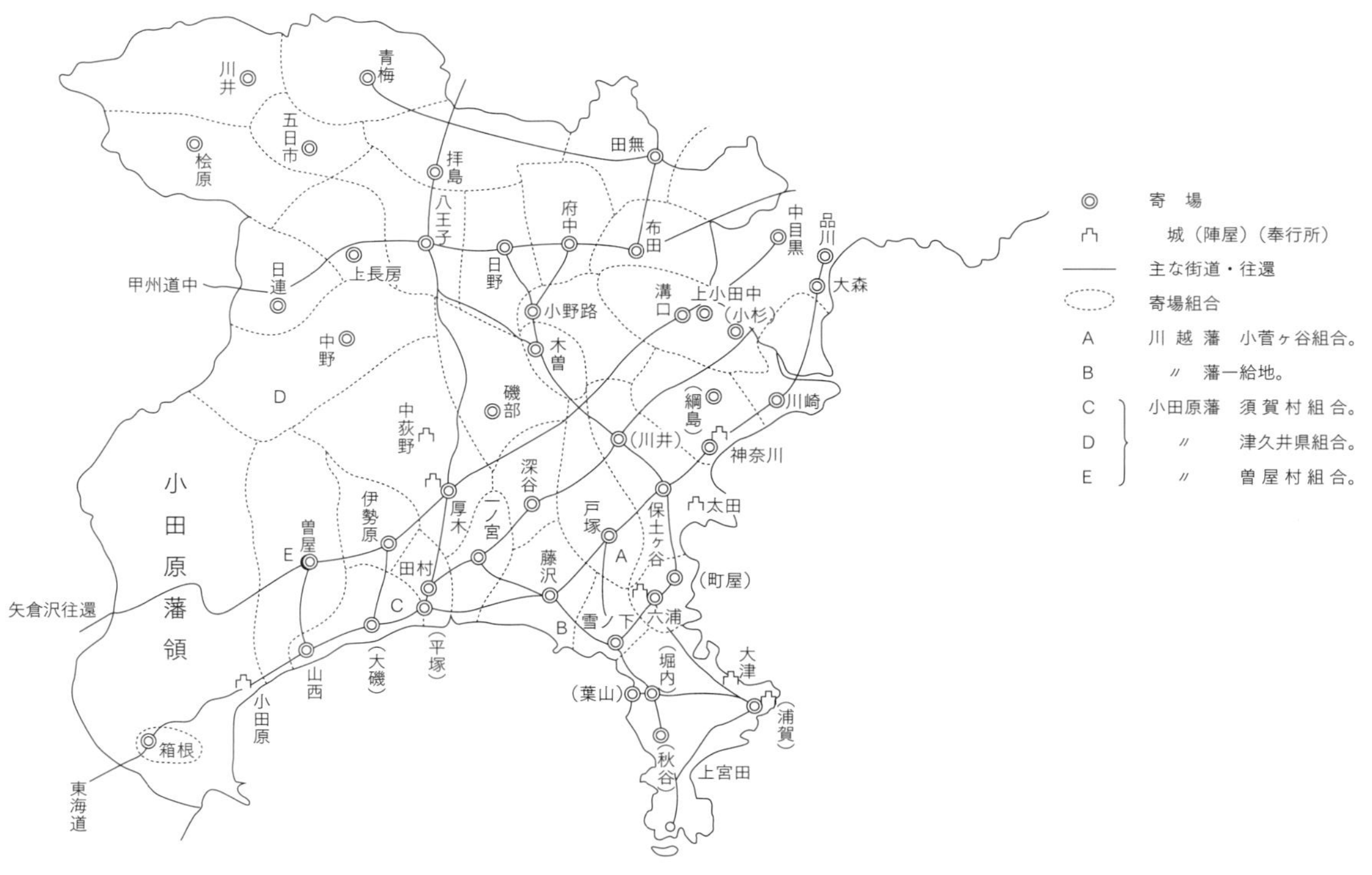

同時に、保土ヶ谷組合の横浜・戸部外二ヵ村も組合から除かれている。[26]そしてその保土ヶ谷宿も、安政年間に太田村外六ヵ村が熊本藩預領から外国奉行の支配に移される際に、保土ヶ谷宿外一五ヵ村がぬけ、寄場は川井村となり、村数は六五ヵ村に減少している。[27]また、六浦平組合は、史料により（金沢）町屋村が寄場とされ、村数も一五ヵ村となっているが、目下のところその理由は不明である。[28]最後に、上小田中組合の場合は、明治初年に、寺領三〇ヵ村が相談の上、神奈川県の指図により、多摩川に近く相州往還並びに八王子から川崎への継立場であることを理由に（武蔵）小杉に寄場替となっていることが知られる。[29]

一方、相州の場合は、文政一〇年から天保一四年の小田原藩領の支配替までは、山西・田村両組合の寄場は、それぞれ大磯・平塚宿であったと思われる。前者の場合は平塚市北金目の柳川起久雄家文書、文政一一年「組合村々取締内議定連印帳」に、大磯宿組合三二ヵ村とあり、史料的に裏付けできるが、後者の場合目下のところ史料が見出だせない。右の外高座郡寒川村一宮の入沢章家文書によれば、一之宮村外二七ヵ村は、天保八年一〇月に藤沢宿組合より「里数相隔、都而不弁利」のため、分離を願い出、許可されたことがわかる。[30]その外、前述の小田原・川越・熊本・彦根・長州藩等の支配替により若干の村々が組合からぬけたと思われるが、詳細は後日に譲りたい。

以上、従来あまり知られていなかった寄場替について若干述べてみたが、移動の表向きの理由は支配替と交通事情によるものが多い。しかしながら我々は、神奈川宿→綱島、上小田中→小杉の移動の裏に、綱島村名主で大惣代〝豪農〟飯田助太夫や、小杉宿名主で大惣代安藤久右衛門らの動きを見落すことはできない。また磯部組合（相模原市）の如く、周辺村々に比してそれほど有力でない磯部村が寄場に指定されたのは、同村の〝豪農〟で、代々寄場名主をつとめ、大小区制が定められてのち二〇区の区長となった田所氏の存在が大であったと思われる。

以上考察した武、相州の組合村々の編成を図示したのが図1である。三多摩地方は明治中期まで神奈川県に含まれるので、参考までにそれも含めておいた。（上小田中・中目黒組合は、溝口組合と錯綜《そう》しているため図示不能。また、三浦半島は『逗子市誌』で作成するも不明確のため参考程度。）

本図で明らかなことは、寄場が東海道・甲州道中、矢倉沢・中原往還などの主要街道の交通・商品流通・軍事の要地に集中し、かつそれぞれの寄場の間隔は二～三里内外であり、関東取締出役からの廻状類の連絡網を形成していること、そして大組合の範囲は、ほぼ今日の行政区のそれと一致するような〝広域行政〟が行われたことが注目される。当初は行政区としての性格は薄かったのであるが、天保改革はすべてこの改革組合を槓杆《こうかん》に遂行されており、たびかさなる農間渡世の実態調査や触達の廻達等は組合村相互間の連絡をますます密にさせていくのである。すなわち、大惣代、小惣代、村役人らの会合がしきりに行われ、寄場は彼ら豪商農の階層的結集の場となり、天保四年の仮牢の設置は、組合村の警察的役割を増大させ、治安維持機構として整備されていったのである。

以上、事実関係の羅列に終始し、概念化がはなはだ不十分なものとなってしまった。①～⑦の研究史批判はそのまま私自身の今後の課題でもあり、本稿はその基礎作業の一つといいえよう。種々御批判いただければ幸いである。

註

（1）大石慎三郎「武蔵国組合村構成について」（『学習院大学経済論集』四―一、のち『近世村落の構造と家制度　増補版』に所収）、森安彦「幕末期の幕政」（『幕末郷土史研究法』所収）、『神奈川県史』資料編7・近世(4)幕領2参照。

（2）「地方落穂集追加」（『日本経済叢書』九巻、四六二、五六二頁）。なお、大惣代、小惣代、大組合、小組合、寄場と寄場名主の相関概念図は、拙稿「幕藩制崩壊期における武州世直し一揆の歴史的意義」（『歴史学研究会七四年度大会特集別冊』所収）、また小組合については拙稿「関東取締出役と相武の改革組合村々」（『郷土神奈川』六号）を参照。

（3）前掲森論文参照。同氏にはこのほか、「関東における農村構造の変質と支配機構の改革（一）―関東取締出役の歴史的意義―」（『史潮』七四号）、「幕藩制社会の動揺と農村支配の変貌―関東における化政期の取締改革を中心に―」（東京教育大学昭史会編『日本歴史論究』）などの論文がある。

（4）川村優「近世における組合村の存在とその性格」（『史学雑誌』七三―一一）、同「上総国における改革組合村の始源」（『日本歴史』二三八号）、同「横芝地方における旗本領の動向」（『横芝町史特別寄稿編』所収）。

（5）註（1）・（10）参照。

（6）註（1）参照。

（7）北島正元「化政期の政治と民衆」（『岩波講座日本歴史』近世4所収、のち『近世の民衆と都市―幕藩制国家の構造―』に再録）、同「文政改革」（『体系日本史叢書』政治史Ⅱ所収）。

（8）煎本増夫「江戸幕府の関東支配と佐倉藩―在地支配の問題を中心に―」（『譜代藩政の展開と明治維新』所収）。
右のほか、島崎隆夫「村落連合―組合村について―」（『三田学会雑誌』四七―三）、小松郁夫「武蔵国多摩郡上壱分方村文書」（『郷土神奈川』創刊号）などがあり、『新修世田谷区史』、『目黒区史』『横浜市史』『神奈川県史』通史編3・近世(2)などの地方史誌も重要である。

（9）非常に不十分ではあるが、関八州全域の寄場名をあきらかにしたものに、山中清孝・渡辺和敏の「関八州改革組合村寄場および市場定日について」（『近世史藁』創刊号）がある。

（10）最近の研究に、森安彦「文政改革と関東農村―文久三年の対外危機と組合村の武装編成―」（『歴史手帖』一〇―六）、同「『文政改革』研究史覚書」（『所沢市史研究』八号）、同「文政改革と関東農村」（村上直編『論集・関東近世史の研究』所収）がある。

（11）最近の研究に、澤登寛聡「近世初期の国制と『領』域支配」（『関東近世史研究』一五号）、岩田浩太郎「関東郡代と『領』―江戸周辺の地域編成の特質―」（『関東近世史研究』一六号）などがある。

（12）伊藤好一「神奈川県における大区小区制の施行過程」（『駿台史学』一七号）、『神奈川県史』資料編11・近代・現代(1)政治・行政1参照。

（13）内山剛一「神奈川県の郷学校とその周辺」（『神奈川史談』一三）、坂根義久「神奈川県の郷学校政策と小野郷学」（『神奈川県史研究』二五号）。ともに、郷学校と組合村の関係に若干ふれている。

（14）神崎彰利「相模国の所領構成と村落」(1)(2)(3)（『神奈川県史研究』一二・一五・二五号）、同「近世における三浦郡・鎌倉郡の所領構成」（『三浦古文化』一五号）、『神奈川県史』資料編6・近世(3)幕領1参照。

（15）現在の埼玉県入間郡名栗村。学習院大学史料館蔵。詳しくは、拙著『近世武州名栗村の構造』を参照。なお、前掲の大石論文は本史料に依拠されている。右の外県下には大和市下鶴間の長谷川彦太郎家、横浜市緑区千草台の吉浜俊彦家、同保土ヶ谷区の軽部家などに史料が現存している。

（16）現在の綾瀬市深谷。目下のところ、相州八郡の組合せが判明する史料は、この比留川昭彦家文書のみである。なお、本史料は『神奈川県史』資料編8・近世(5)上の「付録」として全文紹介されているので参照していただければ幸いである。比留川家にはこの外に、下総国と常陸国全域の組合せが判明する史料、「関東八ヶ国所々市場定日附」など、注目に値する史料がある。本史料については註（9）参照。

(17)『横浜市史』第一巻八五八頁の地図参照。空白部分は後述する小菅ヶ谷組合を含めればすべて埋まると思われる。なお、増上寺組合に関しては、前掲北島論文、『目黒区史』『川崎市史』『川崎領小倉村　御霊屋料岸家文書』、長谷川伸三「文化・文政期増上寺領の村方騒動と改革の展開」（『日本史研究』一一二号、のち『近世農村構造の史的分析』に所収）参照。

(18)詳しくは、『神奈川県史』資料編4・近世(1)解説参照。

(19)川越藩領の場合、鎌倉郡極楽寺他一ヵ村は寺社領と入組のため組合村に編入されており、また小田原藩の場合、山西村や曽屋村のごとく、天領や旗本知行地と入り組んでいる村々計一九ヵ村は、組合村に編入されている。なお、曽屋組合については、内田哲夫「秦野地方に見る関東取締出役と寄場組合村」（『秦野市史研究』一号）に詳しい。

(20)文化年間以降、三浦郡村々は海防のため、めまぐるしく支配替があり、支配の形態も各領主（川越・小田原・彦根・熊本・長州・会津藩など）によって異なるため、詳しくは後日を期したい（補註参照）。右の外前述の町田家文書に、朱字で「慶応三丁卯年正月廿日御所替ニ而、松平大和守様前橋江御引移ニナリ、川越付村々御改革組合ニ入ル、川越寄場組合九十三ヶ村ナリ」とあり、続いて比企郡・高麗郡・大里郡・榛沢郡の村々は「松山町新規陣屋立組合、此分御改革手限也」とあるのが注目される。すなわち、『武州世直し一揆史料』（一）（慶友社）六二～六三頁にみられる組合村は、川越藩独自の組合であり、前橋転封により初めて「改革組合村」に編入されたのである。また、それとは逆に、新たに川越領となった村々は、「御改革手限」となり、幕府権力が直接介入することが不可能となったのである。

(21)『神奈川県史』資料編5・近世(2)一四五～二一六頁。とりわけ、一七〇頁参照。一一三ヵ村を一〇組合（津久井県組合一六ヵ村、曽屋村組合七ヵ村、須賀村組合一二ヵ村、他）と二宿（大磯宿・平塚宿）に分けて支配している点注目される。なお、小田原藩の組合村について詳しくは、拙稿「藩政の推移」（『神奈川県史』通史編3近世(2)所収）を参照していただきたい。

(22)三九八頁。

(23)外に、熊本藩細川越中守が、武州・相州で一四、一〇〇石余を預所とした際に、多摩郡小川村外八ヵ村、二、六三六石余が田無村組合より除かれた例がある。下田富宅編『公用分例略記』安政五年五月、三二二頁。他に、日光神領、榛名山領などが「改革手限」と思われるが、検討は後日に譲りたい。なお、先述の増上寺領と同じく、既設の組合村の上に、重層的に「改革組合村」が結成されたものの一つに東叡山領の例がある。詳しくは、増田節子「幕末維新期の東叡山領組合—寄場組合・鷹場組合との関連について—」（『論集きんせい』六号）を参照。

(24)熊本藩の場合、大津と鴨居に陣屋を置き、御備場には六七五人を常駐させた（『三浦半島史料叢書』）。

(25)前掲町田家文書。朱書で、「朱点は横浜開港已来神奈川奉行支配トナル印、其節ゟ綱島寄場トナル、朱点之分組合ヲ抜ル、」とある。

(26)右同。

（27）『横浜市史稿』政治編一、六四三頁。
（28）町田家文書、『横浜市史』一外。
（29）『川崎領小倉村　御霊屋料岸家文書』（深瀬昭一編）二二七頁。
（30）「寄場年中規矩相定帳」。
（補註）高橋令治「川越藩における江戸湾防備」（『法政史学』一二号）、益田愛「天保改革期の江戸湾防備―川越藩を中心に―」（『論集きんせい』六号）などの諸研究がある。

（一九七五・二　成稿、一九八四・一〇　一部改稿）

# 三 その他の研究

# 1　百姓一揆の時代性と地域性

## はじめに

百姓一揆とは、幕藩制社会における基本的階級対立のことをいう。すなわち、幕藩領主と封建小農との対立が、逃散・越訴・強訴・蜂起などの形態をとってあらわれたものが百姓一揆である。一九七一年に刊行された青木虹二『百姓一揆総合年表』によれば、天正一八年（一五九〇）から、慶応三年（一八六七）までの百姓一揆は三、二一二件、そしてそれにつづく明治一〇年（一八七七）までのそれは四九九件収録されている。もちろんこの数字は今日知られているもののみの数字であり、これからの研究の進展により今後も少しずつふえつづけていくであろう。

さて、われわれが個々の百姓一揆を研究しようとする場合、まず最初に把握しなければならないことに、百姓一揆の時代性と地域性についてのアウトラインを知ることがあげられる。なぜならば、百姓一揆はすぐれて歴史的な所産であるがゆえに、それらはとうぜん政治や経済の各発展段階と無関係ではありえず、また各地域の支配の特質や、発展段階差、生産構造差などによって規定されると思われるからである。いいかえるなら、江戸時代の百姓一揆の、全時期をとおしての時代性と全国的な展望にたっての地域性を理解してはじめて、個々の百姓一揆を幕藩体制社会のどこかに正しく位置づけることが、可能となると思われるからである。

ここで「百姓一揆の地域性と時代性」に関して、簡単に研究史をふりかえってみよう。周知のごとく、百姓一揆の時代性・地域性をはじめて本格的に考察したのは、京都大学経済学部教授であった黒正巖氏の「百姓一揆年代表」（『百姓一揆の研究』岩波書店、一九二八年）である。五七四件の事例をもとに、さまざまな角度から数量的研究がおこなわれたが、事例が少なく、まだまだ不十分な分析におわっている。その後黒正氏は二度の増補改訂すなわち、「百姓一揆年表」（「百姓一揆概観及年表」『経済史研究』一七—三、一九三七年）と、『百姓一揆の研究—続篇—』（一九五九年）を刊行し、それぞれ一、二四〇件、一、六三五件の一揆を記録し分析をすすめているが、いまだ完全なものとはいいがたく、そこからみちびき出された黒正氏の地域的特色にかんする推論も、いまだじゅうぶんとはいえない。

たとえば、黒正氏によれば、百姓一揆の件数は、東山道（下）（下野・磐城・岩代・陸前・陸中・陸奥・羽前・羽後）がもっとも多く、北陸道（若狭・越前・加賀・能登・越中・越後・佐渡）および東山道（上）（近江・美濃・飛騨・信濃・上野）がこれについでいることが指摘されており、また国別でいうと、越後が六八件で第一位、以下陸中六五件、信濃六三件、伊予五三件、越前・羽前の四二件、近江・岩代の三五件、日向の三二件、阿波の三〇件がベストテンであった。そしてこれらのデータにもとづいて、氏が「百姓一揆の反覆密度の大なる地方は、大体に於て、山岳の多き地域にして交通頗る不便であり、経済の発達程度も幼稚である」（『百姓一揆の研究』）と結論づけたのは、周知のとおりである。この黒正理論＝百姓一揆窮乏史観がそののち長く〝定説〟となり、一揆研究者の前に大きくたちふさがっていたことは、忘れてはならないことである。

つぎに、戦後まもなく、百姓一揆の研究を論述したものに、北島正元「百姓一揆論」（『新日本史講座』中央公論社、一九四七年）がある。黒正氏が集めたデータをもとに地域性の考察をおこない、「東北型農村」、「近畿型農村」という経済発展段階差をもとにした農村の類型把握をこころみて、一揆の分布密度が前者に高く、後者に低いことを指摘しているが、データ不足もさることながら、このような類型把握で百姓一揆が理解できるか疑問がのこる。

さて、ここで忘れてならない人は、いうまでもなく〝青木年表〟で知られる青木虹二氏である。氏は『百姓一揆の年次的研究』(新生社、一九六六年)という大著を刊行し、その後もいく度か増補改訂し、ついに『百姓一揆総合年表』(三一書房、一九七一年、一九七四年一部改訂)という大著を、ほとんど独力で作製した。百姓一揆件数三、二一二件、都市騒擾四八八件、村方騒動三、一八九件を収録した本書は、われわれ後学の者にとってはまことに重宝な大年表であり、一揆研究にたずさわる者にとっては、バイブル的存在といっても過言ではない。

さて氏は、前者において年代別・国別・藩別・形態別・内容別の考察を加えている。年代別の分析では、一年ごと、一〇年平均、年代別の百姓一揆件数の考察がなされ、寛永・享保・宝暦・天明・文化・天保・慶応期に一揆の高揚がみられることが指摘されている。さまざまな形態の一揆をすべて一件と把握し、統計処理されている点若干疑問があるが、豊富な事例をもとに表化、グラフ化した点に価値がある。いっぽう、国別考察では、一位信濃、二位岩代、以下伊予・羽前・越後・陸中・武蔵・丹波・羽後・近江とつづくことが指摘され、同時に国別年代別一覧表を提示している。一揆の国別、年代別傾向をみるには便利な表である。また、氏は藩別考察をも加えている。まずはじめに全件数にたいする天領の比を算出し、つぎに盛岡藩を筆頭に、以下、広島・秋田・萩・金沢・宇和島・徳島・鳥取・松山・会津藩とつづくことを指摘している。なぜこれらの藩に一揆が多いのか、逆に件数が少ない藩はなぜ少ないのかの考察に欠けるが、貴重なデータ提供であり、その学恩ははかり知れないものがあることはいうまでもない。

さらに、『上田藩農民騒動史』(上田小県資料刊行会、一九六八年)や『義民』(三省堂、一九七三年)の著書で著名な横山十四男氏は、近著『百姓一揆と義民伝承』(教育社、一九七七年)において、右の〝青木総合年表〟を用いて、体系的・総合的に時代的推移と地域性の考察を展開しているが、そこでは「百姓一揆発生係数」という新しい試みを導入し、多角的に一揆を考察している。私は以下本稿において、主として氏の提示したデータに依拠しつつ、若干の批判を加えながら論をすすめたいと思う。

## 1　百姓一揆の時代性について

横山十四男氏は『百姓一揆と義民伝承』第一章第二節発生件数と時代的推移の項において、青木虹二『百姓一揆総合年表』(再版)を修正しつつ、総件数を三、〇〇一件と確定し、一揆の形態を七つ(不穏・逃散・愁訴・越訴・打ちこわし・強訴・蜂起)に限定し、二八二年間を六期に区分して考察している。除外されたものは年代不明のもの、張訴、捨訴、山論、水論、形態不明、国別不明のもの、同一事件の重複記載分であり、おおむね了解できるものである。一揆の形態を七つに限定した点も理解できるが、六期の時代区分はいささか機械的にすぎ、また画期とした諸事件(たとえば綱吉の将軍就任、天保と改元など)と一揆との関連もかならずしも明確でない。天保・幕末維新期を統一して理解するのもいささか無理な気がする。しかしながらかくいう私も、本来なら独自の視角と方法でもって独自の表を作成し、横山試案に対抗すべきであろうが、能力と時間的理由により、また微細なデータの異差から氏を批判するよりも、共通のデータにより批判するほうがより有効と考え、いくつか修正案を提示していきたいと思う。

図一は、七つの諸形態と発生件数を、領主権力にたいする反抗的性格の差異から図式化したものである。百姓一揆と総称される非合法闘争、非日常闘争もけっして合法的訴願闘争(日常的な闘争)と断絶したものでなく、連続性をもったものである。一揆にはいたらないまでも広範な訴願闘争(たとえば年貢・諸役減免闘争、村役人罷免要求闘争など)が日常的に各地域で展開しており、ときにはそれが愁訴または不穏の形であらわれる。し

図1　百姓一揆の諸形態と発生件数（横山氏案の修正）

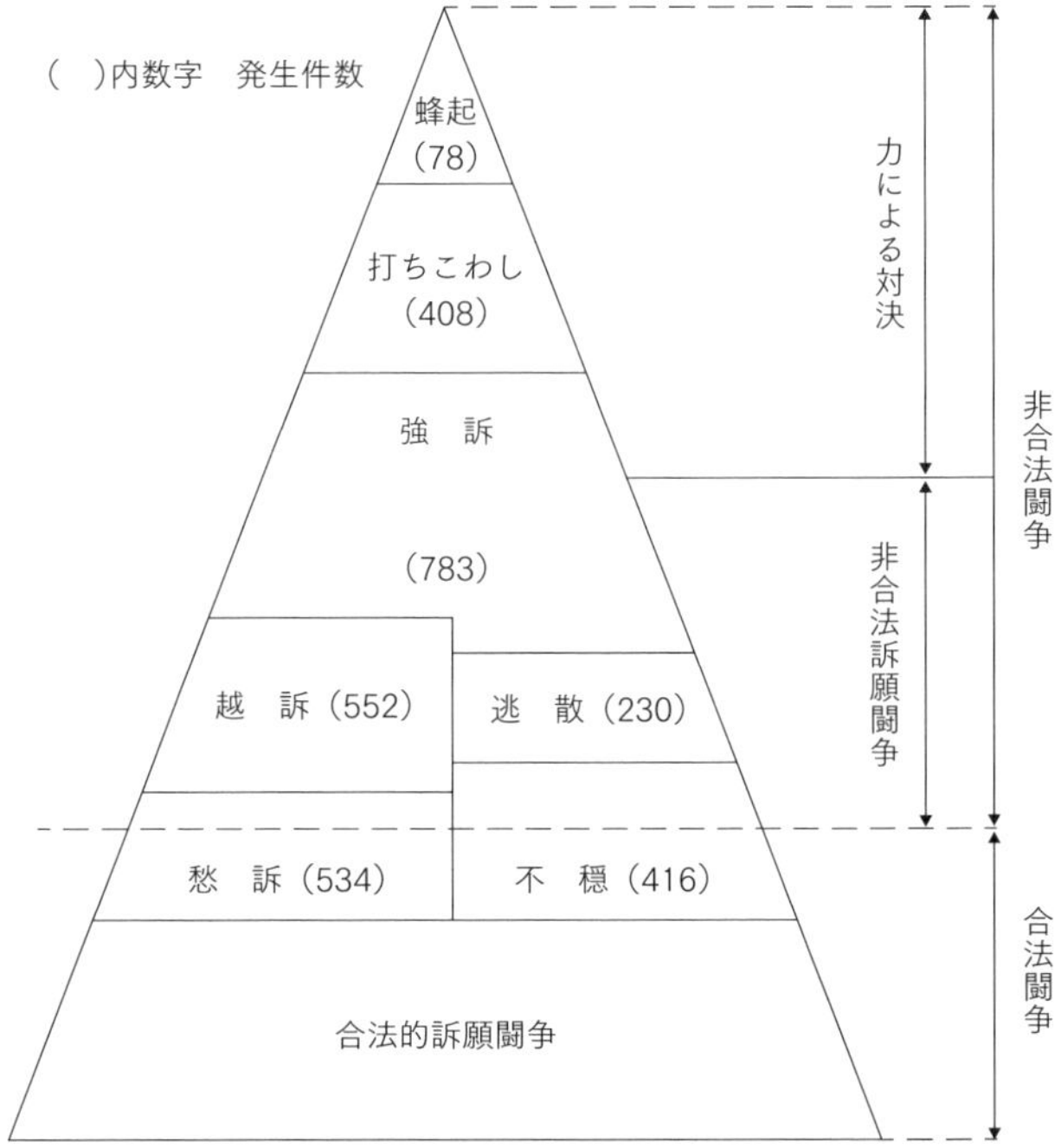


かしながらそれら多くは合法的なものであり、それがときには非合法闘争に進展していくのである。そのほか蜂起、打ちこわしのような激しい闘争も、多くは長期にわたる地道な合法的訴願闘争の積み重ねのうえに出現するものが多いのである。

つぎに、表一は横山氏が提示したものを簡略化して作製したものである。本表によって、つぎのことがわかる。

①七形態のうち、もっとも件数の多いものは強訴の七八三件（二六・一％）であり、以下越訴の五五二件（一八・四％）、愁訴五三四件（一七・八％）、不穏四一六件（一三・九％）、打ちこわし四〇八件（一三・六％）、逃散二三〇件（七・七％）、蜂起七八件（二・六％）の順となる。百姓一揆の典型的形態ともいうべき強訴・越訴・愁訴の件数が多いことが注目される。

②年平均の発生件数は第一期の四・〇から時代が進むにしたがって増加する。史料の残存状況、発掘状況からも、それはある程度当然のことといえるかもしれないが、享保期を画期として、前期と後期に量的・質

表１　百姓一揆の形態別・時期別件数一覧（横山十四男『百姓一揆と義民伝承』より）

| 形態／時期 | 1 蜂起（叛乱） | 2 強訴 | 3 打ちこわし | 4 越訴 | 5 愁訴 | 6 逃散 | 7 不穏 | 計 | 年平均 |
|---|---|---|---|---|---|---|---|---|---|
| 1　慶長・寛永期<br>天正18～寛永16（50年間）<br>〈1590～1639〉 | 25 | 12 | 0 | 39 | 57 | 58 | 7 | 198 | 4.0 |
| 2　慶安・寛文・延宝期<br>寛永17～延宝７（40年間）<br>〈1640～1679〉 | 0 | 25 | 0 | 57 | 49 | 45 | 8 | 184 | 4.6 |
| 3　元禄・正徳期<br>延宝８～享保４（40年間）<br>〈1680～1719〉 | 3 | 54 | 3 | 77 | 70 | 24 | 15 | 246 | 6.2 |
| 4　享保・宝暦期<br>享保５～明和６（50年間）<br>〈1720～1769〉 | 11 | 163 | 50 | 122 | 95 | 47 | 44 | 532 | 10.6 |
| 5　天明・寛政・化政期<br>明和７～文政12（60年間）<br>〈1770～1829〉 | 14 | 260 | 130 | 131 | 108 | 36 | 134 | 813 | 13.6 |
| 6　天保・幕末維新期<br>天保元～明治４（42年間）<br>〈1830～1871〉 | 25 | 269 | 225 | 126 | 155 | 20 | 208 | 1028 | 24.5 |
| 合計 | 78 | 783 | 408 | 552 | 534 | 230 | 416 | 3001 | 10.6 |

的変化がみられることは重要である。その指標は慶長八年（一六〇三）三月発令の幕府郷村掟により直訴が公認されていたものが、享保六年（一七二一）に越訴が禁止されたことにもとめうる。

③蜂起については、前期と後期に、あきらかに質の変化がみられる。第一期の二五件は島原の乱を頂点とした土豪叛乱が中心であり、幕藩権力と各地で一藩または一国におよぶ武力対決をしたものである。いっぽう、四～六期のそれは、大規模な打ちこわしが大部分である。

④強訴は、封建小農と幕藩領主が直接対決する点で、百姓一揆のもっとも基本的、典型的な闘争形態である。表一でもあきらかなとおり、時代がくだるにしたがって増加の一途をたどっている。また第一期～三期と、四～六期には、量的・質的変化がみられる。享保期および宝暦・天明期が百姓一揆の闘争形態からみても一大

画期となっていることがわかる。
⑤打ちこわしは第一期、二期にはまったくみられず、第三期もわずか三件しかみられない。ところが、第四期から急激に増加し、五期・六期とも激増している。打ちこわしは領主権力と直接対決するものは少なく、それと共生関係にあった商業・高利貸資本家を打ちこわすもので、のちの「世直し」一揆に系譜的にはつながるものである。そのかぎりにおいては非幕藩制的な一揆の闘争形態であり、ほかの六つの形態とは異質な存在であるといえる。
⑥越訴は、強訴と同じく全体をつうじて漸増傾向にある（第五期は絶対数は多いが、四〇年当りに平均すると、やや減少する）。江戸時代をつうじて、強訴とならんでもっとも一般的な一揆の闘争形態であったことがわかる。
⑦逃散は、第一期が最高値を示し、以後時代がくだるにしたがって漸減傾向にあることが特徴的である。全剰余収奪体制下においては、逃散＝封建小農の集団逃亡という闘争手段が有効であったものが、農民の手許に剰余が蓄積され、商品流通が展開されるようになると、しだいに有効性を失っていったものと思われる。
⑧愁訴と不穏は、ともに時代がくだるにしたがって増加している点に特徴があるが、横山氏が指摘するように、ともに不明確さやあいまいさを残しており、数量的処理、考察が困難である。とくに不穏とよばれるもののなかには研究が不十分なものや、資料が不足しているものが多く、今後個々の事例についてくわしい検討を加えていく必要がある。
以上、表一から①〜⑧のことが理解できたが、これらを図式したものが図二である。これによってわかることは、つぎのとおりである。

ⓐ百姓一揆の発生件数は、全体として、時代がくだるにしたがって増加傾向にあるが、とりわけ享保改革期を画期として、前後期の二期に大別できる。

図２　百姓一揆の形態別・時期別変化一覧

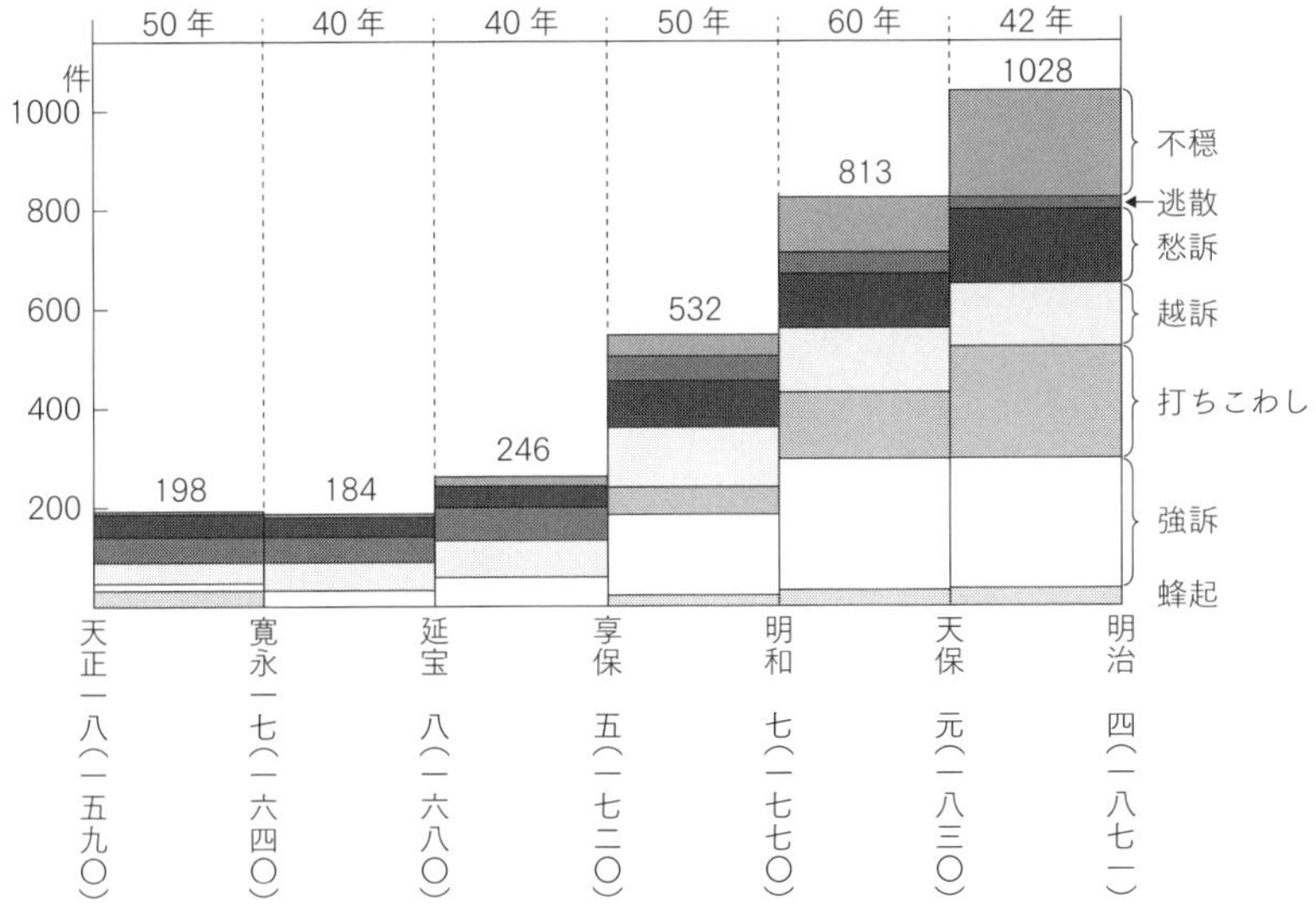


ⓑ蜂起の再増加、強訴の急激な増加、打ちこわしの出現と急増化などより、前期と後期のあいだにはあきらかに質の変化がみられること。生産構造の変化、商品流通・貨幣経済の変化などにともない、一揆形態も性格をかえていることがわかる。いいかえれば一揆の形態変化の面から、逆に社会構造の質的変化が推測可能である。

ⓒ後期はさらに、宝暦・天明期の段階と、天保期、幕末維新期の三つにわけられるので、全体を四分して考察することができる。

以上、横山氏のデータおよび推論に依拠しつつ、若干の私見を加えてみたが、改悪の感がなくもない。さらに深くお知りになりたいかたには、ぜひ横山氏の『百姓一揆と義民伝承』を一読されることをおすすめしたい。

## 2　百姓一揆の地域性について

横山氏は、『百姓一揆と義民伝承』の第三章において、「百姓一揆の地域性とその考察」と題して地域別・国別比較、地域性の考察、具体例として一揆多発地帯である南部藩と上田藩の研究をしている。とりわけ「百姓一揆発生係数」という新しい試みを導入し、また単純な量的把握をおこなわず、修正値を用いるなどいくつか意欲的な試みがみられる。それらの新しい試みの是非は後述することにして、百姓一揆の国別発生状況をみてみると、つぎの表二のとおりである。

本表は、横山氏の提示した国別の発生件数（単純集計値）とその順位を地域別に一覧表にまとめたものである。これによれば、百姓一揆のもっとも多い国は一七七件の岩代であり、以下一七四件の信濃、一二九件の伊予、一一九件の羽前、一一八件の陸中、一一〇件の越後、一〇三件の磐城、九〇件の武蔵、七九件の上野、七六件の羽後が、〝ベストテン〟である。いっぽう一揆が少ない国はゼロ件の志摩をトップに、伊賀二件、薩摩四件、安房五件、伊豆六件、筑前七件、若狭、淡路の八件、大隅の九件がこれにつづく。ところが、横山氏の百姓一揆発生係数による上位一〇国は、飛騨をトップに、以下但馬・陸中・伊予・信濃・丹波・岩代・石見・安芸・日向の順となり、下位一〇国は、志摩をトップにして、以下薩摩・筑前・伊賀・伊勢・尾張・越中・陸前・筑後・肥前とつづく。

そもそも百姓一揆発生係数とは、愁訴・逃散・不穏はそのまま一件とし、強訴・打ちこわし・越訴は一件を二件とかぞえ、蜂起を三件とかぞえて修正値を算出し、天保郷帳に示されている石高で除して、高一万石について何件起こったかという数値を出したものである。ユニークな提案であり、かつたいへんな労働力の投下が必要な作業であるが、前後期に大きな質的差のある蜂起にともに三を乗じたり、また石高のみを基準として係数を算出している点疑問が残る。生産力の高さを示す指標にはほかにも人口や村数、面積などがあり、この点を考慮すれば飛騨は一位にはならないのではないだろうか。もっとも発生件数を単純合計しただけの数値では本質究明にせまりにくいことはたしかであり、氏の試論は大胆な試みとして高く評価されるべきであろう。

表2　百姓一揆の国別発生件数表（横山同書より）

| 地域別 | 国名 | 発生件数 | 順位 | 地域別 | 国名 | 発生件数 | 順位 |
|---|---|---|---|---|---|---|---|
| 東北地方 | 陸奥 | 27 | 41 | | 河内 | 37 | 31 |
| | 陸中 | 118 | 5 | | 大和 | 51 | 21 |
| | 陸前 | 22 | 45 | | 紀伊 | 20 | 50 |
| | 羽後 | 76 | 10 | | 伊勢 | 16 | 55 |
| | 羽前 | 119 | 4 | | 伊賀 | 2 | 69 |
| | 岩代 | 177 | 1 | | 志摩 | 0 | 70 |
| | 磐城 | 103 | 7 | 四国地方 | 阿波 | 41 | 28 |
| 関東地方 | 安房 | 5 | 67 | | 土佐 | 37 | 31 |
| | 上総 | 21 | 48 | | 伊予 | 129 | 3 |
| | 下総 | 38 | 30 | | 讃岐 | 25 | 42 |
| | 常陸 | 43 | 25 | 山陽地方 | 播磨 | 55 | 16 |
| | 下野 | 41 | 28 | | 備前 | 22 | 45 |
| | 上野 | 79 | 9 | | 美作 | 32 | 34 |
| | 武蔵 | 90 | 8 | | 備中 | 42 | 26 |
| | 相模 | 21 | 48 | | 備後 | 46 | 24 |
| 東海地方 | 伊豆 | 6 | 66 | | 安芸 | 52 | 20 |
| | 駿河 | 24 | 43 | | 周防 | 42 | 26 |
| | 遠江 | 28 | 42 | | 長門 | 17 | 53 |
| | 三河 | 54 | 17 | 山陰地方 | 丹後 | 18 | 52 |
| | 尾張 | 16 | 55 | | 但馬 | 53 | 18 |
| | 美濃 | 72 | 11 | | 伯耆 | 29 | 39 |
| 中部山地 | 飛騨 | 31 | 37 | | 因幡 | 15 | 57 |
| | 信濃 | 174 | 2 | | 出雲 | 19 | 51 |
| | 甲斐 | 22 | 45 | | 石見 | 32 | 34 |
| 北陸地方 | 越後 | 110 | 6 | 九州地方 | 筑前 | 7 | 65 |
| | 佐渡 | 17 | 53 | | 筑後 | 14 | 58 |
| | 越中 | 33 | 33 | | 豊前 | 24 | 43 |
| | 能登 | 14 | 58 | | 豊後 | 50 | 22 |
| | 加賀 | 31 | 37 | | 日向 | 65 | 12 |
| | 越前 | 49 | 23 | | 大隅 | 9 | 62 |
| | 若狭 | 8 | 63 | | 薩摩 | 4 | 68 |
| 近畿地方 | 近江 | 64 | 13 | | 肥後 | 63 | 14 |
| | 山城 | 11 | 62 | | 肥前 | 32 | 34 |
| | 丹波 | 62 | 15 | 諸島 | 隠岐 | 10 | 61 |
| | 淡路 | 8 | 63 | | 壱岐 | | |
| | 摂津 | 53 | 18 | | 対馬 | | |
| | 和泉 | 19 | 51 | | その他 | | |
| | | | | 計 | | 2997件 | |

つぎに、発生件数を地域別に算出し、パーセントと順位をまとめたものが表三である。この表によって判明することは、東北・近畿・関東・山陽地方に一揆が多く発生しており、反対に山陰・東海・四国地方が少ないことがわかる。黒正巌氏の「黒正年表」をもとにした単純合計によれば、もっとも多いのは東北道（下）

表３　地域別発生状況

| 地域別 | 発生件数 | パーセント | 順　位 |
|---|---|---|---|
| 東　　北 | 642 | 21.4% | 1 |
| 関　　東 | 338 | 11.3 | 3 |
| 東　　海 | 200 | 6.7 | 9 |
| 中部山地 | 227 | 7.6 | 7 |
| 北　　陸 | 262 | 8.7 | 6 |
| 近　　畿 | 343 | 11.4 | 2 |
| 四　　国 | 232 | 7.7 | 8 |
| 山　　陽 | 308 | 10.3 | 4 |
| 山　　陰 | 166 | 5.5 | 10 |
| 九　　州 | 268 | 8.9 | 5 |
| 諸　　島 | 10 | 0.3 | 11 |

（東北地方に下野を加えた地域）であり、ついで北陸道、東山道（下）（中部山地に近江・上野を加えた地域）であったが、本表によりそれは若干の修正を要するようである。また「黒正年表」で最下位であった畿内は今回二位に上昇しており、黒正理論は大幅に修正が必要のように思われる。

図三は、表三をもとにして作成した一揆の発生状況を地図のうえに示したものである。本図によりつぎのことがわかる。

(1)　東北地方から中部山地にかけての九ヵ国（飛騨・信濃・越後・上野・岩代・磐城・羽前・羽後・陸中）の東部多発地域と、中国地方から四国にわたる八ヵ国（石見・安芸・備後・備中・伯耆・美作・伊予・阿波）の西部多発地域という、二つの多発地域がみられること。

(2)　右とは逆に、一揆の寡少地域をみると、関東東南部地域（上総・下総・安房・常陸・下野）と、摂河泉をのぞく畿内および尾張地域（山城・伊賀・紀伊・志摩・伊勢・尾張）、そして九州西南部地域（筑前・筑後・肥前・薩摩・大隅）の三地域がみられること。

(3)　山岳地帯に一揆が多発していること。飛騨・信濃・上野・磐城・岩代・陸中・丹波・但馬・美作・石見・安芸・備後・伊予などの山国または山がちの国に一揆が多いこと。

(4)　いっぽう、上総・下総・常陸・下野・安房、陸前・尾張・越中・能登、備前・筑前・筑後・肥前など平野の多い地域は一揆が少ないこと。

図３　一揆発生状況国別地図

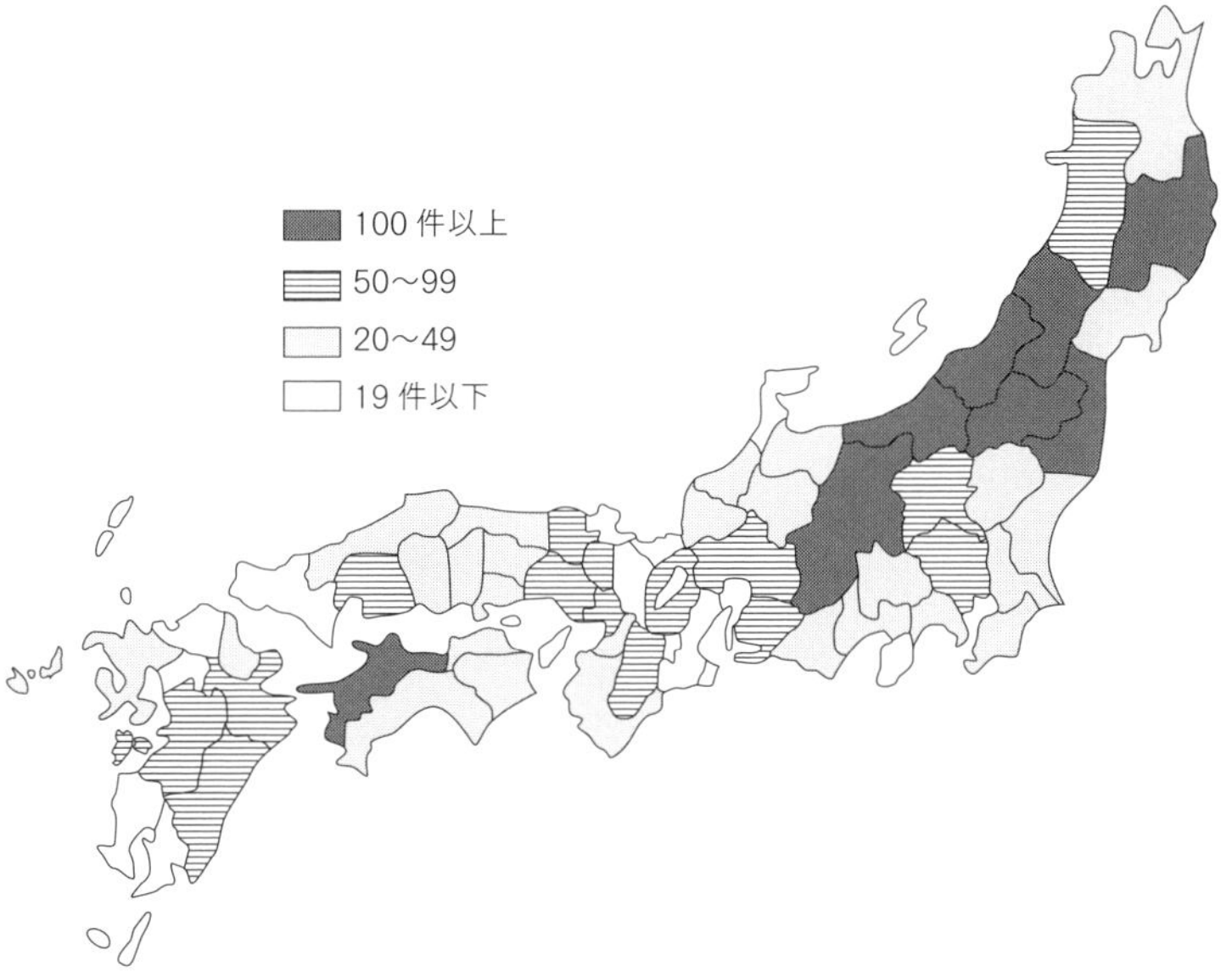


以上の事例より、単純に、一揆は生産力の高い地域には少なく、山岳地帯などの比較的生産力の低い地域に多かったと結論づけるのは、いささか危険であるかもしれない。というのは、封建社会をみるうえでもっとも重要といえる幕藩領主権力のありかたの問題を、まったく除外しているからである。いまそれを全面的に考察する余裕はないが、いわゆる御三家の配置された地域（尾張・紀伊・常陸）や、譜代大名が配置された地域（関東東南部、東海、畿内）および外様の大大名の支配した地域（薩摩・大隈・筑前・筑後・加賀・能登など）など、領主権力の強いところおよび比較的生産力の高いところには一揆が少なく、逆に小藩と天領が混在しているところ（岩代・信濃・越後・磐城・武蔵など）や領主権力の弱いところ（伊予・陸中・羽後など）には一揆が多発していることが指摘できる。権力の強さは、大名のもつ武力、経済的基盤、支配のありかた（外城制度その他）その他の要素によってきまるが、今後いますこし深い考察（幕藩権力の質の考察など）が望

まれる。

以上、横山氏の論稿に全面的依拠をしつつ、若干の批判を加えながら考察してみたが、準備不足のため残された課題が多い。今後、各地域の生産構造の差、発展段階の差、権力構造の差などをくみこんだ形での「百姓一揆の時代性と地域性」を考察する必要があるものと思われる。

# 2　島原・天草一揆の指導者たち
## ―「西戎征伐記」を中心に―

### はじめに

私の手許に、「西戎征伐記」（上下二冊）という名の写本がある。七七年の秋に横浜の古本市で入手したものであるが、入手した当時は「島原の乱」の一史料とは知りつつも内容をよくたしかめもせず、そのまま放置しておいた。その後今までこの写本が陽の目を見たのはただ一度だけ、中学二年生の歴史の授業の際に、「島原の乱」の関係史料として生徒たちに提示した時のみで、長くほこりにまみれていた。ところがこの度煎本増夫氏が教育社の歴史新書の一冊として『島原の乱』を刊行されたのを機会に、「西戎征伐記」の精読を試みた。また同時に二〜三の概説書や、論文にも目を通してみた。いうまでもなく「島原の乱」は、江戸時代を通じて最大規模の農民一揆の一つなので研究史も厚く、残存する史料も数多い。とてもそのすべてを入手し精読する余裕はないので、主として煎本氏の著書に依拠し、それとの異同を論じつつ、中心人物の考察などを試みながら死蔵していた「西戎征伐記」の史料紹介を行いたい。深谷克己氏がいわれる如く、「写本類の異同、前後を整理して系列を明確にすること[1]」はこの一揆研究の課題の一つであり、全くムダなことではないように思われるからである。

## 一、写本について

本論に入る前に、簡単にこの写本について述べておこう。「西戎征伐記」（以下「西戎記」と略す。）は上（巻一～五、紙数八〇枚）下（巻六～八、紙数五三枚）の写本である。写本の成立年代は不明であるが、紙色その他よりみて、江戸中後期のものであろう。旧蔵者は下の巻末に「奥州仙台栗原郡道岩ヶ崎村中嶋屋敷佐藤屋甚右衛門持主也」とあるので、現在の宮城県栗原郡栗駒町岩ヶ崎の人と推定される。写本の伝写経路その他は全く不明であるが、あるいは貸本屋等から入手したものを自ら筆写したものであろうか。

その内容は、題名からみてもわかるように、領主側の記録であり、事件の経過記録であり、物語的であり、フィクションや誇張も多い。[2] いわゆる「一揆文学」ともいうべきジャンルに入るものである。しかしながらこのような限界性をもちつつも、深谷氏の論文リストや、「国書総目録」にもその名は見当らず、未刊史料である。

「天草征伐記」または「耶蘇征伐記」の異本の一つであろうが詳しくは後考にゆずりたい。

さて、その内容であるが、巻一の目次は、

一、西国一揆濫觴之事
一、寺沢兵庫頭忠（ママ）高領内困窮之事
一、徒党等巧之事
一、近藤喜右衛門被殺之事

とあり、以下巻二では天草之徒党蜂起之事、巻三では天草四郎任大将……と続く。そのすべてを紹介する余裕はないが、ここでは島原・天草一揆を、「西国一揆」と呼んでいることに注目したい。深谷氏によれば、この一揆の研究を初めてとりあげた者が「島原の乱」と呼んだため、中学、高校の教科書その他、ほとんど「島原の乱」となっているというが、本来当時の史料には「島原の乱」という呼称は用いられていないのである。深谷氏や煎本氏がいわれるように、実態に則していえば、「島原・天草一揆」の方がベターであることはいうまでもない。小さなことかもしれないが、よいものはどしどし使うべきであろう。

次に注目されるのは、領主側史料に依拠しながらも、寺沢忠高（ママ）の収奪の様子や領内の困窮ぶりをかなり克明に数字をあげて説明している点である。傍証史料を欠くため、その信疑のほどは不明であるが、寛永一〇年に藩主に失望した武士が四九人も脱藩し、今度の一揆に大半が加わったなどの記述はユニークで面白い。その他厳しい史料批判をしなければ危険であるが、いくつかの〝新事実〟があり、示唆に富む内容であるが、今そのすべてを考察する余裕はない。一～二の点に絞って考察することにしよう。

## 二、一揆の中心人物について

まずこの一揆の中心人物であるが、天草四郎がリーダーの中のリーダーであることはどの史料も一致している。しかしながら周辺の人物となると史料によりかなり異同がある。そのすべてを網羅することはできないが、主なものをまとめると次頁の表のようになる。[3]

杢と松、右と左は誤写が多い文字であり、⑥を除く①～⑧は「徳川実紀」に記されている五人とほぼ同じとみていいであろう。[4]ここで注目されるのは⑩が右の五人をすべて含みつつ、しかも⑥⑨ともかなり一致している点である。すべて原本にあたってたしかめていないので決断はしかねるが、天草四郎父子を別格として、大矢野松右衛門、千束善左衛門、大江源右衛門、森宗意、山善左衛門らの元浪人（小西の旧臣）たちが大

表1　一揆の中心人物一覧

| | | 中心人物の名 |
|---|---|---|
| ① | 山田右衛門作口書 | 松右衛門、善左衛門、源右衛門、宗意、山善左衛門 |
| ② | 天草土賊城中話 | 杢右衛門、善右衛門、源右衛門、宗意、山善衛門 |
| ③ | 島原記 天草軍記 | 大矢野松右衛門、千束善右衛門、大江源右衛門、森宗意、山善衛門 |
| ④ | 徳川実紀 | 大矢野松右衛門、千束善左衛門、大江源左衛門、森宗意、山善左衛門 |
| ⑤ | 杢左衛門覚書 | 松右衛門、善左衛門、久右衛門、森宗意 |
| ⑥ | 天草征伐記 天草騒動 | 大矢野作左衛門、芦塚忠右衛門、千々石五郎左衛門、森宗意軒、赤星内膳、天草玄察 |
| ⑦ | （朝尾）鎖国 | 杢右衛門、善右衛門、宗意、山善右衛門 |
| ⑧ | （山川）長崎県の歴史 | 大矢野松右衛門、千束善左衛門、山善左衛門、森宗意 |
| ⑨ | 耶蘇天誅記 | 益田甚兵衛、同四郎太夫、大矢野松右衛門、千束善左衛門、山善左衛門、大江源右衛門、森宗意、合津玄察、芦浦忠兵衛、渡辺小左衛門 |
| ⑩ | 西戎征伐記 | 渡辺甚兵衛、天草四郎太夫、大矢野松右衛門、千束善左衛門、大江源右衛門、森宗意、山善右衛門、三宅次郎右衛門、泰村休宅、内田木工之充（ママ）、芦塚忠左衛門、赤星主膳、会津宗固、天草玄察、蜷川左京、渡辺小左衛門　他 |

将となり、その他に天草玄察、芦塚忠左衛門らが軍奉行などをつとめたのであろう。以下「西戎記」によって右の中心人物について詳しくみていこう。（現代文に訳す。）

(イ) **渡辺甚兵衛**　父は摂州高槻城主高山右近に仕えた武士。高山が南蛮へ追放された時に浪人となって大矢野へ来て、農業に従事。父子ともに切支丹に帰依し、甚兵衛はイルマンの資格をもつ。天草より宇土郡へ引越す。彼のすすめで、松右衛門、善左衛門、源右衛門、善右衛門ら四人は深江村へ移住。四郎の父。

(ロ) **森　宗意**　右の四人の同類《ママ》で、唄《ママ》文学の達人。長崎で医術を家業とする。門弟に四郎がいる。一揆の影のリーダー。小西の旧臣。旧名杉本忠左衛門。

(ハ) **天草四郎家貞**《ママ》　(イ)の渡辺甚兵衛の嫡子。五、六才より「幾億万人に勝」れたので、一一才の時より長崎へ出て宗意について学ぶ。「天帝の再誕成へし」ともてはやされる。この一揆の大将軍。かなりの誇張を含むが、次にあげるのは彼の戦術論である。

「農民賤夫の者なり共、急度一揆を企て、同国ならハ松倉長門守が高来の城、寺沢兵庫頭が唐津の城を乗取、長崎を乱妨し、金銀財宝を奪い取、近国の農民、国主の暴虐を苦しミ困窮せし者共にわけくれて、降参の者共の父母妻子を人質に取、固め役の城々に籠置て南蛮国王に遣し、太子を申下、京都をさして討てのぼり、帝王を奪ひ取、関東を引請、天下を帝王の御政に帰し奉らんと申さハ、志有大名或ハ豊臣太閤重恩の族も皆々味方に参らん事何の疑イ有へき」

世均しの思想、王政復古?思想まで含む〝彼〟の思想はユニークであり、かつ雄大である。封建制下の被支配者としては、これ以上の〝国家構想〟は不可能であろう。(5)

(ニ) **大矢野松右衛門　千束善左衛門　大江源右衛門　山善右衛門**　元小西行長の家臣。零落し百姓、商売などを行う。天草や大矢野、千束などの離島で農業を営む。甚兵衛のすすめにより切支丹へ入信。島原城下の深江へ移住。「島原の乱」のもととなった代官近藤喜右衛門（煎本氏の著書では林兵衛門）殺害を〝指導〟し、島

原方面の一揆の大将格となる。(6)

(ホ) **渡辺小左衛門**　天草郡の大庄屋。甚兵衛の舎弟。四郎の伯父。甚兵衛父子と並ぶ天草方面の指導者。大矢野や千束らとも連絡をとりあう。甚兵衛妻子をひきつれ、宇土郡甲野浦までいったとき熊本藩家老の手により捕えられる。(7)

(ヘ) **天草玄察**　合津玄察ともいう。宗意とともに一揆の戦略を担当。(8) 関ヶ原で殺された安国寺の弟子で禅僧。浪人となり長崎へ来て玄察と改名。医者となる。三〇人力の怪力の持主。

(ト) その他芦塚忠右衛門、同忠兵衛、布津村代衛門、千々輪（ママ）五郎左衛門、毛利平左衛門、林七右衛門、松竹勘右衛門、大矢野三左衛門、有馬久右衛門、会津宗固、同右京、簑村仲兵衛、村松半之丞、柳瀬茂衛門、鹿子木右馬助、時枝隼人、蜷川左京らがこれに続く。富岡攻めの時の部署・組織は次のようであったという。

一番備　大将大矢野三左衛門他八〇〇余
二番備　〃　松竹勘右衛門他六五〇
三番備　〃　布津村代衛門他四八〇
四番備　〃　芦塚忠兵衛他五〇〇余（皆浪人）
軍奉行　村松半之允
旗〃　楠浦孫兵衛
鉄砲大将　時枝隼人
使番　千々輪佐左衛門　同五郎左衛門
　　山本十郎左衛門
人質の押　簑村仲兵衛　木場佐左衛門(9)

(チ) **赤星主膳**　豊後速見郡の浪人、父は大坂の陣で籠城した赤星掃部。軍法の達人。中山小三郎、林七左衛門らをつれて、富岡攻めのあとに一揆に参加。

(リ) **大浦四郎兵衛** 元松倉藩士。四郎に城中案内役を申し出る。

(ヌ) **有馬監物** 甚兵衛、山、大江らと心を合せし人。病気で上津浦近くの中野で養生をしていたがおくれて参加。

(ル) **器丹波** **柄本左京** 浪人。信玄流の軍法の達人。近国の城下で軍術を教え歩く。監物のすすめにより一揆に参加。四郎に原城籠城を進言。

ここで参考までに原城における一揆軍の兵力を左記にあげよう。

本丸　天草四郎　渡辺甚兵衛　赤星主膳　芦塚忠右衛門　会津宗固　松竹勘右衛門ら

本丸持口　大浦四郎兵衛　山田右衛門作他二、〇〇〇余人

二ノ丸持口　千束善左衛門　上総助右衛門ら五、〇〇〇余人

二ノ丸　田崎刑部ら五〇〇人

三ノ丸　大江源右衛門　布津村吉蔵ら二、六〇〇人

同出丸　有馬掃部ら五〇〇人

大江口　簑村仲兵衛　木場佐左衛門ら六〇〇人

田尻口　深江次右衛門ら五〇〇人

その他浮武者（危き方へ助勢）大矢野松右衛門　山善右衛門ら二、〇〇〇余人

合計すると一三、七〇〇余人となる。(10)

次に組織をみてみよう。城中役人定によると、次のようになる。

大老　森宗意　有馬監物　天草玄察

評定衆　大矢野松右衛門　千束善左衛門　大江源右衛門　上総助右衛門　同三平布津村代右衛門　同

吉蔵　山田右衛門作ら一九名
浪人衆　器丹波　柄本左京　時枝隼人　蝦川左京　大浦四郎兵衛　赤星主膳ら一一人
軍奉行　有馬監物　天草玄察　松村半之丞
旗奉行　高来柱八　楠浦孫兵衛
使番　池田佐左衛門　口野津左京　山本十郎右衛門　千々輪佐左衛門
鉄砲奉行　柳瀬茂右衛門　鹿子木右馬助　時枝隼人

幕府の正史である「徳川実紀」寛永一五年二月二一日の条をみると、「四郎時貞謀を定め　芦塚忠兵衛　布津村代右衛門　上総村三平　千々輪五郎左衛門　天草玄札等を夜討の大将とし」云々とある。芦塚忠兵衛や天草玄札が実在の人物であり、一揆のリーダー格であったことは疑いないであろう。(11) この夜討について、「西戎記」は次のように記している。

黒田筑前守陣へ芦塚忠兵衛、布津村代右衛門を大将に一、一〇〇人
寺沢兵庫頭の陣へ天草玄察他六〇〇人
鍋島信濃守の陣へは上総三平、千々輪五郎左衛門他一、三〇〇人

合計およそ三、〇〇〇余が決死の覚悟で夜襲を行ったのである。そして一揆の「張本」天草玄察は鉄砲にあたり死亡しているのである。

そしてこの五日後の二月二七日、幕府軍による総攻撃が行われた。激戦の末四郎は自殺し、細川越中守家来陣野佐左衛門に首をとられたという。(12)「西戎記」によればこのときの一揆側の戦死者一六、〇〇〇余、女童の死骸合せて四〇、〇〇〇人とあり、この一揆の規模の大きさがしのばれる。一方、幕府軍側は討死一、一七六、手負者士卒六、九五〇、僕臣八、〇六六、その他二、二五〇とあり、一揆側が正面から戦ったことがうかがわれよう。(13)

以上、「西戎記」を中心に、島原・天草一揆の指導者たちをみてみたが、残された課題も多い。その主なものを列挙すると、

①「西戎記」では益田姓でなく渡部姓で統一されているが、従来の説との関係が不明確であること。

②年月日が他の史料と若干くいちがいがあること。

③主要人物たとえば四朗時貞が四朗太夫家貞、寺沢監高が忠高、板倉重昌が正則と誤記又は意識的に書かれていること。

④「西戎記」が今までの既刊史料とどういう関係にあるか、その伝写経路等が不明確であり、いわゆる一等史料を使った史料批判が不足していること。……

以上のような弱点、問題点が残るが、明らかになった点も多い。この一揆の全体のリーダーはやはり天草四郎その人である。そしてその父甚兵衛は「大殿様」ともいうべき資格で一揆の指揮をとっていたと思われる。またこの一揆の黒幕、影のリーダーの役割をはたしたのは四郎の師であり、医師であった森宗意である。彼が中心となり、小西の遺臣であった大矢野松右衛門、千束善左衛門、大江源右衛門、山善左衛門らが〝参謀〟(評定衆)となり、深江合戦、富岡攻略、原城籠城の時などに前戦指揮官となったのである。また軍事顧問として活躍したのは天草玄察である。元浪人・医師であった彼はその全知識を駆使し、幕府軍を悩ましたと思われる。のち器丹波、赤星主膳、時枝隼人ら一騎当千の浪人も参集し、有馬監物も〝大老〟格で加わり作戦に加わっている。軍奉行、旗奉行等の組織をもった百姓一揆は、やはり江戸時代を通じてこの一揆のみであろう。原城に籠城した三七、〇〇〇余人の中では数パーセント未満しか占めない浪人衆がこの一揆の〝指導〟を行っていたことはやはり否定できないと思われる。しかし、忘れてならないのは、上総助右衛門同三平、布津村代右衛門らが〝惣頭〟として、一揆軍の大部分を占める農民の実際の指揮をとったことである。浪人だけではこれほどの大規模な一揆をおこしえないのはもちろんであり、彼ら惣頭のもとに村別に組織され

た一揆軍が主力部隊を形成していたのである。村ぐるみこの一揆に参加するといった結束力の基盤は、煎本氏もいわれる通り、キリシタン講による宗教的結合であったことはいうまでもない。
いささか結論を急ぎすぎたかもしれない。種々御教示いただければ幸いである。

註

（1）深谷克己「『島原の乱』の歴史的意義」（『歴史評論』二〇一号、のち『論集日本歴史7』「幕藩体制」Ⅰに所収）。
（2）前掲深谷論文参照。
（3）助野健太郎・村田安穂『キリシタンと鎖国』一七四ページ、煎本前掲書五八および九〇ページ等により作成。
（4）『長崎県の歴史』は②や④に依拠したと思われるが、⑦の「鎖国」は②に依拠したにもかかわらず出典を①としている。
（5）煎本氏前掲書七七ページにも島原城攻略、長崎占領の作戦が紹介されている。
（6）「原城記事」によれば、松右衛門らは深江村に住んで一揆を組織したとしている（煎本前掲書　九二ページ）。
（7）煎本氏は小左衛門を全体の指導者であり、〝黒幕〟と考えておられるが、彼の行動からみて私は参謀の一人と考える（煎本前掲書九一ページ）。
（8）「其謀略平人に勝れ、此度一揆の軍法ハ皆此宗意と玄察が致す所なり」とある（「西戎記」巻二）。
（9）「西戎記」巻三。
（10）「西戎記」巻五、城中手分弁人数配之事。
　煎本前掲書一一二ページには男女惣合　三七、〇〇〇人　働者一三、〇〇〇とあり、この「西戎記」の数字はいわゆる〝兵力〟のみであろう。
（11）煎本氏前掲書九〇ページには岡田章雄氏の「天草時貞」によって芦塚忠兵衛＝忠右衛門とされているが別人であろう。なお同ページには一揆軍の部署が記されているが「西戎記」とはかなりちがっている。どちらがより正確かは後考をまちたい。
（12）「西戎記」巻七。
（13）「西戎記」巻八　大名別の数字は略す。

# 3　山川均のルーツをたどる

## はじめに

私の手許に、備中国窪屋郡倉敷村（現倉敷市）の山川家文書一四四点がある。この文書は昭和四六年（一九七一）、私の大学の先輩で現在鶴見大学助教授の大三輪龍彦氏が鎌倉の古書店で入手されたものを私が譲りうけたものである。文書は縦三八センチ、横二四センチ、高さ一八センチの古めかしい木箱に右の山川家文書を含めて計二一〇点ほどぎっしり詰められており、全く未整理の状態であった。その内容は大名（大聖寺藩前田利義）や家老（仙台藩中島信康）、下級藩士（長府藩）、社寺（京都仏光寺）、名主文書等複雑をきわめており、また地域的にも北は岩手・山形・宮城県から、南は福井・岡山・山口県の各県に広くまたがっており、整理は非常に困難であった。当時の私は大学院修士課程に入学したばかりで、古文書の読解力も甚だ覚束なく、まさに暗中模索の状態であったが、学業のあいまをぬって限定三〇部という手製の『近世古文書目録』（四八ページ、一九七二年）を作成した[1]。その理由は、一つは自分自身の学問研究のためであり、他の一つは文書所蔵者の義務だと思ったからである。

ところが文書所蔵者の義務として目録は作成したものの、研究者の義務の方は本務が多忙という名目で全く放棄していた。いつかはこれらの史料を用いて論文を執筆したり、史料紹介を行わねばと思いつつも徒らに月日を費やすばかりであったのである。しかしながら二〜三年前に、東大の大学院生の久留島浩氏と倉敷の郡中支配機構について討論していた際、話が偶々右の山川家文書に及び、この山川家文書は日本の社会主義運動の理論的リーダーであった故山川均氏の祖先のものであること、山川家文書は均氏の未亡人菊栄氏（一九八〇年一一月、八九歳で物故。婦人解放運動の先駆者。『覚書　幕末の水戸藩』などの著書もある。現当主は元東大教授山川振作氏）の御宅に若干現存するが大部分散逸し行方不明であったこと等[2]の御教示を得た。うかつにもそれまで私は、私が持っていた山川家文書が、山川均・菊栄夫妻の祖先のものとは全く知らなかったのである。

そこで私は、遅ればせながら角田直一『倉敷浅尾騒動記』[3]（瀬戸内海文化連盟）や、『山川均自伝』（岩波書店）、『岡山県の歴史』（山川出版社）等を買い求め、久留島浩氏の論文等で倉敷について〝にわか勉強〟を始めた。また高校の修学旅行に続き、二度目の倉敷を訪ねた。ことに山川均の生家があったという代官所付近（のち倉敷紡績の工場敷地となる。今のアイビースクウェアのあたり）や、前神川の船着場周辺を念入りに歩いた。現地を全く見ずして一文を草する自信がなかったからである。またそれらの風物が私に何かを語ってくれそうに思ったからである。

## 一、山川家文書の概要

次に文書の概要を述べてみよう。史料は冊子が三点のみで、あとはすべて状物である。年代の上限は天明五年（一七八五）で、大部分が化政期から嘉永〜安政期である。下限は明治五年（一八七二）であるが、欠年文書も多くにわかには断じがたい。史料内容は大名（足守藩、庭瀬藩）や旗本（交代寄合戸川氏）、大名の家臣（岡山藩）らの借金証文や扶持米給付の覚、文化元年（一八〇四）七月の「為後年取極一札之事」、嘉永七年（一八五四）の異国船防禦のための献納銑（マヽ）関係史料、安政三年（一八五六）の御蔵米預手形、同四年の買預け米滞出入、庄屋孫太夫書状等が中心である。

これらの史料より山川氏の肩書をひろってみると、「玉嶋湊御城米御蔵元」、「倉敷御用達《ごようたし》」「諸飛脚問屋」「郷宿」等がある。天領の倉敷代官所(4)(備中・美作・讃岐六三、七〇〇石余を支配)のみならず、岡山藩・足守藩(木下氏)・庭瀬藩(板倉氏)、交代寄合戸川氏(撫川《なつかわ》)らとも取引きがあった。屋号は郡屋をなのっており、高利貸・城米の購入や輸送と販売、鉄の輸送や郷宿を主たる業務としていたようである(5)。また代官所と庄屋の中間に位置し、倉敷村だけでなく現在の総社市や新見市、苫田郡や真庭郡に散在する天領の村々の諸事にも介入するといった重要な役割を果たしていたこともわかる。すなわち山川家は幕末期には政治的にも経済的にもきわめて重要な位置を占めていたことがわかる。ではこの山川氏はいつ頃から倉敷に定住するようになったのか。またいつ頃から頭角をあらわすようになったのか等を『山川均自伝』をたよりにして、それを私所蔵の山川家文書で補強修正しながら以下にみてゆこう。

## 二、山川家の系譜(一)

『山川均自伝』によると、「過去帖下書」に

「始祖備前国児島郡郡村出、倉敷村移住、文禄年間ノ頃カ、不詳。本姓井上、屋号郡屋、紋所剣酸漿、宗旨真言宗ナリ」

とあり、倉敷村での初代井上清兵衛は慶長一八年(一六一三)に死んでいるという(6)。この記述を正しいとすれば、山川家の祖先は今から三七〇〜八〇年ほど前、倉敷に移住し、発祥の地郡村(児島湾に面した農漁村)の名をとって屋号を郡屋としたことがわかる。その後数代をへて、分家の井上の五代目清兵衛義方が、伊豆国の浪人でこの村に流れこんで定住していた山川六右衛門の娘を妻としたのを機会に山川姓に改めた。今から二

〇〇年程前の宝暦年間のことである。[7]

再び「過去帖下書」によると、六代山川清兵衛義右は、

「性格篤実」「神仏の信仰厚く」「家勢繁盛、四分家を建て廃家再興す。庭瀬板倉右近侯御勝手向へ立入尽力、文化四年三人扶持拝受、又、撫川戸主馬之助侯同様紋服拝領、寛政十年糯米五俵年々拝受」

とある。[8] 山川均によれば、「十代までのことは、せいぜいお寺の過去帖や墓碑に刻まれているくらいのことしか分らぬ」とあるが、[9] 先に述べた文化元年（一八〇四）の「為後年取極一札之事」は、この六代目の山川清兵衛の一種の遺訓で、山川家の系譜や経済状況を雄弁に物語る好史料である。かなり長文であるが、おそらく倉敷の豪商の相続方法や経営状態を知りうる唯一最良の史料と思われるのでその全文を左記に示そう。

為後年取極一札之事

一拙老儀兄弟五人兄嘉兵衛殿本家相続、佐兵衛殿灘屋引請、姉ハ佐渡屋江嫁、三次郎殿坂野屋相続、末子拙老母人両人ニ而段々致世話、其節者後月郡村々引請ニ而山分多ク高山迄之　御支配所至而人柄悪敷六ケ敷場所ニ候処、拙老者随分引立被呉、併困窮村々飯代不寄ニ付毎年五月九月十二月三度充相廻り、少々充之不足取立、山分難義之場所大ニ致艱難候、平日毎朝銭三文五文之割木を買置売買致、格別辛抱中之只今之暮方百ケ一ニ而茂無之事、此段与（マヽ）得承置恩義忘不申様既に宝暦八年寅七月拙老儀十八歳親父様急病ニ而御死去、兄嘉兵衛殿ニ茂江戸帰国之上大病ニ而同年八月十一日被為過、母人拙老両人ニ而色々相稼候処、段々不仕合ニ而衣類諸道具等質物ニ入、漸々米壱俵弐俵宛調、其日暮之躰大ニ難儀致候処、親父様御死去後卯辰巳（宝暦九〜十一年）三年相立、夫ゟ少々宛之質物茂請返シ、追々者不残請戻シ、右質物之内羽二重布子したら袷右二ツ色々相糺候得共流ニ出取返不申、対御両親候而者不孝之至後悔存罷在候、拙老引請候而是迄之内左之通

一本家建替裏座敷不残諸道具者先祖ゟ貫請候者、聊之儀只今ニ而者不自由無之分限ニハ不相応ニ調置申候、腰

物義四郎江凡七腰程遣シ、其外江茂夫々二腰三腰充遣シ、不足無之壱腰ニ付弐百目又ハ三百目五百目程之物
調候事
一田畑預ケ畝五反三畝譲請申候、拙老相調候分凡壱町三反余、外ニ浜村田畑家屋敷七ケ所当時致借家置候、旧
年色々致辛抱只今ニ而ハ先難義も無之様ニ相成、身上取立申候、乍併私之力ニ而も無之、仏神加護之事と難
有仕合、皆先祖之御蔭彼是致世話候義茂先祖ゟ預之家長久祈候事、無左候得ハ其日暮之者ニ而も相済候事、
指而大ニ世話致義ニハ及不申、此所江与得致勘弁随分身分ニ過候事致間敷、掛之諸勝負事決而致間敷、家業
第一専要之事ニ候
一当家相続人ハ不及申助太郎ニ相極候処、十四年長病之上同人任願光蔵と入替、享和三年亥閏正月十六日助
太郎茂死去、左候上ハ光蔵随分堅固ニ相勤可申事
一義四郎事是迄諸事不埒、灘屋相続人ニ相極同家身上一向無御座、尤兄佐兵衛殿存生之節被世話銀子拾貫目
余も有之、家屋敷は拙老相調銀子相渡候義ハ皆々存居申義、右拾貫目之銀子茂義四郎江相渡候得共一向相見
不申、其後弐拾貫目余追々遣し候得共、一向取〆リ茂無之、兎角本家ヲ当ニ致格別身分稼候躰にも相見不申、
元銀無之候而茂致出精、身上取立候者数多有之、扨々難敷従是心底相改出精可致候、兎角其身之辛抱次第之
事ニ而此度相改申渡置候
一新川家屋敷其外新田九ノ割田地元来灘屋先祖ゟ持伝候分進退山ノ後山畑右同断、本町家屋敷同断
一銀五貫目
是ハ此度又々譲渡、尤内弐貫目ハ改売買致候ニ付為先納譲渡申候、本家身上不相応之銀高渡候上ハ買躰出
精可致事
一清水ノ下田畑義四郎江譲遣候、拙老相稼調候上ハ於後年も随分大切ニ長ク持伝候様可致事
一光蔵義本家相続人ニ相極候上ハ随分致出精先祖之家名を引起長久祈候事、尤本家附之物借屋家屋敷不残田

畑不残諸道具一切引渡、尤志年忌又ハ神事之節道具入用候ハヽ本家ニ而貸リ請、麁末ニ取計申間敷、親之調置候物候得ハ、随分損シ不申様心を附可申候、至後年兄弟共之内ゟ彼是心得違申者有之候節ハ、以此書付可致申開候、如斯身上夫々相分候上ハ已来対本家無心ヶ間敷義申者有之候とも決而光蔵承知致間敷、拙老如斯堅申付置義忘却致候而ハ大不孝ニ相当り候、夫共本家立兼候ハ外者潰候共少茂不苦、外之者とも時節悪敷身上不如意ニ相成候ハヽ、奉公稼ニ而も可致ハ勿論之事

一栄五郎義暫本家ニて世話為致、助太郎へ相談之上前店井筒屋借屋借受、佐渡屋名跡相立度致物入右借屋江引移致売買候処、不心得ニ付欠落大坂江参奉公致候処、至而難義之由相聞へ、念頃之衆中ゟ茂異見に預リ引戻シ、又々本家ニて暮候処、助太郎病気重ク相成当時前店ニ差置、助太郎義ハ兄ニ候得共兄親ニ而至而高恩、雖一日半時助太郎恩義難忘、此度与得相考身上相立不申候而者難相成身分、一通之兄弟と相心得候而者甚以心得違、往々大切ニ可致事

一栄五郎義当時前店ニ差置、助太郎娘楠後見、成人之上ハ聟養子等引請身上引渡可申、夫迄ニハ余程之年限相立候事、随分堅固致世話候へ者相応銀子元手も出来、栄五郎働之余光ヲ以佐渡屋相続高之儀、万一不心得ニ候ハヽ、早々他へ出可致、奉公其給銀ヲお楠へ助情（精）、助太郎家相立候様此義義四郎・光蔵・清太郎江茂急度申付置候事

一清太郎義者未幼年追々之儀難計、義四郎・光蔵・栄五郎添心致世話、此度居屋敷借屋地子借等外ニ中町借屋一軒、此分屋敷ハ誓願寺ゟ借請、一ヶ年地子代七五銭三拾目ツヽ相払可申定、同人江譲渡候、尤他稼等ニ而茂致候節者右譲渡之分不残本家江引請致世話致別勘定取立置可申事

右之通此度相改与得相考申極候間、違変致間敷、万一心得違彼是申者有之候ハヽ以此書付取計可申、兄弟睦致相談、随分本家大切ニ相守可申候、拙老覚悟之上一札為後年如件

文化元年甲子七月　　清兵衛㊞

義四郎
光蔵
栄五郎
清太郎

右之通被仰渡之趣承知仕候、於後年少茂違乱可仕様無御座、依而証判如件

矢掛駅
中西八十右衛門㊞
阿波屋甚七㊞

前書之趣御尤逸々致承知候、御勘弁之上御極被成候義、何れ不承知之方可有御座様無之、追々本家別家共繁昌被致可申存候、御気遣被成間敷御頼ニ付、為後年致印形置候、以上

長崎吉郎㊞
児島屋武右衛門㊞
板屋与八郎㊞

前文之趣致承知候、依之奥印居置候、以上

誓願寺㊞

これにより山川家の系図を作成すれば図一のようになる。六代目清兵衛は父が宝暦八年（一七五八）に死去した時一八歳だったというから、寛保元年（一七四一）生まれであろう。大意は、兄弟は五人で兄嘉兵衛は本家を相続、佐兵衛は灘屋を引請、姉は佐渡屋へ嫁し、三次郎は坂野屋を相続、清兵衛は「山分多ク高山迄之御支配所至而人柄悪敷六ケ敷場所」である後月郡村々を引請けた。毎年五月、九月、一二月の三回廻村し

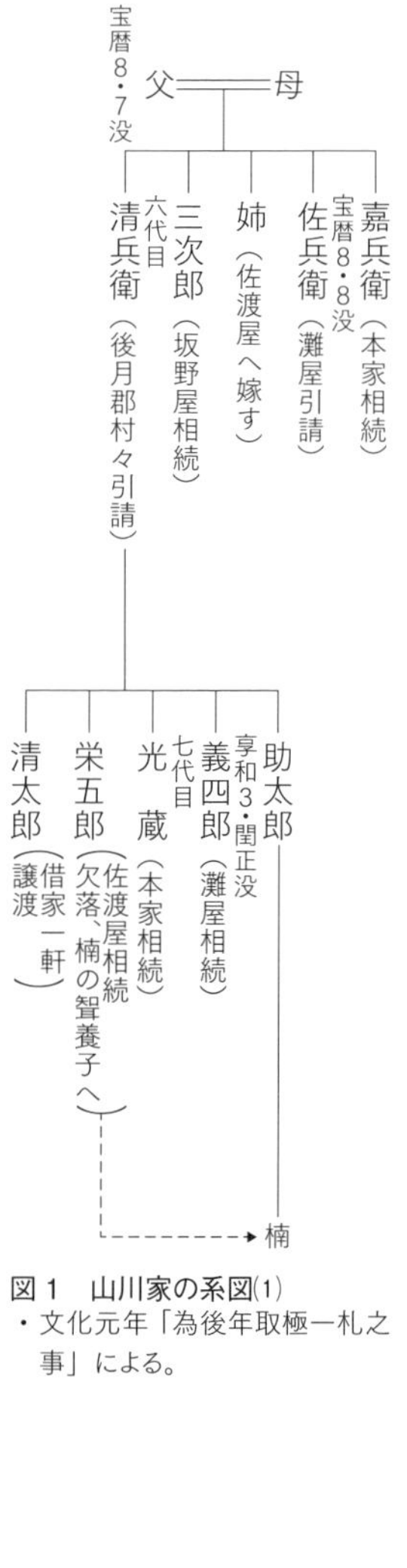


図1　山川家の系図(1)
・文化元年「為後年取極一札之事」による。

「少々充之不足取立」とあるから小作料の徴収であろうか。ところが宝暦八年七月に父が、同八月に兄嘉兵衛があいついで死去し、母と彼との貧乏生活が始まり、衣類諸道具などを質入して食いつなぐといったその日ぐらしの状況に陥ったが、宝暦九年～一一年に少しずつ質物を請返し、のちほとんど請返した。相伝の土地は五反三畝であったが私の代で一町三反余増加させ、浜村に借《(貸)》家七軒を所有、本家を建てかえ、道具類にも分限には不相応なほど調え、腰物も義四郎へ七腰、その他の者へも二腰～三腰ほど与えた。これらはすべて仏神の加護、先祖の御蔭とこころえ、身分に過ぎたことはせず、賭事は決してしてはいけない。家業に専念すべきである。

相続人は助太郎にきめていたが長病のため光蔵と入れかえた。そのうち助太郎は享和三年（一八〇三）死去してしまったので光蔵はいよいよしっかりと勤めるべきである。

義四郎はこれまで色々不埒なことがある。灘屋相続人ときめ、兄佐兵衛の銀子拾貫目や家屋敷等を与えたが、本家をあてにしてばかりで一向取締りができていない。心底を改めて出精せよ。

光蔵へは本家附のもの、借屋・家屋敷田畑諸道具等一切を引渡す。後年兄弟が何か心得違いを申す者がいたらこの書付を見せて申し開きをせよ。本家へ無心がましい事をいう者がいても決して承知してはいけない。

私が申付けたことを忘却したら大不孝だ。本家が危ない時は分家はいくら潰れてもかまわないから奉公稼ぎをして本家を支えるべきだ。

栄五郎は借家を借り、佐渡屋の名跡をつがせようとしたが欠落して大坂へ出て奉公をしていた。ところがそれも失敗し再び舞い戻って来て兄助太郎の世話になった。助太郎への恩はふつうの兄への恩と思わず親への恩と考え、一日半時たりとも恩義を忘れるな。栄五郎は助太郎の娘楠が成人したらその聟養子となり、佐渡屋が再興できるようしっかりと働け。

清太郎はいまだ幼少だから義四郎・光蔵・栄五郎らが世話をせよ。居屋敷・借屋・地子借・中町借屋一軒を譲り渡す。もし後年他稼ぎをする時はすべて本家へ戻せ。

右の通りきめたからは、万一心得違いのものがいたらこの書付でもって取り計らえ。兄弟仲好く、本家を大切に守れ。

以上極めて冗長ながら右の長文を要約してみたが、六代目清兵衛が極貧の状況から、宝暦~天明期にほぼ独力で右にみられるような資産を得るに至ったこと、先祖の恩への感謝と、後継者に対する家を守る義務の強調がよくわかる。後者は当時の商家家訓や遺訓などに共通して見られるもので、特に目新しいものではないが[10]、あの山川均の祖先が書き遺したものとして見る時、大変味わい深いものとなろう。

またこの史料で忘れてならないのは末尾に証判している者の中に、いわゆる倉敷の新禄・古禄の抗争の新禄側の指導者である児島屋武右衛門[11]の名が見られることである。この史料のみをもって郡屋清兵衛を新禄派の仲間と即断することは危険であるが、他の史料にも新禄派の下津井屋吉左衛門や浜田屋安右衛門らの名が散見される[12]ことから比較的近いところにいたのは確実であろう。

六代目清兵衛義右の没年は不明であるが、先にみた「過去帖下書」に文化四年（庭瀬板倉侯より）三人扶持拝受とあり、文化五年以降文政七年までの史料は文書の宛名は光蔵とあるので、おそらく文化五年のはじめであろう。

七代目の光蔵は庭瀬藩主板倉右近（二万石）に対し、文化五年銀一五貫を「勝手方就要用」貸している。[13] この板倉氏への貸付は、文政七年（一八二四）の資料によると元利合計銀一二七貫一九五匁に達したという。[14] また文化一〇～一二年、三度にわたって、松平上総介（岡山藩主池田斉政）の家臣山脇嘉兵衛に、計三〇両一分二朱、銀一貫三〇〇匁貸している。現存する史料が少ないので限定はできないが、この時期は新興勢力の一つであった山川家が損をすることを承知で大名や家臣に接近して金銀を貸し、権力と結びついて信用を得ようとした時期といえよう。

## 三、山川家の系譜（二）

『山川均自伝』の「祖父の死」、「山川家の維新」等をもとにして系図を作成すれば次の図二のようになる。

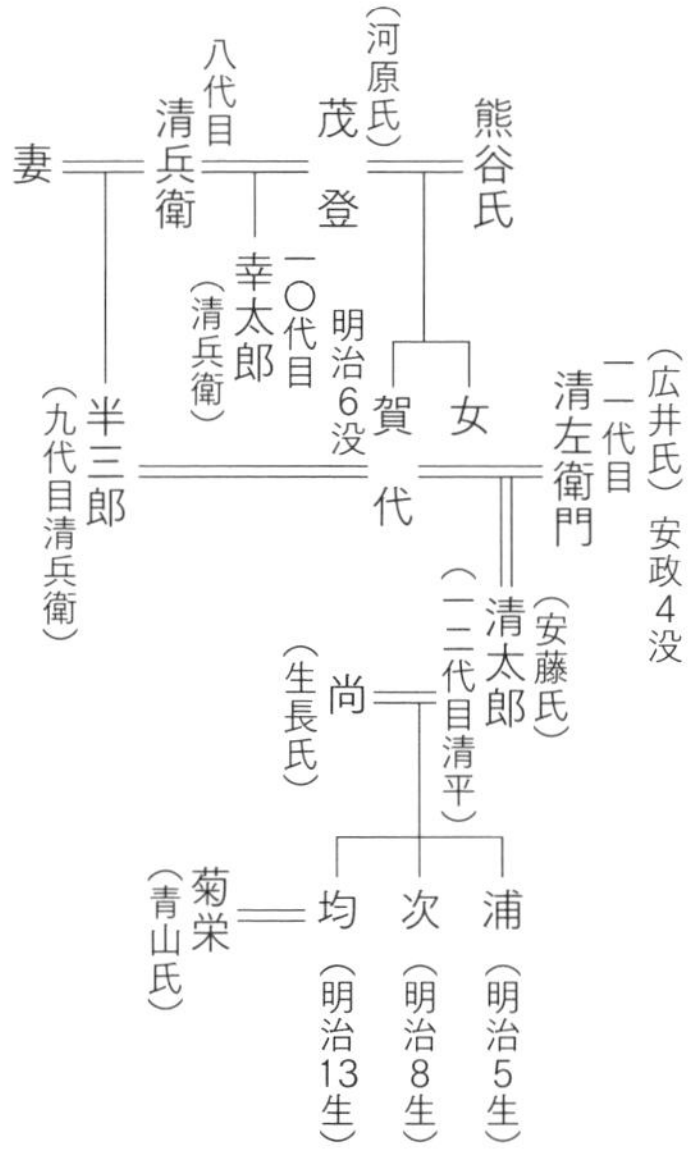


図２　山川家の系図(2)
『山川均自伝』による。

先の図一の、光蔵の弟清太郎を八代目清兵衛に比定すれば大きな矛盾はないであろう。

八代目清兵衛に関する史料はないが、先に見た文政七年の「庭瀬差行書類」には、郡屋半三郎代光蔵とあり、文政一二年の「借用申銀子之事」（借用主は児島屋宗兵衛、吉岡屋小三郎）の宛名は郡屋清兵衛とあるからこれは一〇代目であろう。[15] 九代目、一〇代目が山川家の主であった期間は短く、史料も各一点しか現存しない。当主が夭折したためおそらく山川家も没落の一途をたどったと思われる。

さてここに興味深い史料が一点ある。七代目光蔵[16]が山川均の祖父である一一代目清左衛門（九代目半三郎の後家賀代の聟）に与えた天保九年の「譲渡申事」である。短いものなので左に全文を示そう。

譲渡申事

一銀十六貫五百目也

右者今般当家身上向末々仕法ニ付候処、家屋敷田畑者勿論諸道具ニ至迄不残質入ニいたし書面之銀高金借銀ニ相成り申候、然ル上者郷宿株而已ヲ以右借銀其元へ相譲リ候間、向後格別辛抱出精いたし、追々右借銀相済候様取計呉候、対御先祖只々於拙者も安心いたし候且又右借銀致置、右株敷而已ニてハ渡世難凌と存候ニ付於拙者ニも此上質素倹約者不申及少々たり共無益之入用無之様急度相慎、兎角本家為筋ニ可相成候様諸事取計申度候、仍而為後日書付相渡置候処如件

天保九年戌三月　　隠居　光　蔵

清左衛門殿

前書之通此度拙者共立会相改候処、借銀辻相違無御座候ニ付、奥書印形致置候、以上

市右衛門

佐兵衛

新五郎

これによれば山川家が再び困窮に陥ったこと。また家屋敷田畑諸道具を質入れし、その借銀一六貫五〇〇目と郷宿株を譲り渡すからそれを元手に出精し、借銀を返済し本家を再興してほしいと光蔵が養子の清左衛

門に申渡していることがわかる。おそらくは先にみた大名や家臣への貸付が滞り、資金ぐりがうまくいかなくなったのであろう。

右の史料にみえる郷宿《ごうやど》とは、江戸表から公用で代官所へやってくる役人や、倉敷代官所支配の村々から代官所へ訴訟やその他の用向きでやってくる村役人などを泊める公認の指定旅館のようなもので、今日でいう代書業や弁護士的なことを行うことがあった。もちろん誰でも勝手に営業できるものではなく、倉敷の場合四軒のみに限られた。『山川均自伝』によると、山川家の場合は倉敷県がおかれた明治四年まで郷宿を行っていたという。[17]

なお本城温『備中騒動記』によると、慶応二年（一八六六）のいわゆる倉敷浅尾騒動のとき代官桜井久之介に雇われて宿直をしていた者の中に、「倉敷郷宿山川清太郎」の名があるが清太郎は均の父で、清左衛門の養子である。[18]

さてこの清左衛門であるが、「過去帖下書」によると、

「備中小田郡山口村広井孫右衛門三男豊三郎、又封助ト曰、性快活豪胆、乗馬、銃猟、的打、囲碁、此外好ミ多」

とある人物である。山川均によれば山川家では「豪華版のおじいさん」と呼ばれたという。[19]庭瀬の板倉侯（二万石）から弐人扶持（米三石五斗四升、俵にして九俵三斗一升八合）を支給されていたが、[20]殿様が小魚を食べるのに熟練していたのに対し、清左衛門は尾頭つきの鯛の目とほおのあたりの肉をちょっぴりつっつくだけだったというエピソードの持ち主である。[21]天保九年に家を継ぎ、安政四年に四六歳で遺言一つ残さず入浴中に死亡[22]するまで山川家再興のために全力を尽くした人である。ここで以下簡単に清左衛門の行った〝仕事〟をみてみよう。

(1)　**鉄山の経営**　備中阿賀郡赤松山にて鉄山の経営。小規模な原始的な方法で砂鉄から鉄をとっていた。清

左衛門は製造、販売だけでなく輸送もまかされていたことは、嘉永七年五月、七月の浦触や送状など一〇点余が現存していることで知られる。[23] また山川家は「産鉄為替手形」という名の一種の私的紙幣を発行していたという。[24]

(2) **郷宿** 職務内容は先に示した通りである。経営内容は、安政三年と推定される勘定書が一点のみで詳しくは不明である。また一点のみ文久頃の諸飛脚問屋清太郎と記されたものがあるが、実態は不明である。

(3) **御城米御蔵元** 御城米とは幕府の貯蔵米のことをいい、蔵元とは蔵屋敷の米の出納をつかさどる元締役のことをいう。山川家が玉島湊(倉敷の外港)の蔵元になったのは弘化四年である。また年号は不明であるが、「阿賀・川上両郡御蔵元」の文言もみられることから蔵元にも種々のタイプがあったようである。

蔵元の仕事としては年貢の廻米や船積み、輸送が主なものであるが、年貢を滞る村がある時は蔵元が立替えを行うことがあった。利息はとらないことが多く、一種の納入猶予(モラトリアム)である。ところが安政三年と推定される「乍恐以書付奉歎願候」という史料によると、阿賀郡井尾村(上房郡北房町井尾)の場合清左衛門に銀二貫借用し年貢を立替えてもらったが、二年たっても払えそうもないので〝御救〟を代官所に願い出、やむなく〝救切〟(銀二貫文の貸付を供与にすること)としたことが知られる。

貧乏なのは村々だけでなく大名も同じことで、安政三〜四年に宿村(都窪郡山手村)綿屋友次郎、南溝手村(総社市)松屋彦兵衛らを相手どって江戸に出訴した事件(買預ケ米滞出入)があるが、この事件は足守藩木下石見守利恭の蔵米四〇〇石を買って代金を支払ったのに藩側は一〇〇石分の米切手しか引渡さず、残り三〇〇石分が「空手形」になってしまったために訴訟にふみきったものである。[25] 足守藩側のいい分は不明であるが、おそらく年貢納入率が予想以上に悪く、米切手を発行したくとも現米の絶対量が不足していたからであろう。

以上わずか二例であるが、蔵元は重要な任務をおびているが故にリスクも多く、従って富裕な商人でなければ勤まらないが、権力と結びつくことによって当然メリットもあったであろうことは容易に想像される。

**(4) 御用達《ごようたし》**　御用達とは、幕府公認の御用商人のことで、郡中惣代らによって集められた「先銀」の保管や、日常的な出納業務を行うものである。[26] 文書中御用達と明記されたものは、嘉永五年と推定される竹代金の領収覚と慶応元年の代官の合印使用許可のみで詳しくは後考を待ちたい。

以上、山川均の祖父にあたる一一代郡屋清左衛門について簡単にみてみたが、次に均の父清太郎（清平）についてみてみよう。

山川清太郎は旧姓安藤で、美作国久米北条郡坪井村（久米郡久米町坪井）の旧家の出であった。今の津山の西一二キロほどのところである。「過去帖下書」には「安藤復左衛門三男恒次郎、幼時知崇（清左衛門）所養」とあるのみで何歳の時、山川家の養子になったかもわからない。また均の実の祖父復左衛門は「嘉永元戊申八月十日正覚院大誉了応居士」とあり、祖母は「天保十四癸卯年閏九月十三日顕松院秀誉貞操大姉」と「過去帖下書」に記されているのみで、均は一度もあったことがないようである。[27]

清太郎は安政四年七月、一六歳の時、一二代目の郡屋のあとをついだ。しかし文久二年の「差入申一札之事」によると、差出人は郡屋清太郎、母かよと連署されている。清太郎が幼少のため母がまだ実権者としてその力をふるっていたためであろう。[28] 清太郎はこの二年後、二三歳の時、すなわち文久四年正月二四日婚礼の式をあげた。相手は倉敷から西へ三〇キロ余の港町笠岡村（笠岡市）の生長弥左衛門の娘尚で、当時一七歳であったという。生長家は村の庄屋をつとめ、造り酒屋を営むなどかなりの豪農であった。[29]

清太郎の養父清左衛門が嘉永七年に異国船防禦のため鉄三、〇〇〇貫を献納したことは先にのべたが、清太郎も海防御用その他の名目で、安政五年、同七年、文久元年の三度にわたって代官所にそれぞれ二〇両、二〇両、一〇両冥加金を上納していることがわかる。これにより清左衛門の死後、徐々に山川家は没落しつつも、ある程度の財力はもっていたことが推察される。

明治と年号がかわっても山川家は、郷宿は明治四年まで、また明治五年まで県庁の御用達も勤めていた。だが明治六年、清太郎の養母賀代が死去すると、山川家は益々衰微の一途をたどったという。なお清太郎（清平）は「過去帖」の山川清平知敬のところに「養蚕、農商、失敗を重ね家産を尽、不才を羞」と自ら書き入れている。多少の謙遜もあろうが、明治維新の結果、それまで保持していた特権を失い、代官所陣屋あとの土地の払い下げをうけて養蚕その他の多角経営を行おうとしたがうまくゆかず、結局は没落していったのである。そしてちょうどその頃、明治一三年一二月二〇日に山川均は山川家の長男としてこの世に誕生したのである。[30]

## おわりに

以上、『山川均自伝』を骨格にして、私が偶々入手した山川家文書でそれに肉付けをしつつ、倉敷の中堅クラスの商人である郡屋（山川家）について、その系譜を中心にして略述してみた。経営史料がほとんど存在しないため、山川均の祖先一人ひとりについて列伝風にデッサンを行ったのみであるが、地方商業都市の商人の史料は浮沈が激しいためかあまり現存しないため、文化元年の「為後年取極一札之事」はユニークな史料といえるであろう。なお私の力不足のため、残された課題も多い。備中国での鉄山経営と嘉永七年の献納一件、安政三～四年の足守藩の買預け米滞出入一件がそれである。

いつの日か折をみて、東京の山川家に現存する山川家文書の調査を行いたい。また私所蔵の山川家文書とそれのうち良好史料を活字化できたらと思う。少点数ながらこれら両山川家文書は倉敷は勿論、岡山県にとっても貴重な文化財だと思われるからである。

註

（1）磐城国伊具郡金山村　仙台藩家老中嶋家文書一八点。越前国足羽郡他四郡　仏光寺御門跡祠堂金貸付関係文書二九点。倉敷村山川家文書一四四点。長門国豊浦郡豊浦村豊永家文書一〇点。その他一〇点。但しこのうち中嶋家文書とその他の寛政四年出羽国村山郡の「御仕置五人組帳」、陸奥国和賀郡の安政三年の「検地名寄帳」等六点は、一九七四年七月に宮城県多賀城市の東北歴史資料館に寄贈した。

（2）山川菊栄・向坂逸郎編『山川均自伝』七一〜二頁によると、明治一五年（一八八二年）に引越しをする際に、古い帳面や不用の書類を反古として処分したとの記述がある。私の手許にある山川家文書はおそらくこの時に処分されたものの一部であろう。それにしてもちょうどくしくも百年、幾人もの人の手をへながらよくぞ残ったものである。

（3）「長州戦争と備中の幕領―幕領における中間支配機構の一考察―」（『史学雑誌』九〇―九）、「備中の幕領における郡中惣代制について」（『岡山県史研究』三号）

（4）安藤博『徳川幕府県治要略』（青蛙房）

（5）『山川均自伝』によると、屋号は郡屋をなのっていること、板倉氏から三人扶持、戸川氏から糯米五俵もらっていること、郷宿と御城米蔵元をしていること、阿賀郡の鉄山経営をしていること、金貸《（マヽ）》資本をしていたことなどが記されている（一七〜三七ページ）。詳しくは後で検討することとしたい。

（6）『山川均自伝』一七ページ。実際は元和〜寛永期である。

（7）『右同書』、一八〜一九ページ。

（8）『右同書』、一九ページ。

（9）『右同書』、二〇ページ。

（10）吉田豊編訳『商家の家訓』（徳間書店）二三〜四ページ。

（11）寛政二年（一七九〇）から文政一一年（一八二八）にかけてたたかわれた「新禄・古禄騒動」の指導者。二〇町、二二四石余の村内第三の高持。借屋も一〇九軒もっていたという。内藤正中「備中倉敷に於ける新禄・古禄の抗争」（『経済論叢』七一―二）、角田直一『前掲書』二〇〜二三ページ。

（12）天保五年備前加茂郷江与味村（久米郡旭町）の炭屋十兵衛家名相続銀預り証文。

（13）文化五年「預申銀子之事」

（14）文政七年「庭瀬差行書類」。この史料によると板倉氏はこのうち銀二二貫を一五年賦、銀一二貫を一〇年賦で返済することを約し前者に対し引当（担保）として銀札を二五貫発行している。一種の藩債である。毎年藩が支払うたびに一五分の一（一貫六六六匁六分六厘）ずつ銀札を藩に返却するという方法は、今日の利付国債に似ている。それにしても残銀の九三貫一九五匁は〝永納〟とはあつかましい。郡屋にとっては断腸の思いであったろう。

（15）『山川均自伝』四七ページによると半三郎は若死とある。また一〇代清兵衛もその翌年死亡とある。ここで初代井上以来の山川家の血統は絶えたことになる。
(16) 七代目には筆者が比定したもので史料的裏付はない。八代目清兵衛＝光蔵とも考えられるが後考を待ちたい。
(17) 『山川均自伝』二七～八ページ。
(18) 角田直一『倉敷浅尾騒動記』一二二ページ。『山川均自伝』五五ページ。
(19) 『山川均自伝』二一～二ページ。
(20) 天保一三年～嘉永七年の七点の史料が現存している。『山川均自伝』二二ページには三人扶持とあるが、誤りであろう。なお欠年であるが撫川の戸川氏から餅米を五俵支給されている史料が四点ある。
(21) 『山川均自伝』二二ページ。
(22) 『山川均自伝』二三、四七ページ。
(23) 代官佐々井半十郎の手代白谷完平の書状、佐々井半十郎の浦触などがある。鉄は五月に二、四〇〇貫、七月に三、〇〇〇貫玉嶋湊から大坂鈴木町の代官増田作右衛門へ送られた。七月の三、〇〇〇貫は、清左衛門が異国船防禦入用として個人で代官所に献納した分である。なお『山川均自伝』二六～七ページ参照。
(24) 弘化三年の「預申銀子之事」によると、銀札の交換比は、正銀一に対し銀札一・〇二二で、ほぼ正銀同様に〝流通〟していたことがわかる。
(25) 『山川均自伝』三〇～三七ページ。安政三年九月二八日付の「御蔵米預手形」、同日付の取次商人、藩の勘定方役人の添証文、米切手の写、安政四年五月の訴状が現存している。
(26) 註（3）久留島浩氏の「岡山県史研究」三号の論文による。
(27) 『山川均自伝』五六ページ。
(28) 『右同書』四九～五〇ページ。
(29) 『右同書』五六～九ページ。
(30) 『右同書』六七～七三ページ。

# 4　関町の井口家文書の知行宛行状について

井口家には近世初期の知行宛行状が三通現存している。古いものから順に並べると、①元和四年正月二八日付の遺知行分之事　②元和九年六月付の宛行領知之事　③寛永二年三月付の宛行領知之事　となる。以下これらの三点の知行宛行状について、本会（練馬古文書研究会…編者注）会報四号の柴辻俊六・長坂淳子両氏の論稿を参考にしつつ、若干の私見を述べさせていただくこととする。

①は、小諸藩主仙石忠政が、伊藤八左衛門に、下県の内で二二〇石、茂田井の内で三〇石、計二五〇石の知行をあてがった時のものである。下県は佐久市に、茂田井は望月町および立科町にその名が確認できる。なお、長坂氏の論稿では宛名は八右衛門とあるが、八左衛門ではなかろうか。もっとも左右の誤記はよく見られることなので右と読む方が正しいのかもしれないが……。

②は『新編武蔵風土記稿』に、松平光長の知行宛行状として全文掲載されているものである。原文書を見ていないので断定はできないが、私はこの文書は松平忠昌（秀康の子で忠直の弟。のち忠直の養子となる。）が発給したものと思う。その理由は、元和五年～寛永元年に越後高田藩主であったのはこの忠昌であり、光長が高田へ入封したのは寛永元年三月一五日、そしていわゆる越後騒動で除封されたのは天和元年六月二六日だからである。『風土記』が幕府に献上されたのは天保元年であるから元和より二〇〇年以上ものちのことである。村側のミスか編纂者のミスかは不明であるが、当時九才で、藩主でもない光長が知行宛行状など発給できる

筈がないのである。

次に地名の考証であるが、黒島は不明であるが、水口沢、小弥岸は、新潟県中魚沼郡川西町の水口沢、小根岸であろう。また北代は中頸城郡三和村に北代（きただい）があるが石新田は不明である。長嶺は中頸城郡板倉町と、刈羽郡西山町の二か所に見られるが、苅羽とあるので西山町とすべきであろう。また信濃坂は東頸城郡安塚町信濃坂と推定される。また大口は南蒲原郡中之島村大口とも考えられるが、中頸城郡清里村に武士（もののふ）という地名があり、速断はできない。いずれにせよ所領がかなり分散していることが知られるのである。
③は、長坂氏の論稿によれば、松平忠長の発給したもので、地名を越後国に比定されている。しかし私はこれも松平忠昌が発給したものと推定する。すなわち寛永元年に、越後高田から越前福井藩主となった忠昌に伊藤八右衛門も従って行き、越前国で改めて知行三〇〇石を宛行われたのである。地名はそれぞれ次のところと推定される。

下野→福井県坂井郡三国町下野（しもの）
瓜生→　〃　　金津町瓜生（うりゅう）
針□→　〃　　春江町針原（はりばら）

ところが何らかの理由で浪士となり、豊島郡に移住し、いつの頃か姓を伊藤から井口に改めたのであろう。

以上、極めて大雑把ながら、井口家に残存する三通の知行宛行状の内容を検討してみた。そして井口氏の祖先が信濃→越後→越前と転々として現在地に移住したのではないかと推定して見た。①および③の史料については、本会会報四号の長坂淳子氏の論稿を併読していただければ幸いである。

**新編武蔵風土記稿巻之十三　豊島郡之五**

舊家者　彌兵衛　名主を勤む、井口を氏とす、先祖某は伊豆國
伊東より出、鎌倉没落の後子孫當所に住し、
遙の後伊藤八右衛門某の時松平越後守光長に仕へ、元和九年越後國にて三百石を領せしか、後又浪士となりて當村に帰り住、武蔵野新田開發の頃は野守のことを奉れりと云、其後故ありて今の氏に改む、元和中越後守光長か與へし知行書出しの文左の如し

宛行領知之事

一三拾石貳斗　魚沼妻有 黒島鮎清水村内
一四拾七石五斗四升七合　魚沼妻有水口澤之内 小禰岸村
一七拾貳石六斗七升　夷守 北代石新田本田村
一四拾八石八斗五升三合　苅羽 長嶺村之内
一三拾一石八斗四升　山五十六 信濃坂村
一六拾八石八斗九升　武士 大口村之内
高合三百石也　右全可令知行者也依如件
元和九癸亥年六月　日印
伊藤八右衛門とのへ
（『大日本地誌大系』雄山閣刊より）

# 5 関東農村の〝荒廃〟と二宮尊徳の仕法
## ―常陸国真壁郡青木村仕法を中心に―

### はじめに

幕藩体制解体過程において、関東農村、就中北関東の常陸・下野等において諸矛盾は〝農村荒廃〟として表出したことは周知の事実である。そしてその〝荒廃〟の結果として必然的に、年貢収量が減少し、領主財政が慢性的危機状況に陥ったこともよく知られている。ではこの〝荒廃〟とは何か、また何によっておこったのであろうか。

須永昭氏によれば、土地生産力が低く再生産基盤が脆弱な上に、過重な貢租収奪にさらされていた小農民経営が、近世中期以降商品貨幣経済に巻き込まれ、前期的資本の収奪を余儀なくされ、あるいは死絶し、あるいは欠落して、農村人口の減少→手余り荒地の発生を来たしたことによるという(1)。

これらに対して幕藩領主や農民達は様々な財政再建策、農村復興策を展開するわけであるが、これらのうち最も著名なものが二宮尊徳の仕法である。ではこの尊徳仕法とはどんなものであろうか。

尊徳仕法は、小田原の農民出身の二宮尊徳の農村復興仕法のことで、報徳仕法ともよばれている。また石田梅岩らの心学運動と並び称される農村の自力更生をはかる社会運動＝社会事業の一つであるが、心学が精神主義的な教化運動が中心であるのに対して、尊徳仕法は家や村、藩や旗本知行村の再興仕法という具体的施策を持っていたため短期間に広汎な民衆運動として発展し、今日に至るまでなお大きな社会的影響を与えている実践的な運動である点に大きな特徴がある。しかしながら大藤修氏が指摘される如く、[2]歴史学の分野からの尊徳の研究は決して多くなく、わずかに奈良本辰也氏の『二宮尊徳』（岩波新書）、守田志郎氏の『二宮尊徳』（朝日新聞社）がある程度で、しかもこれらは一般啓蒙書であり全三六巻に及ぶ『二宮尊徳全集』を全面的に分析した上での著述とは到底いい難く、報徳社運動のリーダーで、哲学・倫理・教育史の研究者である佐々井信太郎氏[3]や下程勇吉氏[4]らの諸業績の〝焼き直し〟といっても過言ではない。

しかしこのところ、地域史研究の隆盛と相俟って、尊徳「仕法」の研究は大変活発となってきている。烏山・小田原仕法を取扱った長倉保氏[5]や、下館仕法の林玲子氏[6]の研究、常陸の河内八郎氏[7]の研究や、相馬仕法の岩崎敏夫氏[8]の研究、前述の谷田部仕法の大藤修氏の論稿などすぐれたものがあり、また地方史誌でも、『いまいち市史通史編別編Ⅰ』、『日光市史中巻』、『栃木県史』などに詳細に展開されている。しかしながら惜しむらくはそれぞれの地域における各論のみでいまだに全体系を展望できるものは一つもないというのが現状である。[9]

次に、本稿で事例としてとりあげる青木仕法に関する研究史をふりかえってみると、個別論文は川俣英一氏[10]の研究のみで、『大和村史』[11]も『二宮尊徳全集』第二二巻のすべてを通覧した上で執筆されたものとは思われず、その他は前述の伝記類や概説書などで部分的に扱われているにすぎない。[12]また川俣氏の論稿も、尊徳を「前期資本家」と規定し、自己の資本の拡大のため青木村に資本を投下したとの〝偏見〟にみちた論理で論述されており、その他各所にマルクス主義の機械的適用が見られる。このことは後述するようにかえって本質を見失うのではないかと思われる。また尊徳仕法を保守か革新か、体制内改革か革命的行動かという単純な見方で性急な性格規定をすることは有害無益と思われる。尊徳にとっては眼前の「荒廃に現に瀕している農民を如何にしたら復興できるか、如何にして餓死寸前の農民を救済するか」という極めて現実的な課題にとりくんだのであり、そのためには利用できるものは幕藩権力でも何でも利用したのが尊徳仕法だからである。

そこで、本稿では青木村仕法の事例分析を中心に行い、尊徳仕法とは一体何なのか、またどのような意義を持つものなのかについて二宮尊徳とその社会事業を、幕藩体制崩壊過程における北関東農村とのかかわりにおいて歴史的に見て、彼の具体的な施策を明らかにしたいと思う。しかしながら時間と能力の関係で、いまだその基礎作業の段階にすぎないことをあらかじめおことわりしておきたいと思う。

註

（1）須永昭「近世後期北関東の農業構造」（『関東近世史研究』八号）、同「幕末維新期の農業構造」（津田秀夫編『近世国家の解体と近代』所収）、同「天保期の農村」（講座日本近世史六『天保期の政治と社会』所収）など。なお著書には阿部（旧姓須永）昭『下野の老農小貫万右衛門』がある。

なお農村荒廃に関する研究は須永氏の他に秋本典夫「北関東の荒廃とその復興策」（『北関東下野における封建権力と民衆』）、乾宏巳「荒廃期農村の特質」（『地方史研究』一四二号）、広瀬隆久「農村荒廃過程と中農農民の動向」（『歴史学研究』四三六号）、同「北関東農村〈荒廃〉と入百姓」（『栃木史論』一二号）、長倉保「関東農村の荒廃と豪農の問題」（『茨城県史研究』一六号）、同「北関東畑作農村における農民層の分化と分業展開の様相」（『商経論叢』七四号）、斎藤康彦「農村荒廃期の藩公金貸付政策の展開」（『日本歴史』四二四号）などがある。

なお、長谷川伸三『近世農村構造の史的分析』の第二章「関東農村の荒廃と農民層」には一九七〇年代までの諸研究が適確にまとめられている。

（2）大藤修「関東農村の荒廃と尊徳仕法─谷田部藩仕法を事例に─」（『史料館研究紀要』一四号）。目下のところ尊徳仕法に関する最もまとまった論文。本稿も大藤論文に大きく依拠している。

（3）佐々井信太郎『二宮尊徳研究』、『二宮尊徳伝』。

（4）下程勇吉『天道と人道』、『二宮尊徳の人間学的研究』他。

（5）長倉保「烏山藩における文政・天保改革と報徳仕法の位置」（『日本歴史』三三八号）、同「小田原藩における報徳仕法について」（北島正元編『幕藩制国家解体過程の研究』所収）。なお筆者も概説ではあるが「二宮尊徳の実践と思想」（『神奈川県史通史編近世（下）』）と題して小田原仕法を論じたことがある。

（6）林玲子「下館藩における尊徳趣法の背景」（『茨城県史研究』六号）。
（7）河内八郎「花田村の尊徳仕法」一～三（『関城町の歴史』一～三号）。
（8）岩崎敏夫『二宮尊徳仕法の研究』。この他、上杉允彦「報徳思想の成立—桜町仕法を中心として—」（『栃木県史研究』一四号）、同「幕政期の報徳仕法」（『立正史学』四三号）。大舘右喜「天保改革と日光神領」（埼玉県立豊岡高校紀要）、熊川由美子「二宮金次郎の仕法に関する一考察—相馬藩の場合を中心に—」（静岡大学人文学部人文学科研究報告『人文論集』二五号）、宇津木三郎「二宮尊徳の思想と仕法—尊徳像再検討のための覚書—」（『紅葉坂』創刊号）、海野福寿「遠州報徳主義の成立」（『駿台史学』三七号）、同「報徳仕法の展開」（中村雄二郎・木村礎編『村落・報徳・地主制』所収）、大塚英二「近世後期北関東における小農再建と報徳金融の性質」（『日本史研究』二六三号）などがある。
（9）宮西一積『報徳仕法史』はコンパクトで便利ではあるが、佐々井信太郎氏の『二宮尊徳法』の仕法部分のダイジェスト版にすぎない。
（10）川俣英一『幕末の農村計画—二宮尊徳の青木村仕法について—』（茨城県田園都市協会田園都市史料三集）
（11）飯島光弘氏執筆。
（12）前述のものの他、富田高慶『報徳記』、児玉幸多『二宮尊徳』、安丸良夫『日本の近代化と民衆思想』、日本思想大系五二巻『二宮尊徳・大原幽学』、木戸田四郎『茨城の歴史と民衆』などが重要である。また最近青木美智男『文化文政期の民衆と文化』の第五章にユニークな尊徳論が展開されている。

# 第一章　農村荒廃と尊徳仕法

## 一、関東地方における荒廃状況と尊徳仕法

青木村仕法の概況を述べる前に、簡単に関東地方の荒廃状況を知りうる史料を若干提示し、次に関東地方の人口動態を図表によって検討し、ついで青木村仕法の尊徳仕法の中における歴史的・地理的位置について確認しておきたい。

史料一は、二宮尊徳の直属上司にあたる真岡代官山内総左衛門が、嘉永三年（一八五〇）に、天保一四年（一

八四三）に着任以来の自己の支配下の村々、下野国芳賀郡、常陸国真壁・筑波両郡の村々の状況を述べたものの抜粋であるがそれによると、

常野三郡村々、享保之頃迄は、荒地も無之、相応之村柄に有之候処、延享年中より、累年凶作、疾病打続、連々困窮及び、天明六午年洪水、翌未年飢饉後は、別て離散、退転之もの多、次第に人数減少に従ひ、手余り荒地相増（中略）前々手余り荒地多之国、陸奥、常陸、下総、下野四ヶ国（中略）私支配所真壁郡壱万七千石余之儀は、一郡高拾弐万四千石余之内へ、悉入会有之、当時も極難村にて、皆畑荒地多分有之、七郡之内にては随一之困窮（後略）

（『二宮尊徳全集』二一巻九五〜六頁）

とある。すなわちこの史料によると、「享保の頃までは荒地もなく、村柄も安定していたが延享年中（一七四〇年代後半）より毎年のように凶作と流行病がつづき、村々は困窮し、特に天明六年（一七八六）の洪水と翌年の飢饉で、離散や退転の百姓が多くなり、人口が減少し、手余り荒地が増大したこと、幕領のうち手余り荒地が多い国は陸奥・常陸・下総・下野の四か国で、そのうち私（代官山内）の支配所真壁郡は、一七、〇〇〇石余であるが郡の石高一二四、〇〇〇石の中にことごとく入組支配があり、常陸七郡の中でも最も荒廃し困窮のひどい地域である」ことが判明する。

次に史料二であるが、この史料は天明八年の大飢饉の対策として出されたものである。

天明八年十二月　大目付へ

陸奥、常陸、下野国之内には近来格別人数相減、手余荒地も有之間、以来は右三ヶ国共人少之村方よりは

容易に奉公に不出筈に候。

（『御触書天保集成』八六七頁）

これによると、人口が減少し、手余り荒地が増大している陸奥・常陸・下野三か国の村々から奉公のため他国へ出稼ぎに行くことを禁止していることがわかる。

また史料三は、有名な『世事見聞録』の主要部分を抜粋したものであるが、文化九年（一八一二）頃の世相を次のように記している。

融通弁利の地は賑やかになりて、奸智を生じ、又不融通不弁利の地は人家減じ、荒地潰地のみ出来るなり。関東の内にも常陸・下野は過半荒地潰家出来たる由（中略）常陸・下野はさせる産業もなく不融通不弁利なる土地（中略）常陸・下野は格別に衰微したるなり。

（『世事見聞録』七〇～三頁）

これによると、「商品流通の盛んなところは益々にぎやかとなるが奸智の者を生じさせ、反対にそうでないところは人口が減少し、荒地や潰地がたくさんできる。関東の中でも常陸・下野は過半荒地や潰家ができているという。常陸・下野はさしたる産業もなく不融通不便利な土地だから格別に衰微したのである」ということがわかる。

以上の三つの史料により次のことがわかる。すなわち、関東地方の中で荒廃が最も激しかったのは常陸・下野で、その中でも青木村のある常陸国真壁郡がワーストワンであったこと。また打ち続く天災や商品貨幣経済の展開による農民層分解の進行の結果、離散、退転が増加し、潰地・潰家が増大し、人口が減少したことも判明する。荒廃に関してはもう少し述べたいこともあるが、ここではこれらを指摘するに留めたい。

次に第一表と第一図を左に掲げておく。ともに関山直太郎氏の研究に依拠したものであるが、関東地方の人口は安房国を除いて全般的に享保以降漸減の一途を辿り、ことに天明以降それが甚しくなり、天保五年（一八三四）には最低に落ち込んでいることがわかる。中でも史料一～三で点検したように、常陸・下野二か国の落ち込みぶりが注目される。享保六年（一七二一）を一〇〇とした場合、ともに約四〇パーセント減少しているのである。その後尊徳仕法その他の農村復興政策の成果もあり、漸増しているが、ここでは関東農村とりわけ常陸・下野二国の人口動態のおよその傾向を指摘するに留めたい。

次に第二図を左に掲げる。本図は小田原の報徳博物館のパネルを参考に作成したものであるが、尊徳仕法が行われた地域は荒廃の最も激しかった常陸・下野・陸奥南部を中心に西は遠州掛川から、北は相馬までかなり広い領域で展開されていることが判明する。[1]

次に第二表を左に掲げる。第三～四表、第三図と同じく茨城大の河内八郎氏の論文[2]からの引用であるが、河内氏によれば尊徳の生涯を六つの時代に区分されている。わが青木村仕法はこのうち桜町仕法時代の出来事で、尊徳が四〇代～五〇代のもっとも脂の乗り切った得意の時代に行われたものであることがよくわかるであろう。

ついで第三表を見ていただきたい。なおこれらの状況をわかりやすく立体的にあらわしたものが第四表であり、それを地図の上に示したのが第三図である。

これらにより次のことがわかる。尊徳仕法は、〝荒廃〟の最も激しかった常陸・下野の各村々で、幕領、谷田部・下館・烏山藩領、旗本領などの支配・領主の差別なく同時平行的に各地で施行されていたことが指摘できる。また青木村仕法は桜町仕法の第一期が完了し、ある程度の成功をおさめた直後の天保三年（一八三二）にスタートし、嘉永三年（一八五〇）まで他村に比べ比較的長期間にわたって施行されたことがわかる。そ意のあらわれか。それは次章の論述に譲ることとしたい。

のことは何を意味するであろうか。青木村の荒廃の程度が他村に比べより激しかったのか、または尊徳の熱

## 二、青木村仕法の概況

ここで簡単に、青木村仕法の概況を見ておこう。詳しくは後述するが青木村村民が尊徳に仕法を依頼したのは文政一一年（一八二八）が最初である。下野国芳賀郡西沼村丈八らの世話で、真岡代官の援助のもとに荒地開発を計画したが、堰改修費用三〇〇両を尊徳が出資することを前提としたプランであったためこの時は尊徳に拒絶されている。

次に青木村村民一同が仕法を歎願したのは天保二年（一八三一）である。この時も一度は拒絶されたが、茅を刈ることを教えられ、それを尊徳に買取ってもらい、その金で社寺や民家の屋根替えが行われている。

尊徳が仕法を引き受けるにあたっての前提条件であった領主川副氏からの正式な仕法依頼は天保四年に行われた。尊徳は早速青木堰の本普請を短期間で完成させ、世人を驚かせている。またこのころ青木村の分度が定められ、田方八〇俵、畑方永三四貫と決まり本格的な仕法が開始された。これが所謂青木村仕法の第一期で、天保一〇年（一八三九）に一応完了、家数は三九軒から六二軒に、人口は一八五人から三二三人に増加している。またこの年、川副領の他の九か村からも仕法依頼があり、まず加生野村で仕法が始まっている。

青木村仕法の第二期は天保一四年から嘉永元年（一八四八）までである。尊徳が献納金の立て替え払いをしたり、旧百姓と新百姓との間で村方騒動が発生したりし、借財が嵩む時期である。加之《しかのみならず》弘化三年（一八四七）には領主川副氏の江戸屋敷が類焼し、借財が益々増大している。そして嘉永元年、尊徳は多忙を理由に仕法をついに打ち切り、領主川副氏に対し仕法の引きとりを要請し、同三年、仕法は終結するのである。詳しくは第二章で詳述する。

## 三、尊徳の思想と仕法の原理

青木村仕法の具体的状況を検討する前に、尊徳の思想の形成過程と思想の原理についてその概要を述べておこう。(3)

二宮金次郎は天明七年(一七八七)七月、相模国足柄上郡栢山村《かやま》(小田原市栢山)に出生している。天明飢饉により農村荒廃が極点に達している時奇しくもこの世に生をうけたのである。当初の所持田畑は二町三反余と当時の農民としては比較的富裕な階層であったが、度重なる酒匂川の氾濫等によりそのすべてを手離し、父母を相次いで失っている。時に金次郎は一六才。伯父万兵衛の家で育てられたが、万兵衛からは徹底的な勤倹ぶり、合理主義を学びとっている。若年ながら「家」再興の悲願を立て、刻苦精励して荒地を開発し、油種を入手して燈油とし、棄苗を植えて米を得ている。いわゆる「積小為大」の原理を「自得」した訳であるが、この考えがのちの農村復興事業である「報徳」思想の淵源となるのである。そして徐々に質入田地を買い戻し、所有石高は旧に復している。しかしながら金次郎はそれに満足せず、田畑をすべて小作に出し、自らは小田原藩の重臣服部家に奉公に入り、独学で学問を学んでいる。このころ読んだ書物は、『大学』、『中庸』、『論語』などの儒教の書物や仏典などである。次に掲げるのは天保一三年(一八四二)の青木村の「報徳冥加金無利五ヶ年賦貸付準縄帳」に出てくるたとえ話の原典をいくつか列挙したものである。

○温故而知新→『論語』為政編
○一家仁一国興仁、一家譲一国興譲→『大学』伝の九章
○辟如行遠必自邇、如登高必自卑。又曰、無欲速、無視小利。→『中庸』一五章
○挙直錯諸柱、能使枉者也。→『論語』顔淵編
○舜有天下、選於衆挙皐陶、不仁者遠矣、湯有天下、選於衆挙伊尹、不仁者遠矣。→『論語』顔淵編

○財散則民聚↓『大学』
○述而不作、信而好古、竊比於我老彭↓『論語』述而編
○斉一変至於魯、魯一変至於道↓『論語』雍也編
○謹権量、審法度。敦厚以崇礼↓『中庸』二七章
○天命之謂性、率性之謂道、脩道之謂教、道也者不可須臾離也、可離非道也。↓『中庸』第一章
○知止而后有定、定而后能静、静而后能安、安而后能慮、慮而后能得↓『大学』経一章
○其本乱而末治者否矣。↓『大学』経一章
○君子喩於義、小人喩於利。↓『論語』里仁編
○凡事予則立、不予則廃↓『中庸』
○以徳報徳↓『論語』憲問編
○老者安之、朋友信之、少者懐之。↓『論語』公治長編

一読して明らかな如く、『大学』、『中庸』、『論語』からの引用が多い。[4]尊徳の思想はこの他、神道・仏教の思想の影響もみられるが、自ら自分の教えを「報徳の教え」と呼び、「神儒仏正味一粒丸」[5]と規定している。しかもその引用の仕方は自らの体験の中で「自得」した、独特の、よくいえばユニーク、悪くいえば我流の解釈で、三教が混然と一体化した折衷の考えが報徳思想といえよう。

次に、報徳とは何かを考察すると、通説では天保二年（一八三一）、小田原藩主大久保忠真が日光からの帰途、下総結城に一泊した時尊徳と面会し、「汝のやり方は徳を以て徳に報いる」方法だと尊徳の事業を称賛したことから使われたという。[6]「以徳報徳」は先に列挙したものの中にも含まれているが、『論語』憲問編に出てくる言葉で、尊徳はこれ以降自らの農村復興施策を「報徳仕法」と呼ぶようになったと伝えられる。

また、仕法とは何かというと、物事のやり方、手段のことで、個人の家の借財整理や、青木村のような一村の復興策、小田原・烏山・谷田部・相馬藩や、日光神領などの広範囲の村々の復興策、旗本や大名の家政改革、財政改革をすべて含むものである。

なお報徳の仕法の中で忘れてならない独特の用語に、「分度《ぶんど》」と「推譲《すいじょう》」がある。尊徳のいう「分度」は、経済上の分度のことで、現在の収入を天分とみて、その範囲内で支出の度合いを定めることをいう。仕法の場合、例えば過去一〇か年の平均収支を算出し、その範囲内で経常することをいう。尊徳はこれを個人は勿論、一村規模又は一領主、はては一国単位で行おうとした点に特徴がある。領主がこの分度を守れば復興資金も自ら捻出でき、生産力が増大し、財政も安定し、領民の生活も安定させることができるというのである。

一方、「推譲」とは、推し譲るということである。勤労の産物を分度をたてて消費し、分外（分度をこえた部分）を将来のため譲り残し世のため人のため、救民撫育、荒地開発のため推し譲るというのである。

この他天道と人道など重要な考えもあるが紙数の関係で省略する。以上極めて大雑把に尊徳の思想を略述したが、尊徳の教えは具体的でわかりやすく、通俗的かつ土俗的なものである。農民出身の尊徳は土に密着した思想家であり、経験主義的な教育家であり実践家である。またしたたかな農民土着思想の持ち主で、理想主義者であるとともに徹底した合理主義者、現実主義者でもある。また限定つきではあるが唯物論的な考えの持ち主であり、同時に計画経済の実践者でもあったのである。

註

（1）明治以降は北海道、満州＝中国東北部、ハワイ、オーストラリアにも広がっている。

（2）河内八郎前掲論文。

（3）参考までに尊徳の略年譜を左記へ掲げておく。なお以下の略伝は前掲拙稿を参照。

二宮尊徳の略年譜

| | | |
|---|---|---|
| 天明七 | 一七八七 | 相模国足柄上郡栢山村（小田原市）にて出生。 |
| 寛政三 | 一七九一 | 酒匂川堤防決壊。父利右衛門の田畑殆ど荒地となる。 |
| 一二 | 一八〇〇 | 父死（四八）。薪を刈り、草鞋を作り、一家四人の生計をたてる。 |
| 享和二 | 一八〇二 | 母よし没（三六）。一家離散。金次郎は伯父万兵衛の家に入る。油種を入手して燈油とし、棄苗を植えて米を得る。⇩積小為大の道理を体得。 |
| 文化三 | 一八〇六 | 亡父の質入地田を買い戻す。（九畝一〇歩）⇩六年、七年にも買い戻す。 |
| 九 | 一八一二 | 服部家の若党となる。（一二年、服部家の家政改革を依頼される。） |
| 文政元 | 一八一八 | 藩主大久保忠真より酒匂河原にて賞せらる。 |
| 二 | 一八一九 | 妻キノ（二二）と離婚。（一八一七に結婚） |
| 三 | 一八二〇 | 波子（一六）と結婚。この年、桝の改正を建議。また、低利助貸法、五常講をつくる。 |
| 四 | 一八二一 | この頃、小田原の分家宇津家（下野桜町四、〇〇〇石）の復興を依頼される。名主役格五石二人扶持。 |
| 六 | 一八二三 | 家財を売却して桜町へ。無利息金貸与、道路、橋、屋根等の修理、荒地開発、投票により耕作出精人表彰を行う。 |
| 一〇 | 一八二七 | 豊田正作赴任。障碍多し。 |
| 一二 | 一八二九 | 成田山にて断食祈願。桜町へ帰る。 |
| 天保二 | 一八三一 | 結城にて忠真とあう。忠真より汝の方法は以徳報徳と賞せらる。 |
| 五 | 一八三四 | 忠真、勝手掛りとなり、老中首座となる。 |
| 六 | 一八三五 | 細川氏の分家谷田部・茂木の仕法を依頼される。（一六、〇〇〇石） |
| 七 | 一八三六 | 桜町興復。一五年で九〇〇俵より三、〇〇〇俵に増加。 |
| 八 | 一八三七 | 小田原救済。烏山（小田原の分家。四万石）仕法始まる。 |
| 一三 | 一八四二 | 水野忠邦の命により、幕府の御普請役格（二〇俵二人扶持）となる。利根川分水路、印旛沼治水視察。 |
| 弘化元 | 一八四四 | 日光神領荒地開拓を命ぜらる。 |
| 嘉永三 | 一八五〇 | 日光仕法実施。 |
| 安政三 | 一八五六 | 御普請役（三〇俵三人扶持）となる。この年没（七〇）。 |
| 四 | 一八五七 | 二宮弥太郎（三七）、父の跡を継ぎ、御普請役となる。 |

（4）他に『春秋』、『礼記』、『詩経』、『孝経』、『書経』などの引用は所々に見られるが、好戦的な『孟子』は全く見られない。肌が合わないのであろう。

（5）『二宮翁夜話』二三一

（6）佐々井信太郎前掲書。

## 第二章　青木村仕法の内容と結果

### 一、青木村仕法第一期

常陸国真壁郡青木村（茨城県同郡大和村青木）は、はじめ宇都宮氏、浅野氏らの所領であったが、元禄頃は幕領に編入された。石高は八五八石九斗七升、反別は一〇五町八反二畝七歩、戸数は元禄頃は一三〇軒であった。この青木村が旗本川副氏の所領となったのは宝永五年（一七〇八）のことである。[1]第五表は領主川副氏の知行地一〇か村の一覧表で、[2]第四図はそれを地図の上に落としたものであるが、それによると、川副氏の知行高は一、五五〇石で、知行地は現在の二県（茨城県・埼玉県）一市（石岡市）三町（八郷町、明野町、白岡町）一村（大和村）にまたがっていることがわかる。また青木村は川副氏の知行村の中では最大の石高の村であることもわかる。

次に史料四であるが、この史料は尊徳に青木村村民一同が二度目に仕法を依頼した時のものであるが、[3]これによると天保二年（一八三二）の七、八〇年前（宝暦頃）までは戸数一三〇軒であったものが、用水堰が大破したため村方が困窮し、田畑は荒地となり、天明七年（一七八七）には三一軒中三〇軒が焼失（別の史料によると残る一軒の者は逃亡）し離散または死潰し、現在ようやく三〇軒だけが残っている。しかしすべて危迫者ばかりである。従って「御百姓相続」のため「一村御救い」を尊徳に願い出た時のものである。この願いを前述（第一章第二節）の如く尊徳は拒否し、かわりにまず自村の足許の茅を刈ることを要求、村民らは不服ながらも三日間で一、七七八駄を刈ったところ、尊徳はこれを一四両で購入し、桜町の農民を派遣してこの茅と代金で民家二五軒の屋根のふき替えを行わせたのである。このことは何を意味するかというと、無から有を生じさせることすなわち「積小為大」の原理の実践と、勤労に対してはその反対給付として金銭を与え、そのことによって勤労意欲を高めようとしたのである。

また堰普請の依頼に対しては尊徳は、堰普請は本来領主である川副氏の仕事であり、領主川副氏の正式の依頼書がない限り一私人にすぎぬ自分は本普請ができぬとこれを拒否している。このもっともな尊徳の要求に対して出された正式の依頼状が史料五である。[4] それによると、「用水大破につき荒地が多分となり一村亡所同様であるから荒地の開発を御頼申」という内容である。これに対し尊徳は直ちに史料六にある内容について調査を要求する。[5] その主な質問内容は、青木村の田畑比率、荒地率の見積、年貢の具体的変遷、困窮化のプロセス、人口・戸数の減少過程のデータ等である。また別の史料から、領主からの依頼は、表向きは荒地開発のみであるが、実際は用水堰普請、入百姓人別増などの抜本策を含む村柄取直し趣法であったことが判明する。[6]

この尊徳の要求は領主より正式に荒廃村の復興を依頼された訳であるから当然の要求ばかりであるが、この史料より次のことがわかる。

①、旗本川副氏の領主権の事実上の消失。年貢徴収の請負を尊徳に依頼。
②、尊徳の科学的歴史観、合理主義、経験主義的な側面。

この要求に応じて村側は当時現存するすべての検地帳・人別帳・年貢関係史料等の写を提出する。それらにより作成したのが以下の諸表である。まず第六表は、寛永の検地帳や割付状の写から作成したものである。[7] これによると、田方荒は寛政期が一番ひどく約六三%の荒廃状況、畑方は天保二年（一八三一）がワーストで全体の約三分の二が荒廃していたことがわかる。また第七表は承応三年（一六五四）から天保三年（一八三二）までの田畑貢租の推移を見たものであるが、[8] 畑永に比べ田租の落ち込みぶりが注目される。

次に第八表は文政六年（一八二三）から天保三年（一八三二）の一〇か年分の米永の収納額である。[9] 米が豊凶により差が激しいのに対し、永は文政九年までは約三〇%の荒地引があるがそれ以降はそれもなくなり、ほぼ永三四貫文で固定していることが指摘できる。

また第九表は承応三年（一六五四）から安永二年（一七七三）の一二〇年間の米永の平均値、寛政五年（一七九三）から文政五年（一八二二）まで三〇年間の平均値、そして文政六年（一八二三）から天保三年（一八三二）まで一〇年間の平均値をまとめたものである。(10) 尊徳はこれらの調査をふまえ、青木村の分度を米八〇俵、永三四貫と定め、これをこえた分は分外として報徳仕法金として推譲することに決めたのである。換言すれば領主川副氏の年貢取り分は米八〇俵、永三四貫として固定され、それをこえた分は尊徳の取り分＝報徳仕法金＝荒地開発復興資金、種籾代、鍬代購入費用等として尊徳が管理運用する資金となったのである。

以上のようなデータを蓄積した尊徳は青木村の現状を正確に把握し、この村の復興に要する費用他を試算した見積り書、再建計画書を作成するが、それをまとめたものが第一〇表である。(11) これによると、生地（現在耕作可能地）が約三〇％、荒地が七〇％（総反別の三分の二強）、復興費用は最低に見積って二、八三六両と算出している。その内訳は開発賃金、扶持米、入百姓入植費用、道路費その他である。ところがこの村の年貢米金は金に換算して年一四五両余であるからその約二〇倍にあたる二、八〇〇両余も投資したのではその借金の利息年利一割を払うことも無理で、「入用金致借用、元利相嵩候ては、返納之出道無御座、御損毛に罷成、却て迷惑可被成候」と当初は否定的であったのである。(12) ところが引き受けた以上、まず今の状態を何とかせねばならぬと思い立った尊徳は、天保四年（一八三三）三月三日初めて青木村を視察し、同三月七日に井堰の築造に着手、そして古民家を桜川に沈めてそのまわりを石や木で支えるといった奇想天外な方法で三月二〇日にははやくも堰を完成させたといわれている。詳しくは佐々井信太郎氏の『二宮尊徳伝』や富田高慶の『報徳記』に譲るが、費用は僅か六〇両余だったといわれている。そしてこの年、はやくも水田一四町一四反余りの起し返しに成功する訳である。

次に第一一表であるが、年貢米八〇俵の納入（天保七年は飢饉のため全免）の他に、借財返済用の作取米が年貢の二～四倍あることに注目される。[13]この分外の作取米（剰余分の米）は冥加金という形で尊徳個人の投下資金の利息の支払いと、借入金の年賦、及び仕法金として次年度の開発資金として再投下される訳である。資料が不十分なため十分な説明が出来ないが以上によって青木村仕法の第一期がある程度の成果をあげたことは理解できたと思う。なお佐々井氏の試算によると、天保五年（一八三四）から一一年までに、一五町五反を再開発し、溜井を掘り、家作屋根替をし、人夫のべ四、〇〇〇人余を投入し、その費用として七七〇両余を支払い、冥加永は二一八俵に達したとのことである。また第一二表でわかるように、戸数は三〇戸から六二戸へと倍増し、人口も一五六から三二九へと倍増している。[14]このように青木村仕法第一期はある程度成功をおさめたため、桜町についで仕法地の模範例となり、全国各地から見学者が多数やって来たといわれている。またこの成功に気をよくした領主川副氏から尊徳は知行地一〇か村全村の仕法を依頼され、それにも取り組みを始めたのである。[15]

## 二、青木村仕法第二期

第一期、第二期の画期は『二宮尊徳全集』及び『尊徳伝』の編著者佐々井氏によれば天保一四年（一八四三）である。そしてそれまで順調に進行していた仕法が〝挫折〟し、そのとりまとめをする時期でもある。

まず領主財政についてみると、仕法の結果低いながらも安定をみたものの、天保一〇年～一三年の四年間に、二〇〇両余の赤字を出している。そのため責任を村々に転嫁し、天保一四年（一八四三）二月に村々に献納金を命じている。[16]第一三表がそれであるが、総計三四一両二分のうち青木村は約四〇％にあたる一三五両を二宮尊徳が立て替えて支払っている。そして後述するようにこの立て替え分の支払いをめぐって尊徳と青木村村民の対立が始まるのである。

また天保一四年、水野忠邦による日光社参の助郷人馬費用（石橋宿詰人馬）が嵩み、それをめぐって川副氏の江戸屋敷に度々出訴したため費用が嵩み、同年に水戸藩役所に四人の者が越訴を行う事件が発生しているが詳細は不明である。またこの年の六月、名主館野勘右衛門の母の葬礼の時、古百姓と新百姓の衣服の問題で村方騒動が発生している。詳細は省略するが、新百姓（移住農民）が裃を着用した件で訴訟合戦が展開され、このため負債総額が一五五両余となったのである。

こうした訴訟の連続と、仕法金・冥加金納入の遅れが続いたため尊徳は幕府の御普請役格になったことを理由に、各大名・旗本の仕法の辞退を申し出ている。結局は川副氏ら各家が勘定奉行に歎願し継続が許可されているが、このとき青木村総百姓も慰留歎願のため天保一四年一一月一一日桜町へ赴き、尊徳の前で仕法の趣意を守ることを誓っている。これに対し尊徳は最初に、村方百姓の借財状況と困窮状態を徹底的に調べさせている（第一四表）。[16]そして大借一一、中借三六、無借一四の三階層に区分している。また困窮状態をみると、暮方差支無之百姓は一七、暮方夫食不足中難の百姓二六、不足極難百姓一六とこれまた三区分をしている。

青木村の階層構成は、名主館野氏が三八石で最高、二〇～二九石が三人、一五～一九石が一二人、一〇～一四石が一八人、五～九石が一六人、〇～四石が四人で、一〇～二〇石の中農層が大部分である。しかし個人別にみてみると、借財の有無、困窮状況は石高所持とはあまり相関関係がないことがわかる。

これに対して尊徳が考案したのは永安仕法である。この仕法の計画は六〇か年計画で借財を返済し、村方を安定させるという壮大なもので、日掛縄索趣法、積小為大、入札による出精奇特人の選出、それによる無利子の金子貸付、報徳金の運用方法などが提示されている。史料九は名主で苗字帯刀御免となり在地代官役となった館野氏が右の趣旨に賛同し、一九四両の私財を推譲した時の史料であるがこれによると、[17]第一期仕法の頃無利息金拝借、荒地開発、用悪水橋普請、入百姓人別増、分家取立策などの〝御救〟により、四町七反三畝歩の所持田畑が一三町五反七歩となり、弟二名も御百姓に取立てられた云々の記事に続き、増加した分を推譲分として報徳土台金に加入させて欲しい旨の申し出である。しかし他にもこの館野氏のような人物が続々と出現すればこの永安仕法は成功したであろうが、惜しくもこの仕法は打ち切られてしまった。この時期の事蹟としては、田七反、畑一三町六反の起し返しと、弘化二年（一八四五）の大堰修理しか見るべきものがなく、その上領主の江戸屋敷が類焼したため長屋の献納などを行わねばならず、借財は益々嵩んで六〇一両余となり、ついに仕法は行き詰ってしまったのである。

## 三、仕法の終結

天保一四年の紛争の際、尊徳は和解の条件として帰発田は三か年間作取りとし、仕法金（冥加永）の返済を猶予したが、三年たったのちもこの約束は守られず、また尊徳が立て替えた一三五両の献納金の返済も行われなかった。そこで尊徳は村役人らに対し督促を度々行っている。そしてついにこの仕法金の返済をめぐって尊徳と村民の間で対立が始まっている。紙数の関係で要旨のみ述べると、献納金・仕法金の支払いを不満とした村役人以外の中下層農を中心とした三七名の村民は明神山に四日間こもって集会を開き、納入拒否のストライキを行っている。[18] 結局は村民側が折れ、詫証文を書いて年賦延納の形で納入することとなり内済となっているが、この村民と尊徳との直接対立はおそらく尊徳仕法中の唯一の例と思われる。この頃尊徳が川副氏の用人にあてた手紙の中に、「悪人共増長いたし其余類も集り、大塩騒動類の仕方（中略）右様の異変生じ候ては仕法の穢、何分難捨置」とあるのに注目される。[19] ここに尊徳の本音の一部が見られ、その限りにおいて彼の階層的立場及び思想的限界性が見られぬこともない。しかし一方尊徳は川副氏の役人とも頻繁に手紙のやりとりを行ない、徹底的に彼らを批判している。[20] そして仕法の引き取りを要求し、ついに川副側は嘉永元年（一八四八）に引き取りに応じ、同三年に仕法は継続されることなく終了してしまったのである。[21]

## おわりに

以上、主として佐々井氏の『二宮尊徳伝』と川俣氏の論稿、『大和村史』をベースにして、大藤修氏の論文に依拠しつつ若干私見をまじえながら青木村仕法を概観してみた。佐々井氏はこの青木村仕法を、「荒地開墾、大堰完成、借財返済の面では成功、成績も顕著で多数の参観者が来訪」と評価され、但し仕法が途中で終結したのは川副氏の分度がたたなかったからだと断定している。また児玉幸多氏も『前掲書』において青木村仕法は失敗とみておられ、ほぼ同意見のようである。一方川俣氏は青木村仕法を、茨城県で行われた村を対象とする最も早い農村計画として一定限度の評価はされているが、要するに尊徳は「前期資本家」で「領主のための封建的農村更生計画」に過ぎず、仕法にはからくりが多く、尊徳の言動はスタンドプレーが多い云々の〝偏見〟に満ちた論稿であるように思われる。その他大藤氏も指摘される如く、マルクス主義の教条主義的適用や、史料の誤読、誤用も多いように思われる。

一般に、二宮尊徳ほど毀誉褒貶の激しい人物はなく、評価も両極端に分かれることが多い人物は少ないが、私は次のように考えている。

青木村一村の仕法を微視的に捉えた場合、仕法は種々の事情により途中で挫折し、中断しており、現象的には〝失敗〟であるが、そのプロセスを虚心にみる場合、尊徳の農村復興にかける熱意、バイタリティ、農民に対する深い愛情[22]にもとづく長期計画には素晴しいものが見られる。また、村方文書を網羅的に検討し、歴史的に遡って考察しており、単なる机上の空論ではなく、現実的で説得力のある計画書(マニュアル)を作成し、しかもそれを自らが先頭に立って実践している。そしてそれらのうちいくつかは見事に開花しているのである。入百姓による人口増、荒地開発、用水堰建設などがその成功例としてあげられる。百姓一揆という非合法闘争とは違った形で、ある意味ではそれよりはるかに困難、多難な農村復興運動に私財を投げうち六

○年間のほぼ全生涯を捧げつくした社会事業家としての尊徳は今以上に再評価されてしかるべきと思われる。(23)
明治以降、尊徳は色々な形で利用されたため、少年期の金次郎の如き虚像が形成され、種々の誤解も生まれたが、全三六巻に及ぶ『全集』をひもとくと、彼が日夜寝食を忘れ農村復興に没頭したことがよく理解できる。有名な「予が書翰を見よ、予が日記を見よ、戦々競々深淵に臨むが如く、薄氷を踏むが如し」という尊徳の言葉がある。死の直前に書かれた彼の日記の一節であるが、彼の正直さ、真面目さが吐露された含蓄のある文句である。

残された課題はまだあまりに多く、とても書き尽せない。本稿を土台として更に二二巻を読破し、今後少しずつ肉付けをして行きたいと思う。

註

（1）『寛政重修諸家譜』巻四四九

（2）埼玉県史編纂室編『旧旗下相知行調』

（3）史料四　天保四年二月「青木村御趣法御土台帳」より。

乍恐以書付奉願上候事

一川副勝三郎知行所、常州眞壁郡青木村、名主、組頭、百姓一同奉願上候、私共村方之儀は、凡七八十年以前迄は、家数百三拾軒御座候処、櫻川用水関口満水之節及大破、終に御普請不被爲行届、用水無御座故、村方追々致困窮、田畠荒地に罷成、冬枯に至り、野火付致焼失離散仕、又は死潰、漸三拾軒計相殘、夫迚も危迫者而已に罷成、当卯年之儀は、御年貢米六拾五俵永三拾四貫四百文三分四厘に相成、誠に以、村方一同当惑至極仕居候処、眞岡御支配所村々、荒地開発入百姓、共外種々御救御用捨被下置、猶又近年桜町御知行所村々、右同断御救被下置立直り、難有仕合奉存候、右御趣法之趣を以、私共御地頭所様へも奉願上候処、如何様にも被成下度被　思召、御知行立直り工風存分可致旨被　仰付候に付、去ル子年以来、隣村西沼村組頭丈八を以、御内々御歎奉申上候儀は、若用水掛り手段、其外立直方も可有御座哉、御内見被下置度、兩御役所様へ奉願上置候処、田口五郎左衛門様御手代、内田金兵衛様御病死被遊、其後御支配代り旁相流居、次第に困窮彌増、何分御百姓相続相成兼、無拠又々御地頭所様へ奉願上候処、用水堰普請手段可仕旨被　仰付、御状も持参仕候間、何卒格別之　御慈悲を以、一村御救之ため、御内見被下置、若立直儀も御座候はゞ、如何様にも取計、先年之通り御百姓相続仕度奉存候間、右願之通被　仰付被下置候はゞ、重々難有仕合に奉存候以上。

常州真壁郡青木村

下組百姓

天保二辛卯年十一月晦日　吉左衛門印

仙　吉印　定右衛門印

友　吉印　重　兵　衛印

元三郎印　岩　　吉印

周　蔵印　平次右衛門印

常　治印　茂　十　郎印

助右衛門印　岩　　蔵印

五右衛門印　芳　兵　衛印

鹿　蔵印　元右衛門印

上組百姓

與右衛門印　嘉　兵　衛印

源兵衛印　直　　松印

国　吉印　清　　吉印

新　吉印　嘉左衛門印

伊兵衛印　繁　　蔵印

儀兵衛印　長左衛門印

利左衛門印　彌　　六印

名主

柳　蔵印　同

組頭

勘右衛門印　同

喜　輔印　善　　六印

百姓代

勇　助印

野州桜町御役所

二宮金次郎様

『全集』22―236

（4）史料五　川副氏よりの仕法依頼状

御頼申一札之事

一勝三郎知行所常州真壁郡青木村用水、並溜井等有来候処、数年捨置大破に付、手入手段も可有之処、村方困窮故不行届、次第に荒地多分に相成、一村亡所同様に相成、難渋百姓共難行立候に付、数度貴所様御趣法受、荒地開発仕度段、村方一統願に付、右御趣法を以開発御手段御世話被下候様御頼申上候、尤御趣法に付、何事も御差図不相背様、百姓共へも急度可申付候、依之勝三郎より御頼印紙差上申候、仍て私共より一札差上申処如件。

川副勝三郎内
天保四癸巳年二月　金　澤　林　蔵印
並　木　柳　助印

宇都釩之助様
御附人桜町にて
二宮金次郎様

当知行所常州真壁郡青木村之儀、桜川用水堰、並溜井共手入等行届兼、次第に田畠荒地等多分に相成、百姓次第に困窮致し、一村亡所同様に相成、投ケ《ママ》者舗存候、幸御自分隣村へ御出役にて、右趣法之趣村方より具に承り、右之趣法ヲ以当青木村開発之儀世話御頼申度候、尤趣法中百姓共へも申聞、不依何事差図爲相背申間舗候、仍而御頼申処如件。

二　月
勝　三　郎印
二宮金次郎殿

『全集』22—236

（5）史料六　尊徳から青木村への質問状

古今村柄之姿有躰致承知度候事

一其村方高何百何拾何石、但し田勝に候哉畑勝に候哉、委敷致承知度候事。

一田畑惣反別之内、生地凡何拾何町何反歩、荒地何十何町何反歩、見積可被差出候事。

一古へ村方一統無難に御百姓仕罷在候節、御年貢米永小物成共凡何程相納候哉、猶又当時納辻何程に候哉、荒増致承知度候事。

一其村方古へ繁栄仕候頃より、追々致困窮、当時之姿に形行候迄、盛衰之書類等有之候はゞ、爲心得致一覧度候事。

一古へ凡家数何十何軒、人別何百何十人有之候処、追々逃去死潰、当時残家数何十何軒、人別何十何人有之候哉之段、有躰致承知度候事。


右者其村方用水堰普請、荒地開発、入百姓人別増、村柄取直趣法、去ル子年以来追々歎願有之候処、当方繁多に付、相断置候得共、猶又今般其筋御役人中は勿論、川副勝三郎様より、御直書ヲ以、御頼被　仰入候処、隣国とは乍申、小田原勤番而已にて、土地一円不案内之儀に付、無余儀前々之姿有躰之模様相尋申條如斯御座候。

天保四癸巳年二月　二宮金次郎

川副勝三郎様御内

並木　柳助様

金澤　林蔵様

(6) 『全集』22—236

史料七「承応三年より天保三年までの青木村割付写」より。

(前略)

此平均米貳百八拾壹俵壹斗四升壹合貳勺貳才、永六拾四貫九百拾三文四分貳厘五毛

右者其御知行所、常州真壁郡青木村之儀、連々人少致困窮、桜川高堰及大破、用水之便りを失ひ、荒地に罷成り、暮方不行届、或は逃去り又は死潰、既に退転亡所同様罷成り、取直方術計尽果、無余儀趣を以、去ル文政十一子年より、荒地起返窮民撫育、絶家取立、人別増、難村旧復之仕法、達て歎願申立候得共、不容易儀に付、堅相断置申候得共、年々歳々止事得ず歎願申立候に付、無余儀古語ニ曰、温故而知新。と宣へり、去ル承応三甲午年より、安永二癸巳年迄百貳拾年之間、内百五年割付無之分相除、残り拾五ケ年割付有之分、米永取調致平均見候処、米貳百八拾壹俵壹斗四升壹合貳勺貳才、永六拾四貫九百拾三文四分貳厘五毛と相成申候処如斯御座候以上。

桜　町　・

天保三壬辰年　二宮金次郎

『全集』22—155

(7) 川俣氏の前掲論文を修正増補。

(8) 川俣前掲論文より。

(9) 川俣前掲論文を修正増補。

(10) 「青木村御割付写」(『全集』二二巻、一五一〜五ページ)による。

(11) 川俣前掲論文を一部修正。

(12) 『全集』二二巻、五一ページ。

(13) 川俣前掲論文より。

(14) 右に同じ。

(15) 史料八　天保十年　青木村荒地起返難村旧復仕法御頼議定書扣

武州埼玉郡

白岡村

同州同　郡
　下大崎村
常州新治郡
　根本村
同州同　郡
　川俣村
同州同　郡
　加生野村
同州同　郡
　柴内村
同州同　郡
　金指村
同州真壁郡
　成井村
同州同　郡
　中根村

右は当知行所九ケ村之用水、並圦樋溜井等有之候処、自普請手入等不行届、水旱共田畑へ相障り、次第に荒地等出来、村方難渋に及、別て加生野村、柴内村、金指村、成井村、中根村之儀、困窮難行立、歎ケ敷存候間、貴所様御趣法を以、荒地開発困窮難渋之村方立直り候様、御趣法之程御頼申上候、右御趣法中何事も御差図相背申間鋪旨、村々へ急度申渡置候、依之御頼一札如件。

木俣豊次郎
　爲重（花押）
天保十亥年
金澤林蔵
　吉久（花押）

二宮金次郎殿

前書之通村々困窮に付、村柄立直り候様御趣法頼入候以上。
川副勝三郎
　頼紀（花押）

『全集』22―16～17

（16）天保一四年「御地頭所へ村々献納金取調帳」により作成。

（17）史料九　館野氏の永安法加入願書

御救帰発田高反別並代金小作浮徳米取調書上帳

（前略）

当村方、連々人少致困窮、退転亡所同様罷成、何分離捨置、荒地開発、村柄御取直御趣法奉歎願候処、格別之以御仁恵、無利据置金御拝借、被仰付、荒地開発、用悪水道橋御普請始、入百姓人別増、分家御取立、新家作、農具料、夫食種穀、肥代、借財返済、其外種々之御救に基き、人気相進み、荒地有増起返り、家数人別共、追々相増、一村立直り、殊に私身分之儀は、親先祖より伝受候家株、田畑反別四町七反三畝歩所持罷在候処、夫迚も天水而已、二年三年に一度も難致熟作、畑方之儀も前後左右之荒地より、茅之根、萱之根生え込、手入不行届致難渋居候処、御趣法に付壱反歩起せば、壱反歩丈け之賃金扶持米等迄、被下置候。御仁恵に基き、或は切起し、又は買請候田畑八町八反四畝歩、都合反別拾三町五反七畝歩、其外弟竹重、才兵衛共田畑は勿論、新家作被成下置、預御取立に、尚又御地頭所よりは御趣法向出精に付、地代官被仰付、御給扶持、並御大小御上下迄頂戴仕、子孫永久之幸い、冥加至極に付、御開発被成下置候田畑、作り立之儀は勿論、平生節倹を盡し、抛万事、御趣法御土台金御返上納仕、可奉報、御恩澤之処、前条之通私始、村方一同田畑起返り、米穀取増、暮方立直り次第、祝儀不祝儀、吉凶共、万端数年困窮致し居候弊風崩し、去卯年之儀も、衣類着用之差別を論じ、御地頭所迄奉掛御苦労候段恐入、夫に付多分之諸雑費相掛り、村方一同借財相増、暮方立直り兼候躰、深く被遊御歎息、出格之以御手段、御趣法以来、御開発被成下置候田畑銘々暮方立直り候処、作り取被仰付置候。御趣意を不辯、一己之思慮を以、当辰年毛附等致差図、村役人迄一同、御仁恵を致忘却候段、御理解被仰聞、奉恐入、銘々家株田畑差上候外無御座旨致承服、奉歎願候得共、全ク私壱人之心取違候所行より事起り、何様被仰付候共、一言之申訳無御座奉恐入候。依之別紙奉願上候通、御趣法以来預　御恵に候御役儀格禄之儀は、不及申上、家株田畑作徳米、並村方貸付金共、不残取纏ひ、御趣法御土台金御返上納仕、奉報御恩沢度段、家内之儀は不及申上、親類縁者一同熟談之上、御地頭所へも願立候処、御聞済に相成候間、格別之御恕察を以、志願之趣被為聞召譯、御土台金に御加入被成下置候上は、前々所持仕り来り候田畑四町七反三畝歩作り立、渡世仕り候はゞ、眼前去ル天保二卯時以来、御開発被成下置候田畑より、産出候無盡之米穀、年々余計に罷成、不述言語して、御余徳も相顕れ、暮方内外致潤沢、人気立直り可申候。然ル上は、一村亡所同様罷成居、無余儀、御趣法奉歎願候初発に立戻り、一同勤農仕候はゞ、最早相開居候御田地之儀に付、忽ち致古復、永久御百姓相続可仕と奉存候間、何卒格別之以御憐愍、書面之通御趣法以来、御開発被成下、頂戴仕候田地、並質地取置候分共、御土台金に御加入被成下置候様奉願上候処、右願之通被仰付、私儀は不及申上、大小之御百姓一同相助り、重々冥加至極難有仕合奉存候以上。

弘化元甲辰年十二月　青木村願人　勘右衛門　印

（他八人連印）

二宮金次郎様

（『大和村史』三五五～六ページ。館野家文書）

(18) 尊徳は立替払い分の代金の要求をするのは当然と考えたのに対し、村民らは村財政は尊徳が一手に握っているのだから献納金も村でなく尊徳が払うべきだと考えた。
(19) 『全集』七巻、一〇三八ページ。
(20) 『全集』二二巻　一〇二三〜一一二七ページ。
(21) 但し、完全に断絶したのでなく、尊徳と一部の上層農との交渉は尊徳の死の前年、安政二年（一八五五）まで続いている。
(22) 尊徳自身が農民出身で、小田原藩の下級武士から幕府の役人に登庸された訳であるが書簡、日記には農村に対する深い愛情が読みとれる。勿論尊徳が愛したのは〝勤勉な農民〟であるが、〝惰農〟も完全には見捨ててはいない。
(23) 江戸時代の人物で彼に比肩しうるのは大原幽学のみで、後世に与えた影響は二宮尊徳が最も大きいと思われる。

## 付記

本稿は一九八六年五月一二日、学習院大学史学会第二回大会で報告した内容をまとめたものである。なお拙宅での十数回に及ぶ研究会や現地調査等の際に種々激励かつ協力して頂いた徳川林政史研究所の大友一雄、早大大学院の斎藤善之両氏に深く感謝する次第である。

第１表　関東八国の人口の変遷

| 国名＼年次 | 享保６年 | 寛延３年 | 宝暦６年 | 天明６年 | 寛政10年 | 文化元年 | 文政５年 | 文政11年 | 天保５年 | 弘化３年 | 明治５年 |
|---|---|---|---|---|---|---|---|---|---|---|---|
| | 人 | | | | | | | | | | |
| 相　模 | 312,638<br>（100） | 310,796<br>（99.4） | 305,569<br>（97.7） | 279,427<br>（89.4） | 277,211<br>（88.7） | 278,068<br>（88.9） | 269,839<br>（86.3） | 289,376<br>（92.6） | 294,009<br>（94） | 303,271<br>（97） | 356,638<br>（114.1） |
| 武　蔵 | 1,903,316<br>（100） | 1,771,214<br>（93.1） | 1,774,064<br>（93.2） | 1,626,968<br>（85.5） | 1,666,131<br>（87.5） | 1,654,368<br>（86.9） | 1,694,255<br>（89.0） | 1,717,455<br>（90.2） | 1,714,054<br>（90.1） | 1,777,371<br>（93.4） | 1,943,211<br>（102.1） |
| 安　房 | 115,579<br>（100） | 158,440<br>（137.1） | 137,565<br>（119） | 125,052<br>（108.2） | 133,513<br>（115.5） | 132,993<br>（115.1） | 139,662<br>（120.8） | 140,830<br>（121.8） | 144,581<br>（125.1） | 143,500<br>（124.2） | 154,683<br>（133.8） |
| 上　総 | 407,552<br>（100） | 453,460<br>（111.3） | 438,788<br>（107.7） | 388,542<br>（95.3） | 368,831<br>（90.5） | 364,560<br>（89.5） | 372,347<br>（91.4） | 362,411<br>（88.9） | 364,240<br>（89.4） | 360,761<br>（88.5） | 419,969<br>（103） |
| 下　総 | 542,661<br>（100） | 567,603<br>（104.6） | 565,614<br>（104.2） | 483,526<br>（89.1） | 484,641<br>（89.3） | 478,721<br>（88.2） | 419,106<br>（77.2） | 497,758<br>（91.7） | 402,093<br>（74.1） | 525,041<br>（96.8） | 645,029<br>（118.9） |
| 常　陸 | 712,387<br>（100） | 655,507<br>（92） | 641,580<br>（90.1） | 514,519<br>（72.2） | 492,619<br>（69.2） | 485,445<br>（68.1） | 495,575<br>（69.6） | 495,859<br>（69.6） | 457,321<br>（64.2） | 521,777<br>（73.2） | 648,674<br>（91.1） |
| 上　野 | 569,550<br>（100） | 576,075<br>（101.1） | 579,987<br>（101.8） | 522,869<br>（91.8） | 514,172<br>（90.3） | 497,034<br>（87.3） | 456,950<br>（80.2） | 464,226<br>（81.5） | 451,830<br>（79.3） | 428,092<br>（75.2） | 507,235<br>（89.1） |
| 下　野 | 560,020<br>（100） | 554,261<br>（99） | 533,743<br>（95.3） | 434,797<br>（77.6） | 413,337<br>（73.8） | 404,495<br>（72.2） | 395,045<br>（70.5） | 375,957<br>（67.1） | 342,260<br>（61.1） | 378,665<br>（67.6） | 498,520<br>（89） |
| 計 | 5,132,703<br>（100） | 5,047,356<br>（98.3） | 4,976,910<br>（97.0） | 4,375,700<br>（85.3） | 4,350,455<br>（84.8） | 4,295,684<br>（83.7） | 4,242,779<br>（82.7） | 4,343,872<br>（84.6） | 4,170,388<br>（81.3） | 4,438,478<br>（86.5） | 5,173,959<br>（100.8） |
| 全国指数 | 100 | 99.4 | 100 | 96.2 | 97.7 | 98.3 | 102.1 | 104.4 | 103.8 | 103.2 | 127.0 |

＜註＞　・関山直太郎『近世日本の人口構造』137～139頁の「国別人口帳」より作成
・（　）内は指数
・前掲　大藤修論文による。

第１図　近世後期北関東諸国の人口減少
（享保６年＝100とする指数）

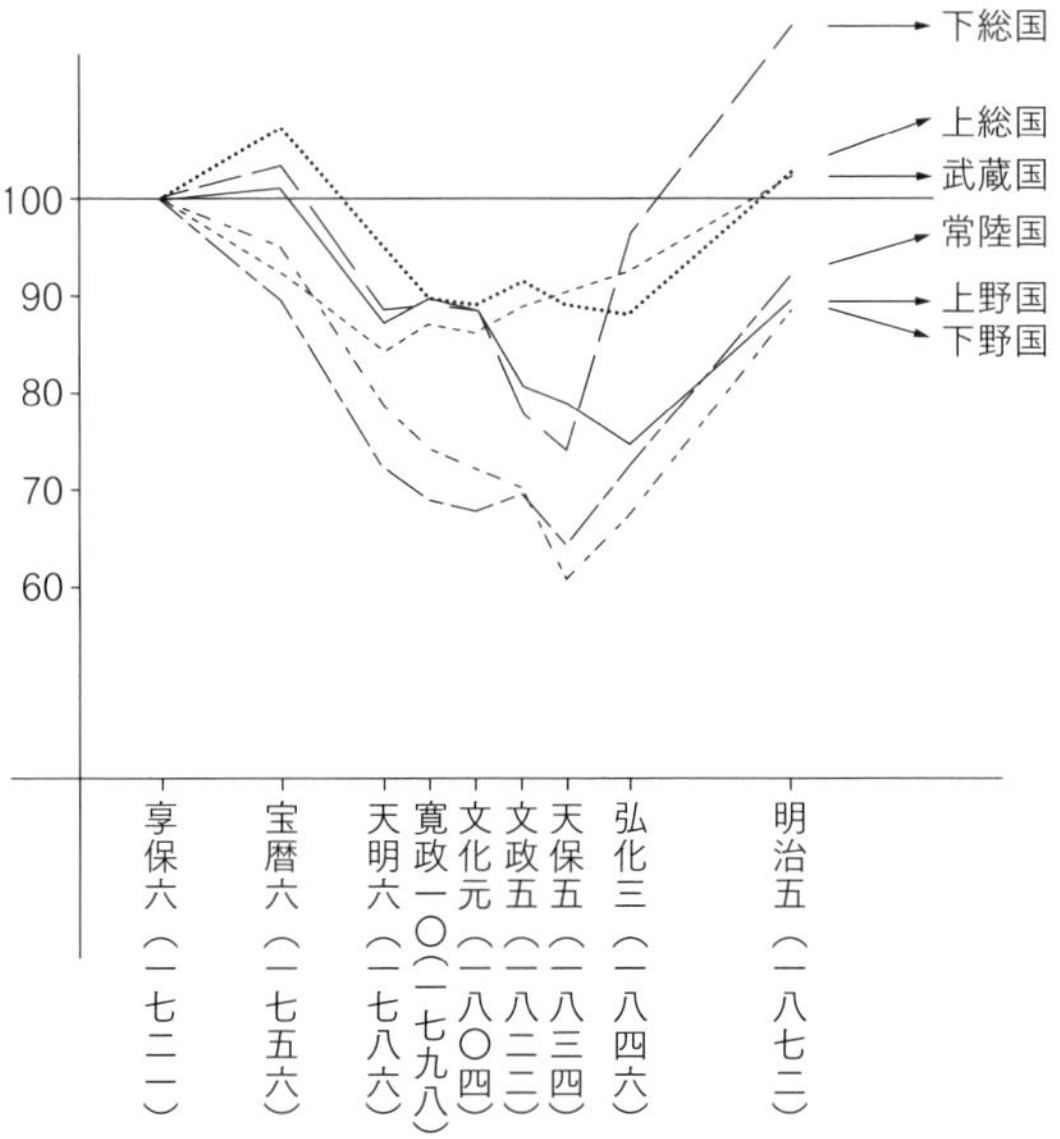


関山直太郎『近世日本の人口構造』より作成
。『いまいち市史 通史編・別編 1』より

第２図　二宮尊徳の主な活躍の舞台

第２表　二宮尊徳の生涯と報徳仕法年代表

| 仕法分類 | 年数 | 年齢 | 尊　徳　の　生　涯 |
|---|---|---|---|
| 窮迫時代 | 1 | 1 | ７月23日誕生（天明７年） |
| | | 5 | 酒匂川大洪水、田畑流失 |
| | (15) | 12 | 父病気、田畑を売る |
| | | 14 | 父病死（48歳） |
| | 15 | 15 | 窮迫甚し |
| 一家再興時代 | 16 | 16 | 菜種５勺を蒔く、母36歳で病死 |
| | | 17 | 捨苗より籾１俵を得る |
| | (10) | 19 | 廃田を起こす（籾30俵） |
| | | 20 | 一家再興に着手 |
| | 25 | 24 | 所有田畑１町４反５畝20歩（一家再興の実質成る） |
| 服部家仕法時代 | 26 | 26 | 服部家若党となる |
| | (10) | 32 | 服部家政仕法着手 |
| | | 34 | 五常講創立（報徳社の淵源） |
| | 35 | 35 | 服部家第１回仕法完了 |
| 桜町仕法時代 | 36 | 36 | 桜町仕法10か年復興を委任さる |
| | | 45 | 宇津家仕法第１期10年結了、報徳仕法といわれる |
| | | 47 | 青木村仕法 |
| | | 48 | 細川氏領谷田部・茂木領仕法を望まれる |
| | | | 三才報徳金毛録成る |
| | | 50 | 桜町領仕法15か年復興完成 |
| | (25) | | 烏山領仕法を望まれる |
| | | 51 | 小田原領内救済４万0390人 |
| | | 52 | 小田原領仕法 |
| | | 53 | 小田原領曽比・竹松両村の一村式仕法 |
| | | | 青木村仕法第１期完了 |
| | | 55 | 西大井村仕法 |
| | | 59 | 相馬領仕法（成田・坪田両村） |
| | 60 | 60 | 日光神領仕法雛形献進 |
| 東郷仕法時代 | 61 | 61 | 真岡代官所手附拝命 |
| | | | 真岡管内芳賀郡・真壁郡の仕法 |
| | (６) | 62 | 東郷陣屋に移転 |
| | 65 | 64 | 真岡管内14か村の仕法発業 |
| 日光仕法時代 | 66 | 67 | 日光奉行所手附拝命 |
| | (４) | | 登山廻村、仕法開始 |
| | 70 | 70 | 10月20日巳刻没す（安政３年） |

・河内八郎「花田村の尊徳仕法」(一)（『関城町の歴史』一号）より。

第３表　下野・常陸両国の尊徳仕法（第３図による）

| 図の番号 | | 村　　名（国・郡） | 現在の地名 | |
|---|---|---|---|---|
| 幕府領 | 1 | 棹ヶ島村（常陸国真壁郡） | 下館市 | 荒地起返し、百姓取立て、用悪水、道路、出精人表彰 |
| | 2 | 西沼村（下野国芳賀郡） | 真岡市 | 妙光寺再興、旱損田復興、質地取戻し |
| | 3 | 大島村（同　上） | 真岡市東大島 | 質地取戻し |
| | 4 | 桑野川村（同　上） | 栃木県二宮町桑ノ川 | 新開発 |
| | 5 | 山本村（同　上） | 栃木県益子町 | 荒地起返し |
| | 6 | 花田村（常陸国真壁郡） | 茨城県関城町 | 荒地起返し、家屋修復、出精人表彰、人足援助 |
| | 7 | 大生郷村（下総国岡田郡） | 水海道市 | 村の総合的復興、但し種々難航 |
| | 8 | 横田村（下野国芳賀郡） | 栃木県二宮町 | 荒地起返し |
| | 9 | 熊倉分（同上、真岡の内） | 真岡市 | 荒地復旧、悪水路開作 |
| | 10 | 石島村（同　上） | 栃木県二宮町 | 荒地起返し、道橋、用悪水、家屋修復、出精人表彰 |
| | 11 | 板橋見取新田（常陸国真壁郡） | 茨城県関城町 | 困窮人救済、出精人表彰 |
| | 12 | 奥田新田（同　上） | 下館市 | 荒地起返し |
| 旗本領 | 13 | 青木村（同　上） | 茨城県大和村 | 用悪水改良 |
| | 14 | 辻　村（同　上） | 茨城県関城町 | 村々の総合的復興<br>旗本斎藤鍬太家政再建 (rows 14–20) |
| | 15 | 海老江村（同　上） | 茨城県明野町 | |
| | 16 | 羽方村（同　上） | 下館市 | |
| | 17 | 柴　村（同　上） | 下妻市 | |
| | 18 | 坂井村（同　上） | 同　上 | |
| | 19 | 門井村（同　上） | 茨城県協和町 | |
| | 20 | 吉田村（同　上） | 茨城県明野町 | |
| | 21 | 下高田村（同　上） | 下館市 | 報徳金貸附 |
| | 22 | 上福良村（下野国都賀郡） | 小山市 | 備荒金積立て |
| | 23 | 堤上村（常陸国真壁郡） | 茨城県岩瀬町 | 報徳金貸附 |
| | 24 | 大和田村（下野国芳賀郡） | 栃木県二宮町 | 夫食料・用水路改修費貸附 |

・河内八郎前掲論文より。

第３図　下野・常陸両国の尊徳仕法

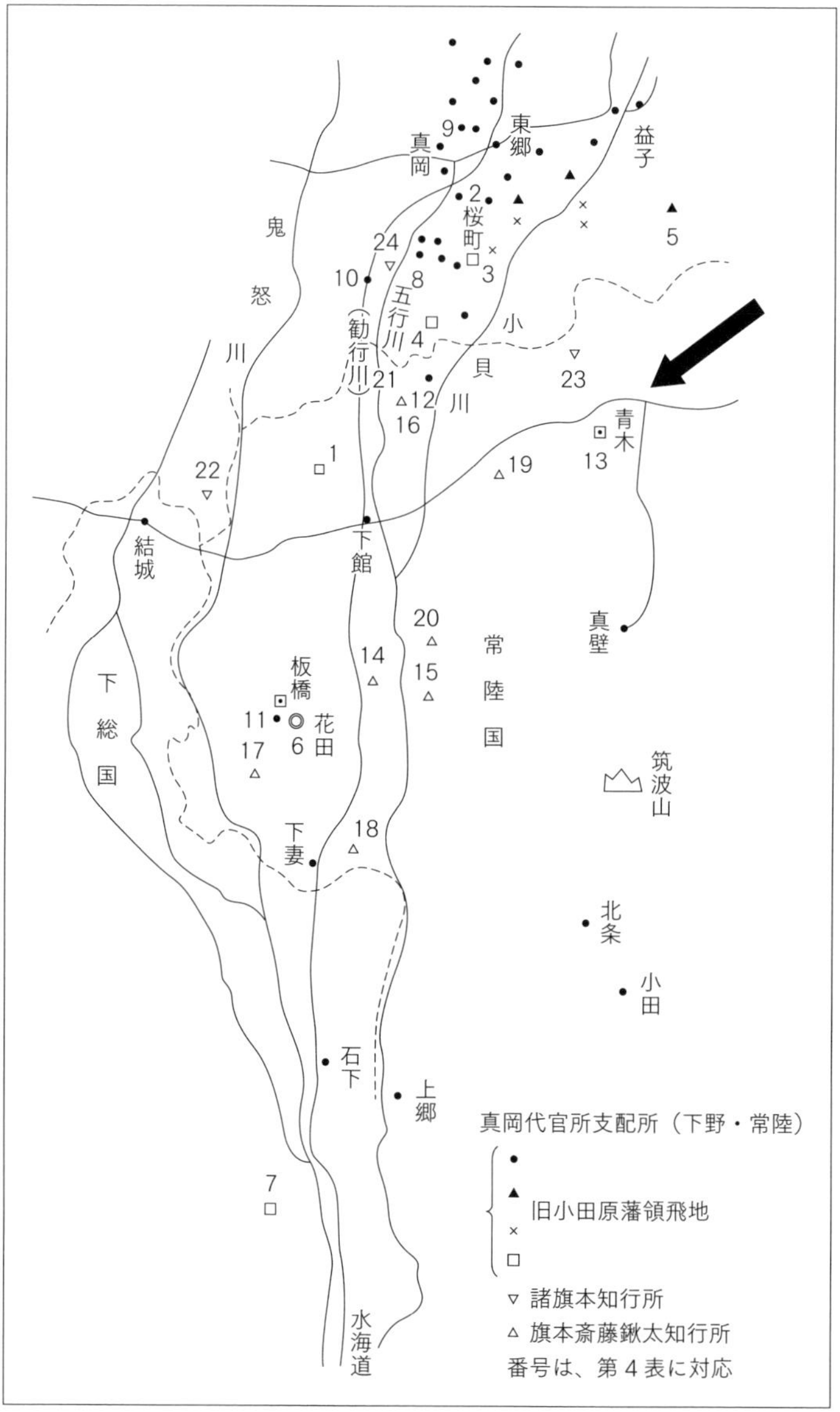

第４表　下野・常陸両国の尊徳仕法（村名の上の数字は第３図に対応）

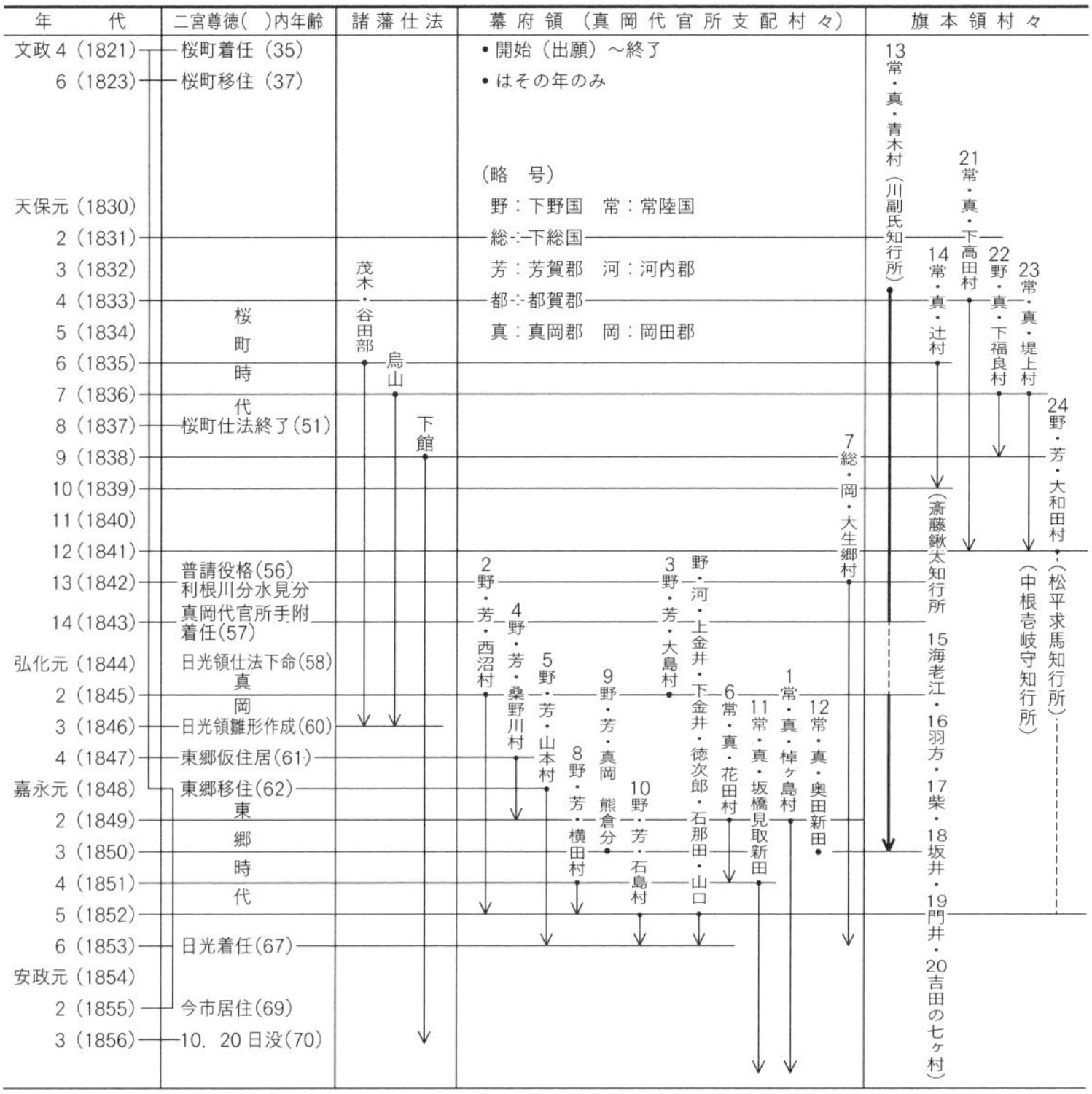


第５表　領主川副氏の知行地一覧

| | | |
|---|---|---|
| 武蔵・埼玉郡 | 白　岡（１） | 251.801　表高　1550石 |
| 同 | 下大崎（２） | 98.1986　実高　2123.2072石 |
| 常陸・真壁郡 | 青　木（１） | 858.97 |
| 同 | 成　井（７） | 55.6577 |
| 同 | 中　根（６） | 35.1 |
| 新治郡 | 根　本（１） | 327.126 |
| 同 | 加生野（２） | 175.4645 |
| 同 | 川　俣（７） | 169.898 |
| 同 | 柴　内（３） | 91.3304 |
| 同 | 金　指（４） | 59.661 |

◆『旧旗下相知行調』（埼玉県史編纂室）による。
（　）は相給の数。

第４図　旗本川副氏の知行地分布図

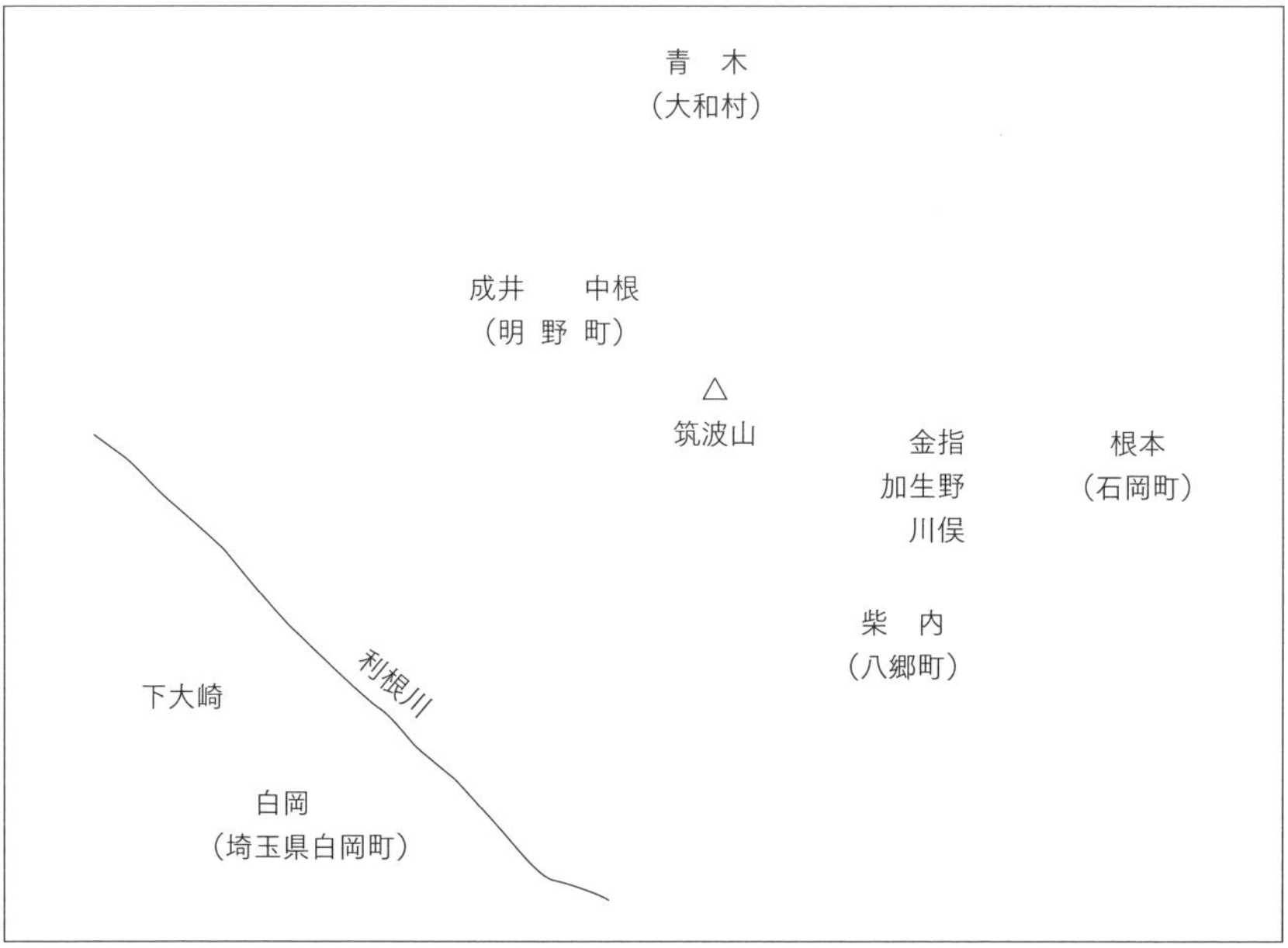


第６表　青木村田・畑の変化

| 年　代 | 村　高 | 総反別 | 田　方 | 畑　方 | 田方荒 | 畑方荒 | 田・畑荒計 |
|---|---|---|---|---|---|---|---|
| 寛永13（1636） | 790.931 | 95.02.07 | 39.20.13 | 53.51.09 | | | |
| 万治元（1658） | 815.953 | 102.26.16 | 39.94.26 | 62.31.20 | 82.06 | 1.48.16 | 1.30.20 |
| | | | | | （2.1） | （2.4） | （1.3） |
| 元禄15（1702） | 839.818 | 105.82.07 | 27.48.23 | 78.33.14 | 12.54.28 | 3.56.28 | 16.11.26 |
| | | | | | （45.7） | （4.6） | （15.2） |
| 寛政５（1793） | 858.970 | 105.82.07 | 39.95.29 | 65.86.08 | 24.48.21 | 10.17.26 | 34.56.17 |
| | | | | | （61.3） | （15.5） | （32.7） |
| 天保２（1831） | 882.979 | 95.04.13 | 39.22.24 | 55.81.19 | 18.55.15 | 33.85.08 | 52.42.23 |
| | | | | | （48.1） | （60.6） | （55.2） |

『全集』22巻　青木村仕法「青木村御割付写」「青木村取扱控」他。
（　）内は荒地率。単位％

第７表　田畑貢租の推移

| | 田取米 | | 畑取永 | |
|---|---|---|---|---|
| | 実数（俵） | 指数 | 実数（貫） | 指数 |
| 承応３（1654） | 633 | 118.4 | 40.1 | 97.8 |
| 万治元（1658） | 557 | 104.1 | 38.5 | 93.9 |
| ３（1660） | 599 | 112.0 | 39.5 | 96.3 |
| 寛文２（1662） | 466 | 87.1 | 43.4 | 105.9 |
| 天和２（1682） | 420 | 78.5 | 43.5 | 107.9 |
| 元禄６（1693） | 191 | 35.7 | 53.0 | 129.4 |
| 15（1702） | 169 | 31.6 | 76.9 | 187.6 |
| 16（1703） | 84 | 15.7 | 76.9 | 187.6 |
| 宝永５（1708） | 185 | 34.6 | 74.4 | 181.6 |
| ６（1709） | 142 | 26.5 | 74.4 | 181.6 |
| 宝暦３（1753） | 177 | 33.1 | 87.5 | 213.4 |
| 11（1761） | 113 | 21.1 | 82.4 | 201.0 |
| 明和元（1764） | 170 | 31.8 | 82.4 | 201.0 |
| ８（1771） | 13 | 2.4 | 79.9 | 194.9 |
| 安永２（1773） | 193 | 36.1 | 79.9 | 194.9 |
| 寛政５（1793） | 148 | 27.7 | 45.8 | 111.7 |
| ７（1795） | 121 | 22.6 | 43.0 | 105.0 |
| 10（1798） | 124 | 23.2 | 41.0 | 100.1 |
| 享和元（1801） | 126 | 22.9 | 44.2 | 107.8 |
| 文化元（1804） | 131 | 24.5 | 44.2 | 107.8 |
| ３（1806） | 93 | 17.4 | 44.2 | 107.8 |
| ５（1808） | 75 | 13.6 | 44.5 | 108.5 |
| ７（1810） | 120 | 22.4 | 44.2 | 107.8 |
| 10（1813） | 90 | 16.4 | 44.2 | 107.8 |
| 13（1816） | 120 | 22.4 | 44.2 | 107.8 |
| 文政元（1818） | 15 | 2.8 | 44.2 | 107.8 |
| ３（1820） | 142 | 26.5 | 44.2 | 107.8 |
| ５（1822） | 164 | 30.7 | 44.2 | 107.8 |
| ７（1824） | 148 | 27.7 | 44.2 | 107.8 |
| 10（1827） | 80 | 15.0 | 44.2 | 107.8 |
| 11（1828） | 107 | 20.0 | 44.2 | 107.8 |
| 12（1829） | 80 | 15.0 | 44.2 | 107.8 |
| 天保元（1830） | 153 | 28.6 | 34.4 | 83.0 |
| ２（1831） | 65 | 12.3 | 34.4 | 83.0 |
| ３（1932） | 80 | 15.0 | 34.4 | 83.0 |

１）「従承応三甲午年至天保三壬辰年常州真壁郡青木村御割附写」（『全集』第22巻151～155ページ）および「従寛政五丑年至文政五午年青木村御割附写」（『同書』155～159ページ）による。ただし、寛政～文政については、一部を省略した。
２）承応３～安永２年の取米の単位は石となっているが、俵に換算した。
３）指数は承応３～天和２年の平均値を100とした。

第８表　青木村分年貢収納額

| 年　　次 | 米 | 畑　　永 | | |
|---|---|---|---|---|
| | | 永 | 荒地引 | 残　永 |
| | 俵 | 貫 | 貫 | 貫 |
| 文政６（1823） | 13 | 47 | 13 | 34 |
| 7 | 148 | 47 | 14 | 33 |
| 8 | 34 | 47 | 14 | 33 |
| 9 | 34 | 47 | 14 | 33 |
| 10 | 79 | 33 | 0 | 33 |
| 11 | 107 | 34 | 0 | 34 |
| 12 | 140 | 34 | 0 | 34 |
| 天保元（1830） | 153 | 34 | 0 | 33 |
| 2 | 65 | 34 | 0 | 34 |
| 3 | 80 | 34 | 0 | 34 |
| 合　　計 | 855 | 391 | 55 | 337 |
| 平均年額 | 85 | 39 | 5.5 | 34 |

・米については俵以下、畑永については貫以下を切捨てた。「従文政六癸未年至天保三壬辰年常州真壁郡青木村御収納永平均土台帳」（『全集』第22巻476～７ページ）による。
・前掲川俣論文を修正増補。

第９表　青木村平均土台一覧

| | |
|---|---|
| 承応３　～　安永２（120年） | 米 281俵 141122　永64貫913425 |
| 寛政５　～　文政５（30年） | 米 102俵 2808　永43貫990703 |
| 文政６　～　天保３（10年） | 米　82俵 4015　永41貫282629 |

分　度　　　米　80俵　　　永34貫

・『全集』22巻　154～170ページによる。

第 10 表　青木村復興の試算

| | | |
|---|---|---|
| 総反別　105町 8 反 2 畝 7 歩 | | |
| 在来生地　31町 7 反 4 畝 | （総反別の 3 分の 2 ） | 29.9% |
| 荒地反別　74町　7 畝 | | 70.0% |
| 村柄取直し入用金　2,836両 | | |
| 74両 | 開発賃金（ 1 反に付 1 両） | |
| 296両 | 開発扶持米（ 1 反に付10俵、741俵分 1 石に付 1 両） | |
| 1,100両 | 開発田畑74町に入百姓入植費用（ 1 軒に付 2 町宛37軒分、新家作、夫食、種籾、農具代等（ 1 軒に付30両） | |
| 300両 | 道路、用悪水路、大堰仮普請費用 | |
| 390両 | 潰れ残り百姓39軒分暮し方取直し段金（ 1 軒に付平均10両） | |
| 米永金　145両余 | | |
| 86両 | 米代金石86石 3 斗 6 升分 | |
| 59貫964　文 | 畑永 | |

・『全集』第22巻　51～ 2 、64～ 5 ページによる。
・二宮のいう利息金とは表中の「村柄取直し入用金」の 1 割＝280両を指す。

第 11 表　拝借金勘定

| 年　次 | 年貢米 | 借財返済用作取　米 | (A) 物成永冥加永残　金 | (B) 年　賦返済金 | (C) 仕法金 | (A＋B) －C |
|---|---|---|---|---|---|---|
| | 俵 | 俵 | 両 | 両 | 両 | 両 |
| 天保 5（1834） | 80 | | | | 752～770 | |
| 6 | 80 | 168 | | | | |
| 7 | | 162 | | | | |
| 8 | 80 | 180 | 129 | 56 | 227 | －91 |
| 9 | 80 | 269 | 264 | 26 | 359 | 69 |
| 10 | 80 | 227 | 156 | 6 | 139 | 23 |
| 11 | 80 | 332 | 103 | | 131 | －27 |

・俵以下、両以下の端数は切捨てた。
・各年度年貢書上帳（『全集』第22巻477ページ以下）、「御拝借金並御上納金差引勘定帳」（『同書』545～ 6 ページ）、佐々井氏の解題（『同書』354ページ）によった。計算の数字に不整合がみられるのは資料出所の不同による。

第12表　家数人別の増加

| | 家　族 | 人　別 | 男 | 女 | 馬 |
|---|---|---|---|---|---|
| 天保４年 | | | | | |
| 青木村天台宗薬王寺旦那 | 22（１） | 114（４） | 63（１） | 51（３） | 2 |
| 小塙村天台宗月山寺旦那 | 7 | 35 | 15 | 20 | 3 |
| 金敷村浄土真宗真蔵寺旦那 | 1 | 7 | 3 | 4 | 1 |
| 不　明 | （８） | （24） | （12） | （12） | |
| 計 | 30（９） | 156（28） | 81（13） | 75（15） | 6 |
| 天保14年 | | | | | |
| 青木村天台宗薬王寺旦那 | 33（３） | 190（13） | 96（７） | 94（６） | 19（１） |
| 小塙村天台宗月山寺旦那 | 8 | 42 | 16 | 26 | 3 |
| 金敷村浄土真宗真蔵寺旦那 | 1 | 11 | 6 | 5 | 1 |
| 八丈村浄土真宗本誓寺旦那 | 1 | 1 | 1 | | |
| 大増村浄土真宗正行寺旦那 | 19（17） | 44（28） | 24（13） | 20（15） | 6 |
| 計 | 62（20） | 329（41） | 63（20） | 66（21） | 30（１） |

・（　）の数字は借家人の分を示す。
・天保４年の分は「天保四辛巳年正月常陸国真壁郡青木村家数人別取調書上帳」（『全集』第22巻172～180ページ）により、天保14年の分は「天保十四卯年四月家数人別取調書上帳」（『同書』220～225ページ）によった。

第13表　天保14年（1843）献納金一覧

| | | | |
|---|---|---|---|
| 白　岡 | 100両 | 芝　内 | ８両２分 |
| 下大崎 | 40両 | 金　指 | ５両３分 |
| 青　木 | 135両 | 根　本 | 15両 |
| 加生野 | 18両 | 成　井 | １両 |
| 川　俣 | 17両３分 | 中　根 | ２分 |
| 総　計 | 341両２分 | | |

・『全集』22巻58～60ページによる。

第14表　天保14年　青木村百姓借財状況

| | | | |
|---|---|---|---|
| 大借 | | 11 | |
| 中借 | | 36 | 計61 |
| 無借 | | 14 | |
| 困窮度 | | | |
| 差支無之 | 17 | | |
| 中難 | 26 | | 計59 |
| 極難 | 16 | | |
| 階層構成 | | | |
| 30石以上 | 1 | | |
| 20～29石 | 3 | | |
| 15～19石 | 12 | | |
| 10～14石 | 18 | | |
| 5～ 9石 | 16 | | |
| 0～ 4石 | 4 | | |
| | 54 | | |

『全集』第22巻　605～20ページ

# 6 近世古文書目録

## はじめに

この目録に収めた二一〇点余の史料は、昨年春大三輪龍彦先輩が鎌倉のある古書店で入手されたのを私が譲りうけたものである。文書は三八㎝×二四㎝×一八㎝の木箱にギッシリと詰められており、整理された形跡は全くないようであった。文書の内容は、大名・家老・下級藩士・社寺・豪商・名主文書等複雑をきわめ、地域的にも東北地方（岩手・山形・宮城）・福井・岡山・山口の各県に広くまたがっており、整理は非常に困難であった。文書は、大きく四つのグループに分類可能であったが、うち最高の倉敷村のものが一四四点で少ない物は一点のみである。しかしながら少点数とはいえ、それぞれの地方にとっては貴重な資料であり、文化財である。なかには地元や大学の研究者によって長年さがし求められていたものがあるかもしれない。右の点を考慮に入れ、また文書所有者の義務として、約二ヶ月余学業のあいまをぬって完成させたのがこの目録である。もとより浅学な私であるから、誤りも多いと思われる。それにつき種々ご教示いただければ幸いである。

昭和四七年二月

山中清孝

## 凡例

一、地名・人名は可能な限り註解をつけた。
一、一点一点の文書に簡単な概要を記した。
一、末尾には系図・その他の解説をつけた。
一、和歌、生花、明治後期の新聞記事の筆写、明治後期の書簡、その他村名不明の断簡類は省略した。

| |
|---|
| 番号、史料名　形態<br>年号・日付<br>差出人（作成者）<br>宛先<br>解説 |

## もくじ

豊永氏について
一、松平大蔵大輔書状（前田利義）
一、出羽国村山郡　御仕置五人組帳
一、陸奥国和賀郡　知行新田検地帳（二点）
一、三戸御蔵米豆籾　本払御勘定目録
一、佐藤領平書状（三点）
一、その他（二点）

**磐城国伊具郡金山村（現宮城県伊具郡丸森町金山）　中嶋家文書**

1、中嶋家系図　　状（五枚）
年不明
2、万覚書　　冊（十二枚、表紙共）
貞享元年十一月十九日
中嶋伊勢
渡辺七兵衛宛
御系譜略《伊達氏》、先祖法号、金山、金山館開基書上写、その他諸書の写
但し、「写」であり、元禄の（記事の）加筆あり
3、（中嶋家法号覚）　　状
（寛文八ヵ）戊申七月十四日
高野山観音院内修善院

高成田加兵衛宛

元和～寛永に没した中嶋家の一族の命日、法号、施主を記したもの

4、津田近江書状　　状

九月七日

中嶋伊勢宗信宛

封の上書に「義山様（＝二代藩主伊達忠宗）鹿笛御望ニ付而津田近江殿より中嶋伊勢宗信へ被遣候本書」とある。津田近江の名は『宮城県史』に二、三散見される

5、（4の添状）　状

寅ノ九月七日

仙台より金山迄所々検断中

寛永一五年もしくは慶安三年のものか。

6、大條（おおえだ）氏書状　　状

（安政～文久頃）如月廿八日

中嶋宛

坂本要害、四千石の大條氏から、中嶋寅之助へ、「下田入津」「蝦夷地方」云々の文言あり。

7、御要害廻り惣御垣繕御次第　　巻物

文久二年八月十四日

8、三日市大夫次郎秀孝書状　　状

五月吉日

中嶋寅之助宛

9、（中嶋）恒康書状　　状
十二月五日
家老衆中
10、磐城国伊具郡金山村全図　　鋪（一枚）
（明治初年ヵ）
岩倉徳治調整
11、（金山村家数人数改）　状
（年代不詳）
四百九拾七軒　家臣、足軽、山伏、出家含む。千八百六拾壱人。
12、護国論　冊
嘉永四年臘月
藤原恒康
13、高清山路逢風雪（漢詩）　状
十二月二十九日
中嶋恒康
14、（書付、清操院、於三保、石母田、大條らの名あり）　状
（年代不詳）
15、（中島家家臣団行軍次第）　状
16、相面扣　冊
軍学書

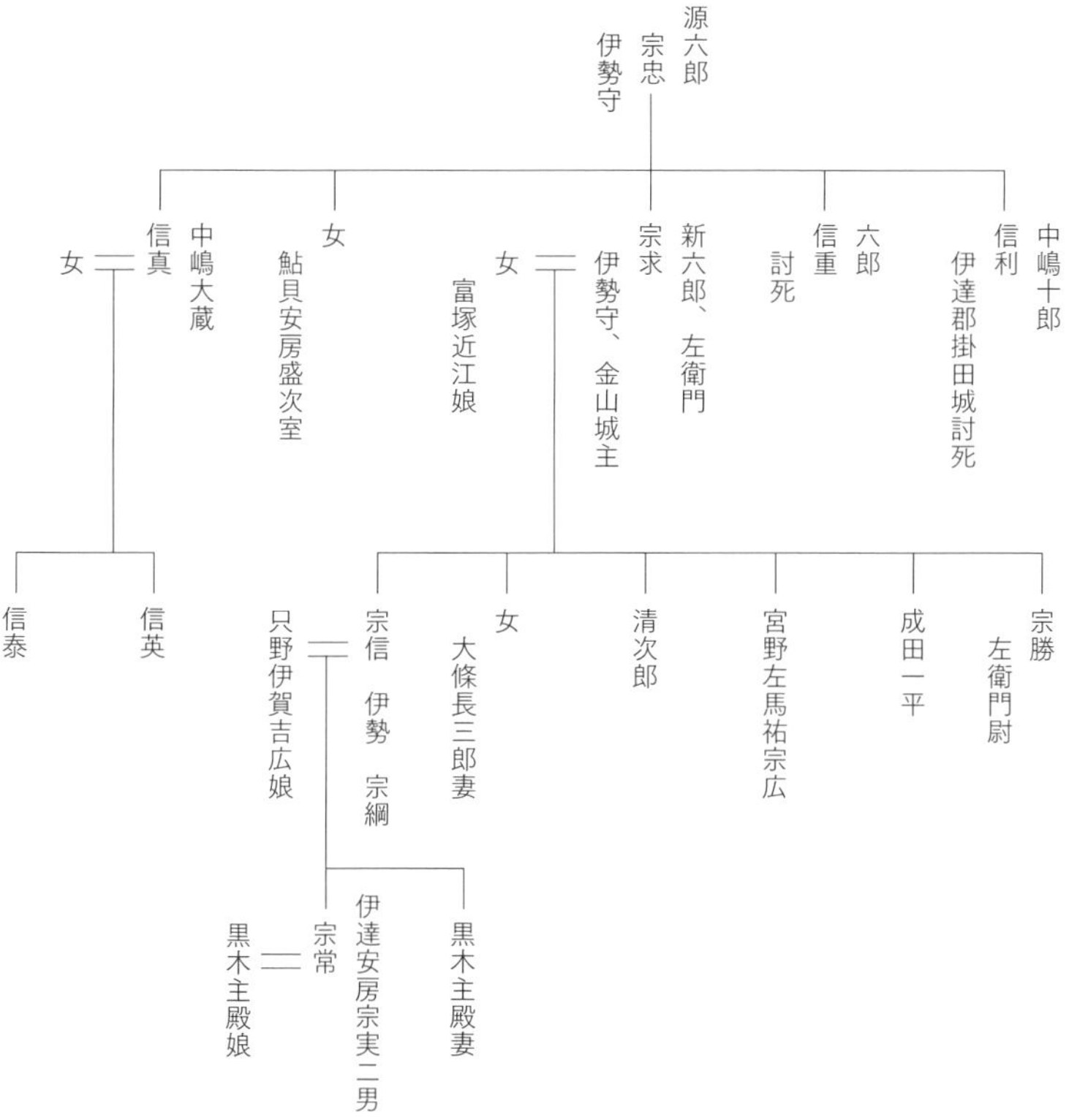


17、甲破秘伝　　状

18、その他雑

「棒火矢造法」他甲州流、大成流の軍学書の断片

元文二年の中嶋家の大馬印、小馬印、指小旗の写等々

整理不能の断簡多し。

**中嶋家について**

中嶋氏は、伊達市の「一族」で、天正一二年より金山「要害」の領主となり、知行高二千石（金山、伊手、大内）であった。史料1〜3で判明する中嶋家の系図および領主の変遷を示せば上記のとおりである（《参考文献》『宮城県史』、『仙台市史』等）。

**仏光寺御門跡（祠堂金貸付関係）文書**

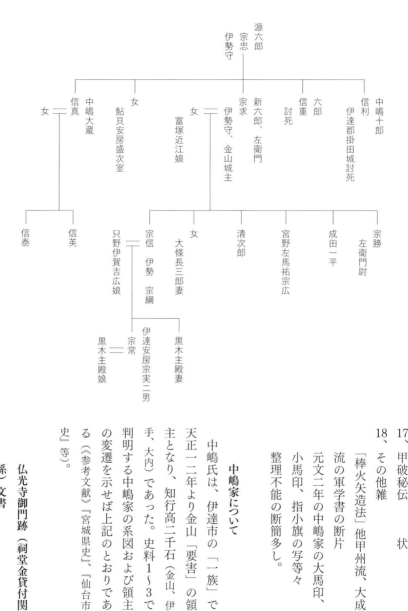

1、奉預御銀之事　状
文政十年四月
越前国南條郡新川原村庄屋・勘兵衛他、長百姓一、頭百姓二、村惣代一連印
仏光寺御門跡様御役人御中　御触頭江戸下谷西徳寺御用所御詰御役人御中
庄屋、長百姓らが諸道具等を引当に東福門院御寄付銀深信解院宮御法事料并本山祠堂銀等から銀壱貫弐百目を借りた証文。新川原は関ヶ端（鼻）とも。現南条町

2、別紙引当証文之事　状
文政十一年六月
足羽郡花守村庄屋・六左衛門他長百姓・頭百姓各一連印
宛先1に同じ
頭百姓文右衛門所持の土地（高一五石）を引当に金一〇両を借りたときの別紙証文、花守村は現福井市内。

3、奉預御銀之事　状
文政十一年十一月
丹生郡馬場村仁兵衛、庄屋・村惣代連印
宛先1に同じ。
仁兵衛が田地を引当に銀六百目を借用したもの。

4、別紙御相対証文之事（後欠）　状
文政十二年六月
足羽郡三本木村・栃泉村・岩倉村・徳光村・水越村。庄屋、長百姓、頭百姓、百姓惣代各連印。但し、水

越村の頭百姓・百姓惣代は不明。

宛先不明。

　銀拾五貫六百目の借用書の別紙。文政十二丑年～天保七申年の契約。毎年十一月廿五日に銀壱貫九百五拾匁宛を月八朱の利足をそえ末寺府中光善寺御勘定所へ納める云々とある。

5、差上申一札之事　　状
文政十三年十月
丹生郡下野田村・八郎右衛門、受人・府中・熊谷弥助
仏光寺御門跡府中御出役御役人中
　去子年（文政十一年）借用の銀六百目を本山臨時入用のため返済するようにいわれたが、六ヶ年賦で返済したき旨申し出、許可されたもの、端裏に「六百目㊞場馬《ママ》仁兵衛」。その横に「六百目（別紙壱通、引当壱通）馬場村預り主仁兵衛」のふせんあり。下野田は現鯖江市、府中は武生市。

6、別紙御相対証文之事　　状
天保六年九月
足羽郡主斗中《かずえなか》村他五ヶ村庄屋・長百姓・村惣代
宛先１に同じ。
　銀拾貫借用。天保七申～弘化二巳、毎年十月廿五日銀壱貫六百目ツヽ返済。主計中は現福井市。大土呂、半田、帆谷、太田村は現足羽町。波寄村は旧川西町、現福井市

7、御請奉指上候一札　　状
弘化四年十月廿九日
今立郡尾花村庄屋・奥右衛門

仏御殿御役人御中
借金取立のとき印形を失念したため、十一月朔日に返済を猶予してもらったときのもの、尾花村は現鯖江市内。

8、御請奉指上候一札　状
弘化四年十月廿九日
馬場村・仁兵衛他
仏御殿出役御役人御中
拝借金取立、十一月三日迄猶予願聞済、請書。馬場村は天領、現朝日町。

9、乍恐口上書ヲ以奉願上候　状
弘化四年十一月二日
丹生郡馬場村庄屋、惣代・仁兵衛
仏御殿御役人中
拝借金取立、当十日迄猶予願

10、乍恐口上書ヲ以奉再願上候　状
弘化四年未十一月三日
丹生郡馬場村庄屋、惣代・仁兵衛
宛先前に同じ
拝借金取立十二日迄猶予願、9には印形がないので9は実際に出されなかったと思われる

11、乍恐再応口上書ヲ以奉願上候　状
（弘化四）未十一月十五日

馬場村庄屋・仁兵衛、長百姓
仏光寺御門跡様御役人御中
日延猶予願

12、奉差上一札之事　　状
弘化四年未十一月十七日
馬場村仁兵衛代人・八郎左衛門
仏光寺御門跡様御役人御中
「当廿四ニハ無間違元利共上納」

13、奉指上御請書一札之事　　状
弘化四年十一月晦日
森行村・平右衛門他二名
宛先は12に同じ
十二月五日迄上納猶予願、森行村は福井市南部

14、口達差上候　　状
弘化四年十二月朔日
馬場村・仁兵衛
御殿御出役様、御肝煎衆中
病気ニ付出府不仕、詫び状

15、覚　　状
弘化四年十一月廿八日

仏光寺御門跡出役辻村秀介
浅水宿・茂兵衛、同曽平宛
元利〆壱貫九百六拾八匁のうち五百目請取、浅水宿は現在福井市。

16、(乍恐以口上書奉願上候、前欠)　状
弘化四未十二月二日
足羽郡三本木村村惣代・甚右衛門、同郡徳尾村・五左衛門
仏光寺御門跡様御役人御中
日延願カ、三本木・徳尾はともに現福井市

17、御請一札　状
嘉永元年三月廿四日
足羽郡花守村庄屋・伝左衛門、村惣代次左衛門
宛先16に同じ
取立、四月三日迄日延願、花守村は現福井市。

18、証（写）　状
嘉永元年五月廿六日
仏御殿御用出役・辻村秀介
坂井郡燈豊村庄屋・忠右衛門、長百姓、頭百姓、百姓惣代
天保四年六月貸付の五貫八百目、難渋申ニ付取立御下ゲ、燈豊村は現福井市。

19、(断片二枚、ともに末尾のみ)　状
断片A

仏光寺御門跡様御役人中、御触頭江戸下谷西徳寺殿御同所御詰御役人御中

同B

仏光寺御門跡様御役人御中、江戸下谷西徳寺御同所御詰御役人御中

20、一札之事（写）　状

元禄拾六年七月十九日

下平吹村・孫兵衛他十五名（他出）一、長百姓一、庄屋連印

同村・加右衛門宛

下平吹村百姓持山、役山諸役の件につき、加右衛門と出入一件、面割ニて落着云々、下平吹村は現在武生市内。万治、寛文の頃の記事あり。

21、奉願上口上之覚　状

戌十一月

府中・光善寺、平吹村・親類・浄願寺

鯖江御奉行所宛

のぶの件に付南光寺と争論、激しく南光寺を非難している。浄願寺は一向宗諸門徒、光善寺は府中北府町、仏光寺派。

22、奉願上口上之覚　状

未正月

下平吹村・浄願寺

御奉行所宛

文化三年七月三日に大守威徳院（福井藩主松平治好）が日野山登山のとき浄願寺が本陣となり、その節用

いた幕、高張等の件につき、住職の奉行所への報告、日野山は下平吹の東方二キロメートル程のところにある海抜七九五メートルの山。

23、借用申銀子証文之事　状
天保六年五月
奥野村・永元寺
杉崎村・仁左衛門宛
　銀壱貫七百目借用、杉崎村は現在武生市。

24、借用申銀子証文之事　状
天保六年十二月
奥野村・永元寺、上平吹村・伊左衛門
杉崎村・仁左衛門宛。
　銀七百目借用

25、奉願上候口上覚　状
嘉永元年八月
下平吹村・浄願寺、同村庄屋、長百姓連印
御奉行所宛
　中平吹村新之丞とその甥下平吹村兵衛門と仏事会合の際口論、訴訟事件となり、離旦問題にまで発展し、武周村西雲寺、片屋村光照寺に取調べが命じられた。この文書は奉行所に対し、どうか右二人の件を円満におさめて二人とも浄願寺のまま取計らってくれるよう歎願したもの。西雲寺、光照寺はともに一向宗、現武生市。

26、差上申埒合済口証文之事（写）　状
安政四巳年八月
下広瀬村・忠兵衛他三十二名連印、友永弥三左衛門、中山登兵衛奥判
下広瀬村忠兵衛の大借金を親類の嘉左衛門、長兵衛が、山高、家諸道具をすべて買取って借金を返済したときのもの、潰百姓に関する好史料。借金高、内容は省略。広瀬村は現武生市。

27、（断簡）　状
安政六年二月
下広瀬村忠兵衛
26の関連資料。

28、預申蔵米之事　状
文久二年九月十五日
立木養三郎、若園顧三郎
神戸　布屋源介殿
五拾俵、若園貫十郎の裏書あり。中に「金十両（引当一通、別紙一通）、花守村庄屋六左衛門」と書いた書類入

29、御高売渡し証文之事　状
（年月日不明）
庄屋・忠右衛門
案文。越前国関係の史料の中に混入していたのでここに記す。

### 越前国五郡（足羽・丹生・南條・今立・坂井）村々、仏光寺御門祠堂金貸付について。

『日本仏家人名辞書』によれば、真宗〈一向宗〉仏光寺御門跡は順徳天皇の代、建暦元年創立とある。場所は山城国山科。現在の京都市下京区高倉（五條坊門、仏光寺通）にある。真宗仏光寺派の本山で、寺主は渋谷氏をなのり、明治に入って華族に列せられている。史料1によると、百姓に貸付けた金の財源は、①東福門院寄付銀、②深信解院宮法事料、③本山祠堂銀、④江戸表参向御手当銀の四つからなっていたと思われる。東福門院はいうまでもなく将軍秀忠の娘で後水尾天皇の皇后となった和子のことであり、深信解院宮は後水尾女王宮である。触頭は江戸下谷の西徳寺で、農民には府中（武生）にある末寺の光善寺を介して土地、土蔵、家財道具等を引当〈担保〉に七〜八年の契約で貸付けていたと思われる。そして返済の際は江戸から出役（史料15、18には辻村秀介の名がみえる）が派遣され光善寺において、取立てたと思われる。史料の残存状況は悪く、たとえば資料2、4、6にみられる如く、「別紙」のみで「本紙」がみられないが、少くとも五郡の数十ヶ村にわたって広範に祠堂銀が貸付られたことがわかる。又、一方農民側からみれば、丹生郡馬場村の仁兵衛が何度も取立猶予願を出していることから知られるように、貧困の様子が分かる。

史料20〜22、25〜27、29は南條郡下平吹村（現在武生市）の浄願寺に関するものである。但し、直接浄願寺に関するものは22、25のみで、20、26〜27、29はむしろ庄屋文書的なものである。又21は光善寺が南光寺と争論した時のもので親類として連印しているものである。史料23〜24の奥野村永元寺の杉崎村仁左衛門宛の借用証文の混入の理由は不明であるが、一応ここに入れておく。28の「花守村庄屋六左衛門」の状が入った蔵米手形も便宜上ここに入れておく。

### 備中国窪屋郡倉敷村（岡山県倉敷市）　山川家文書

1、預り申金子之事　状

天明五年五月
大塚兵十郎
郡屋清兵衛宛
2、覚　状
天明五年五月十二日
平野屋利兵衛
郡屋清兵衛宛
1、2は武士の大塚が平野屋を通じて郡屋から六十両借金した時のもの。
3、為後年取極一札之事　状
文化元年甲子七月
(郡屋) 清兵衛
義四郎、光三、栄五郎、清太郎宛
証判・矢掛駅中西八十右衛門、阿波屋甚七、
立会人・長崎吉郎、児嶋屋武右衛門、板屋与八郎、誓願寺
遺言状の類。矢掛駅(山陰道の宿駅の一)は現小田郡矢掛町。脇本陣に中西金左衛門の名あり、『岡山県史』二〇五頁
4、預申銀子之事　状
文化五年十二月
板倉右近内・山川繁右衛門、三宅才右衛門、江木弥右衛門、八木藤五郎連印
綿屋利左衛門、土佐屋政兵衛、郡屋光蔵宛

板倉は備中庭瀬二万石の大名の重臣か。銀十五貫目を「勝手方就要用」、倉敷の豪商たちに借りた時のもの。

5、覚　状

文化十一年戌正月

松平上総之《ママ》介内・山脇嘉兵衛、用人・太田幸右衛門

倉敷・郡屋光蔵宛

銀壱貫三百目借用、松平上総之介は岡山藩主の池田斉政。慶長十八年の記録に山脇加助三〇〇石の記載あり

6、時借金手形之事　状

酉九月廿六日

岡山・山脇嘉兵衛内・太田幸右衛門

郡屋光蔵宛

金三百両借用。山脇の奥印あり。

7、覚　状

亥十一月廿四日

太田幸右衛門

郡屋光蔵宛

金弐拾七両壱分弐朱借用

8、差上申一札之事　状

文政七年三月九日

三浦備後守領分作州真嶋郡垂水村

寺社奉行宛

三浦備後守は作州勝山の領主二万三千石。内容は紋右衛門の変死について。紋右衛門本家勝山町百姓の下男、下女、勝山町庄屋才右衛門連印、垂水村は現在真庭郡落合町垂水。

9、口上書（控）　状

文政七年五月

倉敷郡屋半三郎代光蔵

杉浦連之助、大河内又七宛

庭瀬藩と郡屋の関係を見るうえで好史料。藩の郡屋からの借財は文政六年までに元利共銀百弐拾七貫余となり、そのうち一部を十～十五年賦で藩が返済することを約束し、残りを永納することを承諾したもの。銀子借入（貸出）の際、引当に銀札を預っていることが知られる。端裏に「庭瀬差行書類、文政七申五月十八日差出候書付写」とある。

10、借用申銀子之事　状

文政十二年三月

借用主・児嶋屋宗兵衛、吉岡屋小三郎、証人・中撫川村・善七

郡屋清兵衛宛

銀弐百七拾三匁を借用、中撫川村は旧吉備町、現岡山市。

11、覚（欠番）　状

天保五年十月

預り主・光蔵、後見庄屋・阿波屋甚七

おもと殿
立会人・浜田屋安右衛門、下津井屋吉左衛門、石妻村・次助奥印
備前加茂郷之内、津高郡江与味村炭屋十兵衛家名相続銀拾壱貫五百目を預った時の証文。江与味村は現在久米郡旭町江与味、石妻村は賀陽郡、現在吉備郡足守町石妻。

12、譲渡申事（写）　状
天保九年三月
隠居光蔵
清左衛門宛
立会・市右衛門、新五郎他一名。
大名貸に失敗したためか、家屋敷、田畑、諸道具すべてを質入れし、代金銀拾六貫五百目をうけとった。今後郷宿株のみで私は生計をたてるからお前はその金で家を再興してほしい云々。

13、覚　状
天保十三年十二月
庭瀬下台所
郡屋清左衛門宛
藩より弐人扶持、米三石五斗四升渡米

14、覚　状
天保十五年十二月
13に同じ

15、覚　状

弘化二年十二月
庭瀬下台所
郡屋清左衛門宛

16、覚　状
嘉永元年十二月
15に同じ

17、覚　状
嘉永三年十二月
15に同じ

18、覚　状
嘉永四年十二月
15に同じ

19、覚　状
嘉永七年十二月
15に同じ

20、預申銀子之事　状
弘化三年正月
預り主・備中阿賀郡実村庄屋・太田伊左衛門
引請証人・同国窪屋郡倉敷村・郡屋清左衛門、同国浅口郡阿賀崎新田村・岡本屋新七郎
肥後屋武助・河内屋金兵衛・鳥越平兵衛宛

銀三拾七貫五百目借用、銀札三拾八貫三百廿五匁＝正銀三十七貫五百目、実村は蓬村のことか。後掲の史料に「成地分太田伊左衛門」の名あり。蓬成地は新見市北部の地名、阿賀崎は現倉敷市

21、浦触（写）　状
嘉永七年五月
代官佐々井半十郎
備中国玉嶋湊ゟ大坂川口迄津々浦々庄屋年寄宛
御国恩冥加献納銑《ママ》を倉敷村清左衛門他一人に玉島湊から大坂表までの廻船を命ずるから、もし難船した場合直ちに引船を出し、最寄の代官陣屋へ注進するように。

22、献納送状之事（写）　状
寅五月十六日辰刻玉嶋湊出帆
備中玉嶋湊出役、佐々井半十郎手代・白谷完平
大坂鈴木町増田作右衛門様御手附・森澄領二宛
銑弐千四百貫
備中国浅口郡乙嶋村・直乗船頭・庄三郎、上乗・窪屋郡倉敷村百姓・茂一郎、但船頭水主役共四人乗

23、覚（写）　状
寅五月十六日
白谷完平
御領私領津々浦々庄屋年寄中
船が途中よる湊の役人達は滞船、出帆の訳を記し、船中日帳に印形する旨。

24、献納銑大坂納諸入用書出写　冊

嘉永七年七月
惣代元左衛門
献納人辻割
太田八太郎、太田伊左衛門、茂兵衛、小山屋栄三郎、山形屋頼平、郡屋清左ヱ門

25、大坂納入用辻　綴
七月
五郎吉渡、岡山宿料、御掛り・森澄様へ
元左衛門上坂入用、郷宿丹波屋、難波御蔵所御掛り役人へ　など。

26、銃吹立勘定帳　冊
寅七月
成地分・太田伊左衛門
倉敷・郡屋清左衛門宛

27、(覚)　状
嘉永七年十一月
師万津町大年寄・藤田助三郎
献納銃積船が難船しかかったとき助船を出した礼に五両受け取った証書。
cf.　史料54　師万津＝姫路・飾磨

28、覚　状
(嘉永七)　寅七月
佐々井平十郎手付・下又平青木新左ヱ門

異国船防禦御入用のため、倉敷村清左衛門納銑三千貫請取

29、御国恩冥加上納金請取　　状

（安政五）午十二月六日

田中彦次郎手附・杉浦武（弐カ）助、内山鷲三郎

備中国窪屋郡倉敷村清太郎納、弐拾両　cf.『岡山県史』二四八頁

30、覚　状

（安政七）申正月廿日

倉敷村・百姓・清太郎

加藤餘十郎手代・嶋田送蔵、手付・杉浦武（弐カ）助、福井勘四郎

海防御用、弐拾両上納　cf.『岡山県史』二四九頁

31、覚　状

（文久元）酉九月廿九日

倉敷村・清太郎

大竹左馬太郎手代・池田泰蔵、小磯錠助

御本丸御普請ニ付拾両上納　cf.『岡山県史』二四九頁

32、御蔵米預手形之事　　状

安政三年九月廿八日

上足守村庄屋・西村緒右衛門、東河南村・片岡栄次郎

取次・綿屋友次郎、同・松屋彦兵衛

玉嶋湊御城米御蔵元・山川清左衛門、御取次・長浜屋五郎助、同・清二郎宛

代官・林安右衛門、的場治右衛門、有松銀太夫ら連印
足守藩木下氏二万五千石の蔵米を預かった手形。
足守は現在吉備郡足守町。

33、相渡申添証文之事　　状
安政三年九月廿八日
宿村・綿屋友次郎、南溝手村・松屋彦兵衛。
玉嶋湊御城米御蔵元・山川清左衛門、御取次・長浜屋五郎助、平松屋清二郎宛
史料32の蔵米四百石を郡屋山川家に銀三十二貫で売払ったときの証文。
宿村は現在吉備郡山手村宿、

34、米売渡添証文之事　　状
安政三年九月廿八日
石原太洛右衛門、更井治右衛門、難波甚之助
玉嶋湊御城米御蔵元・山川清左衛門宛
取次・長浜屋、平松屋
郡奉行・小川甚左衛門の奥印あり、
史料33の保証書、十月に弐百石、十一月に弐百石「井手浜迄津出」云々とある。石原らは足守藩の財政担当の下級役人であろう。

35、乍恐以書付御訴訟候　　状
安政四年五月
山川清左衛門代・正三郎、松平内蔵頭領分・宿村・友次郎、木下石見守領分・賀陽郡南溝手村・彦兵衛、

上足守村庄屋・孫右衛門、東阿曽村庄屋・栄次郎
御奉行所宛
松平内蔵頭は岡山藩主、木下石見守は足守藩主、南溝手・東阿曽村は総社市付近。
史料33、34、39参照。納米不履行買預米銭による支払願、年寄大橋平右衛門奥印
36、奉拝借証文之事　状
万延元年五月
阿賀郡実村成地分庄屋・太田繁太郎、受人・郷宿・郡屋清太郎
内田旦那様
拾両拝借、太田氏の祖先については、「備中誌」一三八一～八二頁に詳しい。
鉄山の発見その他の事蹟あり。
37、（合印使用許可）　状
慶応元年八月
代官役ゟ田辺寿太郎へ
倉鋪御用達山川清太郎の御用向勤合印使用につき。
38、乍恐以書付奉歎願候　状
辰四月
阿賀郡井尾村庄屋、年寄、百姓代、小前惣代連印
倉敷御役所宛、
蔵元山川清左衛門に立替てもらった銀二貫目、返済不能につき御救願、井尾村は現在上房郡北房町井
ノ尾。

39、売米切手（写）　状

辰九月廿八日（安政カ）

足守蔵米百石

足守・難波甚之助、更井次右衛門、石原太洛右衛門、綿屋友次郎、松屋彦兵衛、裏に郡奉行・小川甚左衛門の署名印判あり、史料34参照。

40、覚　状

申十一月廿八日

石黒要人、横田周治、宮田伝右衛門、石黒矢学

郡屋清兵衛宛、

撫川表世話ニ付餅米三俵送る云々、撫川（現岡山市）は戸川領。49参照。

41、（書付）　状

十一月廿九日

勝手方用向出精満足ニ付餅米五俵宛相贈、海野藤蔵江戸表より罷越ニ付、右之段仰出あり。

42、覚　状

子八月

宮田平蔵、横田周治、石黒要人、石黒矢学連印

郡屋清兵衛宛

餅米二俵、都合五俵

43、覚　状

丑四月八日

宮田平蔵、横田周治、石黒矢学連印
郡屋清兵衛、板屋与八郎宛、
　銀三百目、郡屋・板屋の役銀代。

44、覚　状
十二月十四日
難波章左衛門
　郡屋清左衛門へ餅米三俵
封に「阿賀郡佐伏村仕法金、御役所請取書壱通」とあり
　佐伏村は現在の新見市。

45、覚　状
（明治二年）巳九月八日
丹右衛門
郡屋清太郎宛、
　佐伏村備金規定書、明治元年十二月分云々

46、覚　状
（明治四カ）
八月廿八日
魚屋惣右衛門
郡屋宛、
　代金弐円云々、封に「書付入」「未八月　魚惣」とあり。

47、乍恐書付奉願上候（写）　状
巳十月
幸太郎、平助、幸助ら連名
倉敷御役所宛。
倉敷村郷宿郡屋幸太郎幼少につき代勤保二担勤、保二病身ニ付、親類平助相勤たき旨願上、

48、算用書（覚）　状
丑四月
持札高弐拾四貫百目云々。

49、乍恐以書付奉願上候（下書）　状
年月日不詳
備中国都守郡撫川村・藤四郎、諸飛脚問屋・窪屋郡倉敷村・清太郎
諸家様方江
戸川氏は交代寄合、五千石、他に旗本数家あり。

50、（書状）　状
（卯）十二月十八日
三木養右衛門、舞原功、沢田多治右衛門、鈴木孫平次
山川清左衛門宛
主家勝手方仕法替ニ付、当卯年ゟ扶持方中止の件。

51、（書状）　状
（嘉永七年）七月十二日

大坂鈴木町・大坂屋定次郎
備中倉敷・郡屋清左衛門宛
史料21〜25参照、銑納の件、納入用貴家分足ニ付云々。

52、（書状）　状
（嘉永七年）六月十一日
備中倉敷郡屋清左衛門
倉敷広井茂一郎宛
清左衛門病中ニ付郡屋正三郎代筆、大坂銑納の件。史料59参照。

53、（書状）　状
十一月十四日
児嶋屋武右衛門
郡屋清兵衛宛
酒一件ニ付。

54、（書状）　状
（嘉永七年）五月廿二日
播州鹿間津湊・月番上町年寄・大西次兵衛、妻鹿五郎兵衛
備中玉嶋・郡屋清左衛門、御代人御上表様
備中柏島村仁平船献上銑、当月廿日上嶋辺にて難船。その件につき郡屋来訪の件。史料27参照。
「柏島」は玉島の一部、「上嶋」は家島諸島の最東端に位置する上島。鹿間津湊は現姫路市。

55、（書状）　状
十一月廿六日
三村某
郡屋清兵衛宛
56、口上　状
辰十一月五日
足見村
倉敷・山川宛、
　飛脚賃立替願、足見は現新見市内。
57、（書状）　状
丑五月廿日
丹右衛門
清太郎宛
　拾両請取。
58、（書状）　状
正月三日
吉岡治郎助・忠次郎
井上錬蔵宛
　郷宿の件。
59、（書状）　状

六月七日
備中倉敷・郡屋清左衛門
大坂屋定次郎様ニ而備中倉敷・広井茂一郎宛
大坂銑納の件、史料52参照

60、（書状） 状
（亥）十月五日
作州久才村庄屋・又兵衛
倉敷御用達・郡屋清左衛門
当村安兵衛酒造冥加金不納一件、当正月八日井村庄屋嘉一郎へ支払済云々、
井村は苫田郡鏡野町にあり、久才村は不明

61、（書状） 状
七月八日
庄屋孫大夫
郡屋清兵衛宛
銀三貫文借用願。

62、（書状） 状
十日
孫大夫
（郡屋）清兵衛宛
銀子借用御礼。

63、(書状)　状
十一月十六日
庄屋
郡清宛
竹原屋弐拾両持参。

64、(書状)　状
十四日
孫大夫
清兵衛宛
「昨日御内談申候一件ニ付得貴意」云々。

65、(書状)　状
十月十四日
孫大夫
清兵衛宛
「安田様ゟ之壱書御届、御返」云々。

66、(書状)　状
十二日
孫大夫
清兵衛・十兵衛宛
御出願の件。

67、(書状)　状
四月十五日
孫大夫
郡屋清兵衛宛
「昨日御内々御頼申候一条ニ付」云々。

68、(書状)　状
十四日
孫大夫
清兵衛宛
阿賀崎一件、大坂行の相談の件。

69、(書状)　状
十二日
孫大夫
清兵衛・十兵衛宛
御出願の件。

70、(書状)　状
廿日
孫大夫
郡屋清兵衛宛
宮内御昼休の節の入用一件、宮内は吉備郡高松町宮内、現岡山市。

71、（書状）　状
廿七日
孫大夫
郡屋清兵衛宛
「御状御見世被下間敷哉」云々。

72、（書状）　状
年月日不詳
孫大夫
（郡屋）清兵衛宛
阿賀崎庄屋の件、阿賀崎は玉嶋付近。

73、（書状）　状
九日
孫大夫
清兵衛宛
宮内証文の件、安東様ゟ之伝言の件他。

74、（書状）　状
十二月六日
孫大夫
清兵衛宛
「又之丞江御請被下候哉　如何相成候哉」云々。

75、（書状）　状
六月十日
孫大夫
清兵衛宛
　阿賀崎と私宅で申談、御銀の件。
76、（書状）　状
閏七月四日
孫大夫
郡屋清兵衛宛
　「昨日御頼申候内々一件ニ付」、借銀願。
77、（書状）　状
（丑）三月十四日
孫大夫
清兵衛宛
　借銀の件、その他。
78、（書状）　状
七月七日
孫大夫
清兵衛宛
　銀子御調の御礼。

79、（書状）　状
三月十四日
孫大夫
郡屋清兵衛宛
銀の件。

80、（書状）　状
十二月六日
孫大夫
郡屋清兵衛宛
笠岡、石橋郷の件、笠岡は現笠岡市。

81、（書状）　状
十一月十五日
庄屋・孫大夫
郡屋清兵衛宛
八浜屋三四郎所持田畑質地請取一件。

82、（書状）　状
四日
庄屋・孫大夫
郡屋清兵衛宛
借銀の件、「岡山ニ而両替」云々。

83、(書状)　状
廿日
孫大夫
清兵衛宛
　夫食米の件。

84、(書状)　状
七月九日
孫大夫
郡屋清兵衛宛
　御祝儀御礼、銀子拝借願。

85、(書状)　状
十日
孫大夫
郡屋清兵衛宛
　新作へ申入置候一件伺、「内組百姓一同連印」云々

86、(書状)　状
七月三日
孫大夫
清兵衛宛
「内々御相談申度、御出願」云々。

87、（書状）　　状

十日

庄屋・孫大夫

郡屋清兵衛宛

　依頼の督促状。

88、（書状、後欠）　　状

（年月日不詳）

孫大夫

清兵衛宛

　銀子の件。

89、（書状）　　状

十月十八日

（差出人不詳）

栄明寺御役者中宛

　笠岡、法楽寺、久右衛門等の地名人名あるも不明、孫大夫から清兵衛宛の封の中に在中、笠岡は現笠岡市

90、（書状、断簡）　　状

（年月日不詳）

（差出人、受取人不詳）

　御用銑の件他。

91、（書状、前欠）　　状
二月十五日
太田八太郎
郡屋清兵衛宛

92、覚　状
戌三月七日
庄屋
郡屋清兵衛宛
　銀壱貫目の請取。

93、覚　状
卯十一月九日
庄屋
郡屋清兵衛宛
　銀拾七貫目の請取。

94、口上　　状
十月十二日
庄屋孫大夫
郡屋清兵衛宛
　「船頭屋敷ニ而手形」云々

95、覚　状

五月
政蔵
御蔵所宛
　酢代三分六厘書上。

96、覚　状
九月廿日
内田屋
御用達郡屋宛
　紙代、〆百八拾四匁六分弐厘　内訳有。

97、覚　状
（嘉永五）子七月
（差出人不詳）
御用達郡屋宛
　「閏二月二十二日　竹三本　六分」書上。

98、覚　状
申十月
松井屋良吉
郡屋宛
　おけ代金請取。

99、覚　状

申七月
ち屋松吉
向市場・山川宛
　みかん代金請取。
100、覚　状
丑七月
阿つ屋熊蔵
向市ば・郡屋宛
　代金請取。
101、覚　状
申七月
黒金屋助四郎
向市ば・郡屋宛
　代金請取。
102、覚　状
（文久二）壬戌十月廿九日
丹右衛門
郡屋清太郎宛
　五両請取。史料44、45、135、136参照。
103、覚　状

寅四月晦日
岡本屋惣七郎
御蔵元・山川清左衛門
ふのり他請取。

104、覚　状
申七月
江戸屋恒吉
郡屋宛
三寸釘他請取。

105、覚　状
申七月
竹屋真一
向市場・郡屋宛
うけ、釤他代金請取。

106、覚　状
申七月
今福屋養蔵
郡屋宛
つるべ代請取。

107、覚　状

申七月
竹田（日ヵ）屋伴吉
向市場・郡屋宛
代金請取。

108、覚　状
申七月
西ノ宇蔵
向市場・郡屋宛
代金請取。

109、覚　状
申九月
黒金屋助四郎
向市場・郡屋宛
代金請取。

110、覚　状
申七月
備前屋仲助
山川宛
うなぎ代請取。

111、覚　状

申九月晦日
出嶋屋門蔵
郡屋宛
代金請取。
112、覚　状
申七月
対馬屋八十吉
向市場・郡屋宛
代金請取。
113、覚　状
申七月
高常
向市場・郡屋宛
代金請取。
114、覚　状
戌四月十二日
義七
郡屋清左衛門宛
請取、「江戸浅草会所」云々。
115、覚　状

巳極月
八浜屋力蔵
山川宛
代金請取。

116、覚　状
二月二十四日
郡屋
庄屋宛
当村御廻米銀半分請取。

117、覚　状
申七月
八浜屋千代蔵
郡屋宛
代金請取。

118、覚　状
申七月
八はた屋吉次郎
山川宛
代金請取。

119、覚　状

四月廿一日
（差出人不詳）
下庄村難波宛
縄代書上。

120、覚　状
寅七月
蔦屋
山川宛
代金請取。

121、覚　状
辰九月
さぬき屋平蔵
向市場・山川宛
かつお代請取。

122、覚　状
辰十二月
かじや繁蔵
山川宛
かま代請求書。

123、覚　状

子十二月大晦日
来八
郡屋清左衛門宛
代金請取。

124、覚　状
四月
亀屋平兵衛
御蔵元・郡屋
酒代請取。

125、覚　状
辰三月廿七日
御枡屋
（郡屋清左衛門宛カ）
酒代請取。

126、覚　状
四月晦日
亀屋忠兵衛
郡屋宛
万金丹他代金請取。

127、覚　状

早七月晦日
よしみ屋利三郎
向市場・山川宛
　代金請求。

128、覚　状
申七月
代三郎
向市場・郡屋宛
　代金請取。

129、覚　状
申七月
糀屋勘次
向市場・郡屋宛
　代金請求。

130、覚　状
午八月十三日
庄屋孫大夫
郡屋清兵衛宛
　代金請取。

131、覚　状

子二月十九日
庄屋
郡屋清兵衛宛
　代金請取。
132、覚　状
寅四月
今井屋弥八郎
御蔵元宛
　代金請取。
133、覚　状
申七月
原の屋
向市場・郡屋宛
　代金請取。
134、覚　状
二月十八日
嶋屋庄衛門（庄八カ）
倉敷・山川宛
　運賃請取。
135、覚　状

卯十二月晦日
林（植カ）田武次右衛門
郡屋清太郎宛
佐伏村預リ金当卯利足五両請取。史料102、136参照。

136、覚　状
（万延元）庚申十二月廿八日
林（植カ）田武次右衛門
郡屋宛
佐伏村預リ金之内元金五拾両操替利金五両請取。

137、覚　状
子五月晦日
（玉嶋新町）土佐屋
御蔵元・郡屋宛
代金請取

138、覚　状
巳七月
びぜん屋仲吉
向市場・山川宛
うなぎ代請求。

139、認　状

一月十七日
難波完
山川源蔵宛
　金拾四円四拾九銭、四季納不足分。
140、記　状
九月廿二日
深江登三
加藤忠七宛
　金三円八十銭請取。山川氏との関係不明。
141、覚（写）　状
明治五壬申三月五日
阿賀崎佐伏村東組庄屋片岡治郎吉、山川源蔵
植田源助宛
　利足辰年分拾七両書上。
142、覚（写）　状
（明治五年）壬申三月四日
同右
　元金三百両、利足三十弐両弐分。史料141、142は一括。
143、覚　状
（年月日不詳）

（差出人不詳）

（宛先不詳）

断片三枚、山川氏のものか。太田伊左衛門より借入等の記事あり。

144、御悦義　状

寛政九年七月吉日

玉辰翁（行年八十一才）

山川清兵衛、同五郎吉宛、

山川氏が東国順礼し、無事帰宅したのを祝って玉辰翁が周茂叔や顗祖等故事をのべ和歌を二首ささげたもの

**山川家について**

山川氏は、天領の倉敷代官（備中、美作、讃岐、六三、七〇〇石余を支配）治下の御用達商人であった。屋号は「郡屋」をなのり、幕府代官所の御用達のみならず、足守藩・庭瀬藩、岡山藩、交代寄合戸川氏などの大名・旗元とも取引があった。現存する文書は一四四点のみであるが、その文書に見出しうる郡屋の肩書には「玉嶋湊御城米御蔵元」「倉敷御用達」「諸飛脚問屋」「郷宿」等がある。高利貸、城米の購入・輸送販売、銑の輸送等をその主たる業務としていたようである。史料61～88、92～94が示すように、倉敷村の庄屋と政治的にも経済的にも密接不可分の関係であったことが明らかで、代官所と庄屋の中間に位置し、倉敷村近辺だけでなく、現在の総社市や新見市、苫田郡や真庭郡などに散在する天領村々の諸事にも介入するといった重要な役割を果していたことが知られる。以下、参考のため、史料3により文化元年の時点における郡屋について述べてみることにする。

郡屋清兵衛は寛保元年（一七四一）生れ、五人兄弟の末子であった。清兵衛は後月郡村々の「山分多く高山迄之御支配所至而人柄悪敷六ヶ敷場所」へ毎年五月、九月、一二月の三度ずつ廻村し、「少々充之不足取立」を行っていた。しかしながら宝暦八年（一七五八）七月に父が死に、兄嘉兵衛も同年八月に死に、それより後は母と彼との貧乏生活が始まり、家、諸道具等すべてを質入するといった事態にまで陥ったが、年々それらを請戻し、文化元年まで営んで来た。五反三畝であった相伝の土地も壱町三反余増加させ、浜村には借（貸）家七軒を所有、本家を新築し、諸道具も「分限ニハ不相応」に調え、腰物も義四郎へ七腰、その他の息子にも二〜三腰ずつ与えている。相続人には長男助太郎を予定していたが病弱で、享和三年（一八〇三）正月、父に先立って死去したので当人の願いにより光蔵を相続人に指定している。義四郎には故佐兵衛の残した銀一〇貫目の他銀五貫目を与え、家を新築してやることを条件に、灘屋の相続（再興）を命じている。（灘屋持伝分の新川家屋敷、新田九ノ割、近退山の後山畑、本町家屋敷も自動的に相続）。栄五郎は先年佐渡屋の名跡をつがせたが大坂へ欠落し、その後兄の助太郎の世話になったことは不届である。今は前店（井筒屋）で出精して働き、助太郎娘の梅が成人したら聟養子となり、助太郎跡を栄えさせ、再び佐渡屋を継ぐように命令（遺言）している。又清太郎は幼少だから義四郎、光蔵、栄三郎の三人で世話するように、清太郎には居屋敷、借家、地子借、中町借屋一軒を与え、もし後年他稼をするときは本家へ全部戻すべきことを命じている。

少々長くなったが、右により郡屋は清兵衛が極貧の中から、宝暦〜天明期にほぼ一代で右にみられるような資産を得るに至ったことが知られる。文化元年頃の倉敷の豪商の経済状況と遺産相続の実態を見る上で好史料であろう。

次に、忘れてはならないことは、嘉永七年（安政元年と改元、一八五四）の御国恩冥加献納銑の輸送に関する史料が比較的まとまっている点である（史料21〜28、51、52、54、59、68）。嘉永七年といえば、ペリーの来航の翌年であり、神奈川条約、下田条約が調印された年である。この年以来幕府は数度にわたって冥加金上納を

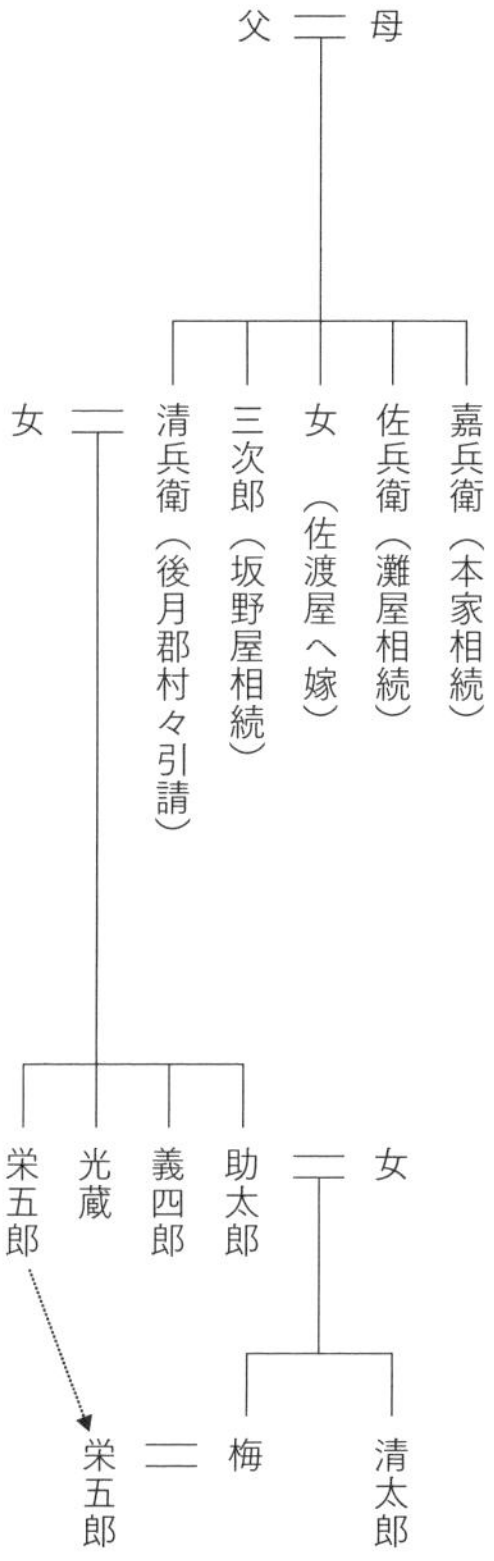


山川家略系図

幕領全ての村々に命じたことが史料28～31、武州秩父郡名栗村町田家文書、信州佐久郡五郎兵衛新田村柳沢文書他無数の文書、地方史誌類によって知られる。

右の他、この史料群は、地方都市における御用商人の実態、庄屋と御用商人との関係、庭瀬・足守藩との関係、倉敷村の他の商人との取引関係等をみる上で倉敷市にとっては勿論のこと、歴史学上からも貴重なものであろう。

参考までに、史料21および史料22を紹介しよう。

《史料21》

浦触

我等支配所備中国窪屋郡倉敷村清左衛門外壱人儀、御国恩為冥加献上銑別紙送状之通同国於玉嶋湊積立之、大坂表へ相廻候条、若逢難風及難船候得者、御領・私領ニ不限、句々浦々ニ而も早速引船出之、右御用物麁末無之様取斗置、最寄之御代官陣屋江早々可致注進もの也

嘉永七年寅五月　佐々井半十郎㊞

備中国玉嶋湊ゟ

大坂川口迄

津々浦々

《史料22》

献納送状之事

寅五月十六日辰刻

備中国玉嶋湊出納

一銑弐千四百貫目

此束百六拾束　但、壱束ニ付拾五貫目

内

銑　千五百貫目

此束百六拾束

是者備中国窪屋郡倉敷村清左衛門献納之分

銑　九百貫目

此束百六拾束

是ハ同国哲多郡井村清三郎献納之分

庄屋

年寄

備中国浅口郡乙嶋村

直乗船頭　庄三郎

但、船頭・水主役共

四人乗

同国窪屋郡倉敷村

百姓

上乗　茂一郎

右は佐々井半十郎御代官所備中国窪屋郡倉敷村清左衛門外壱人献納銑、同国玉嶋ニおゐて、上乗船頭為立会、書面之通ニ積立之、浦触日帳相渡、今十六日辰刻出帆申付候条、其地着岸之節御改、御受取被成候、依而送状如件

寅五月十六日

備中国玉嶋湊出役
佐々井半十郎手代
白谷完平

大坂鈴木町
増田作右衛門様御手附
森澄領二殿

**長門国豊浦郡豊浦村（現下関市）豊永家文書**

（長府藩＝毛利氏五万石下級藩士、農、商、塩商人）

1、御預ヶ上候券状之写　状
安政五年三月（万延元年の後筆あり）
友田小助、井上治兵衛
長府御用所江御預ケ上候居宅券状之場所幷抱屋敷券状〆七通。

2、赤馬関御馳走銀之内御払米代取縮《ママ》方江出銀書出　状
慶応四年七月
内藤半助、国弘瀬兵衛、河村藤兵衛他連印
由良伴吉、梶山官兵衛宛

西小豊後（奥書印形）

3、古金銀御家識江引渡覚　冊

明治四年五月

会計所

金壱一、四九二両一分二朱、銀一四八貫六一五匁二分七リ五毛内訳。

4、撫育金之内米金請払帳　冊

明治四年六月

梶山官兵衛

判金二九七両、金五、五八三両三歩、銭二二二、七四二貫七九八文。

5、東京御借入金根帳　冊

明治四年七月

東京豊浦用達所、豊浦会計所

文久二年～明治五年の記録。寛政～天保の記事も若干あり。朱筆、後筆あり

所々に「豊浦東京会計所」の朱の割印あり。

6、貨幣引渡目録　冊

明治五年正月

元豊浦藩貨幣出納掛リ少属・河村盛仰

木版刷の用紙に「豊浦藩」とある。

7、山口県長門国豊浦郡宇部村海面開墾見込ノ地及ヒ隣地見取図　舗

（慶応三年～明治五年）

開墾地総反別五五町二反一畝二五歩七合五勺。

8、聖上ヨリ賜リ物預トシテ到来物控　　冊

明治十八年十一月

豊永

明治天皇の同年の七月二六日より八月十二日までの山陽巡幸関係。

9、農業履歴書　　状

明治二十年十月五日

豊浦郡豊浦村二ノ四七一　豊永長吉（五五才八ヶ月）の履歴書。

10、「伊藤伯殿御滞在中御入費勘定書入」控　　冊

明治廿四年十一月廿四日より十二月三日マテ

伊藤博文は当時枢密院議長。

**豊永氏について**

豊永長吉氏に関しては『下関町史（二）』に明治六年塩浜問屋をつくり、同一七年に豊浦士族就産義社を設立したことがみえている（六九九～七〇〇頁）。同書の七〇八～九頁には開作、埋立ての記事があるが、それについては史料7、9に詳しい。史料9により豊永長吉氏の略歴を記せば左記の通りである。

長府藩士下村又三郎高輔の三男、母は同横山孫三憲勝長女（ふじ）、天保二年二月一八日生れ、嘉永三年四月～四年三月豊浦郡横野村に住む、同四年三月～五年長府へ、同五年七月横根村へ、安政二年藩士となる。慶応三年八月藩主に海面の埋立を建言、内田村村田茂兵衛、田部村井上理介外八名らとともに、藩から五〇〇両、私財二、〇〇〇両を投じて豊浦郡宇部村字磯松原の海面埋築の工を起す。明治二年再び開作、明治三年

再々開作、明治四年帰商して赤間関へ、明治四年〜五年再び開作、四回の埋立地の合計は、水田二八町、畑二町九反四畝二四歩、宅地二町一反三畝二六歩、塩田四〇町七反七畝二四歩、計八九町六反七畝五歩で戸数六七戸であった。明治一四年商業を廃し、豊浦村字天神坊に住み、農業に従事、明治一七年金子十郎、中村勝三らと士族就産義社を設け、社長となる。

## その他（点数三点以下のもの）

1、松平利義書状　　状

（嘉永六年カ？）七月十日

松平大蔵大輔利義

堀田豊前守宛

松平大蔵大輔は（加賀）大聖寺七万石前田利義、堀田豊前守は（近江）宮川一万石の堀田正識、内容は将軍宣下御祝儀の件である。将軍は家定、従って嘉永六年のものと推定される。

2、御仕置五人組帳　　冊

寛政四年如月二十日

渡部氏

内容は宝暦四年、同一〇年頃の写。柴崎代官、長瀞代官とあり、出羽国村山郡の天領下のものと思われる。裏に達磨寺村斎藤氏の花押がある。全六九条。

3、和賀郡知行新田精御検地名寄御帳　　冊

安政三年四月

松岡七右衛門知行山口村　検地奉行太田長助・與津正年

岩手県和賀郡和賀町山口のものと推定。

4、和賀郡知行新田精御検地水帳　冊
安政三年四月
松岡七右衛門知行山口村
袋に「松岡練治様　與津正年」とある

5、三戸御蔵米豆籾、文久二年正月朔日ゟ同十二月晦日限本払御勘定目録　状
元治元年七月
式部、図書、佐渡、外記、監物ら連印
豊川又之丞、藤忠左衛門宛
南部藩のものか。

6、(書状)　状
天保十三年九月五日
佐藤領七
黒田玄仙宛
「羽州山形御城下ニ而」と表にあり、裏に「総州従佐倉」とある。中に明和四年の「請取置申金子之事」の写あり。

7、書状
(年月日不詳)
佐藤領平
黒田玄仙宛

領蔵忰領平とある。黒田は佐倉から山形へ転封された堀田氏の家臣か。

8、（書状）　状

7と同じ

9、（書付、岡橋成太郎藩兵取立ニ付）

明治三年正月十五日

施事局

（宛先不詳）

10、（覚、絵図・御知行御竿入につき）

（年月日不詳）

（差出人不詳）

（宛先不詳）

**補記**

今回、『近世古文書目録』を本書に掲載するにあたり、目録に掲載されている史料の点検を行った。結果は左のとおり。

◇未発見の史料群

①磐城国伊具郡金山村　中嶋家文書　一八点

②長門国豊浦郡豊浦村　豊永家文書　一〇点

③その他　九点

「松平大蔵大輔書状」を除く

◇未発見の史料　史料番号のみ記す
④仏光寺御門跡（祠堂金貸付関係文書）　15
⑤備中国窪屋郡倉敷村　山川家文書　8、11

この中で、①磐城国伊具郡金山村中嶋家文書、②長門国豊浦郡豊浦村豊永家文書とその他の一部の史料については、父清孝生前中に資料館等に寄贈したものと推測しうる。

また父の作成した目録は、非売品であったため、中々日の目をみることはなかった。またガリ版刷という性格上非常に解読が困難であったし、不備な点も少なからず見うけられた。今回本書に掲載するにあたり、一部体裁を変えたことを付記しておく。

末筆ながら、父の蒐集したこれらの文書を引き継いで管理するとともに、これらの史料が今後多くの方々に活用されることを只管願うものである。

山中清史

# 7　あの頃の思い出　―一九七〇年代の関東近世史研究会の活動を中心に―

関東近世史研究会の歴史は一九六二年に関東地方史研究会（代表北島正元）と武蔵野地方史研究会（代表伊藤好一）が合併して発足したもので、初代の代表は北島正元先生です。第一回大会は一九六二年明治大学で行なわれ、テーマは「寛政改革と関東市場」でした。雑誌は一号、二号は『関東近世史研究会会報』でしたが、三号から六号は『16～19世紀研究』という壮大なものでした。ところが六九年に例会が四回、七〇年に二回開かれただけで、六九年から大会は五年間実施されず、雑誌は六年間刊行されませんでした。これは大学紛争のためです。今の若い方々には想像できないと思いますが、六九年に東京大学の安田講堂が占拠され、翌年の東大入試が中止となりました。ここ法政大学も今はボアソナードタワーが建ち、近代ホテルのようですが、当時は正門前にはずらりと角材やヘルメットが並んでいました。新左翼系全学連の拠点校の一つでした。

七〇年四月、四年生となった私は卒論を書き始めたのですが、最初のタイトルは「武州秩父郡上名栗村の階層分化過程」でした。五月のある日研究室のドアにハガキが貼ってあり、関東近世史研究会例会のお知らせ「近世後期における関東農村の行政改革」と書いてありました。助手の善積美恵子（現姓松尾。学習院女子大教授）に「これはどういう研究会ですか？」と尋ねると、「立正の北原進さんらが熱心にやっておられる研究会よ。行って見たら？」と薦められたので生まれて初めて、研究会なるものに参加しました。慶応大学大学院の石松久美子さんの、日野市の富沢家文書を使った研究で、関東取締出役や組合村のことを初めて知りました。また信州大学の森安彦さんに初めて逢ったのもこの日です。他に煎本増夫さんや長谷川伸三さんらもおられたようです。私が「学習院大学の四年生で名栗の町田家文書を読んでいます。」と自己紹介をすると、北原先生から抜刷を頂きました。「武州一揆と周辺村落の情勢」（『経済学季報』一九―三）です。目白の下宿に帰る道中熟読し、私は卒論のタイトルを「武州一揆の社会経済的基盤について」に変更することにしました。少しオーバーな言い方をお許しいただければ、この日は私の運命を変えた日となったのです。この日を境に入手可能な埼玉、東京、群馬の地方史誌、この地域に関する近世史の論文に全て目を通し、町田家文書二万点余を解読し、本文一〇〇枚、資料一〇〇枚ほどの下書きを書いてあつかましく一度しかお目にかかってない森先生の自宅に押し掛けました。（同級生の伊藤一美君の高校の恩師という甘えもありました。）一週間後に再訪すると、森先生より「データはよく調べているが、叙述が全くだめ。事実の羅列では論文にならない」と酷評されました。そこで序文を全面改訂（序文は『史遊』創刊号に全文掲載）、内容も大幅に書き換えて本文一八〇枚、資料二三〇枚という規則破りの長文の卒論を提出しました。（序文を除き、一部書き下ろしを加えて、卒論は名栗村教育委員会より『近世武州山村の構造』と題して一九八一年に刊行されました。）

大学より卒論を受け取ると、再び森先生のお宅へ。一週間後受け取りに伺うと、森さんのほかにもう一人お客がおられました。大舘右喜さんです。大舘さんからは「すごいものを書きましたね。『武州世直し一揆史料』の解説の校正中ですが、早速一部を使わせてもらって書き換えました。」といわれました。一学生の卒論を信用して下さって、解説を書き直すことは本来ありえないことですが、最高に幸せでした。

一九七一年修士一年のとき、近世村落史研究会に入会、現在に至っています。翌七二年七月、森さんの推挙で関東近世史の例会（明治大学大学院）で報告、私の目の前で終始ニコニコとして聴いて下さった方が伊藤好一先生でした。先生からは農兵についていろいろご教示いただきました。この報告が契機となり、常任委員にしていただき、同年九月に再建大会が行なわれました。伊藤先生が「江戸周辺農村の肥料値下げ運動」

と題されて講演をされ、斎藤茂さんが常陸土浦の質地問題について報告をされました。この再建大会を私が仕切ったという説があるようですが、私は入会したての新米。それはありえません。大会は村上直さん、北原さん、竹内誠さん、森さん、神崎彰利さん、渡辺隆喜さんら中堅の方々が担っておられました。私は僭越にも当日は受付と会計をし、事業報告と決算、事業方針案と予算案を総会で述べる役でした。今でいう常任委員長と会計を兼務してた訳ですが、例会は北原さん、編集は大舘さんが中心だったようです。会誌七号のロゴは大舘さんが手造りで作成し、所沢のキタダ印刷で印刷しました。私は若手の常任委員（馬場憲一さん、渡辺和敏さん、白川部達夫さん）らの中では目立っていましたが、裏方でした。大好きな野球でたとえると、レッドソックスの岡島的存在で、中継ぎ、H（ホールド）役でした。やったことは、毎年大会を開くこと、例会を年一〇回定期的に開くこと、雑誌を定期的に刊行することの三つで、ただ当たり前のことを淡々と実施して、会の存続をはかること、はずれかかった軌道を元に戻すことだけでした。

この頃、関東近世史研究会では色々な事業をしています。一九七三年に柏書房より『関東近世史研究論文目録』を刊行（若手では馬場さんのみ参加）、一九八二年に創立二〇周年記念事業として『関東近世史研究論文目録2』を名著出版より刊行しています（根岸茂夫、大石学、澤登寛聡、大友一雄、白川部、佐藤孝之、山中らも参加）。またこのころ慢性的財政赤字を解消するため所沢、入間地域の地方史料の調査、文書目録作りを常任委員総出で行いました。仕事をみつけてくるのはいつも大舘さん。文書の分類等はすべて明治大学の木村方式。二〇人で一五〇〇点ほどの文書を一気に整理しました。原則としてアルバイト料は会に寄付ということでかなり潤いました。

会の事業でもっとも財政に貢献したのは『武蔵田園簿』の刊行です。東大本の撮影には私が東大史料編纂所に伺いましたが、杉山博先生のお世話になりました。また都の公文書館との折衝は竹内さん。私の仕事は、序文を北島先生にお願いすることと、（あとがきは村上さんに依頼）写真と校正のゲラを各常任委員に送って、集めることです。また最後の統一をするため全体の校閲をすることもしましたが、大変だったのは今の何市、何町かという郡毎の索引作りです。最後は座間の２ＤＫの私の借家に大石さんや白川部さんらに来て頂いてまとめましたが、二〇代の一田舎教員が森さん、大舘さん、川名登さんら錚々たる方々に、「〇月〇日までに仕事をして、送れ」と偉そうに指示をしたのですからかなり無謀なことをしたものです。しかしこの本の刊行のお陰で当会は黒字に転換し、会の運営が軌道に乗ったのですから、どうかお許し下さい。（近藤出版さんからはお金でなく現物を一〇〇冊ほどもらい、関係者に配布した残りを二割引で販売する許可を得ました。二、三年で完売し、会財政が豊かになったように記憶しています。）なおこの時、小樽商科大学に赴任された長谷川さんに、「関東近世史北海道支部を作るつもりで頑張って下さい」と私が指示したとの噂があります。機関決定でなく、勿論越権行為ですが、これまたお許し下さい。

表二の第八回大会から一二回大会のころ、私は活動報告、会計報告、事業方針案、会計案等を担当していたように思います。当時会は会長一名、評議員四～五名、常任委員一五～一八名で運営されていました。当時の会員数は一〇〇～一二〇人程度でしたが、第七回か八回大会の閉会の言葉で明治大学の木村礎先生が、「この会は関東と近世という地域と時代を限定する言葉が二ついているから、一五〇名を上回ることはない」と断言されました。しかし今は三五〇人という大世帯です。嬉しい誤算であり、上方修正です。この他一九七七年には「享保期の諸問題」と題して常任委員の大石学さんに報告をお願いし、スペシャルゲストに津田秀夫先生と大石慎三郎先生をお招きし、論争していただいたこともあります。お二人ともとても楽しそうだったのが印象的でした。

関東近世史の思い出の中で最もユニークな「お客」がお一人いました。八〇年代の前半ごろですが、塚田孝さんに被差別部落のことを話してもらいました。そこへ発表終了直前にセーター姿でボサボサ頭の中年男性が現れて、「この程度の発表は話なんか聴かなくたってレジュメを読めば判る」といって自分の意見を言いたいだけ言って、帰ってしまいました。大部分の参加者は「今の人誰？　何しにきたの？」とポカーン。太閤検地論争で旋風を巻き起こした安良城盛昭さんです。あの方は関東近世史でも旋風を巻き起こしました。

私が常任委員をしていたときの会長は北島正元先生です。一九七二年、学習院と早稲田、慶応三大学の大学院の単位互換制度が始まり、第一期生として早稲田の大学院の北島ゼミに行きました。加賀藩の改作法について膨大な藩の資料を使って、論争が展開されていました。どうやら若林喜三郎氏の説を支持するグループが被告人側、それを批判するグループが検察官側、両方の言い分をよく聴いて判断を下すのが裁判官側のようです。北島先生は殆ど発言されず、答弁がわき道にそれた時、軌道修正されるだけ。とてもついていけそうもなく、一日でやめました。先生は優しく、「また気が向いたらいつでもいらっしゃい」と言って下さいました。

七四年の再建大会のあと、北島先生たちとお茶を飲みにいきました。別れ際に私や渡辺和敏さん、白川部さんらの手をとって、「この会はあなた方若い人の力が必要だ。ぜひよろしく」と言われ、感激したことを昨日のことのように覚えています。

七五年ごろ、北島先生に『武蔵田園簿』の序文をお願いする大役が私に委ねられました。先生は地方史研究協議会の佐渡大会で講演をされるということで私も佐渡大会に参加しました。なかなか北島先生に接近できず、巡見のとき佐渡の金山跡の前でやっとお話ができました。先生は嫌な顔もされず快諾され、二週間ほどで原稿を送って下さいました。

多分歴史科学協議会の大会だと思いますが、会が終わって北島先生らとお茶を飲んだ時のことです。自分が飲んだ分をテーブルに置いて、皆さっさと外に出てしまいました。人数を数えると一人足りない。北島先生が最後に出てこられた。会計役を最年長者の先生にお任せしてしまったのです。今頃申し訳ありませんがすみませんでした。

最後に伊藤好一先生のエピソードを一つお話して、七〇年代の思い出を締めくくりたいと思います。伊藤先生、森先生、法政大学の丹治健造先生、藤田昭造さんと一緒に東京都多摩郡日の出村の青木家の史料調査に行ったことがあります。八王子千人同心で名主でもあった家です。その家に明治初期の木版の「新婚花嫁必携」本がありました。それをわざわざ私の目の前に持って来られて、「山中君、こんなものがありましたよ」と少年のように目をキラキラ輝かせて楽しそうにみせて下さいました。日頃謹厳であまり冗談など言いそうもない先生の隠れた一面が見られて、とても嬉しかったことを記憶しています。以上長々と七〇年代の思い出をお話しましたが、二〇～三〇代の若い方々に何らかの参考になれば幸いです。

（関東近世史研究会が戦後の日本の近世史研究の進歩の中で果たした役割や、全国の研究会の中でどういう位置にあるか等は、根岸さん、澤登さん、白川部さんや大石学さんらに五〇周年大会の際にぜひ語って頂きたいと思います。）

（関東近世史研究会第四〇回大会記念講演）

表１　関東近世史研究会歴代会長任期一覧表

| 氏名 | 就任 | 退任 | 退任理由 |
|---|---|---|---|
| 北島正元（代表） | 1962年 | − | 会長就任 |
| 北島正元 | 1974年（?） | 1983年11月１日 | 逝去 |
| 伊藤好一（会長代行） | 1983年11月 | 1984年10月28日 | 会長就任 |
| 伊藤好一 | 1984年10月28日 | 1988年10月22日 | 任期満了 |
| 村上直 | 1988年10月22日 | 1992年10月25日 | 任期満了 |
| 竹内誠 | 1992年10月25日 | 1996年10月27日 | 任期満了 |
| 森安彦 | 1996年10月27日 | 2000年10月29日 | 任期満了 |
| 北原進 | 2000年10月29日 | 2004年10月31日 | 任期満了 |
| 根岸茂夫 | 2004年10月31日 | 2008年10月26日 | 任期満了 |
| 澤登寛聡 | 2008年10月26日 | | |

・関東近世史研究会初期は「会長」ではなく「代表」。
・中断後の復活時から「会長」となる。
・会長就任・退任日は総会開催年月日とした。
・北島正元氏の「代表」から「会長」への名称変更は推定。

表２　関東近世史研究会大会・シンポジウム一覧

| 回数 | 年月日 | 曜日 | 会場 | テーマ | 委員長 | 司会 | 報　告 | コメント |
|---|---|---|---|---|---|---|---|---|
| 1 | 1962年10月６日 | 土 | 明治大学 | 関東近世史の諸問題 | | | 神崎彰利「関東前期の問題」<br>煎本増夫「関東中・後期の問題」 | |
| 2 | 1964年６月６日 | 土 | 明治大学 | 寛政改革と関東市場 | | | 山田直匡「寛政改革と米穀市場」<br>竹内誠「寛政改革の発端」 | |
| 3 | 1965年５月29日 | 土 | 明治大学 | 幕末維新の諸問題 | | | 伊藤好一（報告題目不明）<br>北原進（報告題目不明）<br>大舘右喜（報告題目不明） | |
| 4 | 1966年６月25日 | 土 | 明治大学大学院南講堂 | 幕末維新期の諸問題 | （問題提起竹内誠） | | 松田之利「幕末期における農民の存在形態」<br>渡辺隆喜「関東地方における地租改正の特色と村落」 | |
| 5 | 1967年６月24日 | 土 | 明治大学大学院南講堂 | 元禄期前後の関東農村 | （問題提起森安彦） | | 村上直「元禄期前後における関東の支配体制」<br>煎本増夫「元禄期前後の農民の動向」 | |
| 6 | 1968年10月26日 | 土 | 明治大学大学院会議室 | 幕末・維新期、関東における農民戦争 | （問題提起北原進） | | 伊藤好一「関東における慶応三年の状況」<br>森安彦「明治初年、東京周辺における農民斗争」 | |
| 7 | 1974年９月21日 | 土 | 法政大学 | | | | 斉藤茂「近世後期の質地と農村構造―常陸国土浦藩領小田組の場合―」<br>伊藤好一「（記念講演）江戸周辺農村の肥料値下げ運動」 | |
| 8 | 1975年９月27日 | 土 | 法政大学 | | | | 竹内誠「関東農村と江戸」<br>吉田伸之「江戸町会所金貸付について」 | |
| 9 | 1976年９月25日 | 土 | 法政大学 | | | | 須永昭「近世後期北関東の農業構造」<br>川名登「宝暦・天明期における河川水運政策」 | |
| 10 | 1977年10月１日 | 土 | 法政大学69年館920番教室 | 享保期の諸問題 | | | 大石学「享保期における江戸周辺農村の動向と幕府の対応」<br>大谷貞夫「享保期の治水政策」 | |
| 11 | 1978年12月３日 | 日 | 法政大学 | 享保期の諸問題―支配機構の再編と年貢収奪― | | | （第一部　関東における年貢収奪）<br>川鍋定男「関東幕領における徴租法の特質」<br>山本幸俊「土浦藩の年貢」<br>鏑木行廣「佐倉藩の年貢」<br>白川部達夫「年貢収奪の動向と諸問題」<br>（第二部　支配機構の再編と年貢収奪）<br>森安彦「享保期農政と畑作農村―武蔵野新田の成立と構造―」 | |
| 12 | 1979年10月14日 | 日 | 法政大学 | 享保期の諸問題―商品流通と農村― | | | 青木直已「常陸西部主穀生産地域における在方商人の動向」<br>林玲子「享保期における商品流通の問題点」 | |
| 13 | 1980年10月19日 | 日 | 法政大学 | 旗本知行と村落 | 小暮正利 | | 横浜文孝「旗本横山氏の土地政策と農民支配」<br>土井浩「相給村落における知行付百姓」<br>佐々悦久「旗本領の成立過程」 | 竹中眞幸<br>広瀬隆久<br>深井雅海 |

| 回数 | 年月日 | 曜日 | 会場 | テーマ | 委員長 | 司会 | 報　告 | コメント |
|---|---|---|---|---|---|---|---|---|
| シンポジウム | 1981年10月3日 | 土 | 法政大学 | 八一年度大会にむけて | | | 神崎彰利「旗本領の諸問題」<br>常任委員会「旗本財政の窮乏と知行権との関連をめぐって」<br>常任委員会「分郷・相給村落についての論点」<br>常任委員会「『集権的封建制』論の理論的影響と問題点」 | |
| 14 | 1981年10月25日 | 日 | 法政大学 | 旗本知行と村落II | 横浜文孝 | | 小暮正利「近世初期旗本領の形成—武蔵国を中心として—」<br>白川部達夫「旗本相給知行論」<br>高橋実「幕藩制解体期の旗本領農民闘争と幕府の対応」 | 安池尋幸<br>澤登寛聡<br>西脇康 |
| シンポジウム | 1982年10月30日 | 土 | 法政大学 | 八二年度大会にむけて | | | 根崎光男「広域支配」<br>小松修「後北条時代の関東支配」<br>斉藤司「初期村落について—常陸国筑波郡を事例に—」<br>泉正人「関東地域の所領配置について」 | |
| 15 | 1982年11月7日 | 日 | 法政大学 | 関東の領域支配と民衆<br>—近世前期を中心に— | 竹中眞幸 | | 和泉清司「関東入国時における徳川氏の領国支配」<br>澤登寛聡「近世初期郷村制と領域支配」<br>大野瑞男「関東における譜代藩政の成立過程」 | |
| シンポジウム | 1983年10月29日 | 土 | 法政大学 | 中世～近世移行期の諸問題 | | | 斉藤司「関東における豊臣期の『公権力体制』」<br>武田庸二郎「中世～近世移行期の諸問題」 | 市村高男 |
| 16 | 1983年11月6日 | 日 | 明治大学 | 関東の領域支配と民衆II | 岩田浩太郎<br>→泉正人 | | 岩田浩太郎「関東郡代と“領々触次”制」<br>塚田孝「中世～近世移行期の関東における賤民制について」 | 宮崎勝美<br>西木浩一 |
| 17 | 1984年10月28日 | 日 | 明治大学 | 関東の領域支配と民衆III<br>—役と地域秩序— | 澤登寛聡 | 小高昭一<br>斉藤司 | 小松修「割元役と組合村制の成立」<br>大友一雄「日光社参と国役」 | |
| 18 | 1985年10月27日 | 日 | 法政大学 | 関東の地域と民衆<br>—近世中後期を中心として— | 斉藤司 | 君塚仁彦<br>井上攻 | 馬場弘臣「近世中後期、北関東における社会構造—人口の流動化と都市—」<br>桜井昭男「近世村落と百姓株」 | |
| 19 | 1986年10月26日 | 日 | 明治大学 | 関東の地域と民衆<br>—生活の視座から— | 西木浩一 | 馬場弘臣<br>桜井昭男 | 石井修「幕末期の地域結合と民衆」<br>米崎清実「近世後期の婚姻儀礼慣行と『村』秩序」 | 杉仁 |
| 20 | 1987年10月25日 | 日 | 法政大学 | 関東の山間地域と民衆<br>—生業と負担— | 井上攻 | | 佐藤孝之「山稼の村と『御免許稼山』」<br>君塚仁彦「江戸城御用炭役と村」<br>須田努「山間地域（石高外領域）における『公儀』支配と民衆生活」 | |
| 21 | 1988年10月22日 | 土 | 明治大学 | 関東の漁業と漁村 | 山本英二 | | 宮田満「近世玉川の漁業生産に伴う役負担と漁場利用関係」<br>出口宏幸「内房村落の漁業進出と生業」<br>古田悦造「近世外房の漁業における負担の地域差」 | 太田尚宏<br>堀江俊次<br>安池尋幸 |

| 回数 | 年月日 | 曜日 | 会場 | テーマ | 委員長 | 司会 | 報　告 | コメント |
|---|---|---|---|---|---|---|---|---|
| 22 | 1989年10月29日 | 日 | 法政大学 | 関東の地域と権力 | 吉岡孝 | 酒井耕三<br>水野潔 | 太田尚宏「近世江戸内湾における『御肴』上納制度の展開」<br>山本英二「浪人・由緒・偽文書・苗字帯刀—甲斐国山梨郡栗原筋下井尻村の場合—」 | 須田努<br>神立孝一 |
| 23 | 1990年10月28日 | 日 | 明治大学 | 関東の地域と権力II<br>—外圧期の地域秩序— | 針谷武志 | | 浅倉有子「江戸湾防備と村落—相模国を中心に—」<br>筑紫俊夫「江戸湾防備政策の展開と島民負担—房総沿岸諸村を中心として—」 | 木村直也 |
| 24 | 1991年10月27日 | 日 | 法政大学 | 関東の地域と権力III | 多田文夫 | | 斉藤司「近世前期、関東における鷹場編成」<br>吉岡孝「近世後期における文化と地域編成」 | 根崎光男<br>冨善一敏 |
| 25 | 1992年10月25日 | 日 | 明治大学大学院南講堂 | 関東における地域認識と民衆 | 落合功 | | 鈴木章生「江戸名所の展開と地域」<br>岩橋清美「近世後期における地域認識の変容」<br>白井哲哉「伝統的地域認識の変容と近世社会—中世末～近世前期常陸国において—」 | 加藤貴<br>桜井昭男<br>岩城卓二 |
| 26 | 1993年10月31日 | 日 | 明治大学 | 地域社会と歴史意識 | 外山徹 | | 落合延孝「出入り関係の形成と新田岩松氏の権威の浮上」<br>羽賀祥二「『風土記』・『図会』の編纂と地域社会」 | 井上攻<br>白井哲哉 |
| 27 | 1994年10月30日 | 日 | 國學院大學百周年記念講堂 | 村社会の変容と公共性 | 笠原綾 | | 平野哲也「江戸時代中後期北関東農村における名主の動向」<br>冨善一敏「検地帳所持・引継争論と近世村落」 | 渡辺尚志<br>大友一雄 |
| 28 | 1995年10月29日 | 日 | 法政大学69年館 | 生活意識と公儀・民衆 | 堀亮一<br>保垣孝幸<br>鍋本由徳 | | 西沢淳男「関東における天保期の取締役—武蔵国一宮氷川神社領取締役を中心に—」<br>笹川裕「『創業伝承』と薩摩芋一件」 | 田渕正和<br>落合功 |
| シンポジウム | 1996年６月15日 | 土 | 江戸東京博物館 | 近世の地域編成と国家<br>—関東・畿内の比較から— | | | 落合功「（基調報告）関東地域史研究と畿内地域史研究について」<br>大石学「近世江戸周辺における地域編成と地域秩序—鷹場制度を中心に—」<br>藪田貫「支配国・領主制と地域社会」<br>斉藤司「近世前期の関東と畿内—鷹場を素材として—」 | |
| 29 | 1996年10月27日 | 日 | 明治大学 | 幕末期の関東と徳川政権 | 宮原一郎<br>石山秀和 | 笠原綾<br>堀亮一 | 針谷武志「軍都としての江戸とその崩壊」<br>落合功「幕末期商品流通の展開と関東市場」 | 藤田覚<br>谷本雅之 |
| 30 | 1997年10月26日 | 日 | 國學院大學 | 寛政期における徳川政権と関東 | 石山秀和<br>宮原一郎 | 宮原一郎<br>山下堅太郎 | 高久智広「寛政期における寄合肝煎役の設置について」<br>高見澤美紀「寛政期における小金御鹿狩と幕臣団」<br>桑原功一「江戸周辺地域と幕臣大筒稽古場の展開—徳丸原大筒稽古場を中心として—」 | 太田尚宏 |

| 回数 | 年月日 | 曜日 | 会場 | テーマ | 委員長 | 司会 | 報　告 | コメント |
|---|---|---|---|---|---|---|---|---|
| 31 | 1998年10月25日 | 日 | 法政大学 | 地域秩序の形成と公儀<br>―近世前期を中心に― | 岡崎寛徳 | 桑原功一<br>宍戸知 | 船木明夫「一七世紀後半における入会地の存在形態と村落構造」<br>山澤学「十七世紀日光の町と商人・職人」 | 平野哲也<br>泉正人 |
| 32 | 1999年10月31日 | 日 | 明治大学13号館 | 社会関係の広域化と秩序の再編<br>―近世後期の地域像― | 實形祐介 | 川崎史彦<br>廣瀬史彦 | 安齋信人「近世後期における『改革組合村』制について―『組合村』の設置と警吏「道案内」の社会的役割―」<br>青柳周一「人の移動と地域社会史・試論―参詣旅行史研究の視点から―」 | 岩橋清美<br>外山徹 |
| 33 | 2000年10月29日 | 日 | 國學院大學 | 村請制と文書社会<br>―個人の視座から― | 宍戸知 | 石山秀和<br>黒澤学 | 高尾善希「近世後期百姓の識字の問題―関東村落の事例から―」<br>宮原一郎「近世の村社会と文書作成―近世文書社会へのアプローチ―」 | 青木美智男<br>冨善一敏 |
| 34 | 2001年10月28日 | 日 | 明治大学 | 江戸の出版物と文字文化 | 高尾善希 | 早田旅人<br>福重旨乃 | 加藤光男「天保期以降の出版メディアの特質とその流通―『時事浮世絵』の存在・名主の蔵書と貸本屋―」<br>富沢達三「はしか絵の情報世界」<br>池田真由美「『書籍有合帳』に見る江戸近郊名主層の動向」 | 北原糸子<br>佐藤悟 |
| 35 | 2002年10月27日 | 日 | 法政大学69年館 | 江戸の信仰と社会関係<br>―居住者の視点から― | 坂本達彦 | 川崎史彦<br>佐々木克哉 | 吉田正高「江戸における町内鎮守管理者としての修験と地域住民―就任、相続、退身の過程を中心に―」<br>滝口正哉「江戸庶民信仰の娯楽化―千社札をめぐって―」<br>原淳一郎「近世後期江戸近郊名所に見る庶民信仰と文人層―病気治癒の現世利益―」 | 小泉雅弘<br>鈴木章生<br>葛生雄二 |
| 36 | 2003年10月26日 | 日 | 國學院大學 | 社会秩序の変質と役 | 山崎久登→菅野洋介 | 神谷大介<br>靭矢嘉史 | 宍戸知「『名主役』特権の成立と『村役人』制度」<br>山崎久登「鷹野役認識と地域」 | 山崎圭<br>斉藤司 |
| 37 | 2004年10月31日 | 日 | 東洋大学 | 江戸の公共性と秩序 | 黒澤学 | 高尾善希<br>中山学 | 岩淵令治「江戸消防体制の構造」<br>松本剣志郎「江戸武家屋敷組合と都市公共機能」<br>小林信也「天保改革以降の江戸の都市行政―諸色掛名主の活動を中心に―」 | 市川寛明<br>藤村聡<br>牛米努 |
| 38 | 2005年10月30日 | 日 | 法政大学 | 江戸の社会構造と意識 | 松本剣志郎 | 玉井建也<br>三野行徳 | 木村涼「歌舞伎・文人と江戸社会―七代目市川団十郎を中心として―」<br>西木浩一「江戸の社会と『葬』をめぐる意識―墓制・盆儀礼・『おんぼう』―」 | 神田由築<br>木下光生 |

| 回数 | 年月日 | 曜日 | 会場 | テーマ | 委員長 | 司会 | 報　告 | コメント |
|---|---|---|---|---|---|---|---|---|
| シンポジウム | 2006年７月２日 | 日 | 國學院大學 | 生命維持と「知」—医療文化をめぐって— | 菅野洋介 | 中西崇<br>靭矢嘉史 | 中山学「幕藩領主の医療政策と民衆文化—仁政の文化構造的確立について—」<br>細野健太郎「一八世紀における村社会と医療」<br>長田直子「江戸近郊農村における医療——八世紀多摩地域の医療を中心として」 | 杉仁<br>澤登寛聡 |
| 39 | 2006年10月29日 | 日 | 國學院大學 | 格差社会と「御救」 | 川上真理 | 高橋伸拓<br>野本禎司 | 栗原健一「近世備荒貯蓄の形成と村落社会—土浦藩『集穀』を中心に—」<br>早田旅人「近世報徳『結社仕法』の展開と構造—相州片岡村・克譲社仕法からみる地主仕法の再検討—」 | 平野哲也<br>桜井昭男 |
| 40 | 2007年11月４日 | 日 | 法政大学 | 近世後期関東の文化構造と教育 | 野本禎司 | 佐藤顕<br>栗原健一 | 工藤航平「近世後期江戸近郊の地域文化と民衆教育」<br>石山秀和「近世後期における江戸の『教育社会』と門人形成」 | 白井哲哉<br>青木美智男 |
| 41 | 2008年10月26日 | 日 | 法政大学 | 近世後期関東の流通と消費社会 | 宮坂新 | 磯部孝明<br>木村涼 | 高橋伸拓「近世後期関東における酒造業経営と酒の流通—地域酒造家の分析を中心に—」<br>小林風「近世後期、江戸東郊地域の肥料購入と江戸地廻り経済—下総国葛飾郡芝崎村吉野家を事例に—」 | 落合功<br>桑原功一 |

表１・表２とも常任委員会作成

# 山中清孝　年譜

| | | |
|---|---|---|
| 一九四六年 | 一〇月二五日 | 愛知県東春日井郡小牧村（現・小牧市）小牧原新田一六番地生まれ |
| 一九五九年 | 四月 | 愛知学芸大学付属名古屋中学校入学 |
| 一九六一年 | 一一月 | 愛知学芸大学付属名古屋中学校転出（父の転勤により） |
| | | 福岡県小倉市立富野中学校転入 |
| 一九六二年 | 三月 | 福岡県小倉市立富野中学校卒業 |
| | 四月 | 福岡県立小倉高校入学 |
| 一九六五年 | 三月 | 福岡県立小倉高校卒業 |
| 一九六七年 | 四月 | 学習院大学文学部史学科入学 |
| 一九七一年 | 三月 | 学習院大学文学部史学科卒業 |
| | 四月 | 学習院大学大学院人文科学研究科史学専攻（修士課程）入学 |
| | 四月 | ＮＨＫ学園高校非常勤講師（～一九七四年三月） |
| 一九七三年 | 三月 | 学習院大学大学院人文科学研究科史学専攻（修士課程）修了 |
| | 四月 | 学習院大学大学院人文科学研究科史学専攻（博士課程）入学 |

| | | |
|---|---|---|
| | 四月 | 神奈川県庁企画調査部県史編集室非常勤嘱託（〜一九七六年三月） |
| 一九七六年 | 三月 | 学習院大学大学院人文科学研究科史学専攻（博士課程）満期退学 |
| | 四月 | 神奈川県座間市立座間中学校教諭（〜一九七九年三月） |
| 一九七八年 | 四月 | 結婚 |
| 一九七九年 | 四月 | 神奈川県座間市立相模中学校教諭（〜一九八一年三月） |
| 一九八一年 | 四月 | 神奈川県立相模原養護学校教諭（〜一九八五年三月） |
| 一九八五年 | 四月 | 江戸川学園豊四季専門学校専任講師（〜一九八八年三月） |
| | | 江戸川女子短期大学非常勤講師（〜一九八八年三月） |
| 一九八六年 | 七月 | 長男誕生 |
| 一九八七年 | 一一月 | 長女誕生 |
| 一九八九年 | 四月 | 江戸川大学総合福祉専門学校専任講師（〜二〇一〇年一二月） |
| | | （一九九七年より豊四季専門学校の校名変更） |
| | | 江戸川大学非常勤講師 |
| 二〇〇九年 | 九月 | 胃がんの告知・入院 |
| | 一一月 | 国立がんセンターにて通院治療 |
| 二〇一一年 | 三月 | 自宅にて倒れる。入院治療。 |
| | 七月一九日 | 永眠　享年六四歳 |

# 山中清孝　著作等目録

## ❖ 著　書

『近世古文書目録』（私家版、一九七二）
『近世武州名栗村の構造』（名栗村教育委員会、一九八一）

## ❖ 共著書

近世村落史研究会編『武州世直し一揆史料（一）』（慶友社、一九七一）
近世村落史研究会編『武州世直し一揆史料（二）』（慶友社、一九七四）
『里正日誌第九巻』（東大和市教育委員会、一九九四）
『里正日誌第七巻』（東大和市立郷土博物館、一九九五）
『里正日誌第一〇巻』（東大和市立郷土博物館、一九九六）

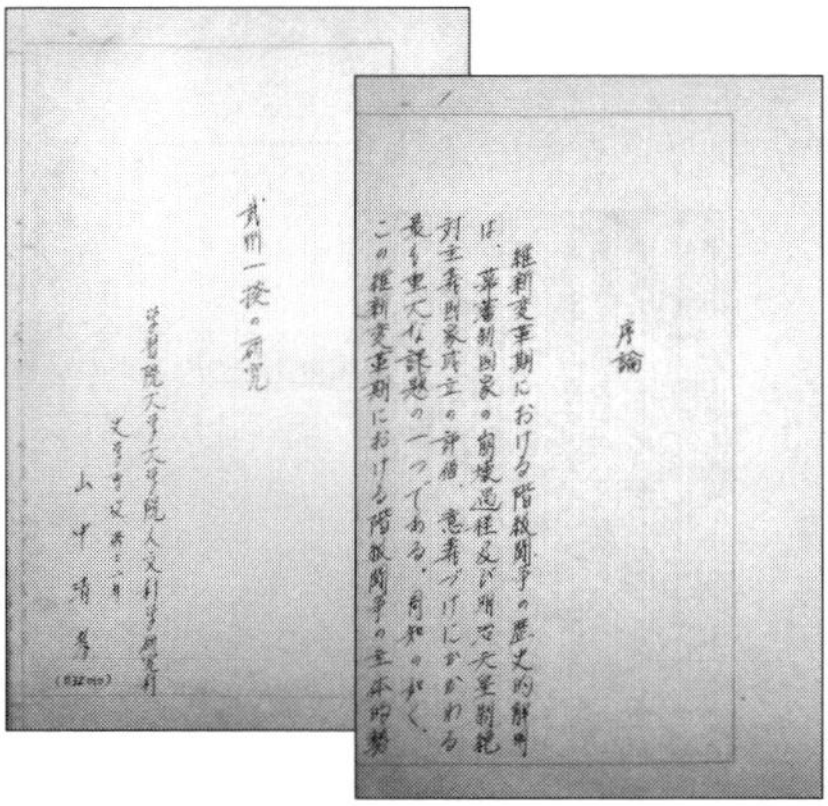

## ❖ 分担執筆等

「江戸幕府年貢収納量表」『日本史総覧Ⅳ近世一』（一九八四）
「近世米価一覧」『日本史総覧Ⅳ近世一』（一九八四）
「百姓一揆一覧」『日本史総覧Ⅳ近世一』（一九八四）
「度量衡について」石井良助他『商売繁盛大鑑二三巻』（同朋社、一九八五）
「江戸時代の貨幣制」石井良助他『商売繁盛大鑑二三巻』（同朋社、一九八五）
「江戸時代商業のうつりかわり」遠藤武他『商売繁盛大鑑二四巻』（同朋社、一九八五）
「六浦藩」『三百藩主人名事典一巻』四一二〜四一五（新人物往来社、一九八六）
「武州・相州改革組合村編成について」
　村上直・神崎彰利編『近世神奈川の地域的展開』（有隣堂、一九八六）
「年表」・「巻末付録」
　『人づくり風土記　神奈川』（農山漁村文化協会、一九八七）
「③天下統一の時」「④村のくらし」「⑤武士のくらし」「⑥町人のくらし」
　『ドラマパネル、資料画日本の歴史』（クロスロード社、一九八八）
「小田原藩」『三百藩家臣人名事典三巻』一六一〜一六五頁（新人物往来社、一九八八）
「のりの養殖」・「駿河台のうめたて」ほか『江戸東京湾辞典三巻』（新人物往来社、一九九一）
「農村支配と自治―幕藩体制下の統治システム―」
　『人づくり風土記　石川県』（農山漁村文化協会、一九九一）
「日比谷公園は家康入府のころはノリ養殖場だった」

『江戸東京湾事典』（新人物往来社、一九九一）
『『八州廻り』と『組合村』の実態」『週刊再現日本史七二』（二〇〇二）
「慶応二年六月一三日武蔵国秩父郡など一五郡、上野国緑野・甘楽・多胡郡幕府領ほか打ちこわし（武州一揆・武州世直し一揆）」
深谷克己監修『百姓一揆事典』（民衆社、二〇〇四）
「幕藩制崩壊期における武州世直し一揆の歴史的意義」
久留島浩・奥村弘編『展望日本歴史一七、近世から近代へ』（東京堂出版、二〇〇五）

## ❖ 自治体史等

「幕末の戸田市域」『戸田市史上』（戸田市役所、一九八六）
「さくら草について」『戸田市史下』（戸田市役所、一九八七）
「藩政の推移」『神奈川県史通史編三近世（二）』（神奈川県、一九八八）
「開国による政局の変動と埼玉県域」『新編埼玉県史通史編四近世二』（埼玉県、一九八九）
「維新前後」『所沢市史上』（所沢市役所、一九九〇）
「助郷」『新編ところざわ史話』（所沢市役所、一九九二）
「ペリーの来航」『新編ところざわ史話』（所沢市役所、一九九二）
「和宮の下向」『新編ところざわ史話』（所沢市役所、一九九二）
「幕末・維新の社会」『入間市史通史編』（入間市役所、一九九四）
「異国船渡来騒動」「武州農兵」『里正日誌の世界』（東大和市、一九九七）

「村落変動と支配の強化」『東大和市史』（東大和市、二〇〇〇）
「外国船の渡来と社会不安」『鳩山町史二、鳩山の歴史下』（鳩山町、二〇〇六）
「武州世直し一揆と幕政の終焉」『鳩山町史二、鳩山の歴史下』（鳩山町、二〇〇六）

## ❖ 論文・その他

「京都泉湧寺古文書探訪記」『学習院史学』八（一九七一）　※大三輪龍彦ほか共著
「南山一揆の務川忠兵衛」『伊那』五一七（一九七一）
「嘉永〜安政期伊那地方の災害」『伊那』（一九七二）
「京都泉湧寺古文書探訪記二」『学習院史学』九（一九七二）　※大三輪龍彦ほか共著
「武州一揆の研究（一）—研究史と二、三の問題点について—」『史游』一（一九七二）
「武州一揆の研究（二）—武州秩父郡上名栗村の経済構造—」『史游』二（一九七二）
「〈史料紹介〉京都泉湧寺領における天正、寛永の検地帳分析」『史游』二（一九七二）
「埼玉県児玉郡神川村紀行」（同村元阿保茂木房枝家古文書目録）『史游』三（一九七三）
「京都泉湧寺古文書探訪記三」『学習院史学』一〇（一九七三）
「幕藩制崩壊期における武州世直し一揆の歴史的意義」『歴史学研究別冊特集』（歴史学研究会、一九七四）
「武州世直し一揆と練馬」『練馬郷土史研究会会報』一一四（一九七四）
「関八州改革組合村寄場および市場定日について」『近世史藁』一（一九七五）　※渡辺和敏共著
「武州・相州改革組合村について」『関東近世史研究』七（一九七五）
「関東取締出役と相武の改革組合村々」『郷土神奈川』六（一九七六）

「幕末の社会変動と民衆意識—慶応二年武州世直し一揆の考察—」『歴史学研究』四五八（一九七八）
※近世村落史研究会共同研究
「島原・天草一揆の指導者たち—「西戎征伐記」を中心に—」『史游』六（一九八一）
「田中丘隅と『国家要伝』」『史游』八（一九八二）
「武州世直し一揆と板橋周辺の状況」『練馬郷土史研究会会報』一六七（一九八三）
「関東農村の荒廃と二宮尊徳の仕法—常陸国真壁郡青木村仕法を中心に—」
『江戸川学園人間科学研究所紀要』三（一九八三）
「資料紹介・武州・相州改革組合村編成について」『神奈川県史研究』五（一九八三）
「山川均のルーツをたどる」『岡山県史研究』五（一九八三）
「小田原藩領時代の練馬の村々」『練馬郷土史研究会会報』一七八（一九八五）
「武州世直し一揆の未刊・既刊史料の検討」『埼玉史談』三三—二（一九八六）
「武州世直し一揆の一考察—所沢・東久留米周辺の状況を中心に—」『多摩のあゆみ』四五（一九八六）
「関町の井口家文書の知行宛行状について」『練馬古文書研究会会報』（一九八六）
「相模の海防について（上）」『三浦古文化』四六（一九八九）
『江戸時代の国のしくみ』（農山漁村文化協会、一九八九）
「〈資料紹介〉寛政・安政〜文久期の糠値下げ運動について」『所沢市史研究』一四（一九九〇）
「伊藤先生の思い出」『関東近世史研究』四六（一九九九）
「あの頃の思い出—一九七〇年代の関東近世史研究会の活動を中心に—」『関東近世史研究』六六（二〇〇九）
「慶応四年の偽官軍事件に関する史料について」『近世史藁』五（二〇一一）

## ❖書評

森安彦「幕藩制国家の基礎構造」『史游』八(一九八二)
大舘右喜「幕末社会の基礎構造」『史游』八(一九八二)
和泉清司「伊奈忠次文書集成」『史游』八(一九八二)
長谷川正次「高遠藩の基礎的研究」『国史学』一二九(一九八六)
佐々木潤之介「幕末社会の展開」『日本歴史』五六二(一九九五)
大口勇次郎「徳川時代の社会史」『日本歴史』六四七(二〇〇二)
柳谷慶子「近世の女性相続と介護」『江戸川学園人間科学研究所紀要』二六(二〇一〇)

# 山中清孝氏の研究

石田泰弘

氏の研究は、研究の一覧をご覧いただいてもわかるように、多種多様である。

一九七一年『伊那』五一七号に発表された「南山一揆の務川忠兵衛」を皮切りに、亡くなる直前まで精力的に研究された賜物であろう。なかでも、『近世武州名栗村の構造』、『歴史学研究』所収の「幕藩制崩壊期における武州世直し一揆の歴史的意義」は代表的な研究といえよう。その学問的な意義等は、すでに氏らによって書評等でふれられているのでここでは省略する。

氏の研究で特徴的な部分をあげるならば、掲載された文献の多彩さである。研究の一覧をみても、地域史研究の団体の会報もあれば、『歴史学研究』のような学術誌もあるというように、研究活動において、どのような場であろうと関係ない、広く研究成果を惜しむことなく披露するという氏の姿勢がここにあらわれている。

ただ残念なのは、一九八九年『三浦古文化』第四六号に発表された「相模の海防について（上）」は、文字どおり（上）のみで未完である。氏の全うできなかった悔しさを考えると、あらためて氏の死が惜しまれて仕方がない。

氏の研究は多種多様であることは既に述べた。安易に分類することは適切ではないかもしれないが、氏の研究をあえて大きく分類するとすれば、

（一）　武州一揆に関する研究
（二）　改革組合村研究
（三）　その他
に分けることができよう。

（一）や（二）は関連するテーマであるので、共に氏の標榜されておられる研究テーマである「武州世直し一揆の総合的研究」の布石として位置づけられるか、もしくはこのテーマに収束されるものであろう。

氏の研究は先述のようにまさに多種多様多彩で、「関町の井口家文書の知行宛行状について」のように史料紹介的なものもあれば、『日本史総覧』のように研究者に対してデータを取りまとめ提供するという作業もある。氏の研究の根本には常に「史料」があり、その解読やその利用の仕方には非常に厳密で精緻であった。歴史研究者にとっては当たり前といわれるかもしれないが、「言うは易く行うは難し」である。氏は正しく「史料」を重視した研究者であった。

また氏は史料を収集した。どこかの家に伝わる史料を譲り受けるのではなく、古書店や友人・知人から譲り受けたものばかりである。それは好事家的な収集ではなく、散逸を防止するために収集した。だから、所蔵する史料については古文書目録を発刊し、利用できるようにされておられた。さらに付言すれば、収まるべきところが見つかれば、そこへ寄贈していたし、山川均を輩出した山川家の文書については『岡山県史研究』第五号（一九八三年）において「山川均のルーツをたどる」を発表している。

こうしたテーマを鑑みながら、以下本書に収録する氏の代表的な研究をここに紹介したい。

## （一）武州一揆を中心とした百姓一揆研究

### 武州一揆の研究（一）

『史游』創刊号　一九七二年

氏を中心とした学習院大学の四人の有志で創刊した『史游』。その創刊号に掲載されたのが本稿。初期の『史游』はガリ版刷で入手しにくい文献となっている。

本稿にいう「武州一揆」とは、武州世直し一揆のことをいう。一八六六年に武州秩父郡上名栗村に端を発し瞬く間に関東西部一帯に波及した一大農民闘争で、江戸・大坂における打毀しや会津で勃発した信達一揆と共に「世直し闘争」として夙に知られ、幕末維新期において歴史的意義が大きい事件の一つである。

この一揆については、戦前に野村兼太郎、大塚仲次郎氏らによって紹介されており、研究蓄積も多い。本稿はこの武州一揆に関する氏の一連の研究のうち、研究史の整理と研究課題を見出そうとするものである。「研究史」において、武州一揆に関する七〇を超える文献を単純に羅列するのみにとどまらず、若干の未見の文献を除き遍く紹介されている。しかも各論考について簡単な内容紹介にとどまらず、問題点や誤り等をも指摘しており、本稿成稿以前の当該研究において、入手困難な文献も紹介されており、現在においても有用であることはいうまでもなかろう。もっとも本稿自体入手しにくくなかなか見ることが出来ないのだが。「二、三の問題点について」において、武州一揆の研究史を整理したうえで、諸説紛々となっている、一揆発生の日時、場所、頭取について私見の提示を試みる。

すなわち、氏によれば慶応二年六月一三日夕方から深夜にかけて名栗を出発し、翌朝飯能川原へ集結し、飯能の打毀しが始まったとする。場所については、名栗・吾野・成木三郷がほぼ同時に蜂起したとする。頭取については、従来の研究史から七説にまとめることができるが、成木の惣五郎が中心的存在ではあるが、名栗・吾野にも頭取が存在したものと推測する。現在も『百姓一揆事典』等によれば、この見解が継承されている。

## 武州一揆の研究（二）　『史游』二号　一九七二年

本稿は、武州一揆の発端となった武州秩父郡上名栗村の経済構造について、学習院大学所蔵町田家文書の分析を通して考察したものである。

名栗村は、西川材の主産地として知られる。関東有数の山村である。

氏はこの近世の上名栗村の経済構造について考察する際、三つの時期区分を採用している。

すなわち、万治～天明期、寛政～天保期、弘化～明治初期の三期である。

氏によれば、第一の時期は「自然的条件を克服できず、生産力の低い一山村として領主的恣意の下で収奪されるがままであった時期」、第二期は「名主町田氏を中心として酒造、大規模な筏流し、植林が行われるようになり、商品経済の渦中に入りこみ、一部農民の手にかなりの剰余が残りうるようになった時期」、第三期は「第二期を継承しつつも、そこから生れた諸矛盾が露呈してくる時期」と位置づける。

第一期においては、自然災害に極めて弱く、とりたててあげるべき産業はなく、純粋な山村としてあったのが、第二期に入り、酒造業、質業、髪結業といった諸業の展開がみられる。とくに名主町田家においては、勝治郎の代に酒造業を開業、栄次郎の代には筏仲間指導にあたり、西川材の流通や大規模な植林を実施するなど、生産力が発展し、商品流通が展開をみたという。第三期に入ると、御用金の賦課等にみられる農民の負担の増大等により、農民層分化が進展し、一部の富裕層による土地集積が増加した。

階層分化の進展により、一部の富裕層による土地集積の結果、「豪農」の析出する一方で、潰百姓や欠落百姓の増大に伴う小作人や半プロ層の析出がみられ、幕末期に武州一揆へと収斂されていく上名栗村の「一揆前夜」的な村落的背景を詳細な史料で検討している。

簡単にまとめてしまうとごく単純な話とうけとめられるのであろうが、この考察にあたり氏は膨大なデータを駆使して裏付けておられる。作成されたデータは、村落分析において有効なデータではあることはいうまでもないが、氏の提示した史料のデータは質量ともに豊富で膨大、まさに町田家文書を普く閲読した氏の努力の賜物といえよう。

## 幕藩制崩壊期における武州世直し一揆の歴史的意義

『歴史学研究別冊』　一九七四年

本稿は、慶応二年に勃発した武州世直し一揆を「幕藩制国家支配と村落共同体」という視座にたち、従来の世直し一揆研究を推し進めるとともにその歴史的意義を明らかにしようとするものである。

その際、着眼点として、①武州世直し一揆の勃発した地域の生産関係・階級配置等を考察し検討する、②闘争の主体、打毀しの対象、要求項目、一揆勢の行動形態等の具体的分析により武州世直し一揆の性格を検討する、③武州世直し一揆の歴史的前提としての「組合村体制」の形成と変質の過程を分析するといった点を挙げている。

「I　武州世直し一揆の展開」では、まず武州世直し一揆が闘われた地域の生産関係について、秩父郡上名栗村、比企郡上古寺村、多摩郡田無村を例にとり検討し、林業地帯・製紙業地帯・主穀生産地帯と性格こそ違え、いずれの地域においても、領域を超えて生産・流通・金融等あらゆる面で小生産者農民らを支配し、自らの収奪体系下に編成しつつある豪農が形成され、豪農的地域市場が形成されていたという。

階級配置においては、武州世直し一揆の場合、地代収取をめぐる闘争を基本としながら、売込商体制反対、村方騒動・小作騒動といった闘争形態を内包しつつ、究極的には「組合村体制」解体を目指す闘争であった、すなわち「人民諸階層における諸闘争」の集約されたのが武州世直し一揆であるとする。

一揆の展開においては、この一揆の主体は半プロ的農民を中心としながら多様な階層を包含し、高利貸や横浜の商人、組合村大惣代のような幕藩制国家の農村統治機構の運営担当者を打毀しの対象とした。その鎮圧に有用であったのは農兵で「農民による農民の鎮圧」によって一揆が終焉したことにより、幕藩権力が衰退し、新たな階級矛盾が激化したという。このなかで氏が作成された図四は精緻で一揆の動向を知るうえで非常に有用である。

「II　武州世直し一揆の歴史的前提」においては、近世的村落共同体が、宝暦・天明期の社会変動をへて、農民層内部の階層分化が進行し、変質していく過程を、前述の上名栗村の実証的分析を通して検討する。潰百姓の増大、市場構造の変化等により村方騒動が勃発し、村請制の機能が低下していったとし、文化二年関東取締出役を設置し、文政一〇年には改革組合村が設定され農村統治を「上から」の再編を試みる。これにより、村請制のうえに豪農商を通じての村落連合支配といういわば「組合村体制」ともいうべき村落支配システムを幕府が採用したが、開港や御用金の賦課等により、半プロ的農民を中心とした階層と幕藩権力と共生関係を結んだ豪農商層の階級的対立関係が強くなっていった。

「III　武州世直し一揆の歴史的意義」においては、「人民諸階層における諸闘争」の集約されたのが武州世直し一揆で、多様な闘争のモメントを内包している。反封建闘争である。そしてその「広域・同時多発」は武州世直し一揆が幕藩制解体期に照応した農民闘争であったとする。

## 武州世直し一揆と練馬

『練馬郷土史研究会会報』第一一四号　一九七四年

本稿は、幕末期「世直し状況」のピークを形成する重要な一揆として知られる武州世直し一揆の練馬周辺地域における動向を考察したものである。

短文ではあるが、「慶応六年窮民蜂起打毀見聞録」を典拠として記された『練馬区史』の武州世直し一揆の記述に対して、氏のそれまでの研究成果を反映させて修正するとともに、他地域の史料を引用し、一揆時における練馬周辺の動向を考察している。

地域史研究においては、ややもするとそのフィールドにとらわれて、「郷土史」的な研究に陥りやすい。特にその地域に史料が少ないと自治体史の記述に依存し膠着的な研究と化す場合も少なくない。本稿は武州世直し一揆研究の第一人者ともいえる氏によって練馬地域の一揆時における動向を考察することによって地域史研究に一石を投じたものといえよう。

## 武州世直し一揆と板橋周辺の状況

『練馬郷土史研究会会報』第一六七号　一九八三年

一九八三年七月例会報告の要旨。

武州秩父郡名栗村（埼玉県飯能市）に端を発して瞬く間に武州、上州の各地、しめて二〇〇ヶ所余にわたって展開した一揆は「武州世直し一揆」として知られている。本稿は、「鈴木寛敏手記」という史料をもとに武州世直し一揆時における板橋周辺の状況について考察したものである。あまり当該地域における史料が少なく、『藤岡屋日記』や「鈴木寛敏手記」という史料から考察をするにとどまらざるを得ない状況ではあるが、板橋宿で打ちこわし勢力が幕府と交戦し多数の死傷者を出した様子がうかがえる。

会報の「高札場」と題した余録をみると、従来一揆と板橋周辺の関係が明確ではなかったようで、今回の氏の報告によって武州世直し一揆と板橋周辺の状況が明確になったとする。

## 武州世直し一揆の未刊、既刊史料の検討

『埼玉史談』第三三巻第二号　一九八六年

本稿は、武州世直し一揆に関する未刊、既刊史料について、紹介・検討した論考である。

未刊史料についてでは、本稿が刊行された一九八六年当時までに知り得た、東京大学史料編纂所蔵「新聞書三」をはじめとする五点の史料について概要を紹介するとともに、神奈川県厚木市の難波武治家文書等の史料や小野文雄氏らの論考に引用された史料等をも紹介する。また既刊史料についてでは、一九七〇年迄に刊行された既刊史料について検討した『史游』創刊号所収の「武州一揆の研究（一）」以降に確認できたもののうち、東某『教育品展覧会資料』所収青山伴七の項等、主要なものを紹介する。

氏の研究テーマである「武州世直し一揆の総合的研究」の基本作業の一つとして発表された本稿において、氏は『武州世直し一揆史料（三）』の刊行と歴研論文の増補改訂を行い、「武州世直し一揆の総合的研究」の決定版を完成させたい旨が記されている。

## 武州世直し一揆の一考察―所沢・東久留米周辺の状況を中心に―

『多摩のあゆみ』第四五号　一九八六年

本稿は、武州世直し一揆に関するいわゆる新史料をもとに、所沢・東久留米周辺の一揆の状況の考察を試みたものである。

一揆の発端と経過においては、一八六六（慶応二）年六月一三日夜、武州秩父郡名栗村から発生した武州一

揆が、飯能に向かい、その後二手に分かれ、一方は扇町屋・所沢方面へ、もう一方は青梅・福生方面へ向かう様子を、近世村落史研究会編「幕末の社会変動と民衆意識」(『歴史学研究』四五八号)所収の図から高麗・入間・新座三郡を抜粋し、『新編埼玉県史　資料編Ⅱ　近世2　騒擾』及び『三芳町史　史料編Ⅰ』で若干補訂された「武州世直し一揆展開略図」と打ちこわし対象者の一覧で紹介する。打ちこわしの対象は、豪農商層や村役人層が多く、世直し勢の要求として、「施金・施米」「借金証文」の焼捨て等「世直し」要求と打ちこわし勢のエネルギー補給、維持再生産のための「人足要求」「酒食の提供」等があったという。

多摩郡北東部の打ちこわしでは、武州多摩郡の北東部すなわち東久留米市周辺の状況について、内野家文書「里正日記」や『東久留米市史　史料編』所収の一揆関連史料に拠りながら一揆の状況を詳述する。とくに一揆終了後の対応にまで記述が及んでいることは興味深い。

## 君津市久留里で発見された武州世直し一揆の新史料について　『歴史科学と教育』第六号　一九八七年

本稿は、一九八六年三月に実施された房総史料調査の際に発見された宮田学家文書所収の「打毀類」という史料を紹介するものである。

一部は「武州世直し一揆の未完、既刊史料の検討」(『埼玉史談』三三―二)に発表されたが、本稿においては史料の性格等を明らかにし、部分的ではあるが、史料の内容を紹介し、その記述内容の検討を試みた論考である。

本史料の特徴的なこととして、領主側の史料であることがあげられる。大方が村からの上申通りに記されており、そのため一揆に対する評価等は若干割り引いて考える必要があるかもしれないが、本史料を通して一揆という一つの事件を様々な立場の人々がどのようにみていたのかを知るうえで貴重な史料であるといえよう。

## （二）　改革組合村研究

### 関東取締出役と相武の改革組合村々

『郷土神奈川』第六号　一九七六年

幕末期の関東地域の農村研究において、文化二年の関東取締出役創設と文政一〇年の改革組合村の設定というのは、単に農民統治機構の整備という政治的な問題のみにとどまらず、商品流通や市場構造等にも影響を及ぼす重要な事件であった。

本稿は、近世神奈川、相武地域を舞台に、関東取締出役の設置状況や権限等を概説し、改革組合村設定以前の村々の状況をとらえ、改革組合村設定によってその変質する過程を考察しようとするものである。

俗に「八州廻り」と呼ばれる関東取締出役は文化二年六月に設置された。関東四手代官（品川・板橋・大宮・藤沢）に命じて手附・手代の中から二名選出し、御料・私領・寺社領の別なく無宿その他悪党を捕え勘定奉行所へ差出した。当初は二年間のみの予定であったが、恒常的なものとなり、幕末には人員が増加していったことは夙に知られている。

相武地域においては、改革組合村設定以前から類似した組合村＝村落連合体は存在した。それらは本百姓体制が宝暦・天明期以降崩壊し、農民層分化が進行し、無宿者等が増大したため集団防衛体制や費用の共同負担制を取極め「下から」補完しようとしてつくられたのが組合村である。この状況に「上から」新仕法として設定されたのが改革組合村である。

氏は本稿において『関口日記』を題材に神奈川宿五十四か村組合を事例にして、大組合・小組合・個別村落の様相を記す。要するに改革組合村というのは、「下から」の組合村を吸収し、「上から」半強制的に編成したものといえよう。結成当時は行政区としての色彩は薄く、連絡機関的な役割に過ぎなかったが、天保期になると組合村体制が整備され、地域支配に大きな役割を果たすのである。

## 武州、相州「改革組合村」編成について

『近世神奈川の地域的展開』一九八六年

本稿は、近世後期農村支配政策の重要な施策として知られる、文政一〇年に編成された「改革組合村」を取り上げ、その寄場の位置確定と組合村々の編成の実態、寄場の移動とその理由等について、武州・相州を対象に考察を試みるものである。

まず、中小旗本の知行地が分散化し、複雑に錯綜した相給形態の村々が一般的な地域、いわゆる非領国地域である武州・相州について、武州については秩父郡上名栗村町田家文書を、相州については高座郡深谷村比留川家文書を題材に、改革組合村設定の様相を考察する。

武州・相州における改革組合村の編成の様相や寄場を一覧化し、寄場には、川崎・神奈川・保土ヶ谷といった東海道の宿駅、溝口・小野路といった脇往還の宿、金沢六浦藩陣屋所在地といった有力な大村が指定された。いずれも交通の要衝であり、農民的商品流通の結節点であったことを記す。とくに相州における改革組合村においては、小田原藩領、川越藩領、浦賀奉行直轄地がその編成から脱落していることを指摘する。佐倉・烏山藩のような藩領は全て改革組合村に編成されたにもかかわらず、川越・小田原藩領は、その編成からは除かれ「御改革手限」で独自の組合村を設定していた。

寄場の移動とその理由においては、神奈川宿や保土ヶ谷宿の事例を取り上げ、両地とも支配替から移動していることから、支配替によるという表向きの理由でもってこの動きは充分説明しうるものであろうが、氏

はそこに豪農の存在に着目する。地域名望家支配を示唆している点非常に興味深い。

さらに、氏は改革組合村の編成や実態を通して大組合の範囲が「今日の行政区のそれと一致するような、広域行政が行われ」ていたことに注目する。

その後明治期に入り、大区・小区制、町村制の施行等を視野に入れながら考察することの必要性を説く。

### (三) その他の研究

## 百姓一揆の時代性と地域性

『歴史公論』第四巻第六号　一九七八年

本稿は、近世における百姓一揆の時代性と地域性について、先学の研究成果、とくに横山十四男氏の『百姓一揆と義民伝承』を糸口に考察を試みたものである。

冒頭において、黒正巌氏以来の百姓一揆研究を概観し、「一　百姓一揆の時代性」においては、横山氏の前掲書のデータを利用しながら検討する。まず、百姓一揆を七つの形態（蜂起・強訴・打ちこわし・越訴・愁訴・逃散・不穏）に分け、次に近世を大きく六期（慶長・寛永期、慶安・寛文・延宝期、元禄・正徳期、享保・宝暦期、天明・寛政・化政期、天保・幕末維新期）に分け、時代別の件数を検討し、発生件数は時代がくだるにしたがって増加傾向にあり、とりわけ享保改革を画期に前後期に分けられる点、さらに前後期の間に一揆の質的変化がみられる点、後期の時期区分の在り方について論究しておられる。

「二　百姓一揆の地域性について」においては、国別の発生件数をもとに、検討されている。東北地方から中部山地にかけての国々（東部多発地域）と中国地方から四国にわたる国々（西部多発地域）、山岳地帯に多発し、平野部に少ない点等々から、「一揆は生産力の高い地域には少なく、山岳地帯などの比較的生産力の低い地域に多い」ように分布の様相から読み取れるが、氏はさらに領主権力の問題を考え、生産力と領主権力の強弱等を絡めて考察を試みようとする。残念ながらその指摘にとどまってはいるが、幾分研究が深化した現在においてもその分析視角は有効であるように思われる。

## 島原・天草一揆の指導者たち――「西戎征伐記」を中心に――

『史游』第六号　一九八一年

本稿は、氏の入手した「西戎征伐記」の写本の史料紹介である。

一九七七年横浜の古本市で購入したというこの「西戎征伐記」の写本は、上下二巻より成り、成立年代は不詳であるが、江戸中後期のもので、貸本屋等から入手したものを筆写したものと思われる。

内容をみると、本史料は島原・天草一揆、いわゆる「島原の乱」に関する史料で、藩主寺沢の収奪や領内の困窮ぶりを克明に記し、藩主に失望した武士が脱藩して一揆に加勢したという記述は、史料批判を俟たなければならないとしながらも当該一揆研究に資するものと思われる。

氏は、特に一揆の中心人物にスポットをあて、他の文献との比較を試みられておられる。確かに氏の言われるように、史料批判を必要とされるとはいうものの、本史料が『国書総目録』にも掲載されていない史料ということであり、貴重な史料の紹介であることは言うまでもなかろう。

## 山川均のルーツをたどる

『岡山県史研究』第五号　一九八三年

山中清孝氏は、研究のかたわら史料の蒐集にも力を投入した。氏が蒐集した史料については「近世古文書目録」において既に紹介されている。その中に備中国窪屋郡倉敷村の山川家文書がある。学習院大学の先輩である大三輪龍彦氏から譲り受けたものである。目録作成後、この山川家文書が日本の社会主義運動の理論的リーダーであった山川均の家に伝来したものであったことが判明し、本稿の作成にいたった。

山川家文書の全体像についてでは、山川家にもまだ若干の点数がのこっているとのことで不詳であるが、山中氏所蔵分については総数一四四点で、うち冊子が三点、のこりすべてが状物である。年代的にみても上限は天明五年、下限は明治五年というから、近世中期から幕末期の史料群といえよう。

山川家は、屋号を郡屋と称し、高利貸、城米の購入・輸送・販売、鉄の輸送等に従事したという。「玉嶋湊御城米御蔵元」、「倉敷御用達」、「諸飛脚問屋」、「郷宿」を勤めていたようで、山川家が天領の倉敷代官所のみならず、岡山藩、足守藩といった近隣地域との関係を有し、この近在の政治的にも経済的にも重要なポストに位置したことを指摘された。

山川家そのものの地域における歴史的意義を示すとともに、山川家の所在する倉敷の村の地域的な役割をも明らかにしていくうえで貴重な史料であり、この史料の紹介の果たす役割は大きいと評価できよう。

## 関町の井口家文書の知行宛行状について

『練馬古文書研究会会報』第五号　一九八六年

本稿は、関町の井口家に伝来する三点の知行宛行状に関する考察である。一点目は、元和四年正月に小諸藩主仙石忠政から伊藤八左衛門宛に発給されたもので、二点目は、元和九年六月に松平光長から伊藤八右衛門に発給されたものといわれており、『新編武蔵風土記稿』にも掲載されているもの、三点目は寛永二年三月に松平忠長から発給されたものといわれている。

本稿において、氏はとくに二点目、三点目の史料批判に重点をおく。すなわち、二点目においては、従来松平光長発給とされていたが、光長がまだ若年であったこと等から発給者は松平忠昌ではなかったか、また三点目においては、松平忠長発給とされているが、これも松平忠昌が越後高田から越前福井藩主に転封された際に、福井において発給されたものとする。

井口家の祖先は、信濃から越後、さらには越前と移転し、その後、伊藤八右衛門家は浪士となり、豊島郡に移住し、井口姓を名乗ったという。

会報という性格上、史料紹介という性格にとどまらざるを得なかったが、古文書が読めるようになるとややもすると、文字やその内容ばかりに目がいき、史料批判を軽視する傾向が強い。短文ながら、本稿はこうした傾向に警鐘をならしているような気がしてならない。

## 関東農村の〝荒廃〟と二宮尊徳の仕法―常陸国真壁郡青木村仕法を中心に―

『人間科学研究所紀要（江戸川学園）』第三号　一九八七年

幕藩体制解体過程において、関東農村とりわけ北関東地域においては、農村人口の減少により手余り荒地の増大等、農村の荒廃が各地でみられた。その農村復興策として様々な策が講じられたことは夙に知られているが、代表的なものとして尊徳仕法があげられる。尊徳仕法は、二宮尊徳による農村復興仕法のことで、小田原・烏山・下館・相馬・谷田部等の各地で実践されてきて研究も深化している。

本稿は、こうした研究蓄積をふまえ、常陸国真壁郡青木村における尊徳仕法の様相について考察を試みたものである。

第一章「農村荒廃と尊徳仕法」において、青木村およびその周辺地域の農村荒廃状況について『世事見聞録』等の文献から検討し、関東地方において「最も荒廃が激しかったのが常陸・下野で、その中でも青木村のある常陸国真壁郡がワーストワン」で、農村層分解の進行の結果、離散・退転が増加し、潰地・潰家が増大、人口が減少したという。

尊徳仕法は、この地域において、幕領・藩領・旗本領など支配に関係なく各地で施行され、広範に実施された尊徳仕法において、青木村仕法というのは尊徳が四〇から五〇代の「最も脂の乗り切った得意の時代」に行われたものだと位置づける。

青木村の仕法は大きく二期に分けることができる。第二章「青木村仕法の内容と結果」においてその内容を分析する。

第一期においては、旗本川副氏から依頼を受けて、用水堰普請、人別増といった村柄取直し政策で、検地帳・人別帳・年貢関係史料等から現状を把握し、復興費用等を試算し、見積書・再建計画書を作成し実践し、成功をおさめ、仕法地の模範事例として各地から見学者が訪れたという。

第二期に入ると、臨時費用や村方騒動の勃発によって、負債が増大し、尊徳は仕法の辞退を申し出たが受け入れられず、新たに「永安仕法」を考案し実践しようと試みたが、江戸屋敷の焼失等もあり、仕法は行き詰まり、結局終了するにいたった。

青木村仕法は、微視的にみた場合、途中で挫折し、「失敗」と見做されるわけだが、その仕法のプロセスにおいて、村方文書を網羅的に検討し、考察し、単なる机上の空論ではなく、現実的で説得力のある計画書を作成し、自ら先頭に立ち実践しているという点を氏は高く評価する。

最後に、氏の著書として、『近世武州名栗村の構造』を紹介したい。本稿は単行本として既に発刊されていることから本書には収録していないが、清孝氏の大切な仕事であるのでここに解説のみ掲載する。

## 近世武州名栗村の構造

名栗村教育委員会　一九八一年

本書は、名栗村教育委員会により発刊された。名栗村教育委員会編となっているが、実際のところは、氏の卒業論文をベースに作成された氏による著作であることは相違ない。本書は目次をみると「名栗村史目次」とあるように、「名栗村史」という性格を有する。したがって学術的な記述ではなくできるだけ平易に記されている。とはいえ、町田家文書と出会い、同文書を遍く調査し、現地踏査を経て得られた成果等、名栗村への想いが充分盛り込まれている。

構成は以下のとおり。

はじめに
序章　名栗村を愛する人のために
総説　名栗村の自然環境とその沿革
第一章　近世の名栗村
第二章　江戸時代の農民生活
第三章　騒動と一揆
第四章　上名栗村の経済構造
第五章　階層分化について
第六章　武州一揆について

名栗村は、周知のように氏の生涯にわたっての研究テーマともいうべき「武州世直し一揆」の発火点となった村であり、卒論のために初めて訪れて以来、町田家文書と格闘した一二年間の集大成である。第一章から第三章は、本書の性格が「名栗村史」的性格を有することから、名栗村民のためにわかりやすく村の概況を知ってもらうために叙述されている。第四章以下は、いわゆる氏の真骨頂で、長年史料と格闘した氏の情熱が、図表等様々な実証分析の成果から読み取ることができよう。

北原進氏が『歴史公論』一九八二年五月号において本書を書評した際に、「近年の維新変革期・世直し運動研究が到達した、ひとつの頂点を示すものと評価したい」と評されておられるように、単に名栗村という自治体の刊行物というにとどまらない、研究成果であったといえよう。

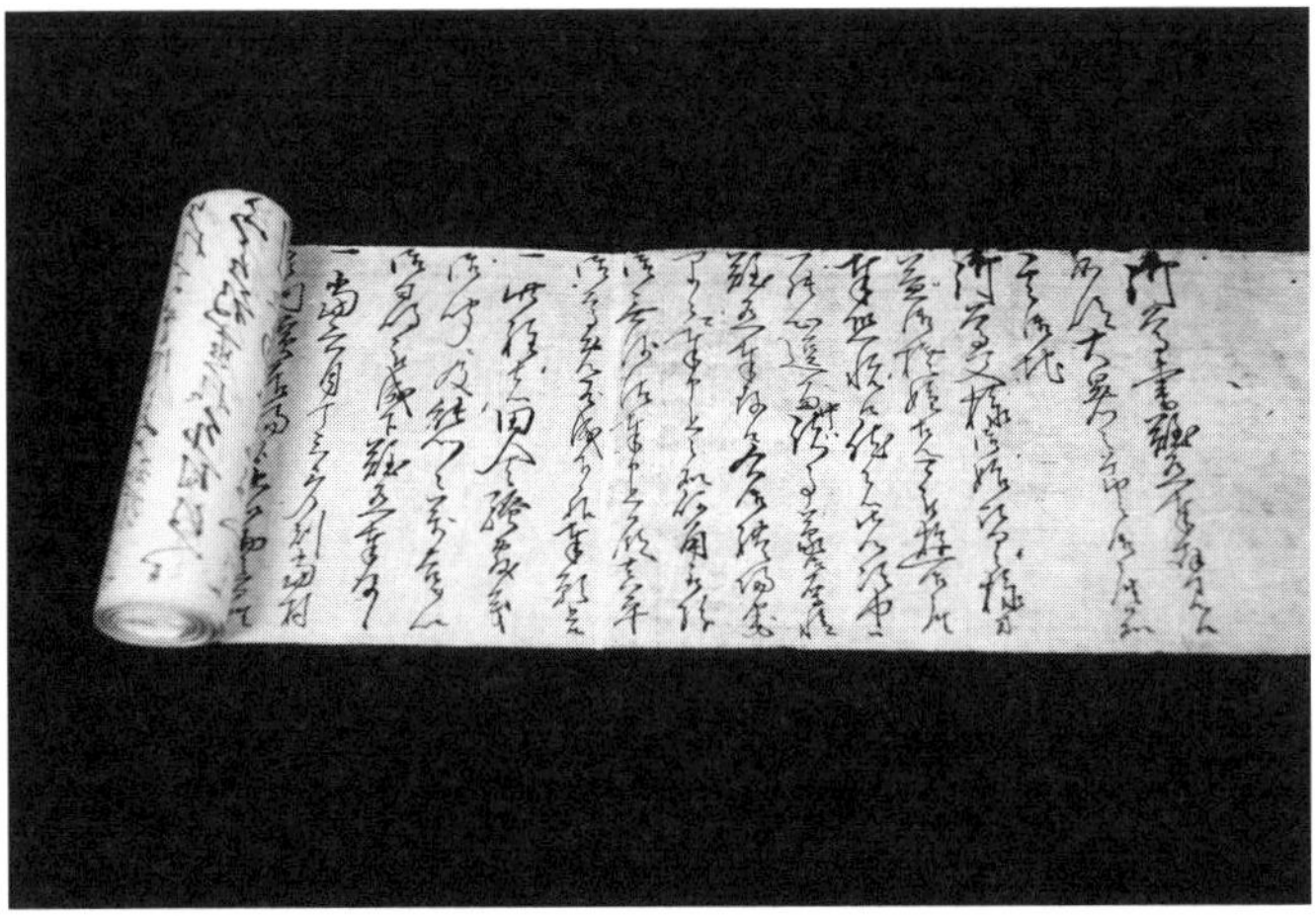

安之助宛　町田瀧之助差出書状　慶応２年（1866）６月24日
上名栗村名主町田瀧之助が、自身が体験した武州一揆の顛末を江戸深川で材木問屋を営む父安之助へ書き送ったもの。（学習院大学史料館蔵　武蔵国秩父郡上名栗村町田家文書7236）

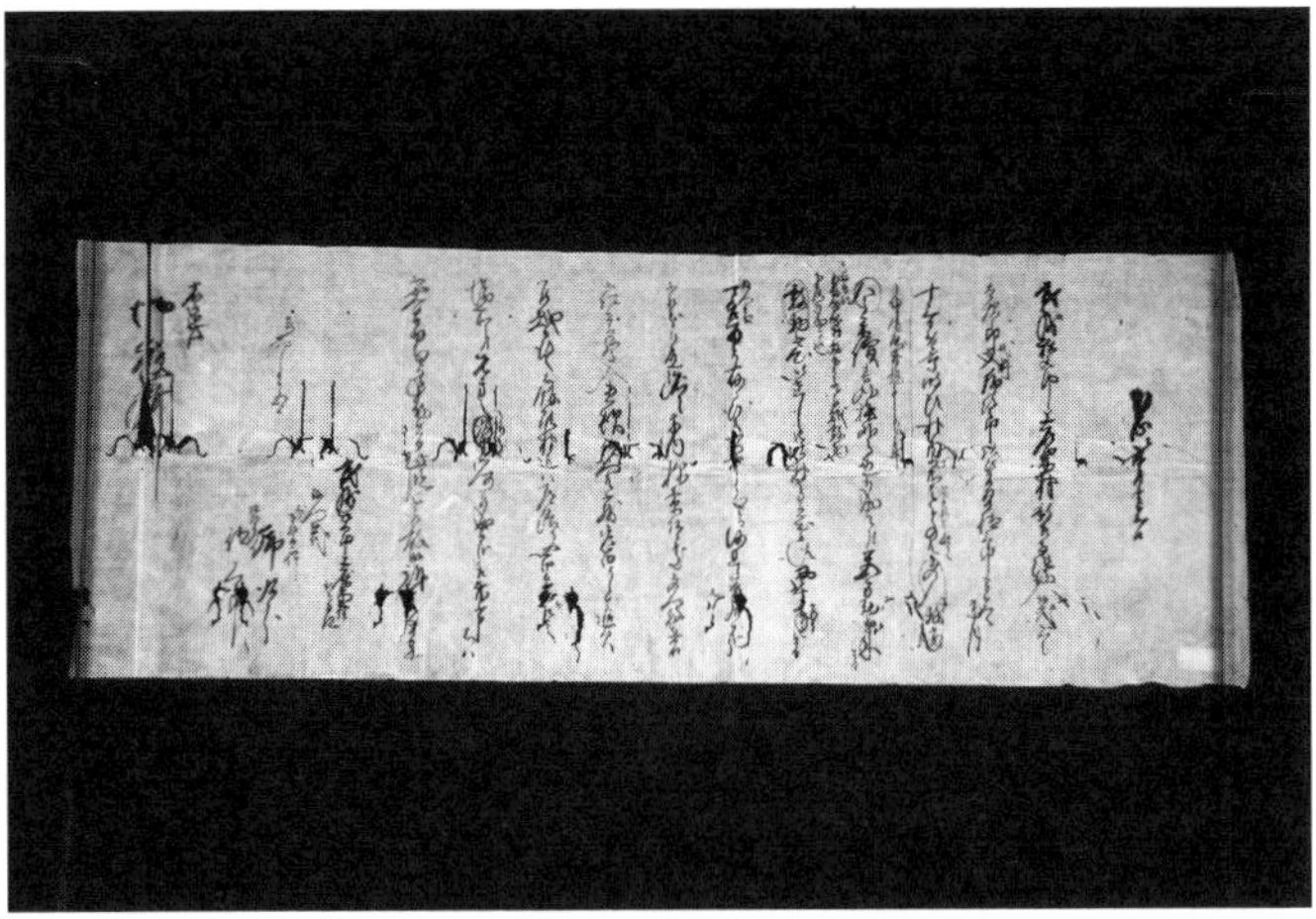

「乍恐以書付奉申上候」（騒立一件訴書）　慶応２年（1866）６月15日
米穀値下げを願い飯能へ向かった村方困窮の者を止めようとしたが叶わなかったことを報告した、上名栗村村役人から岩鼻陣屋（群馬県高崎市）への武州一揆の第一報。（学習院大学史料館蔵　武蔵国秩父郡上名栗村町田家文書7217）

# 山中清孝　追悼文集

今夏、以下のような檄を飛ばして原稿を集めた。

「今年は、例年になく熱い日が連続し、雨が降れば洪水と、まるで亜熱帯にでもなったかのような夏でしたが、皆様いかがお過ごしでしょうか？

はじめまして、小生、故・山中清孝の兄の山中康裕と申します。京都大学の河合隼雄教授とともに二五年勤め、約八年前に定年退職しました。

清孝は、つい先日亡くなったばかり、と思っていましたのに、もう、あっという間に三回忌も終わりました。彼の生前には何かといろいろお世話になり本当に有難うございます。

さて、お手紙致しましたのは、お願いがあってのことです。今、弟が生涯にわたって書いてきた論文のうち、主だったものを選択して、一冊の「山中清孝著作撰集」を編んでいます。

お願いといいますのは、その巻末に、付録として、追悼集をつけたいと思っております。

先生には一頁書いていただきたく思っておりまして、四〇〇字宛二枚半、つまり、一〇〇〇字分ですが、よろしいでしょうか？

大変恐縮ですが、締め切りを、清孝の誕生日だった一〇月二五日に設定したく思います。お書きになられましたら、次のアドレスに添付送付頂くか、直接、郵送くださいますようお願いいたします。

突然の手紙にも関わらず、とんだお願をいたしましてごめんなさい。どうか、よろしくお願いいたします。

二〇一三年八月二九日

山中康裕、拝」

# 山中清孝氏との思い出

愛知県愛西市教育委員会学芸員　石田泰弘

私が山中清孝氏と初めてお目にかかったのはいつだったろう。

清孝氏の御母堂様が石田家から嫁いだこともあり、正確にいえば私の父と清孝氏はいとこ関係にあることから、ひょっとしたら親戚が集まる中でどこかでお目にかかったことがあるかもしれないが、幼い頃にお目にかかった記憶は現在の私にはない。

私の記憶では、私が大学進学のために上京して数日たってからのことであった。

引越をしてその日山中さんの自宅（当時は世田谷区の砧にお住まいだった）へ両親とともに訪問したが、生憎その日清孝氏は御留守でお目にかかることはできなかった。近所にあった清孝氏の妻フサ子さんの実家へ訪れ、その日は両親とともにアパートへ帰った。私の父は非常に大らかな人間で、アポなしで訪問したのだから、お目にかかれなかったのも当然といえば当然で、今から考えると全く非礼極まりない所為である。後日、祖父が山中清孝氏に、当時私の父が東京の池袋に住んでいたことから、東京に行ったら訪ねて行けといい、住所等を教えてくれと言ったところ、池袋の駅を降りて父の住み込み先（個人名）の名前をいえばわかるといわれて絶句した話を伺ったが、父は正しく祖父の血を受け継いでいた。結局、日を改めて手紙を頂戴し、電話でお話し改めてお目にかかることとなった。

清孝氏と初めて正式にお目にかかったのは横浜線の橋本駅の改札口。当時清孝氏は相模原の養護学校に勤務されておられ、その帰路の際に橋本駅までお出かけいただいてお目にかかった次第である。

私自身、上京後間もなくのことであったし、地理も不案内、ましてや日本史専攻といっても入学して間もなくで、全く学問的にみても右も左もわからない状況であったため、記憶するところでは日本史で興味のあるところの話等を話してその日は別れた。

その後度々お目にかかるようになり、御宅へ伺うたびに書籍をいただいた。誰もが承知しているように、清孝氏はとにかく読書家で、次から次へと片っぱしから読破していかれる方で、文字どおり本に埋もれて生活されておられ、片づけがてら私にいくつかの書籍を恵与いただいたのである。氏の書籍には大体線等が付されており、全く無知な私からすれば逆にこの線によって教えられるところが多かったように記憶している。

やがて砧から向ヶ丘遊園のマンションに引っ越されることとなった。その引越を手伝い、その後度々そのマンションへ伺った。清孝氏は当時新人物往来社発行の『日本史総覧』に携わっており、その手伝の依頼をうけた。少しでもお役にたてるならばということで、マンションにうかがって作業を言われるままに手伝った。当時はまさに言われるままに作業をしたにすぎないが、資料の整理作業のノウハウを学ぶことができたように思う。一九八四年に同書が刊行され、記念にと一冊頂戴した。自分の作業が形になる喜びも学んだ。地方史研究会や関東近世史研究会等様々な会に連れて行っていただいた。特に関東近世史研究会では、夜の会の方へも参加させていただき、知り合いの研究者を紹介いただいた。

大学一年の夏、大学の基礎演習でレポート作成が課せられた。テーマは「我が家の近代史」。郷里に帰り、当時健在であった祖父母をはじめ多くの親戚のお世話になり、作成することができた。この時清孝氏からは石田家に蔵されていた書籍のうち「石田龍三郎」（父の曽祖父）の名前が記された書籍を教示していただいた。この書は現在も山中家にある。そして数少ない史料もお持ちであったが、このレポート作成を機に恵与いただいた。それは現在も私の手元にある。因みに、この時のレポートの一部が「尾張の一篤農家に関する聞書―中島郡平和町石田柳五郎の生涯―」（『郷土文化』第四六号第一巻、一九九一年）である。

やがて私自身も近世を志すようになり、近世文書になれるべく、当時戸越にあった国文学研究資料館や東京大学史料編纂所等へよく連れていっていただき、文書読解の指導をしていただいた。よく史料解読の際に「習うより慣れろ」といわれるが、私の場合清孝氏の指導のおかげで解読の力が上達したといえよう。今日、私が歴史研究（というといささか大袈裟かもしれないが）に従事することができるのも、正に清孝氏のお蔭といっても過言ではない。本当に感謝の念に堪えないし、あまりにも早いお別れに寂しさよりも悔しささえこみあげてくる。

最後に清孝氏とお目にかかったのは、池袋で待ち合わせ、喫茶店で近況を語り、病気のこと、カードのこと等いつものように笑顔で話されておられた。

そして、その後もう一軒付き合うことになり、連れていかれたのがカラオケスナック。

清孝氏はこの店の常連であったようで、店内のお客は全て知り合いであった。

清孝氏は、歌を得意とされておられた。ご自身が音楽に長けておられたこともあり、音符に忠実かつ厳密であったことから、店内のあるお客が清孝氏にアドバイスをうけに来ていたのには驚いた。

清孝氏は、史料の解読のみならず音楽にも厳密であった。

当然のことながら、このアドバイスの光景をみた後では、私は歌うことができなかったことは言うまでもない。

結局そのまま池袋駅でお別れして、その後お目にかかることはなかった。

清孝氏との思い出は、私が大学入学以降のことであるが、本当に紙面がいくらあっても足りない。

今後は、清孝氏から受けた学恩に報いるためにも、研究に精進していきたい。本当に感謝の言葉はいくらあっても言い尽くせない。今はただご冥福を祈念する次第である。

# 山中清孝さんの思い出

元　高崎経済大学教授　**和泉清司**

山中清孝さんとはじめて出会ったのは、一九七四年五月二六日、東京都立大学（目黒校舎）で開かれた歴史学研究会近世部会の大会報告のときであったと思う。

山中さんは「幕藩制崩壊期における武州一揆の歴史的意義」という題名で、大会報告を行った。この時の報告は、慶応二年の武州世直し一揆について、武蔵国秩父郡名栗村を中心とする一揆についてであった。この年の近世部会の報告者はほかに藪田貫、名倉哲三、広瀬隆久という、当時、新進気鋭の研究者として知られていた人たちで、今日では近世史の各分野の第一人者ばかりである。その中にあって、こんな若い人が、多くの研究者が集まる歴研大会で、堂々とすごい発表をしている姿に圧倒されるとともに、うらやましくも思ったものであった。この時の研究報告が山中さんの以後の研究の出発点になり、幕末期の一揆について広く追究されたようである。その研究の成果は一九八一年に『近世武州名栗村の構造』に結実している。そこでは名栗村の村落構造を精緻に分析し、一揆に至る過程を幕末の世直し状況と関連させつつ考察しており、当時の研究水準としては群を抜いていた成果であった。山中さんとはその後、しばらくお会いすることはなかったが、森安彦・大舘右喜　両先生を中心とする近世村落史研究会に、私が入会させていただいた時に、山中さんはこの会の事務局を担当されていて、以後、彼が死去するまで、ずっとおつきあいをさせていただくことになった。山中さんとは歳が近いせいか、村落史研究会以外でも地方史研究会や、その他の学会においてお会いすると、気さくに声をかけていただき、いろいろな話をしたが、彼は博識で何でもよく知っていたのが印象に残っている。

最後に山中さんの急な訃報を聞いた時には我が耳を疑った。あんなに元気だった、いわば「元気印」の人が、急に目の前からいなくなり、もう会えなくなる。こんなつらく、悲しいことはない。天国に行っても村落史研究会の行末をずっと見守っていてほしい。私も遠からず、そちらに行きますので、その時にはまた楽しく語らいましょう。合掌

## 山中清孝さんの思い出

元　帝京大学教授　**大舘右喜**

大切な友人山中清孝さんとの永訣は、嵐に突如の戦慄を覚えるような、夏、七月のことであった。忌日を数えながら消えることのない切ない思いで一杯である。一九七一年（昭和四六年）の夏、山中清孝さんの大部な卒業論文の下書を見せて頂き、武州一揆の発祥地、秩父郡名栗村町田家文書の詳細な分析に感動し、また一揆資料の集積と分析を進めていた「近世村落史研究会」にとって強力な一員を得たのであった。その頃、我々が進めた、武州世直し一揆の研究は、山中さんの分析・情報提供により、叙述の構想を深めることが出来た。そして最初の発表の機会が到来し、一九七四年の夏、代表に山中清孝さんを選び「幕藩制崩壊期における武州世直し一揆の歴史的意義」の報告が出来た。そして、近世村落史研究会は『武州世直し一揆資料』の全二巻の刊行、更に『歴史学研究』四五八号掲載「小特集…幕末の社会変動と民衆意識―慶応二年武州世直し一揆の考察―」（近世村落史研究会共同研究）を発表したのである。この間、若い山中さんは、いつも縁の下

の力持ちとなって、関東近世史研究会や近世村落史研究会を支えてくれた。また山中さんは、文政改革期の組合村の意義について着目し、「武州・相州改革村組合編成」の研究を進め、その成果は『神奈川県史』の叙述に集約されている。すなわち、小田原藩の財政窮乏を分析した『藩政の推移』＝二〇〇頁に及ぶ叙述の根底に、改革村組合編成と、二宮尊徳の村々改革仕法が置かれているのである。また、山中さんの著書『近世武州名栗村の構造』は卒業論文を大学院において集大成されたものである。大部な論証は学術雑誌に収載されず、残念なことであったので、数年を閲したところ、我々は山陽社の城石典彦氏を伴い、名栗村村長田真之亮介氏に面会、山中論文の重要性を持って、その印刷・刊行を要請、快諾を得て実現の運びとなった。山中さんの分析の主眼は、世直し一揆の主体をなした半プロ層の析出過程と、その存在形態に亘るものであった。そして、対極に当たる豪農、すなわち町田家の経営分析は圧巻である。山中さんは佐々木潤之介氏の「維新変革の現代的視点」（『歴史学研究』三二二）で提示された豪農・半プロ規定に従い、その析出を試みている。山中さんは豪農・半プロの析出を持高変化に見られる階層分析と質地証文の分析、家毎の生業の解明などから、貧農が小作人・労働力販売者になったことを具体的に証明し、西川林業の発展と豪農形成との関連で半プロ層の存在形態を明らかにしている。さらに領主御用金・救恤の問題を通じて豪農と領主権力、豪農と半プロの関係を綿密に描写し、その上で豪農町田家の経営分析を進めた結果、町田家の携わる諸産業稼、すなわち、新炭商・材木商・酒造・筏商・質屋・地主などの収支計算上は黒字とならなかったとしている。その要因は小作料の滞納にあり、例えば弘化期、小作人一〇〇人余のうち、九〇％が滞納者であったが、町田家は地主─小作関係の維持のため、滞納者の労働力を代償に提供させ、下畑・切畑の植林などにより林業経営を拡大する上で、不可欠な労働者としたのであると。その二年後、佐々木潤之介氏が『世直し』（岩波新書）において、豪農─半プロ規定と、一揆─騒動の視点に異同を示すと、山中さんはこれを批判し、新たなる提言を意図しつつ、遂に永遠の旅路に向かわれた。山中さんの繁忙を解放出来なかった我々の非力を悔やむばかりである。

## 山中清孝氏と小島資料館

小島資料館館長　**小島政孝**

山中清孝氏と初めてお会いしたのは、地方史の一泊二日の研究会のときで、私はまだ学生で夏休みの頃であった。私は、小島家の史料で大学の卒論を書きたいと考えていた。そのテーマは、「幕末の組合村」で、気さくに声をかけることができたのが山中氏だった。組合村に関する論文名を詳しく教えていただいた。その後しばらくたって、東京都が小島家文書を調査することが決定し、小島日記研究会会員がその作業に当たる事になった。このとき応援にかけつけてくれたのが山中氏で、昭和六二年春から四年かかった。この成果は、東京都から『文書目録』が発行され、平成五年に東京都の有形文化財に指定された。また、山中氏から「平成二年八月のＮＨＫ学園の海外歴史研修に便乗して、スペイン旅行に参加しないか」という誘いがあった。この旅行に加えていただき、オランダ、スペイン、ポルトガルを二三日間かけて回った。国営ホテルのパラドールに宿泊でき、参加された大勢の歴史研究者に会え楽しい思い出が多く残った。山中氏は、よく気がつく人で高齢者の津田秀夫先生の面倒をみておられた。私は山中氏と行動を共にした。スペインで、津田先生と山中氏と一緒に馬車で市内観光をしたときに、「次の旅行のときは、もう来られない。」と津田先生が言われたことが印象に残っている。

小島家の文書調査は終了したが、幕末の事件を小島鹿之助が詳細に記した『異聞録』を読むために、研究会を新たに作った。平成二年正月に発足し、月に一度小島資料館に集まり史料を読んだ。小島日記研究会会員が主力だが、山中氏も参加され、新選組に関する史料を中心に解読した。史料集として出版の予定だが、まだ発刊していない。山中氏には、誠に申し訳なく思っている。彼は情報通で色々のことに詳しく、お茶の時間に、彼の話で会が盛り上がった。彼はある時、「実は、ガンでもう手を下しようがないと医者が言っていた」と告白された。一同唖然として声を失った。しかし、その後も病を冒して研究会に出席された。しかし、医者の言葉どおり山中氏は、早世され本当に残念である。彼の果たせなかった歴史研究を継承することが私たちの責務であると思っている。山中氏のご冥福を心からお祈り申し上げます。

## 研究心旺盛で面倒見のよい先輩

小諸市立郷土博物館館長　**斎藤洋一**

私は、学習院大学の山中清孝さんの四年後輩になります。今、私がまがりなりにも江戸時代の農村史の研究者として活動を続けることができているのは、学部生・院生時代にお世話になった学習院大学の先生方・諸先輩・学友、ならびに学外の近世村落史研究会・百姓一揆研究会・関東近世史研究会のみなさんのおかげと思っています（その後のことは、ここでは省きます）。

なかでも私を江戸時代の農村史研究へ導いてくださった、山中さんのご恩は一生忘れることができません。

学習院大学の先輩たちはみなさん親切で、後輩である私の面倒をよく見てくださったのですが、江戸時代の農村史を専攻している身近な先輩は、山中さんしかおられませんでした。

その山中さんが、無類の面倒見のよい方で（おしゃべりに閉口することも、時にはありましたが）、学内のみならず、学外の近世村落史研究会・百姓一揆研究会・関東近世史研究会へも私を連れていってくださいました。おかげで私は、それらの会でも学ぶことができ、研究者として育てていただきました。

私の学部生の後半から院生時代は、山中さんが歴史学研究会大会で研究報告をされた時代にあたり、もっとも精力的に研究をしておられた時代でした。身近でそのようすを見させていただいた者としては、その旺盛な研究心に圧倒される思いでした。次から次へと町田家などの古文書を解読してしておられました。だからこそ若くして、名栗村の研究を一冊の本にまとめることができたものと思います。

ただ、残念なことは、その山中さんの旺盛な研究心を活かせる職場がえられなかったことです。その後私も就職して、たまにしかお会いすることができなくなってしまいましたが、お会いするたびに、学校が忙しくて研究ができないというお話をうかがうことになってしまいました。私は、山中さんが研究環境のよい職場をえられたら、もっともっとすばらしい研究を積み重ねられたものと信じて疑いません。それが口惜しくてなりません。

それでも近世村落史研究会の活動はずっと続けられ、遠隔地へ就職した私へもかならず通知を送ってくださいました。山中さんは、最後まで面倒見のよい先輩でした。

# 山中清孝さんを偲んで

東京大学教授　**佐藤孝之**

山中清孝さんに、いつ最初にお目に掛かったのか。思い起こすと、山中さんが一九七四年の歴史学研究会大会で、武州世直し一揆のご報告をされたときに、学部生であった私は、報告の内容をどれだけ理解したのかはともかく、報告する姿をとても眩しく感じながらお聞きした覚えがあります。この時は私のほうの一方的な出会いでしたが、面識を得たのは、確かな記憶ではありませんが、私が大学院に入った頃で関東近世史研究会の場ではなかったかと思います。その頃以来、三〇年余りお付き合いいただいたことになります。近世村落史研究会に参加させていただいてからは、関東近世史研究会・近世村落史研究会が山中さんと接する主な場となり、長い間種々お世話になりました。

山中さんは趣味の人でもあり、クラシックから演歌まで、プロ級の声の持ち主であることは知る人ぞ知るところでしょう。切手やカードの収集にも熱心で、近世村落史研究会の例会通知の発送は、山中さんにいつも任せきりでしたが、その封書には必ず記念切手をお使いになり、今度はどんな切手にお目に掛かれるのかが、楽しみでもありました。また、ある時私の娘がＪリーグ某チームの大ファンであることをお話したら、そのチームの選手のオフィシャルトレーディングカードを気前よくいただいたこともありました。

二〇一〇年一一月に、関東近世史研究会創立五〇周年記念事業の一環として、会誌の記念号に掲載するため評議員による座談会が開かれましたが、その司会を山中さんが務められました。その頃は、すでに御病気がかなり進行していて、私も出席した評議員会で「これが関近での最後の仕事…」とおっしゃっていたのが印象に残っています。この座談会の様子は、二〇一二年一一月に発行された『関東近世史研究』第七三号の創立五〇周年記念特集号に掲載されました。しかし、山中さんにこの特集号をみていただくことができなかったことは、かえすがえすも残念でなりません。

山中さんは、近世村落史研究会の例会には最後まで参加され、いつもと変わらぬ様子で、御自身の病気のこともお話しされていました。それにしても、六五歳という早すぎる他界には、周囲の私たちは勿論、御本人自身がさぞ無念であったろうと思います。はや三周忌も過ぎましたが、改めて故人を偲び、ご冥福をお祈り申し上げる次第です。

## 武州一揆研究と山中さん

元　埼玉県立歴史資料館館長　**千代田恵汎**

近世村落史研究会が一つのテーマに集中して取り組んだ時期があった。「世直し一揆研究」の時である。武州の一隅に発した一揆は、武・上両州に展開、「ボッコシ」と呼ばれ、この時期日本国中各地に展開した一揆の一翼を形成、時代転換の原動力となる大きな社会運動となった。この「ボッコシ」の発祥の地は旧秩父郡名栗村で、その関係文書は、名栗村の「町田家」などで記録され、大量に保存されていた。

埼玉県では、この時期に県立浦和図書館に、古文書の調査・保存の部門を設置、一九六五年には町田家文書も調査され、「近世資料所在調査・I　町田家文書目録」が刊行されていた。

町田家文書は全体で二万点を数える膨大なものであった。その後この調査に、学習院大学が入り、これらの文書は学習院大学に寄贈された。この文書群を調査して、名栗村から一九八一年『近世武州名栗村の構造』を刊行したのが山中氏であった。

この頃はまた我々の調査研究活動もすすみ（『武州世直し一揆の資料』（第二巻）の時期にも重なるが）氏のこの時点での参加は非常に心強いものがあった。

氏はこの時までに既にこの武州一揆関係の論文の多くを世に問い、一九七〇年代には『武州一揆の研究』（一）（二）（『史遊』一・二（一九七二））、『幕藩制崩壊期における武州世直し一揆の歴史的意義』（『歴史学研究』（一九七四））など、が発表されていた。武州名栗村の研究はこれらの論文の基底をなすものであった。

やがて、長い間、研究会の会務を行って来たが、公私にかかわり、会務を執り仕切ってくれたのが、山中氏である。会員もそれぞれ多忙な時期を抱え、会は消滅の危機にあった。氏は、この時期、森安彦会長を支え頑張り通したのである。

一九七〇年代は、戦後日本の復興をかけて、その「将来」が国民的課題であった。「世直し」を歴史に問うことの重要さは「生きること」の課題ともなった。

研究会ではこれを『幕末の社会変動と民衆意識―慶応二年世直し一揆の考察―』（『歴史学研究』（四五八号）として世に問うたのである。

氏の急逝をこころから悼むものである。

# 山中君と共に歩んだ音楽部の想い出

大学時代の友人　**廣田幹夫**

山中君との出会いは昭和四二年、学習院大学に入学し、輔仁会音楽部に入部したことがきっかけでした。大学正門から続く並木道に桜の花びらが舞う頃、部室の入口近くで、例によって渋めのやや枯れた声で『僕、山中です。』と、声をかけられたのを想い出します。『ちょっと年上みたいだし、とっつきにくそうだなー。』というのが正直な第一印象でした。事実、山中君は、部活以外で皆と一緒に行動することは余りなく、当時、流行の麻雀にも全く関心を示さず、勉学一筋の人でした。しかし、ウィークデイの昼休みの男声や午後の混声合唱の部活を通じ、いつの間にか友情が深まっていきました。山中君の受け持ちパートは私と同じバス。いつもすぐ側で、お互いの声を聞きながら、心臓の鼓動を合わせるように毎日を一緒に過ごしたわけですから、兄弟みたいになっても不思議ではありません。沼津の合宿では夜を徹して語り合ったこともありました。音楽部は管弦楽団と合唱団の二部門から構成され、更に合唱団は混声・男声・女声・短大女声から成り立っており、総人数は百数十名もの大学最大のクラブでした。二年生の秋、音楽部の担当学年となり、山中君は会計責任者に就任しました。我々の同期は、他学年と比べ地方出身者が多く、殆どが仕送り生活者。月半ばを過ぎるとインスタントラーメンをするような毎日でした。演奏会の度に、割当チケットの拡販や支払いで結構苦労しましたが、山中君はその都度、粋な配慮で何かと助けてくれました。しかし、彼の生活は我々より更に『慎ましやか』だったのです。いつだったか『浪人時代が長かったし、親に必要以上に、金銭的な迷惑をかけたくない。』ということを言っていました。しかし、本当は、何か特別な想いがあって、苦学を生活信条としていたような感もありました。

山中君が亡くなる一年くらい前のことです。我々も退職期にさしかかり、皆が元気な内にと、卒業以来の同期会を《懐かしの目白》で開催しました。山中君は風の便りに聞いていた重病説が信じられないくらい饒舌で、元気そのもの。療養中であることを全く感じさせませんでした。『最近は暇さえあればカラオケだよ。』と楽しそうに話していました。

♪歌うことが何よりも好きだった山中！

いつかまた、みんなでハモろう♪

## 山中清孝さんの思い出

中央大学教授　**松尾正人**

山中清孝さんのことを強く意識したのは、一九七四年の歴史学研究会の大会が最初であった。東京都立大学の近世史部会の会場で、山中さんの「幕藩制崩壊期における武州世直し一揆の歴史的意義」を聞いた時の強烈な印象は、今でも忘れられない。慶応二年の武州世直し一揆を、幕藩制支配下と村落共同体との関連で追究した報告であった。一揆が闘われた地域について、秩父の上名栗村、比企郡の上古寺村、多摩の田無村を事例とし、生産関係と階級配置、そして世直し一揆の展開を論じ、それを裏付ける丹念な関係図や階層構成一覧に圧倒された。世直し一揆の概観図については、大学に戻ってから、図書館の分県地図を取り出し、一揆の伝播・展開の過程を辿ったことを思い出す。

この一九七〇年代は、世直し一揆研究の最も盛んな時期であった。輪読会で佐々木潤之介さんの『幕末社会論』（塙書房）を取り上げ、私のような近代史を志していた大学院生でも、青木書店の『村方騒動と世直し』を必死になって読んだ。そんな私にとって、歴研大会で武州一揆を張りのある大きな声で論じていた山中さんは、何ともその印象が強烈であった。

その後、明治期の政治史に取り組んだ私は、山中さんの研究をしっかり学ぶことをさぼってしまったが、山中さんとは機会あるたびに一言・二言の声を交わす習慣が続いた。歴史学研究会での出会いが主であったが、地方史研究協議会の大会などでも一緒になった。地方史の大会は、その開催地の史蹟等の巡見があったことから、山中さんと二人で歩く機会があり、親しく話すことができた。そのような時などは、山中さんの勤務先の江戸川短期大学のこと、森安彦さんや大舘右喜さんらと続けられている研究会の近況などを聞かせてもらった。山中さんの随分あとの歴研大会で私が拙い発表を行った際にも、御自身の感想を語ってくれた。御子息が日本史学を専攻したことを、実にうれしそうに語ってくれたのも、昨日のことのように思い出す。

山中さんともっとしっかり話す機会を重ねておけばと思うと、なんとも残念である。豪放磊落な雰囲気を持ちながら、年下の無頼漢に対しても優しい気配りをして下さった。私にとって、山中さんはいつまでも心に残り、忘れられない存在である。

# 山中清孝さんを偲ぶ

国文学研究資料館　名誉教授　**森　安彦**

私たち研究会の同人山中清孝さんは、二〇一一年七月一九日に逝去された。享年六五歳である。

丁度、なくなる一年くらい前、山中さんは体調の異常に気付き、病院で検査したところ癌ということで、しかもすでに手遅れで、そう長くないことを知らされたという。とりあえず、しばらく入院するので、研究会は欠席するという連絡があった。私は驚きとともに、気持が深い深い谷底に落ち込んでいった。何ともできないので、とりあえず、お見舞の花束を贈った。

先に私たちの研究会は、二〇〇八年三月に同人鈴木研さんを見送り、今また山中さんを見送ることになるのかと思うと、悲しみで胸が塞がる思いであった。

しかし、それから数か月後、山中さんは、ひょっこり研究会に出てきたのである。思いがけないことに、私はすっかりうれしくなり、これは、きっと快方に向かったのだと思った。山中さんは、病気のせいで、大分スマートになったが、顔色はあまりよくなかった。しかし、いつものような笑顔で、声の張りは衰えていなかった。それから後、しばしば例会に参加し、書評や史料紹介などの報告もした。『近世史藁』第五号（二〇一一年二月）には、「慶応四年の偽官軍事件に関する史料について」の論考を発表した。また、二〇一〇年一一月には、関東近世史研究会五十周年記念座談会では、山中さんは、二時間余り、司会・進行を努めた。

山中さんの活躍ぶりに、周囲の人たちは彼が大変な病気を抱えていることなど忘れてしまうほどであった。私などが老婆心ながら、山中さんに「あまり無理はしない方がいいよ」というと、彼は「ぼくはできる限り自然体で、やれるところまでやってみたのです」というのであった。山中さんの気丈夫には畏敬の念を禁じえなかった。しかし、そうしている間にも、病魔は情け容赦なく彼の身体を蝕んでいったのである。

山中さんは、再び研究会には出られなくなり、去年の夏の異常な暑さの中で、私たちは山中さんの訃報に接したのであった。

とうとう、もっとも恐れていたその日がきてしまったのである。密かに覚悟はしていたものの、私などより、ずっと若く、元気だった山中さんの永遠の旅立ちに、悲しみを押さえることができなかった。

山中さんは、ここ二〇年くらい、会の事務的な仕事を一手に引受けてくれていた。毎回の例会の通知状の作成、発送など縁の下の力持ちの役割を果たしてくれた。

私たちの会の同人は二〇名くらいいるが、地方に速く離れたり、いろいろな事情があり、毎回の出席者は、五、六名から七、八名くらいである。しかし、山中さんは、出席者の多寡を気にせず、来ても来なくても全同人に例会の案内状を送り続けたのである。

今から一〇年くらい前、あまり出席率がよくない期間が続いたときのことである。私は山中さんに「会をしばらく休会して、今後のことは同人の意向をアンケートで尋ねてみたらどうであろうか」ともちかけた。山中さんは即座に、「そんなこといわないで、このまま続けましょうよ。今のぼくにとって研究の刺激になる場所は、ここしかないのです。やめないで下さい。」山中さんの真剣なまなざしに打たれ、一人でも本当にこの会を必要とする人がいるなら続けようと私も決意を新たにしたのである。

思えば、山中さんのあの一言があったからわが研究会は、今日まで続けてこられたのであった。山中さん、本当に有難う。あなたは、私たち研究会の大黒柱ともいうべき同人です。

山中さんは、「あの頃の思い出」（『関東近世史研究』第六六号、二〇〇九年七月）という文章に、「一九七一年修士一年のとき、近世村落史研究会に入会、現在に至っています。」とあった。

それによると、私たちは山中さんとは丁度四〇年間この近世村落史研究会の同人として、一緒に勉強を続けたことになる。

山中清孝さん、どうぞこれからは安らかにお眠り下さい。

なお、山中清孝さんの研究業績の真髄については、私たちの同人である大舘右喜さんの「山中清孝氏を悼む」（『関東近世史研究』第七一号、二〇一二年二月）に委曲をつくされているので、ぜひ、ご参照下さい。

## パパへ

山中麗奈

パパが入院してもう喋るのも大変だった時、確か六月の頃だと思います。私は大手企業に就職し一年が過ぎたものの、労働環境があまりにもきつく先々を考えると長くは働けないと会社を逃げるように辞め、次の仕事をどうしようかとぼんやりと悩んでいた時でしたね。転職をする前にひとまずリハビリと考え、地元の個別指導塾のアルバイトに応募して、筆記試験をクリアしたことを報告しに病室に行きました。パパは淡々と、でもどこか誇らしげに「さすがパパの子」と言ってくれました。その後どのような話の流れでそうなったかは記憶していませんが、パパは私に「公務員試験を受けてみるといい」と言っていました。そう言われた時はあまりピンと来なくて、「そうだね」と受け流してしまいましたが、今思うとこの一言が私を変える言葉となりました。

パパの葬儀が終わり、夏が過ぎて秋を迎えた頃、私はまだ転職や今後の人生を上手く思い描けないままにアルバイトをしていました。そんな時、病室で言ってくれたパパの一言が私を奮い立たせてくれました。公務員になってパパを、そして家族を安心させてあげよう。勉強が思う様に進まない時もパパの辛さを思えば何てことないのだと気づかされました。そんな思いで勉強をし、筆記試験の日も面接試験の時も、パパが支えてくれたおかげで奇跡的に受かりましたよ。さすがパパの子だと思っています。今は元気に仕事をしているので安心してくださいね。

思えば保育園や学童の送り迎えはパパの仕事でしたね。当時は何も感じませんでしたが、今思うと我が家は他の家庭に比べて父親と過ごす時間が多かったように思います。家事が得意でもないのに、パパなりに精いっぱい子育てをしてくれたんだと思います。ありがとう。そんなパパは、自分の身体が大変な時でも私の行く末を心配していましたね。こうした方がいい、ああした方がいいと指南してくれたのに、話が出来るうちに安心させることが出来ずにお別れをしてしまったのが心残りです。もっと病室に足を運んで時間を共に過ごせばよかったのにと、今更になって思います。最期まで親不孝者で自分のことばかり考えていたことを後悔しています。

この先も我が家には様々なことがあると思いますが、私なりに一生懸命頑張っていくつもりでいます。パパは痛みや苦しみから解放されて天国で伸び伸びと暮らしているでしょうか。大好きな歌を歌って、友達と尽きない話をしているでしょうか。何か悩んだり迷ったりする度にパパに頼るとは思いますが、その時はどうぞ宜しくお願いします。

# 『戦前期ラジオ放送の普及』（修士論文要約）

慶應義塾大学大学院　山中清史

以下に記した文章は、雑誌『史学』に寄稿した私の修士論文の概略である。

残念ながら父に修士論文を見せることは叶わなかった。私自身はあまり意識していないのだが、自分が歴史学の道に進んだのもおそらく父の影響であろう。そんな私にとって父は歴史学の先輩であり、よい手本であったはずである。ただ、あまり研究について深く話し合ったことはなかったかもしれない。恥ずかしい話だが、父の研究についてもそれほど詳しくは知らなかったのである。今思うと、もっと父の研究について聞いておくべきだった。私の研究についても指導をしてもらうべきだった。

私が今でも覚えているのは、卒業論文を書いて見せた時のことだ。「文章は悪くないけど、あまり面白くない」という趣旨のことを言われた。修士論文を見せたら何て言っただろうか。「少しはマシ」と言ってもらえただろうか。

本論文は戦前期（大正一四年～昭和二〇年）のラジオ放送の普及を主題に、その過程や要因、聴取者の実態を同時代の史料を用いて論じていくことを目的とし、それらを通して戦前期においてラジオとはいかなる存在であったのか、その「姿」を明らかにしたものである。

まず第一章では、戦前期ラジオ放送の特徴をその当時の社会情勢を含めて述べている。大衆都市文化が花開いた「モダニズム」期に誕生したラジオは、初期の段階から国家の統制下にあり、その後の戦争へと進む昭和の時代情勢の中で成長し、影響力を強めていった。

そのラジオはどのようにして普及が成されていったのか、本稿の主題であるその過程を考察したのが第二章である。第一節ではラジオ普及にあたっての放送局の意識を成立過程と「茨城ラジオ課税問題」を中心に確認し、第二節では実際の普及活動の数々を見ていった。初期においては放送局の経営を安定化させるために聴取者獲得が急務であったし、ある程度普及が進んだ段階でもさらなる拡張を目指し、継続して普及活動が行われている。そうした活動の結果、聴取者数が右肩上がりの成長を遂げたのである。そして第三節では、ラジオ受信機を中心に、普及に寄与した側面を考察した。ラジオ放送は受信機の所有を前提としたものであるため、ラジオ受信機の発達とラジオ普及は関連しており、特に戦時下の経済状況における普及拡大は、安価な受信機の存在に支えられて達せられたものであった。最後に第四節でその他の普及要因として四項目（ラジオファン、民間団体、小売店、新聞）に焦点を当ててそれぞれ検討した。「その他」と一括しているが、どれも普及要因として重要な意味を成している。ラジオの普及を考える場合、その主体となるのは当然放送局であるが、それだけで普及が成立することはあり得ない。放送局以外の特に民間の活動による影響も考慮するべきである、との問題意識を本節では示している。

続く第三章では普及の実態、聴取者の実状を中心に論じた。第一節ではその概略を、第二節・第三節では都市部・農村にそれぞれ目を向け、同時代の一次史料（聴取者原簿・農村向け番組に対する農民へのアンケート調査）を用いて検討した。メディア史研究において最も重要なのは「受け手」の実態解明である。史料的制約からその実状を明らかにすることは困難を伴うが、今回取り上げた史料はその特殊性も考慮に置く必要はありながら、ある程度「受け手」の姿を見出すことのできる重要なものであったと考えている。

最後の第四章では、ラジオ普及による社会変容について述べた。第一節では、放送番組について触れながらラジオによる新たな文化創造の可能性について言及し、それら全体を以って第二節でラジオの社会的意義を論じた。都市部・農村部での対比を通して、戦前期ラジオは都市偏重のメディアであったことを明らかにしたが、そうした偏りは「受け手」内部における情報格差を拡大させるものとなったと結論付けた。しかも、その格差は都市－農村間だけに留まらず、農村間、農村内部でも同様に作用し、ラジオ所有者／非所有者には著しい情報格差をもたらしたと考えている。そして、その情報格差は都市部の「ラジオ文化」との接触頻度とも関連するため、そのまま双方の文化的格差に繋がることとなった。ラジオ普及が未発達な段階では各地でこうした状況が生まれたものと思われる。それが少しずつ是正されていくのが、戦時下普及率が地方部でも高まっていく時期なのである。

現在、多数のメディアで溢れている中で、ラジオの役割は以前よりも小さくなったことは事実である。しかしながら、ラジオがメディアの中心にあった戦前期においては、その存在が社会的に、文化的に大きな影響を与えていた。戦前期の人々にとってラジオはメディアの中心であり、生活の中心でもあった。それが、戦前期のラジオの「姿」であったのである。

# パパへの感謝状

山中フサ子

二〇一一年三月一一日の東日本大地震の恐怖も、まだ覚めやらない一週間後に自宅で倒れ、厳しい入院生活となりました。病院に行くと「今日の郵便物は？」といつも楽しみにし、体調が悪いつらさを家族にあたる事もなく常に平静を保ち、いつも通りの生活でした。まだやる事がたくさんあると言いつつも体調は回復することなくこの世を去らなければならなかった無念さを思うと胸が詰まります。体調の変化は二〇〇九年の夏頃どうも食べられない・吐いたりするという事から始まりました。病院が嫌いで強引に連れて行った時はもうすでに手術も出来ない状態でした。ただ、その後の抗がん剤が効き通常の生活は極めて順調で、病気という事すら気にしない日もありました。私は会社をやめ一緒にいる時間を持つべきと考えましたが、みんなで相談した結果、ママは仕事をやめず〝いつも通りの生活〟となりました。結婚当初の〝ずっと仕事をしたいので支えて欲しい〟という約束を守りたかったのかも知れません。ただこの判断が本当に良かったのかどうか、一緒にいるべきではなかったかと時々悔いる日もあります。

あれから二年、子供たちもそれぞれの道に進み頑張っています。清史は修士論文が完成した日、仏壇に供えておりました。いの一番に読んでもらい意見を聞きたかった事でしょう。生前は本当に良く父子でいろんな話をしていた事を思い出します。教員となった今、いろいろな場面で相談や意見を望んでいるものと思って見ております。麗奈はあなたがまだ病院にいる時は塾の講師でしたが、合間に少し勉強をする事が出来たのか公務員の試験にパスして頑張っていますので安心して下さい。私はあと数年したら会社を完全に卒業します。仕事への理解があり、少しでも学びたいという姿勢に協力を惜しまないパパと出会えたので、ここまで子育てをしながらも充実した気持ちで日々過ごす事ができました。食事の後の会話も新聞記事を中心として毎日たくさん話していましたが、突然そういう楽しみの時間もなくなりました。でもパパと出会えて多くを学び自分なりに少しでも勉強できたので本当に感謝しています。これからはあなたの遺して行った本をきちんと整理する事を目標にしたいと考えています。いつ終わるのかというぐらい膨大な冊数ですが、これが私へのプレゼントかも知れません。

今でもあなたの部屋は暗くなると明かりをつけています。「暗かったらパパが本を読めないから」と言ったことばを子供たちが守ってくれています。そちらでは友達もできたでしょうか？　子供たちが独立する所を見届けてから、私もそちらに行きます。今しばらく待っていて下さい。

# あとがき

ここに、わが弟、故・山中清孝の遺作集を一巻に編んだ。無論のこと、彼の膨大な著作すべてを網羅したものではなく、分量が多すぎて、本当は主要著作なのに、大幅に割愛せざるを得ないモノやら、原稿の種類の幾多の違いやら、資料集やらで、いろいろと異同がありすぎるが、一応、素人の私の一方的な判断ということでお許し願うこととして、彼の遺作集を編んだものである。

これらは、彼の生前の著作のほんの一部にしか過ぎないが、これらから、その全貌に至る、いくつかの道標としてくだされば幸甚である、というべきであろう。これら著作の殆どの解説やら校正やらの、本当に大変な仕事は、弟の仕事のよき理解者で、その学問的仕事の後継者ともいうべき、従弟の石田泰弘氏に全面的にお願いしたが、氏の労を惜しまぬ労苦に深甚の感謝を記す次第である。また、フサ子未亡人や遺族の方々も、蔭に日向にいろいろな心遣いをして下さり、これにもまた深く感謝する次第である。また、快く追悼集を寄せてくださった、生前にご交誼戴いた先生方面々やご友人の各位、収載資料に関してご尽力下さった弟の母校・学習院大学の方々にも感謝申し上げたい。

こうして、ならんだ活字を眺めて見ると、彼の「武州一揆」の主要著作のみならず、例えば、通常《天草四郎の乱》と称される、江戸時代最大の一揆についての斬新な考察や、日本社会主義思想の創始者のひとり、山川均の祖先に関する新資料に基づく考察など、まことに興味深いものも含まれていて、これはこれで、本巻を編纂して良かったのではないか、と自画自賛している処でもあるのだ。ともあれ、本巻の書物化に当ってのこまごまとした仕事は、創元社の、紫藤崇代さんには、本当に隅々までお世話になった。鷺草デザイン事務所の上野かおるさんには、美しい装幀デザインをしていただいた。また、そもそもこのような難しい仕事をお引き受け下さった、渡辺明美さんを始めとする創元社の皆さまにもお礼の言葉を申し上げる次第である。

平成二六年一一月五日

**山中康裕、識。**

◆編者紹介

山中康裕（やまなか　やすひろ）

名古屋市立大学大学院医学研究科終了、医学博士。
京都ヘルメス研究所所長・京都大学名誉教授。
第一九期日本学術会議会員。
カワンセラー（河川救護士）。
専門領域は、精神医学、精神療法、分析心理学、心理臨床学、総合河川学。著書多数。

石田泰弘（いしだ　やすひろ）

愛知学院大学大学院文学研究科修士課程修了。
現在　愛西市教育委員会　学芸員。愛知県史調査執筆委員。
［主要著書］
『ふるさと海部津島』（編著・二〇一一年）
『西尾張今昔写真集』（共著・二〇〇七年）

山中清史（やまなか　きよふみ）

慶應義塾大学大学院文学研究科修士課程修了。
現在　慶應義塾　湘南藤沢中等部・高等部教諭。


関《かん》東《とう》近《きん》世《せい》村《そん》落《らく》史《し》の研《けん》究《きゅう》——山《やま》中《なか》清《きよ》孝《たか》遺《い》稿《こう》集《しゅう》

2015年2月20日　第1版第1刷発行

著　者　山中清孝
編　者　山中康裕・石田泰弘・山中清史
発行者　矢部敬一
発行所　株式会社　創元社
本　社　〒541-0047大阪市中央区淡路町4-3-6
TEL.06-6231-9010（代）
FAX.06-6233-3111
東京支店　〒162-0825東京都新宿区神楽坂4-3
煉瓦塔ビル
TEL.03-3269-1051
http://www.sogensha.co.jp/
造　本　上野かおる（鷺草デザイン事務所）
印刷・製本　株式会社　太洋社




ISBN978-4-422-93074-9 C3021
〈検印廃止〉
落丁・乱丁のときはお取り替えいたします。